清華

第28辑

——

法律与革命

——

鲁楠 康宁 主编

法治论衡

清华大学出版社

北京

## 内 容 简 介

美国著名法学家伯尔曼在其名著《法律与革命》中,对西方法治传统的十大特征及其源流进行了详细考察,其叙述既包含对现代法治的历史追溯,也涉及对现代法治未来愿景的审慎分析。本书是"现代法治的理性与信仰"专号,围绕伯尔曼的论述,研究并讨论其作品中法治的信仰与理性、神圣与凡俗、不变与可变、同一与差异等主题的法律史、法理学和社会理论问题。本书不仅适合于从事法律史、法理学专业的学者阅读,而且适合宗教学、社会理论、历史学等人文社会学科的专家参考。

**图书在版编目(CIP)数据**

清华法治论衡. 第28辑,法律与革命 / 鲁楠,康宁主编. —北京:清华大学出版社,2021.7
ISBN 978-7-302-58442-1

Ⅰ. ①清… Ⅱ. ①鲁… ②康… Ⅲ. ①法治—文集 Ⅳ. ①D902-53

中国版本图书馆 CIP 数据核字(2021)第 116923 号

责任编辑:朱玉霞
封面设计:傅瑞学
责任校对:宋玉莲
责任印制:杨 艳

出版发行:清华大学出版社
　　　　网　　　址:http://www.tup.com.cn,http://www.wqbook.com
　　　　地　　　址:北京清华大学学研大厦 A 座　　邮　编:100084
　　　　社 总 机:010-62770175　　　　　　　　邮　购:010-62786544
　　　　投稿与读者服务:010-62776969,c-service@tup.tsinghua.edu.cn
　　　　质量反馈:010-62772015,zhiliang@tup.tsinghua.edu.cn
印 装 者:三河市金元印装有限公司
经　　销:全国新华书店
开　　本:155mm×230mm　印张:28.25　插页:1　字　数:380 千字
版　　次:2021 年 8 月第 1 版　　　　　印　次:2021 年 8 月第 1 次印刷
定　　价:109.00 元

产品编号:082979-01

# 目录

# CONTENTS

## FOREIGN INFORMATION

## EDITOR'S NOTES ····························· Yao Libo （441）

# 法律与她的希波克拉底

康 宁*

2020 年初,书卷即将付梓之际,疫情的危机将我们每一个人卷入其中。我于是想到了一个故事。

公元前 420 年,有位希腊医生偶遇巫师给骨折病人治病。巫师命家属扶着病人跪在神像前,他自己则以"施咒"治病。医生气愤地走上前,用清洗创口,进行牵引,使断骨复位的方式治好了病。这位希腊医生名叫希波克拉底,他还曾经根据气候、风向判断了希腊流行疾病的传播走向,成为两千多年前的疾病治疗预防专家。

从某种程度上来说,《法律与革命》是伯尔曼针对西方法律传统的危机开出的"治疗方案"。站在 20 世纪的端口,伯尔曼认为西方法律传统所蕴含的概念、价值与思想,如同整个西方文明一样,经历着前所未有的危机。这种危机几乎是由内而外地体现出来,不仅包括西方对异质文明的优势感渐渐丧失,还包括来自西方社会内部的、对于法律有效性的怀疑与反叛。伯尔曼感到,西方国家的法律受到诸如批判主义法学、法律现实主义等"玩世不恭"态度的威胁,这种态度

* 康宁,中国人民公安大学法学与犯罪学学院讲师。

可能导致人们对于法律的蔑视,传统西方构建起来的法律约束力在弱化,继而已经面目全非。立意于此,深描西方法律演进的历史进程,无疑是在事实上回归并唤醒西方法律传统。伯尔曼选择 11 世纪教皇革命的时间节点,正是他应对西方法律危机的努力,是对西方法律传统"牵引复位"的工程。

以"复位"历史的方式应对当下的问题,是近代以后西方法律研究的重要思想洞见。法律本就是一座记忆之城,当前的法律形态实际是有关制度、程序以及背后隐藏思维方式的沉淀。为此,与法律有关的文化传统与精神要素,必须在历史的维度中学习反思,才能注意到过程意义上的法之内在性质与整体特点。职是之故,浸润在达尔文演化论中的 19 世纪法学研究,开始跳出古典自然法学派构建的超验法律蓝图,关注演化、发展起来的法律形态。这一脉的法学家,从英国历史法学的代表性人物亨利·梅因,一直开枝散叶到了德国民族主义立法的先驱萨维尼。他们几乎都认为,法律的历史演变如同自然界的演化,遵循特定的规律性路线。这一规律性的内容有助于回答下面的问题:某一法律文明如何呈现为当前的形态?法律文明演化的内在精神线索又如何得以维系?然而,即便在历史法学派占据支配地位的时代,人们也已经认识到历史法学原发于自身逻辑基础的悖论:规律性的路线一旦获得总结,法律史便容易成为被形塑的历史撰写(history-writing),进而脱离具体历史本身。这给历史主义的法学研究带来消极的色彩,因为规律性路线的固守实际意味着创造性法理思想的缺失。为此,历史法学派的批判者主张将法律论说与法史论说区分开来,他们有的转向了法律实证主义,有的则借力经济学、社会学重述能动性、变革性的法律史。经过反思的历史主义仅保留了方法论上的意义,每当既定法律秩序遭到破坏或者需要变迁,每当人们诉诸"我者何以成其为我者"的问题,回溯过往并获得智慧成为可以选择的路径之一。

伯尔曼之新,在于他采用了历史主义的方法,却又非完全的历史主义者。他对于历史的重视似乎可以归宗于历史法学派,但历史不是他的重点,《法律与革命》毋宁更是站在历史进程中的观察,这种观察不仅对西方法律传统进行了重述,更蕴含着应对西方当前问题的革新之路。与传统历史主义的路径不同,伯尔曼以"突变"的视角理解法律演化,他注重数次革命对西方法律传统的影响力。在教皇革命、新教改革、启蒙运动、英国光荣革命、美国独立战争、法国大革命、德国革命这些关键的历史节点中,伯尔曼独辟蹊径地强调了 1075 年的教皇革命,这在当时的西方学术界并不是能够获得普遍认同的观点。诸如梅因所强调的罗马法、韦伯所强调的形式合理性法律等因素,要么被当作教皇革命的准备条件,要么是教皇革命后续影响力的体现,继而并未得到伯尔曼的认同。这多半要归因于伯尔曼将信仰作为根基性的论断,还要看到伯尔曼对革命后续影响的关注,即革命本身的意义经由其后续的影响力加以体现。毋庸置疑的是,革命的退潮及其后治理经验的寻求,都蕴含着新范式与制度安排的诞生,尤其在伯尔曼眼中,教皇革命之后整个欧洲关于治理经验的寻求,不仅创设了革新性的思维范式和制度安排,更重要的是完成了属于人类现代社会的法律沉淀;也正是这种沉淀,才能够在质与量的层面提供西方法律传统最为需要的营养反哺。

　　站在千禧年伊始的伯尔曼忧思重重,他预见并应对法律的危机,却未能走得更远。如果 11 世纪的教皇革命形塑了现代西方法律的信仰,那么现代之后的法律又何去何从? 伯尔曼寄希望于"世界范围新形式统一体的民族国家"最终形成,这实际是以全球化的进程作为西方法律传统的归宿。因为,至少在全球化逐步实现的过程中,法律似乎又恢复了教皇革命之后的多元性,形成了以国际商业、银行社团、国际机构等跨国社会共同体为载体的社会性交往机制。然而,世界经济危机、大国政治博弈与偶发性全球公共卫生事件,都可能促使全球化进一步向传统民族国家的立场退缩,西方法律传统的内部正经历着分化,危机仍旧是存在的。更加始出难料的是,作为后现代科技成果的诸种技术似乎发起了新一轮的"革命",如人工智能、大数据、区块链等带来了生活世界的便利感,却对法律规则与人类伦理构成了颠覆性的冲击,几乎造成了"启蒙的终结"。伯尔曼尝试回归中世纪人文主义解决法律信仰的危机,结果人文主义却不得不融入科技实用主义的冷漠之中。果真如此,伯尔曼终究可以带给我们什么呢?

如同历史法学派之于伯尔曼的影响,伯尔曼带给我们的启示,也更具有方法论上的意义。伯尔曼之于西方法律传统的探索,最终得出了寻求人类共同法律语言的方案,他诉诸了西方法律与非西方法律的融合。尽管他的出发点仍旧是"西方",但《法律与革命》已经开始超越纯粹西方的立场,并且上升到不同社会结构法律文明之间何以求同存异、多元发展的可能性。这一思路实在难能可贵,综观几大重要的人类文明,在事实上存在着彼此高度关联性的历史演化规律,文明背后的法律传统,其实不仅表现为规则、制度、程序等方面的差异,更可以"求同存异"地探索共通性的思想基础。这提醒我们,不同文明之间不宜采取"优于他者""战胜他者"的立场,反而应当尝试发现各自历史传统中最具特点、最值得借鉴的部分,通过彼此激励完成世界共同体的构建;对于异质文明的态度,不应当沉溺于"爱别离"的他我之分,而应当注重"求不得"的沟通共融。秉持这样的关怀,我们可以把握又一次技术"革命"中法律何去何从的命运,如同伯尔曼观察 11 世纪的教皇革命一样,我们关注新技术革命之后应当采取的措施,并观察这些措施为法律秩序的稳定和公正补充了怎样的要素。未来已来,在数字符码的时代呼吁法治信仰的回归,无疑是伯尔曼"治疗方案"的延续。从这个意义上说,伯尔曼正是法律需要的希波克拉底,无问西东。

# 《法律与革命》再解读

孙怀亮[*]

> 平等者彼此无管辖权。(Par in parem non habet iurisdictionem.)
>
> ——格言

## 引 言

伯尔曼的《法律与革命》堪称"致广大,尽精微,综罗百代",其译本一经问世就受到了我国学界高度重视,引证率之高可以说已获得了西方法史研究中的经典地位。这位国际级学者也以其博学精深让我国近乎两代学人深受其惠。不夸张地说,《法律与革命》是我们很多学人认识中世纪以来的西方法制史中重大线索及其历史性作用的一个重要桥梁。此君子川流敦化之德,实不可胜言。

但另一方面,伯尔曼在方法论、知识结构、专业优势和问题意识等方面都存在着自己的明显特征和短长。以方法论为例,尽管伯尔

---

[*] 孙怀亮,曲阜师范大学法学院教师、罗马一大法学院访问学者。本文为国家社会科学基金特别委托项目"中国周边国家对华关系档案文献收集与历史研究"(15@ZH009)阶段性成果。

曼的师长或其推崇的学者中有人有明显的欧陆背景和传承，[①]但他在方法论却总体上代表了"二战"后美国法史学界的社会法学（A Social Theory of Law）思潮，[②]甚至也可以说较为典型地折射了普通学者的惯有视角和重心。正因为此，美国背景的优长和局限性都不可避免地集中一身，而这当然会影响到我们对某些重大问题的饱满性理解。同时，由于教会法制度史和中世纪法制度史（而非思想史）领域的其他权威著作中译本一直没有出现，[③]从而未能使伯尔曼的论述和角度受到很好的平衡和竞争。可以说自 1993 年《法律与革命》译本问世以来，伯尔曼的观点、结论和方法迄今尚没有受到实质性挑战和质疑（其优长当然也很难得到实质性肯定），这当然是不正常的。

　　全面评价《法律与革命》并非本文的任务，笔者无意这么做，也无此能力。笔者所不揣冒昧的，仅仅是对伯尔曼中已有所暗示、但并未给出明确说明的圣座主权问题做一特定角度的说明和再解释。本文

--------

　　① 伯尔曼的一位德裔老师 Eugen Rosenstock-Huessy（1888—1973）曾受教于基尔克（Otto von Gierke），而其所大量引证的梅特兰也是基尔克的重要英译者之一。关于其对伯尔曼学术的影响，参见钟瑞华：《哈罗德·J.曼：美国当代法律宗教学之父》，《比较法研究》，2017(5)，185～186 页。

　　② 关于伯尔曼本人对这一方法的介绍参见 Harold J. Berman, *Law and Revolution：The Formation of the Western Legal Tradition*, Harvard University Press, 1983, pp.41～45, "Introduction：Toward a Social theory of Law"，鉴于中译本存在一些争议，这里不再标注中译本对应页码。关于中译本中的某些瑕疵说明可参见孙怀亮：《〈法律与革命〉原著及其译本瑕疵评析》，《北航法学》，第 2 卷，2016，199～208 页。

　　③ 目前国内教会法领域的译本可参见[英]奥斯瓦尔德·J.莱舍尔：《教会法原理》，李秀清、赵博阳译，北京，法律出版社，2014，其英文版为 Oswald J. Reichel. *The Elements of Canon Law*, Lodon：Thomas Barker, Soho Square, 1889. 该书看似教会法教材，而实则是关于中世纪教会法的。该书作者为 19 世纪圣公会牧师，其某些立论和线索都是圣公会式的，并非教会法史领域的上乘之作。此外亦可参见[法]菲利·内莫：《教会法与神圣帝国的兴衰：中世纪政治思想史讲稿》，张竝译，上海，华东师范大学出版社，2011。这本书严格说属于政治思想类的研究，对教会法的制度并没有实证性触及。国内学者出版物参见彭小瑜：《教会法研究：历史与理论》，北京，商务印书馆，2003。该书主要聚焦在中世纪教会法学家格兰西的思想，关于该书核心线索"基督教之爱"的争议分析参见孙怀亮：《〈教会法研究：历史与理论〉中的瑕疵及其对我国教会法研究的影响》，《基督宗教研究》，第 19 辑，2015，319～331 页。其他涉及教会法史的重要出版物参见何勤华主编：《法律文明史（第五卷）：宗教法》，北京，商务印书馆，2017。

之所以锚定圣座主权为线索,其原因主要有三:第一,国内学界对其了解太过薄弱,乃至国际法教材中凡涉及圣座(the Holy See)的地方也被普遍误译为了"教廷";① 第二,自 8 世纪中期以来西部教会开始具有主权并沿袭至今,② 如可与国家签订协定、设立使馆等,③ 这一现象在世界上是独一无二的,它既构成了天主教会有别于东正教、圣公会等基督教会的突出特征,也为其提供了可与国家(state)相划界的主权支撑;第三,圣座主权是事实,更是有效的概念工具,通过它主权管辖范围及其正当性、政府理论、主权者等问题相对会被更流畅地托起和整合,中世纪以来西方欧洲法制史在理解上的清晰性也会相应增加。

总的来说,尽管伯尔曼提及了二元权威(dual authority)体系并将其作为了分析格里高利改革以来中世纪法制史的一个核心线索,但却并未明确提及它们实际上也是二元主权(dual sovereignty)体系。伯尔曼这一做法当然没错,但理论上的通透性和明晰性会大受影响。当然,使用主权一概念分析中世纪法制史具有回溯的性质,④

---

① 《奥本海国际法》§104-107 题名为"圣座"(The Holy See),被误译为了"罗马教廷",参见[英]劳特斯派特修订:《奥本海国际法》第一分册(上),王铁崖、陈体强译,190～193 页,北京,中国大百科全书出版社,1989。肖的《国际法》第五章"特殊案例"的"圣座和梵蒂冈城国"(The Holy See and the Vatican City)部分中的 The Holy See 被误译为了"罗马教廷",参见[英]马尔科姆·N. 肖:《国际法(第六版)》,白桂梅译,195 页,北京,北京大学出版社,2011;卡特和韦纳的《国际法》第五章第一节第三分节论述的是"圣座和梵蒂冈城国法律地位",The Holy See 被误译为"罗马教廷",参见[美]巴里·E. 卡特、[美]艾伦·S. 韦纳:《国际法》(上),冯洁菡译,594～596 页,北京,商务印书馆,2015。

② 通常认为匹平献土等一系列事件使罗马教会和宗座正式摆脱了罗马(拜占庭)帝国的臣属地位,教会国(stati della chiesa,即教皇国)成为独立国家并开始支撑圣座主权。1870 年罗马被意大利吞并,但圣座并未丧失主权,邦交国还有所上升。根据 1929 年《拉特兰协定》,圣座正式放弃对罗马的主权要求并承认其为意大利首都,同时成立了一个新的国家即梵蒂冈城国(Stato della Città del Vaticano),教宗、驻罗马枢机、高级外交官等均持梵蒂冈护照,以此表明其并非意大利王国臣民,而是有自己独立的主权基础。

③ 国际法角度的相应说明可参见孙怀亮:《圣座主权和宗座使节:教会法和国际法的二元分析》,《中国基督教研究》,2017(9),48～70 页。

④ 中世纪相关概念的思想史分析可参见郭逸豪:《主权理论前的主权——中世纪主权理论研究》,《苏州大学学报》,2018(1),24～38 页。

因为主权概念的体系性展开通常认为始于博丹。但如果我们用圣座主权去说明西部教会与世俗权威互不隶属的关系,有权签订政教协定、驻派使节,以及该主权对教会法及其管辖权的支撑等等,①那么回溯性使用就不仅不失当,而且还会像 X 光机一样,更清晰地呈现中古世纪法史混杂的史料和论述背后的某些特定脉络。

## 一、伯尔曼对圣座主权的隐性提及

尽管熟悉《法律与革命》的人都会对二元权威或二元体制(dualism)的内涵及其历史性作用有深切体会,但却不会对圣座(拉丁语/意大利语/英语/日语分别为 Sancta Sedes/ la Santa Sede/ the Holy See/ 圣座)有任何印象,也难以明确意识到教会法体系为主权所支撑,因为伯尔曼没有使用过"圣座"或"圣座主权"之类的措辞,其他著作亦然。②

然而,既然圣座主权是客观存在的,那么伯尔曼在叙述中是否对其有所暗示或隐性提及呢? 事实上,这些隐性线索在《法律与革命》有明显端倪。下面就其对格里高利改革和新教改革这两个重要问题的论述做一剖析,原文参见如下:

---

① 伯尔曼针对"教会法的体系特征"(The Systematic Character of Canon Law)有单独的分析,但他并没有提及教会法之为"体系"(system)与圣座主权有内在关系,可看 Harold J. Berman, *Law and Revolution: The Formation of the Western Legal Tradition*, pp. 253～254。相关说明可参见孙怀亮:《运行在历史和现实中的教会法体系》,《中西法律传统》,第 13 卷,2017,283～294 页。

② 至少在如下著作中,伯尔曼并没有任何有直接的提及,可看 Harold J. Berman, *The Interaction of Law and Religion*, Nashville: Abingdon Press, 1974; Harold J. Berman, edited by John Witte Jr, *Law and Language: Effective Symbols of Community*, Cambridge: Cambridge University Press, 2013。

## 现代政府的兴起（The Rise of the Modern State）

教皇革命产生了第一个现代西方政府（the modern Western state）①——而第一个范例，颇为吊诡地正是教会本身。

正如梅特兰在一个世纪以前所说的，要想给出任何可接受的关于政府（state）的定义，而不包括中世纪的教会，那是不可能的。梅特兰这样表述指的是教宗格里高利七世之后的教会，因为在他上任之前，教会与世俗社会彼此融合，她缺乏对现代政府（modern statehood）至为根本的主权（sovereignty）和独立立法权的概念。而格里高利七世之后，教会具备了现代政府绝大部分的突出特征。她声称自己是独立的、阶层化的和公共性的权威。……教会也通过行政化的阶层制去实施其法律，借此教宗正如现代主权者那样通过其代表进行统治。而且，教会还通过司法层级制（judicial hierarchy）解释和适用其法律，其以罗马的教宗权下的教廷为最顶点。故教会行使了一个现代政府的立法、行政和司法的权力。②

正如所见，伯尔曼赞同性地引证了梅特兰，后者明确地提及格里高利改革之后的教会已经具有了现代政府（modern statehood）的某些（而非全部）重要特征，如主权及其所支撑的教会权力系统的公共化、合理化（rationality）等。尽管梅特兰认为格里高利七世以后教会才拥有"至为根本的主权和独立立法权"存在一定争议的（自8世纪中

---

① 中译本将其译为了"近代西方国家"，而在汉语中说教会是国家明显存在语病。在英文中 state 最根本的意思是处理公共事务的官府，政府是处理世俗事务的官府，而教会则是处理教会事务的官府，二元权威体系必然就是二元官府体系。类似观点亦可参见法国学者高德梅（Jean Gaudemet, 1908—2001），其认为"格里高利七世在十分清晰地确立了宗座权力（il potere pontificio）的同时，奠定了现代政府的概念（la nozione moderna dello Stato）。"参看 Jean Gaudemet, *Storia del diritto canonico*: *Ecclesia et Civitas*, traduzione dal francese di Alessandra Ruzzon e Tiziano Vanzetto, Milano: San Paolo Edizioni, 1998, p. 333. 高德梅认为 status ecclesiae（教会官府）和 status regni（王国官府）是并列的概念，参见 375 页。

② Harold J. Berman, *Law and Revolution*: *The Formation of the Western Legal Tradition*, p. 113.

期以来教会国即开始支撑圣座主权），尽管其没有明确地使用"圣座主权"这一术语是颇为遗憾的，①重大术语概念的缺失通常会导致方法和视野上的薄弱，但在上面的论述中我们无疑可以清晰地看到其所隐含的结论。

事实上，伯尔曼在论及新教改革时也隐性地提及了圣座主权，参见如下：

> 路德系改革，以及体现了该改革的德意志各邦国的革命，通过对教会去法律化的方式（by delegalizing the church），打破了教会法和世俗法所形成的罗马公教二元制。凡是路德主义胜利的地方，教会被理解为无形的、去政治化的（apolitical）和去法律化的（alegal）；而唯一的主权（sovereignty）、唯一的法律（就政治层面而言）就是世俗王国或邦国的法律。②

这里的"主权"一词特别值得注意，它意味着新教改革之前的教会并不是这种状态，也即此前存在着两种性质的主权，教会主权（圣座）和世俗主权是二元并存的。同时，这段论述也间接地表明，在沿袭天主教的社会中，国家法—邦国法和教会法是二元并存的，如教会法婚姻和世俗法婚姻的二元管辖并存等。

简言之，天主教会因西部欧洲特殊的历史而拥有主权，自格里高利改革之后，其为教会法提供了强有力的支撑，从而使教会法和世俗法所交织的二元法体制（dual legalism）具有了二元主权的奠基，欧洲的法制史和政府理论也因而开出了新的方向。相反，东正教会和后来的圣公会和新教各派系只是隶属世俗主权之下的宗教团体，其教

---

① 梅特兰在另外一本重要法史著作中也依然没有明确提及圣座及其主权，参见［英］梅特兰：《欧陆法律史概览：事件、渊源、人物及运动》，76～78页，"教会的法律"，上海，上海人民出版社，2015。

② Harold J. Berman, *Law and Revolution: The Formation of the Western Legal Tradition*, p. 29。这一段论述是作者对1974年著作 *The interaction of Law and Religion* 中相关段落的重复。中译本参见伯尔曼：《法律与宗教》，梁治平译，56页，北京，中国政法大学出版社，2003。

会内规范自然也就不可能存在主权支撑。尽管东正教和圣公会这两类主教制教会也把教会内规范称为"教会法"(canon law 或 canon)，但它们都缺乏与国家相并列的那种法律地位，其最高权威也缺乏罗马宗座那种可与国家元首相并列的国际法地位和尊荣，如东正教大牧首、坎特伯雷大主教等。

简言之，尽管伯尔曼对格里高利改革以来西部欧洲所形成的教会—邦国、教权—王权、教会法—世俗法的二元体制的历史性作用的分析是相当充分的，但他却没有明确说那也是一种二元主权体系。这一点也烙印在其某些弟子身上，如作品已经被译为中文的小约翰·威特(John Witte Jr.)教授。① 当然，包括伯尔曼在内的美国相关学者没有充分意识到二元主权的居多，②只有极个别少数是例外，③这或许与美国相对欧洲历史的独特性因素有关。

---

① 参见〔美〕约翰·维特：《法律与新教：路德改革的法律教导》，钟瑞华译，北京，中国法制出版社，2013；〔美〕小约翰·威特、弗兰克·亚历山大.S主编：《基督教与法律》，周青分等译，北京，中国民主法制出版社，2014。其中《基督教与法律》为文集，作者均为美国相关领域的知名学者，但包括 John Witte Jr 在内的教授均没有提及圣座主权或二元主权体系，这也从侧面折射了美国学界对此维度重视程度较低。

② 对美国如下相关著作输入关键词 Holy See 和 sovereignty 进行 e 搜索，并没有发现提及圣座主权的：Wilfried Hartman, Kenneth Pennington (edi.), *The History of Byzantine and Eastern Canon Law to* 1500, Washington, DC: Catholic University of America Press, 2012; Wilfried Hartmann, Kenneth Pennington (edi.), *The History of Medieval Canon Law in the Classical Period*, 1140-1234: *From Gratian to the Decretals of Pope Gregory IX*, Washington, DC: Catholic University of America Press, 2008; Wolfgang P. Müller, Mary E. Sommar (edi.), *Medieval Church Law and the Origins of the Western Legal Tradition: A Tribute to Kenneth Pennington*, Washington, DC: Catholic University of America Press, 2006。当然，这几本中的作者都有共同的学术圈子和近似的学术偏好，不代表教会法研究的全部。顺便提及的是，美国天主教大学(CUA)是美国唯一拥有教会法学院的大学，在北美享有盛誉，但其国际声誉和影响力跟罗马的宗座圣十字大学、拉特兰大学、传信大学无法比肩，世界上最权威的教会法著作、期刊和法典注释等主要是意大利语的，其次是西班牙语和法语。

③ 请看 Robert John Araújo, "International Personality and Sovereignty of the Holy See", *Catholic University Law Review*, vol. 50, 2001, pp. 291~360。需要说明的是，作者是耶稣会修士，其成长和培育环境主要是修道院，其知识结构和来源路径不具有普遍性。

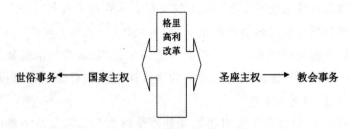

图 1　格里高利改革与二元主权体系的形成

## 二、圣座主权的管辖范围：教会事务

本质地说，圣座主权的管辖事项就等同于教会法的管辖事项，这也正如国家主权的管辖事项等同于国法管辖事项一样，因此圣座或教会法的管辖范围可一言以蔽之：教会事务（res ecclesiae/ ecclesiastical affair）。从这一角度出发，我们再来看伯尔曼的论断"属灵和世俗管辖权的分立、并存和相互作用是西方法律传统的一个重要资源"①就会有更深一层的理解。事实上，伯尔曼之所以没有处理希腊-罗马政制及其历史遗产，而是直接从"教皇革命与教会法"开篇，乃至相关论述在《法律与革命（上卷）》中占到了一半篇幅（第二部分为世俗法），正是因为他认为政教关系上的根本变革才是塑造西方法律史最首要的革命性事件。② 简言之，格里高利改革在开启了教会法管辖权及其制度建构体系化、合理化的同时，也促进了国家主权与世俗事务（civil affair）的挂钩，内政（civil affair）与教会事务的脱钩，以及国

---

① Harold J. Berman, *Law and Revolution：The Formation of the Western Legal Tradition*, p. 98。

② 蒂尔尼（Brian Tierney, 1922—）也同样认为西方宪政理论（constitutional doctrines）并非发源于新教改革或随后的启蒙运动，而是首先发源于政教（State-Church）关系及其理论的根本变革，请看 Brian Tierney, *Religion, Law and the Growth of Constitutional Thought*, 1150-1650, New York：Cambridge University Press, 1982, "Introduction", pp. 1～7. 战后美国学界中世纪学由过去忽视、消极和偏见的整体认识中逐渐摆脱了出来，并在多方向、多领域中取得了具有世界影响的整体性成就，伯尔曼和蒂尔尼都是这一大潮中的代表人物，所以伯尔曼对他的引证也毫不吝惜。

家目的和功能的重新界定和调整,如不负责灵魂拯救和教化事务等等。

不过接下来的问题却是,教会事务的管辖范围及其正当性究竟何在? 包括对王侯婚姻在内的管辖会对邦国的内政和外交产生显而易见的重大影响,但影响与管辖权的正当性是否存在必然联系? 由是,我们有必要回到更为基本的问题,即圣座主权及其支撑的教会法体系的正当性及其管辖范围。以婚姻为例,其作为教会七大圣事之一(东正教亦然),属于教会法无可争议的管辖事项。除非政教协定有特别规定,否则教会法婚姻与世俗法婚姻之间没有必然联系:根据世俗法缔结的婚姻不必然产生教会法中的婚姻,而根据世俗法的离婚(divorce)也不必然产生教会法中的无效(nullity),[1]它们须根据不同的法律体系各走各的程序。有些人可能会对婚姻属教会事务并受教会法管辖深感困惑,甚至会对教会法中的某些相关条款颇为不解,如《教会法典》第 291 条:"除第 290 条第 1 款之情况外,神职状身份的丧失并不因之而豁免独身义务,惟通过罗马宗座(Romanus Pontifex)[2]可豁免之。"但实际上这里所规定的仅为教会法婚姻(canonical marriage),而非世俗婚姻,二者完全不属于同一法域。

部分由于我国没有二元法体系的历史记忆,部分由于我们身处的时代已是世俗法高度发达的社会,现代社会的范式潜移默化地影响到我们对中世纪的理解,所以我们往往会产生种种误解。在中世纪,主教往往兼任政府文官,科隆大主教、美因茨大主教和特里尔大

---

① 离婚和无效的本质都是解除婚姻法锁,而区别则在于公权机构评价不同:无效在世俗法中是指不承认其合法性,在教会法中则指不承认圣事的有效性、但承认其合法性,无效在教会法中的确切性质因而是合法但(圣事)无效。圣秩圣事也存在类似现象,没有宗座任命祝圣主教属非法但(圣事)有效。国内混淆离婚和无效的现象较为普遍,少数术语精确的文献参见何玲丽:《论教会法中的无效婚姻制度》,《法律文化研究》,第三辑,2007,347~354 页。

② 法典中并没有"教宗",而只有"罗马宗座",其在拉丁语中的同义词至少还有 Apostolica Sedes(宗座)和 Summus Pontifex(最高宗座)。伯尔曼、乌尔曼等学者使用频率较高的相应措辞是 papacy,不过它并非专业术语,教会正式文件中并不使用之。

主教甚至还是国王选举人（Kurfuerst，又译"选帝侯"）及其邦国境内的最高行政长官，黎塞留枢机主教亦以法国宫相身份而权倾一时，但人们不能因主教对政治治理具有如此重要性就得出结论说国王应当拥有任命主教的权利。格里高利改革迄今已逾 800 余年，尽管教会法的管辖范围和影响力已远远无法与中世纪相比，如神职人员刑事犯罪已不再豁免于国法的管辖，①但教会对授职权之争中的核心事项，即主教任命权这一传统教会事务的管辖权不仅没有放弃，甚至还有所强化。②

诚然，授职权之争（lotta per le investiture）的确是争战（lotta），在中世纪主教任命权深系着王国-邦国的治理品质、和平乃至安危，正如乌尔曼（Walter Ullman，1910—1983，又译"厄尔曼"）所说的"唯有借主教和修会长，任何王室政府的稳定才能获得保障"。③ 因此问题并不在于王室政府是否应该去争夺，而在于双方所争夺的究竟是什么，其角度和正当性依据是否一致？ 换言之，授职权之争在性质上是对各自本权（la propria potestà）范围内的争夺，还是权限划界的争夺？《沃尔姆斯协定》（1122）规定世俗治权标志物 regalia 和教会治权标志物主教权杖分别授任，④这清楚地表明它们是两种性质的治权，具有不同的权威来源和管辖范围，只是必须落实在同一主教身上而已，这也正如教会婚姻和世俗婚姻会落实在同一个身上。尽管此后关于主教任命等事项的争执并没有在事实上（de facto）终结，但国家和教会

---

① 在中世纪，教会法管辖权与神职身份乃至教堂修院等宗教建筑物的结合紧密（世俗封建法的管辖权也有此特征），教堂的庇护权正与此有关。管辖权由案件或诉讼的性质、而不是当事人的身份加以决定是逐渐发展出来的，其构成了梅因所称的"从身份到契约"的历史进程的一个重要环节。

② 参见《教会法典》，第 377 条第 5 款："在今后，主教的遴选、任命、推荐或指定之权利和特权不再授予世俗当局。"

③ Walter Ullmann, *A Short History of the Papacy in the Middle Ages*, London & New York: Routledg, 2003, p. 92。

④ 《沃尔姆斯政教协定》中的相应规定可参见 Berard L. Marthaler（edi.），*New Catholic Encyclopedia*, 2nd edition, vol. 14, 2003, Detroit: Gale Group, "Worms, Concordat of Worms", pp. 849~850。

在各自主权范围内划界的思想却在法律上(de iure)得到了确认和发展,领域性主权的理念也随之发育,而这些不仅对欧洲乃至对整个人类的制度现代化都产生了极为深远的影响。

不过在权限划界的问题上,伯尔曼的阐释却始终有其模糊甚至争议之处,其本人及其引证的观点参见如下:

梅特兰:试图勾勒出"属灵的"(spiritual)和"现世的"(temporal)事务之间的界限是徒劳的。……任何特定时间和特定国家中划出世俗法与教会法领域之间的边界,都是粗糙的、不科学的,以至版图的得失均难以察觉。①

伯尔曼:这里存在着这一极其令人不快的情形,即有两套法院,一套是教会的,另一套则是王室的,它们都宣称对同一案件(the same cases)具有管辖权。这些相冲突性的要求如何解决呢?……而根据教会自己的界定,教会法院所主张的管辖事项却大多是世俗性的。正如梅特兰所指出的,诸如"婚姻案件"之类的术语不仅意味着家庭关系的属灵问题,而且也意味着经常与王座负责的经济秩序或政治秩序有关的财产关系问题。②

根据上面的论述似乎可以"水到渠成地"得出这一结论,即教会和政府管辖权混乱且重叠,中世纪也缺乏正常的理智和常识感,会荒唐地提出和发展一种管辖范围和边界十分混乱的理论。诚然,婚姻、绝罚、禁罚(interdictus / interdict)③等对世俗政治的合法性和稳定影

---

① Frederic W. Maitland, *Roman Canon Law in the Church of England* (London, 1898), pp. 56~57. 间接引自 Harold J. Berman, *Law and Revolution*: *The Formation of the Western Legal Tradition*, p. 261。

② Harold J. Berman, *Law and Revolution*: *The Formation of the Western Legal Tradition*, p. 262。

③ 禁罚在教会法中属刑罚范畴,主要指禁止参与圣事罚,如禁止神职人员施行圣事,禁止平信徒参加弥撒领圣体等。中世纪时禁罚可连带实施,处罚国王公侯时整个王国-邦国皆可因此受到株连,此种情况下其功能类似连坐,震慑力甚大。随着现代个人主义思潮的兴起,有机体式的集体观受到相当大的冲击,刑责自负逐渐被视为法制文明的基本信条,连坐式刑罚在教会法和世俗法中都已大为消退。

响巨大,但影响是一回事,管辖权是另外一回事。在 21 世纪的今天,已经没人会去质疑婚姻、主教任命等属教会法的专有管辖事务,那么我们在分析和评价中世纪时也不应对此有所怀疑。因此,梅特兰关于"任何划界都是粗糙的、不科学的"的论断,以及伯尔曼关于"教会法院所主张的管辖事项大多是世俗性的"论断,都是有一定争议的。

不可否认的是,二元管辖的冲突在某种程度上始终是存在的,但我们对冲突的性质必须加以精细辨明和阐释。管辖冲突大体分为两种类型:一、管辖竞合型,这类案件的各自划界现已十分清晰,如几乎涉及每个人生活的遗嘱类案件就已再为教会法所管辖;[①]二、管辖并行型,如婚姻、财产类案件,其二元管辖沿袭至今。而人们通常所说的管辖权冲突主要都属于后一种类型,伯尔曼列举的婚姻、财产类案件莫不如此。但严格说管辖并行类案件并不是真正的冲突,因为双方管辖范围根本就不属同一法域,冲突仅仅是就外部性的相互影响而言的,也即这些案件并不属于伯尔曼所称的"同一案件"(the same cases)。以财产类案件为例,由于教会法在税费和教产的取得、处分、管理等事项上有着自己的一套规定(《教会法典》第五卷题为"教会财产"),所以某一教产的归属与世俗法中的结果可能一致,也可能存在不一致,冲突尽管在所难免,但这并不意味着对对方管辖权及其正当性的否定。二元法体制对历史和现实的巨大意义也正在于此:要避免二元管辖权上的冲突绝不应诉诸压制或否定圣座主权或教会法管辖权,而应诉诸现代法治政府的深度建构,以使两套不同的主权和法律系统能在各自范围内独立行使、和谐并存。

---

① 遗嘱类案件之所以为教会法管辖也是因为在中世纪神职人员乃至教会在相当程度上发挥着公证系统和遗嘱执行机构的功能。遗嘱案件为教会法管辖也有其自发形成的因素,是社会对神职人员和教会的信赖所致。梅特兰并没有充分认识到这一点,在他看来这是管辖权混乱的表现,伯尔曼的引证参见 Frederic W. Maitland, *Roman Canon Law in the Church of England*, London, 1898, pp. 56~57。

### 三、教会政府理论的革新:圣秩权与管辖权的分离

与圣座主权的管辖范围紧密相关的问题便是管辖方式。格里高利改革不只是争夺主教任命权并确立教宗制度而已,它更是一场教会政府理论或治理理论层面的革新。伯尔曼、高德梅等之所以说格里高利改革之后的教会是第一个现代政府,其主要原因之一就是教会较早地发展出了相对成熟的政府理论,它体现在教会权威来源、教会公职体系的公共化等诸方面,伯尔曼对此也给出了相当多的分析。不过部分地由于他始终不愿采纳教会法或官方教材中的术语、概念和体系,部分地由于我国尚没有教会法教科书译本问世,所以对他的论述还需要进行再解释。教会政府理论的更新所涉甚大,本文只从如下两个层面简析。

#### (一)圣秩权与管辖权/治权分离

首先参见伯尔曼的相关论述:

圣秩权(ordination)和管辖权(jurisdiction)之间的鲜明区分在 11世纪晚期和 12 世纪首次发展了出来,它构成了罗马教会的基本宪法性原则之一。圣秩是一个圣事,也即神恩的一个神圣标志。因着圣秩圣事(By ordination),每一个司铎都从上帝那里取得了做弥撒、主持圣体圣事、听忏悔、指示补赎以及实施其他圣事和教士主持的仪式的权威;而主教因着圣秩圣事(by virtue of ordination)还可以祝圣司铎或主教。而管辖权则不同,它是由作为社团性法律实体的教会(the church as a corporate legal entity)所授予(conferred)的一种权力。这种权力是据法而治的(govern by law),即在法律所规定的限度内"言说法律"(jus dicere)。因着管辖权(By virtue of jurisdiction),每一位主教都在其教区内拥有最高的立法、行政和司法权威,他只服从于教宗,这也正如教宗借着管辖权之功效而在全教会中拥有最高的立法、行政和司法权威一样。这种权威源于管辖权,只能由被合法授权的人加以实施。例如教宗可以(could)任命一位执事作为法官去审

理两位主教之间的争讼。而这种权力在格里高利改革之前是不存在的。①

这些权力赋予(attach)教宗并不是因为他是罗马主教,相反,赋予罗马主教这些权力是因为他是教宗。也就是说,赋予他这些权力并不是因其圣秩权(by virtue of his ordination)(potestate ordinis),而是因其管辖权(by virtue of his jurisdiction)(potestate jurisdictionis)。②

上面两段论述阐述了圣秩权与管辖权的分离,有必要进一步解释的是:

第一,圣秩权。圣秩指的是执事(助祭)—司铎(司祭)—主教(大司祭)这三个神品(中世纪还存在过其他小品)。在教会传统信理看来,圣秩、洗礼和坚振这三项圣事会产生不灭的神印(indelible character),③成为神职人员必须领受圣秩圣事(东正教亦然)。这一做法及其信理远在格里高利改革之前即已形成,④根据这一信理,圣秩圣事构成了平信徒和神职人员的根本区分,神职人员因此具备了主持圣事礼仪、降福驱魔等的神圣能力。而国王即便有神圣的登基加冕礼也不属于神职阶层,⑤这也正如布赫洛所说的:"在中世纪,一个国王无论傲慢和有权势,他都不能认为自己有权举行弥撒圣祭,祝圣面包

① Harold J. Berman, *Law and Revolution：The Formation of the Western Legal Tradition*, p. 207。

② Ibid, p. 206。

③ 参见《教会法典》第 845 条第 1 款:"洗礼、坚振和圣秩圣事,赋予神印,不得再次领受。"

④ 通常认为圣奥古斯丁是发展此神学理论的奠基人,高德梅即明确指出"圣奥古斯丁是西方第一个论证了洗礼和圣秩圣事会产生不灭的'神印'",*see* Jean Gaudemet, *Storia del diritto canonico：Ecclesia et Civitas*, traduzione dal francese di Alessandra Ruzzon e Tiziano Vanzetto, Milano：San Paolo Edizioni, 1998, p. 89。

⑤ 在中世纪史大家中,乌尔曼是坚称国王亦为神职人员的少数派,参见 Walter Ullmann, *The Growth of Papal Government in the Middle Ages：a Study in the Ideological Relation of Clerical to Lay Power*, New York：Routledge, 3rd edition, 2010, p. 402；以及[英]沃尔特·厄尔曼:《中世纪政治思想史》,夏洞奇译,81 页,南京,译林出版社,2011。

和葡萄酒,使上帝降临在圣坛。"①这一点在法理上意味重大,王党派虽尽力为君主争夺授职权而辩护,但却始终无法与教会理论家相抗衡,其根本原因之一就是圣秩圣事构成了横亘在世俗与神职阶层之间的根本分水岭。②

第二,圣秩权和管辖权的关系。伯尔曼说 11 世纪晚期和 12 世纪发展出的圣秩权和管辖权的区分构成了罗马教会的基本宪法性原则之一,可见其重要性。所谓的管辖权(potestas iurisdictionis/the power of jurisdiction)即治权(potestas regiminis/the power of governance),其原则上只与具体教会公职相对应,不可能空洞地存在。而圣秩(权)并不对应具体教会公职,它只是后者必要的资格和条件,这一关系被经典地保留在《教会法典》第 129 条第 1 款之中:"治权(potestas regiminis)基于圣教体制而专属于教会,亦称管辖权(potestas iurisdictionis),领圣秩者得依法律之规定而被授予治权。"

以主教为例,严格说主教只是最高神品,至于其本人究竟是担任教区主教、辅理主教、修会长、宗座使节(pontifical legate)、教廷部会官员、枢机甚或教宗等治权公职,则是另外的问题。司铎亦然,其具体治权职务可能是本堂主任司铎、主教总代理(vicar general,又译"副主教")、主教代理(episcopal vicar,又译"主教代表")、司法代理(judicial vicar,又译"司法代表")、神学院教授等。相应地,褫夺(privation)、撤职(removal)等制裁针对的只能是治权职务,而能不针对圣秩本身(圣秩不可磨灭,只能宣告无效)。对此可以借用一个不甚恰当的比喻,即执事、司铎、主教这三级圣秩相当于我国目前体制中的

---

① Marc Bloch, *The Royal Touch*: *Sacred Monarchy and Scrofula in England and France*, translated by J. E. Anderson Bloc, London: Routledge, 1973, pp. 108~109。中译本参见[法]马克·布洛赫:《国王神迹:英法王权所谓超自然性研究》,张绪山译,160 页,北京,商务印书馆,2018。

② 顺便说明的是,后来新教派系只保留了洗礼和圣餐(Eucharist,天主教、东正教译"圣体")两个圣礼/圣事,但神职人员须领受按立礼,平信徒不能上祭台实施圣礼,也不能按立牧师。所以路德关于"人人皆祭司"(priesthood of all believers)的思想并不意味着要完全取消神职人员和平信徒的所有区分。

讲师、副教授和教授三种职称,而教师、(副)系处主任、(副)校长等职务才对应具体的行政管理职权。正如职称与行政职务没有必然联系一样,主教之间的权力层级和责任关系也与主教圣秩没有必然联系;同理,教授退休之后其职称并不丧失(职称是主体性的),这也正如教宗本笃十六退位之后虽不再拥有治权、但主教圣秩并不丧失一样。

## (二)治权的来源与教会社团

既然治权并不直接来源于圣秩权本身,那么其权力来源就必另有解释。对此伯尔曼给出了一个颇具实证主义色彩的解释,即治权是授予的(conferred)。但他毕竟不是哈特(H. L. A. Hart),[①]不会从分析法学的角度去阐释,而是从社团这一大陆法系比较常见的角度进行了解释。其论述参见如下:

> 因此 11 世纪时教会是第一个自称为社团(corporation)(即社团 *universitas*)的团体(collective)。主教和司铎的权威(authority)此前仅仅来源于圣秩圣事,而这时被认为亦(also)来源于管辖权(jurisdiction);这是第一次他们要经宗座同意而被任命("根据上帝和宗座的恩典"),并只能由宗座撤职。主教被认为是社团性质的教会(corporate church)的官员。他的"管辖权"包括根据一套共同的程序法与实体法,在他的法庭中审理案件的权力和职责,而败诉的一方有向罗马教廷上诉的当然权利。[②]

> 依照教会法学家的观点,正是作为社团法律实体(as a corporate legal entity)的教会才把管辖权授予(conferred)了个体教会官员(如教皇、主教、修院长),并且也正是社团相关法才决定了其所授予的管

---

① 哈特认为教会法根本就不是实证法,*see* H. L. A. Hart, *The Concept of Law*, 2nd edition, Oxford: Clarendon Press, 1994, p.294. 哈特这种态度反应了普通法系学者对教会法的无知和偏见是较普遍的。但如果哈特亲密圈子中有人提醒他圣座不仅拥有主权和管辖范围,还有自己的独特政府理论,相信哈特一定会给出精彩分析,甚至可能会对其整个理论体系做出某种调整。

② Harold J. Berman, *Law and Revolution: The Formation of the Western Legal Tradition*, p.150.

辖权的性质和限制。①

正如所见,伯尔曼明确地说治权来源于教会社团(ecclesiastical corporation)。众所周知,"社团""财团"是大陆法系中的特色化概念,普通法系学者能给予充分关注的毕竟较为少见。或许是担心美国读者难于精确理解,他还特意解释说社团(corporation)就是人合团体(universitas personarum),与财团(universitas bonorum/foundation/Stiftung)相对。② 需要注意的是,伯尔曼对社团的人合性(personarum/of persons)和法人(legal person)这两个维度均给予了强调,法人财产所有权方面尤其如此。③ 但颇为遗憾的是,伯尔曼并没有进一步探讨教会社团在教会法和世俗法中的各自法人身份,以及财产所有权上的不同法律依据(教会法中也有自己的所有权制度)。如此一来教会法和世俗法在此方面的冲突和协调这一重大问题也就没有被触及,如世俗法乃至后来各国民法典如何安置和评价教会法人及其财产所有权等问题。④

但伯尔曼的敏锐之处却不能否认,即把权威来源问题与教会社团

---

① Harold J. Berman, *Law and Revolution*: *The Formation of the Western Legal Tradition*, p. 215。

② Ibid. , pp. 239~240。

③ 分别参见 Harold J. Berman, *Law and Revolution*: *The Formation of the Western Legal Tradition*, pp. 215 ~ 221, "Corporation Law as the Constitutional Law of the Church"; Harold J. Berman, *Law and Revolution*: *The Formation of the Western Legal Tradition*, pp. 237~245, "The Canon Law of Property"。

④ 教会社团法人最基层的单位是堂区,参见《教会法典》第515条第3款。我国有些学者对这类社团的人合性质有所疑问,这是因为其属于世俗法理论已很少提及的非集体性(non-collegial)社团。在典型的教会社团中,堂区、教区、神学院为非集体性社团,而修会、主教团则为集体性法人。非集体性社团是指重大事务无须所有成员集体性参与,如堂区和教区事务原则上即无须平信徒参与,而主要是神职阶层的事务。从这个意义上说,神职人员相当于堂区和教区这类社团的积极成员,平信徒则相当于消极成员,他们也因之各有不同的名册和档案(建制性强的新教派系也有类似制度)。教会社团法人的人合性质由此得到说明。而教堂则是具体教会社团的财产,而不应设立为财团,否则教堂就会脱离与社团法人的法律关系,并须适用财团的治理方式,教会法中当然不会有此规定。但我国《民总》第92条第2款、《宗教事务条例》等却规定了宗教活动场所捐助法人(财团)制度,这显然与教会法有较大冲突,需要协调。

联系了在一起。以宗座为例,其令人敬畏的权力尽管可以说是源于其职位(by virtue of his office),但从深层上说则来源于普世教会社团。同理,主教的治权来源于地方教区或修会这类教会社团。有人或有所疑问,主教由宗座任命并向其定期述职,而主教的治权却并不来源于宗座,似有矛盾之处。为避免复杂,这里只提及一点,即地方(正权)主教虽由宗座任命,但其在法理上却并非宗座的代理,而是宗徒统序的继承人,其治权也因而是一种法定职权,以自己的本权治理地方教会,可完整地实施立法、行政和司法三种权力形式。由是,格里高利改革所旨在建立的不仅只是教会中央集权制而已,而更是教会权力体系的非个人化(impersonalità)或公共化,任何人就任宗座或主教都有同样的职权,教会这部权力机器的运行也因此获得了远超乎个人性因素的品格。而同一时代与之相对的,则是以权力个人化和私家化为突出特征的封建体制下的世俗政权。孰高孰低,自不难判断。

唯需特别注意的是,教宗与其他主教在法理上并不是君臣关系,而是集体性关系(collegialità,又可译"伙伴关系"),罗马主教拥有的只是从伯多禄/彼得的宗徒长身份发展出来的首席权(Primato)。[①]正因为此,普世教会没有、也不能建立自己名义上的中央官署,而只能由罗马教会担当普世教会的治理任务。也即西部教会的治理结构相当于首都市长兼任元首、首都政府兼任中央,这构成了教宗制和教会中央集权制度在法理上的特殊品格。而这一现象与大英帝国没有自己名义上的政府、帝国治理原则上由英国政府担当类似。当然,世界主教团(其最隆重的形式为大公会议)在法律形式上的确是超乎了狭义上的罗马教会,但由于它与国家议会不同,不是常设的机关权,不行使通常意义上的、完整的治权,所以说"教会没有、也不能建立自

---

① 历史地说,罗马主教在主教中享有首席权,包括君士坦丁堡牧首/宗主教(Patriarch)在内的东部教长对此并无争议,这一点突出地表现为罗马主教及其代表在很多正式场合中享有礼仪上的优先地位,罗马主教在普世教会中的治权也在形式上被尊重(实际上多通过技术手段加以屏蔽)。但对东部教会而言,所有主教都要由罗马主教任命的教宗制度已经远远超过了"首席权"一词所涵盖的内涵。

己名义上的中央官署"并无不当。

最后,在论及圣秩权和治权的分离时,也要需要避免另一个极端,即过度强调二者的分离。这种极端的分离说在历史上是作为异端被谴责的,其中最突出的学者之一就是担任过巴黎大学校长的马西利乌斯(Marsilius of Padua,1275-1342,又译"马希略"),其认为只有圣秩权才是真正意义上的教权(potestà ecclesiastica),而管辖权(potestà di giurisdizione)则是世俗性的(civile)。[①] 正是基于这一理论基础,其认为主教或教会的权力与世俗权力一样,原则上都应来源人民中所谓优秀人士构成的立法机构的授权或选举(不包括社会底层),并应受其控制,即人民主权理论。[②] 不过伯尔曼没有这样的极端性表述或暗示,他举例说教宗可以(could)任命执事作为法官审理主教间的争讼,[③]而执事尽管神品低微,但亦然属神职阶层,平信徒无论如何是不能担任宗座法院法官的。格里高利改革最显著的一个成果或目的就是要通过一系列严密复杂的制度将包括君主在内的平信徒排除在神职阶层和教会核心治理圈之外,伯尔曼通书对此原则的阐述是明确的。

### 四、绝对主权者的建构:plenitudo potestatis 及其误解

当使用圣座主权作为分析工具时,主权管辖范围及其正当性问

---

① Daniel Cenalmor, Jorge Miras, *Il Diritto della Chiesa : Corso di Diritto Canonico*, traduzione di Eloisa Ballarò, Roma: Edizioni Università della Santa Croce, 2005, pp. 203~204。

② 马西利乌斯的代表作为其大小卷《和平保卫者》(*Defensor Pacis*)。英译本参见 Marsilius of Padua, *The Defender of the Peace*, translated by A. S. Brett, Cambridge: Cambridge University Press, 2005. 小卷汉译本参见[意]马西利乌斯:《和平的保卫者(小卷)》,殷冬水等译,长春:吉林人民出版社,2011。伯尔曼也提及了马西利乌斯的人民主权理论,参见 Harold J. Berman, *Law and Revolution : The Formation of the Western Legal Tradition*, p. 275,但并没有提及他的圣秩权-治权分离学说。

③ 这个例子不具有典型性,宗座法院对法官乃至律师有着极为严格的资质限制,仅教会法学习和从业经验年限就使得执事很难进入法官行列,伯尔曼在其他地方明说过宗座法院法官为枢机、主教和司铎,see Harold J. Berman, *Law and Revolution : The Formation of the Western Legal Tradition*, p. 209。

题会首先迎面而来,而紧接着的便是主权者及其权限问题,而这两个角度的问题本质上都与教宗制紧密相关。离开教宗制,不仅圣座主权就是空洞的,关于教会基本制度的一系列问题也会不断缠绕人们的头脑:如教宗制度为什么是终身制,而不能采取任期制?为什么教会法中始终无法发展出责任政府、司法独立等现代制度?为什么世界主教团或大公会议这样更具代表性的权威当局,其权力不能高于教宗?为什么教会要确立"宗座无误论"这样的信条,而不对宗座的权力进行制度性制衡?为什么圣座驻各国使节的头衔都是"宗座使节",而不是"圣座使节"?不经 14 亿教徒选举、也不向他们负责的宗座和教廷高官,其重大外交政策是否会代表教会的根本利益,决策团队是否存在被收买或胁迫的可能,乃至做出有违教会基本宪制的决策?等等。

伯尔曼没有直接回答这些问题,有些问题也并非其着意之所在,而更多的是属于狭义教会法学的研究范畴,但他对教宗制的建构及其特征的分析却对上述问题给出了初步性的回答。

熟悉《法律与革命》第一卷的人都知道,"教皇革命"(Papal Revolution)是其基本线索,①所占篇幅也甚多。为简易故,这里只选其中最具标志性的术语 plenitudo potestatis 为切入点做一特定的分析。伯尔曼的相关论述参见如下:

> 以格列高利改革尤其是 1075 年格列高利《教宗如是说》(Dictates)为基础,12 世纪晚期和 13 世纪的教会法学家将教会中的

---

① 在伯尔曼看来,格里高利改革本质上就是教皇革命。对这一看法学界是有争议的,美国中世纪史学家洛根(F. Donald Logan, 1930— )就说伯尔曼的做法虽部分正确,但"扭曲了历史的真实性"(distorts the historical reality),see Donald Logan, *A History of the Church in the Middle Ages*, London and New York: Routledge, 2002, p. 106. "教皇革命"这一概念更多是精英史观的产物,伯尔曼也因此对那场宏大教会改革在目标的和阶段上的复杂性以及微观社会支持力量等因素缺乏应有重视,如修会的制度性强化和勃兴、神职人员单身制度的大范围推广(从主教推广到司铎)、教长选拔和神职晋升考核制度的改良性提升等。这些不仅影响到了他对教宗制度的分析,也影响到了该书第二卷中对新教改革的处理,如没有解释为什么路德、加尔文等要坚决取消修会、神职单身制和主教制。

最高治权（supreme governance）（即统治权 imperium）归诸教皇。教宗是教会的元首（head）；[①]所有其他基督徒都是教会的肢体和成员。教皇拥有至上权威（plenitudo auctoritatis）和至上权力（plenitudo potestatis）。[②]

在这一段论述中，宗座的最高治权在本质上即为 plenitudo auctoritatis（英译 plenitude of authority，字面意思"权威的完全/完整"）和 plenitudo potestatis（英译 plenitude of power，字面意思"权力的完全/完整"）。[③] 尽管二者存在细微区别，但通常情况下人们使用 plenitudo potestatis 即可。尽管现代教会法中已不再使用相关术语，但其阐释的宗座权力基本特征迄今并无变化，所以我们可以通过现代教会法中对其做更精准的阐释。相关条款参见如下：

《教会法典》，第 331 条：罗马教会主教延续着主唯独赐给伯多禄/彼得的宗徒长之职权，该职位亦应传承于其后继者；其为世界主教团的元首（caput）、基督的代理（Vicarius Christi）、普世教会在现世的牧者；其因该职位的权柄，而在教会中（in Ecclesia）拥有最高的（suprema）、完全的（plena）、直接的（immediata）和普世的（universali）职权（ordinaria potestate），对此权力其恒能自由地行使之。

该条是关于教宗制的少数几个支柱性条款之一，宗座权力的特征借此被原则性地协定。其中的连续四个形容词最为突出，即 SPIU：suprema（最高的）、plena（全部的、完全的）、immediata（直接的、没有中介的）和 universali（普世的）："最高的"和"普世的"指宗座权力是普世的、终局的；"直接的"指宗座权力并不来自教会或世俗国

---

① 后面会有提及，"教宗是教会元首"（The pope was head of the church.）的表述是有争议的。

② Harold J. Berman, *Law and Revolution：The Formation of the Western Legal Tradition*，p. 206。

③ 根据目前较权威的古典学检索网站 perseus 显示，plenitudo 在武加大圣经中使用较为普遍，就是"丰富""完整"等较常见的表意，参见 http://www.perseus.tufts.edu/hopper/searchresults?q=plenitudo&target=la（最后访问时间 2019.5.13）。

家中更高权威的授权或让渡,可针对教会中任何层级和部类的权力部门直接实施之,信徒亦可越过地方教会当局直接向宗座提出受案请求等;plena potestas(完全的权力)指宗座既可实施教化、圣化和治理职权,也可实施立法、行政和司法这三种治权形式,也即教会中不存在针对宗座权力的保留领域或部类。① 除此之外的"自由地行使"也很重要,其意指教会内外没有任何权力机构或个人有权制衡、监督或阻却宗座权力的行使,无论是实质内容还是方式上。总的说来,plenitudo potestatis(至上权力)的特征可以用 SPIU 去化约。

毫无疑问,这样的制度就是绝对体制(absolutism),②宗座就是绝对主权者(absolute sovereign)。③ 当然,世上从来就没有不受限制的权力,宗座的权力也不可能不受限制,这正如伯尔曼所说的:"选举原则以及广泛吸纳枢机、主教和神职人员的必要措施,还有教会政府体系(ecclesiastical system of government)极为复杂的程度,都对教宗绝对体制(papal absolutism)起到了实质性的限制。"④如教会法中对教宗签署和颁布法律文书等权力存在着联署等复杂的法定限制,而

---

① 美国法史学者彭宁顿(Ken Pennington, 1941—)认为 12～13 世纪早期时,plena potestas 与 plenitudo potestatis 最为接近并经常混用,see J. H. Burns (ed.), *The Cambridge History of Medieval Political Thought C. 350-C. 1450*, Cambridge University Press, 1988, p. 433. 布伦戴奇(James A. Brundage, 1929—)就只使用 plena potestas,认为它即为已足,参见 James A. Brundage, *Medieval Canon Law*, London & New York: Routledge, 2013, p. 116。

② 现有译本将该词译为了"专制主义",并不精确。刘北成教授是较早坚持将 absolutism 译为"绝对主义"的学者,其说明参见[英]佩里·安德森:《绝对主义国家的系谱》,刘北成、龚晓庄译,3页,"中译者序",上海,上海人民出版社,2000。其更多说明可参见 Berard L. Marthaler (edi.), *New Catholic Encyclopedia*, 2nd edition, vol. 1, Detroit: Gale Group, 2003, p. 44, "absolutism"。

③ 有的学者把宗座的主权者身份与教皇国元首的身份联系在一起,如乌尔曼,see Walter Ullmann, *A Short History of the Papacy in the Middle Ages*, London & New York: Routledg, 2003, pp. 50, 59. 据此观点,1870 年教皇国被吞并之后宗座就不再拥有主权者身份。这种观念及其背后的"国家-主权-领土-人民"范式必须加以拒斥,宗座的主权者身份只是与圣座主权有关,而与教皇国无关。

④ Harold J. Berman, *Law and Revolution: The Formation of the Western Legal Tradition*, p. 208。

宗座宪法（apostolic constitutions，现多译"宗座宪章"）的相关程序则最为烦琐。但这些都不影响教宗制的绝对体制性质，因为教会中不存在任何权威拥有制衡、驳回或否定宗座的立法、行政决定或司法判决的法定权力。

有人可能会有所疑问，教宗以一人之躯如何实施如此广泛的权力，仅全球所有主教（含领衔主教）的任命和考察就不堪重负，哪里还再有精力去宗座法院实施司法审判权呢？事实上，宗座与教宗不同，宗座意指非人格化的职位，其在教会法中的性质为公法人，[①]且为一人型社团（corporations sole），与王座（Crown）同理。[②] 一人型社团并没有什么神秘或难以理解之处，独资公司或一人公司即为一人型社团，[③]而宗座或王座之为一人型社团就是指其成员只能是一人，而不能是两人或多人。[④] 宗座既为公法人就必是机关权，这一点突出地表现为教廷各部会和宗座法院等都是其权下的组成要素，也即教廷（Curia Romana）及其各部会首长（多为枢机）只能以宗座名义活动，

---

① 参见《教会法典》，第 113 条第 1 款："大公教会和宗座（Apostolica Sedes）因神意而成为法人。"

② 美国学者奥古斯丁（Charles Augustine）在 1917 年法典注释中亦两次提及宗座和王座同为一人型社团法人，see Charles Augustine, *A Commentary on the New Code of Canon Law*, vol. 2, St. Loius & London: B. Herder Book Co., 1922. p. 2, 7. 有必要提及的是，教会法明确规定社团成员仅剩一人时，其法人人格不必然消灭，参见《教会法典》，第 120 条第 2 款："若集体性法人成员仅剩一人之时，而该社团（personarum universitas）依其章程并未消灭的，则该成员有权行使社团之一切权利。"

③ 在我国民法总则的起草和谈论过程中，有学者认为一人公司或独资公司不符合社团的概念，进而反对社团-财团分类作为法人的基本分类方法，其中比较突出的参见梁慧星：《民法总则立法的若干理论问题》，《暨南学报》，2016(1)，24 页。其对批判的观点参见罗昆：《我国民法典法人基本类型模式选择》，《法学研究》，2016(4)，133~134 页。

④ 徐震宇博士将 corporation sole 译为"单人合众体"，将 corporation 译为"合众体"，这种处理使这些术语神秘化和复杂化了；相应地，将 universitas 译为"共体"也同样有些让人困惑，universitas 通常指社团，现多译为"社团"或"团体"，指财团时大多会加定语，如 universitas rerum 或 universitas bonorum。相关翻译说明参见［德］恩斯特·康托洛维茨：《国王的两个身体：中世纪政治神学研究》，徐震宇译，731~734 页，"译后记"，上海，华东师范大学出版社，2018。

而没有自己的本权。① 因此当说任命主教是教宗的权力时，其实并不精确，因为教宗本人根本不参与这些具体事务，实际上是教廷以宗座的名义进行考核和任命。伯尔曼说过"教宗（pope）可以任命一位执事作为法官去审理两位主教之间的争讼。"②我们现在知道这是不精确的，该句主语应为"宗座"，因为教宗本人不会处理具体司法案件，是其权下的宗座法院在以宗座名义进行审理，这也正如王座法院并不是国王亲自审案一样。

就司法制度体系而言，教宗制度的奠基性作用极为巨大。它一方面为上诉和终审制度等带来了强有力的支撑，另一方面却也使得教会始终无意追求司法机构和法官的制度性独立，更没有主张类似理论的教会法学家。这当然不是教会缺乏法律人才或良知责任感，而是因为教宗制在性质上属绝对体制。司法机构一旦独立就会形成相对封闭的权力分支，在司法领域内就会形成自己的保留权域，就会以司法方式制衡、甚至否定宗座至上权，这也正如伯尔曼之所说的："对教宗绝对体制予以宪法性限制的理论因缺乏可向宗座挑战的有效法院而被削弱了。"③所以绝对体制只能是据法而治（rule by law），而绝不可能是依法而治（rule of law），这已经是为古今中外法制经验所充分证实了的结论。因而，当伯尔曼说"教会是一个法治国（Rechtsstaat），即一个以法律为基础的政府"④则属矫枉过正之论。

最后，法典第 331 条中的状语"在教会中"（in Ecclesia）也需要特别强调，它清楚表明宗座至上权是针对教会内部的，而不是对外的。就常理而言，主权者只能在自己的主权领域中行使权力，似乎无需多论，但其实相关误解在我国是相当常见的，有单独说明的必要。对此

---

① 参见《教会法典》，第 360 条："罗马教廷是最高宗座处理普世教会事务之机构，其以宗座名义并依其权力而行使职能，为促进全教会利益而服务；其包含国务院即教宗秘书处、公共事务委员会、各圣部、各宗座法院以及其他机构。"

② Harold J. Berman, *Law and Revolution：The Formation of the Western Legal Tradition*, p. 207。

③ Ibid., p. 214。

④ Ibid., p. 215。

参见如下两段论述：

[法]菲利普·内莫：权力之完满（plenitudo potestatis）

《教皇独裁论》（Dictatus Papae）中的教义对 plenitudo potestatis 即"权力之完满"所做的著名论断中得到了概述。它断言，教皇作为"基督的代理人"，不仅对教会等级制而言，而且对整个人类，对属灵与尘世的整个领域来说均拥有全权。因此，他也对皇帝和国王拥有权威。①

李筠：与罗马法复兴所取得的成果不同，教会法对权力至上性的突破性贡献首先出现在教皇英诺森三世的敕令当中，他首次使用了"完全的权力"（plenitudo potestatis，英文直译为 fullness of power）来描述教皇的至上权力。这个概念的发明是中世纪对现代主权形成的最重要的贡献，它是主权理论产生的核心概念，之后的理论建构都围绕这个概念展开。英诺森三世将"完全的权力"等同于教皇权力，他的潜台词是只有教皇的权力是"完全的"，而皇帝和诸王的权力都是局部的。②

上述学者均认为 plenitudo potestatis 也是针对世俗权力的，这显然是错的。正如法典所规定的，宗座的至上权力只能在天主教会中行使，是针对地方教会及其教长说的，也即他们的教权是不完全的、局部性的，而只有宗座才是完全的、普世的和最高的。

相对上述过于明显的瑕疵之外，还存在着一种较为隐蔽的观点，其认为作为政治有机体的国家只有一个头部，所以王座和宗座并存为双首怪物，并进而得出结论说"世俗之王作为唯一的头部，就成为不可逆转的趋势。"③诚然，一个政治有机体只能有一个头部，但问题

---

① [法]菲利普·内莫：《教会法与神圣罗马帝国的兴衰：中世纪政治思想史讲稿》，张竝译，242~243 页，上海，华东师范大学出版社，2010。

② 李筠：《论西方中世纪王权观：现代国家权力的中世纪起源》，161 页，北京，社会科学文献出版社，2012。

③ 侣化强：《国体的起源、构造和选择：中西暗合与差异》，《法学研究》，2016(5)，175 页。该文章线索是有机体学说，国家作为政治有机体只能存在一个头部/元首，这是对的，但若因此认为王座-宗座并存是双首怪物则是不恰当的，教会与国家不是同一维度内的有机体。

的要害却是教会并不是政治有机体,否则教宗作为教会有形元首(visible head),[①]与国王或总统作为国家元首,二者并存至今的正当性就无法解释。事实上,在现代社会中,将双首并存视为怪物的代表人物主要(但不限于)来自新教君主制国家,如霍布斯等。[②] 不过1982年英国与圣座复交之后,宗座-王座并存得以恢复,宗座对英国境内的公教会的管辖也因之恢复,单首制学说在英国也就此失去了其政治价值。显然,英国自亨利八世以来的数百年中长期拒斥圣座主权和双首并存,并非因为那真的就是双首怪物,而是因为王室-政府与圣公会的关系过于紧密,甚至一度被上升到了爱国主义、区分敌我的高度,乃至清教徒大量去国避难,爱尔兰人以死抗争也不愿并入富裕发达的英国。英国历史清楚地表明,在政教关系良好的法治社会中,国家和圣座主权各自划界、双首并存是再正常不过的现象。

## 结语

在《法律与革命》中,伯尔曼高度强调了二元权威(dual authorities)和二元法体制(legal dualism)的历史性作用,并通过宏大的历史分析对其进行了论述,但他并没有充分注意到圣座主权现象。本文则以此为线索,对伯尔曼的论述进行了再解读,进而阐发了其虽没有明示、但已间接触及的主题:大公教会和国家各有主权,它们分别支撑着自己的管辖范围、法律体系和政府治理,二者并存于历史和当下之中;宗座至上权(plenitudo potestatis)是针对教会内部而言的,与

---

① 根据圣经、教理和教会法,教会的元首是基督,宗座严格说只是"最高权威"(supreme authority),但人们可以说宗座称是教会的"有形元首"(visible head),*see* John P. Beal, James A. Coriden, Thomas J. Green (edited), *New Commentary on the Code of Canon Law*, Study edition, New York: Paulist Press, 2000, p.490; Ernst H. Kantorowicz, *The King's Two Bodies: A Study in Medieval Political Theology*, Princeton: Princeton University Press, 1981, p.194。

② 这种理论可以追溯到中世纪的但丁、马西利乌斯等人,他们所持有的国家观本质上是罗马帝国式的,即教会诞生于罗马帝国之中,因而只是国家权威之下的宗教团体,没有自己的主权和独立于政府的管辖领域。

外部性的政治国家无关。很自然地,这些都并非无关痛痒的琐细,而是涉及我们对西方法制史的方向性判断和结论,否则我们就很难精确理解二元体系的复杂关系以及它究竟以何种方式影响了欧洲法制和社会发展的。

目前我国学界对圣座主权有恰当了解的还非常之少,能进一步将圣座主权与教会法体系及其管辖权联系起来的就更少之又少。影响所致,多数学者还只是从国家法的角度去评价衡量教会和教会法,而不会从相反的角度去看问题,也即不会从教会法的角度去评价衡量政府和国法的正当性及合理性。明眼人不难看出,这种观念或方法论本质上就国家主义范式(the statist paradigm),唯国家主权观和唯国法观即是其最典型表现。这种范式不仅会影响我们对中世纪法制史的理解,也会影响我们对法治国家政教关系的理解,还会影响到中梵关系的具体推进。康德说"要勇于认识!"(Sapere aude),这话是极富洞见的,在很多时候认识不仅仅只是知识领域的量的拓展,也是对我们视为天经地义的信念的一种挑战和冲击,我们也许同样需要勇敢地去认识与国家主权相并存的另一主权体:圣座!

# "教皇革命"时期英格兰城市法的分化(1066—1200)
## ——一个伯尔曼尚未言明的问题

康　宁[*]

### 一、尚未言明的城市法:"模仿"或者"对抗"?

在《法律与革命》一书中,哈罗德·伯尔曼教授分析了 1075 年"教皇革命"对西方法律传统形成的关键性作用。伯尔曼教授认为,以"授职权之争"为起点的"教皇革命"开启了教会法(Canon Law)体系化的进程,同时推动了世俗法与教会法之间的吸收与借鉴,这使"教皇革命"以后的西欧法律秩序在内聚性与精致性上有所增强,包括封建法(Feudal Law)、庄园法(Manorial Law)、王室法(Royal Law)和城市法(Urban Law)在内的世俗法律体系为此提供了佐证。[①]

* 康宁,法学博士,中国人民公安大学法学与犯罪学学院讲师。本文受中央高校基本科研业务费项目《网络安全法语境中关键信息基础设施识别研究》(2020JKF321)、国家社科基金后期资助项目《在身份与契约之间:法律文明进程中的欧洲中世纪行会》(18FFX001)支持。

① [美]哈罗德·J.伯尔曼:《法律与革命》,贺卫方、高鸿钧等译,338 页,北京,中国大百科全书出版社,1993。

伯尔曼教授分别考察法兰西、德意志、英格兰和意大利等地区的城市并认为,伴随"教皇革命"以后中世纪城市的繁荣,城市法的发展也呈现出吸收借鉴教会法成果的重要图景。[①] 中世纪的城市区别于古代希腊的城邦,更加区别于近代以来作为政府管理末梢的城市,而是一种介于自治与附属之间的形态。他得出了大致三个方面的结论性内容:首先,尽管中世纪城市的兴起得益于农业生产恢复的社会因素、贸易稳定繁荣的经济因素以及多元权力竞争格局之下政治因素,但更准确地说,"教皇革命"为中世纪城市的兴起提供了机缘,许多城市本质上是摆脱了封建依附关系、具有"教会精神和特征"的誓约共同体,它们是市民的宗教联合,体现了教会"改革并拯救世俗社会的热忱"[②]。其次,城市法具有一定的教会法属性,城市法律的执行也通过宗教誓约而具有权威,正是借鉴了教会法固有的体系化特征,城市法在组织结构、司法程序、商业经营、对外往来等方面发展起来了。最后,11 世纪的欧洲城市与城市法毕竟不是随处可见,它不存在于没有教会和教会法的地区,可见世俗秩序与教会法之间存在必然的联系,"正如教皇革命导致了近代西方国家的产生一样,它导致了近代西方法律体系的产生"[③]。据此伯尔曼教授认为,"教皇革命"时期,欧洲"每一种不同类型世俗法的发展,部分在于对教会法的模仿,部分在于对教会法的抗争"[④],中世纪的城市法恰是这种"模仿"与"抗争"的例证之一。

中世纪欧洲的社会组织与团体无法摆脱基督教世界的精神底色,但中世纪的城市毕竟保有不可忽略的"自发性"色彩。诚然,在"教皇革命"之后很长的时间之内,诸如王室法、封建法、庄园法、城市法等世俗法律体系,没有一个能够主张至高且统一的管辖权。基督教世界共同信仰的存在,使法律的制定和实施多由神职人员进行,教

---

① [美]哈罗德·J.伯尔曼:《法律与革命》,446 页。
② 同上书,493 页。
③ 同上书,141~145 页。
④ 同上书,338 页。

会法似乎最有可能成为最具效力、最具权威和最成体系的中世纪法律样板。尤其"教皇革命"以后的基督教会权倾一时,教会法几乎在诸多法律体系中取得了"月映万川"一般的实际影响力。即便如此,城市法律秩序对这种法律秩序的"反叛"也不容忽视。众所周知,中世纪的城市一部分直接产生于商业、手工业经营者对封建采邑秩序、教会管理秩序的"空间脱离",在濒临港口和交通枢纽的地区,商业据点发展并固定为城市,这些据点通常位于封建采邑领地的边缘地区,产生以后开始吞并近邻的国王属地、封建农庄和教会辖区;另一部分城市,则是来自一些具有开拓思维的教会领主和封建贵族们的"观念脱离",领主和教士也在交通便利的地区建立城市,鼓励商贸发展并从中收税。如果进一步观察伯尔曼教授所提及的德意志、法兰西、意大利与英格兰的城市,则发现中世纪城市法的产生与演进似难一概而论进行描述。城市如何在王权、领主或者教会环伺的中世纪社会谋得法律实施的空间?这一问题的答案,至少体现出两种不同的城市法路径:

第一种,在德意志、意大利中南部和尼德兰地区,由于统一王权的长期缺位,作为精神指引的教会法突出了体系性与权威性,诸如城市法等世俗法律秩序对教会法的吸收与借鉴是直接性的,这种情况在"教皇革命"以后有所强化,教会法的确成为更具象征性的高位阶法律渊源。在这些地区,城市选取教会中的圣者作为守护神①,或者借"圣父、圣子、圣灵"的名义成立社会组织并实施法律②。这无疑符合伯尔曼教授的论断。

第二种,在国家行政体制成熟较早的英国、法国以及西班牙地区,教会法的影响力与前一种存在较大的差别。由于强大王权的存在,尤其是 11 世纪的英国已经形成了稳定的王国形态,教会法的影响很大程度上受到王室法和封建法的阻抑。伯尔曼教授也注意到,诸

---

① Gene Brucker, *The Civic World of Early Renaissance Florence*, Princeton University Press, 1977, p. 58。

② Cura di Anna Maria E. Agnoletti, *Statuto Dell' Arte della Lana di Firenze*, Firenze: Felice le Monnier Editore, 1940, p. 13。

如英格兰的伦敦这类城市,受到教会法的影响大多停留于有限的法律形式、术语等方面,这种情况下的城市法,毋宁是在王室控制松弛情况下系列特权的成文化。当然,如果沿着这一逻辑,城市法的研究就从"参照教会法"转而进入"参照王室法"的路径。但这至少已经表明,城市法自身产生与发展的真实情况并没有得到足够的关注,这也是伯尔曼教授尚未言明的问题。

中世纪的城市法,实际是中世纪城市不断凝练、确认规范性内容的过程,这一过程当然包括借鉴并获得外部秩序的认可,但也更是城市法自我赋权并加以实施的过程。实际上,早在"教皇革命"之前,欧洲西部与南部的城市已经借力商业经营的复苏而兴起,与之同时兴起的还有适用于城市地区的习惯,后者逐渐构成了专属于中世纪城市的法律。总体上看,城市法内容涉及城市的内部事务或者对外往来,再经由王国法律或者特许状的形式稳定下来,最终成为正式的法律渊源。在此基础上,中世纪的城市较早地迈出了法律主治的步伐。及至"教皇革命"的时期,不少欧洲的城市其实已经初具规模,城市法也拥有了稳定的权限并运转良好。作为结果,城市法几乎平行于教会法的发展——它并非是对教会法的简单"模仿"或者"抗争"。

城市法是欧洲中世纪的重要法律单元,围绕其展开的研究应当回归历史实证的分析。为此,我们选取英格兰王国的城市法,研究的时限定于 1066 至 1200 年,这是中世纪英格兰城市兴起的关键时期,也是"教皇革命"的时间节点,更是英格兰本地法律与习惯的起步时期。这一期间涵盖英格兰两个王朝,即诺曼王朝和金雀花王朝,涉及约六名国王,诺曼王朝的威廉一世、威廉二世,亨利一世(史蒂芬乱政),安茹王朝的亨利二世、"狮心王"理查德(Richard the Lion Heart)和"无地王"约翰(John the Landless),他们先后为英格兰的城市做出了大量的授权,这构成英格兰中世纪城市法的根基。这一时期可以运用的基本史料包括《末日审判书》(Domesday Book)、《特许状》(Charters)、《卷筒卷宗》(Pipe Roll)、1215 年《大宪章》(Magna Carta)、《克拉伦敦宪章》(Constitutions of Clarendon)、格兰维尔《论英格兰王国的法律和习惯》(Glanvill: *De legibus et consuetudinibus regni Anglie*,下文简称《格兰维尔》)等,材料显示的城市法律内容包括特许状立法、司法裁判、诉讼程序、土地法、动产处分、市民资格、家庭法等多个方面。我们需要回答的问题有:城市法的体系化是否取决于"教皇革命"的历史机缘?如果前述问题的答案是否定的,那么城市法究竟是怎样产生的?既然城市法并非对教会法的简单"模仿"或者"抗争",那么它是何以自成体系并运行良好?这些问题的答案,需要走入城市法的内部,观察城市法自身的表达与实践。

## 二、产生的机缘:功能导向与法律文本的固定化

"教皇革命"是否为英格兰城市法的产生提供了机缘?

答案恐怕是否定的。中世纪的封建社会结构或者宗教信仰,是城市产生与发展的社会环境,它们仅是城市法诞生的外部"刺激"而已。况且,这种外部环境并非仅在"教皇革命"的时间节点呈现较大的特殊性。从盎格鲁撒克逊时期到诺曼威廉的征服,采邑制在英格兰逐步稳定下来,形成了国王、有爵位者、骑士为基础的封建等级制度;大封建主把自己的土地分封给下属,而这些下属又把受封的土地分封给自己的下属,从而形成了一个以土地为纽带的"领主-封臣"层级式关系网,这种层级关系以土地占有和农业生产为基础,再以逆向税收缴纳的形式加以维持。与此同时,世俗领主也向英格兰教会赠与大量土地,教会内部同样分化为不同的层级,诸如教省、总教区、教区等等层级的结构同样稳定下来,尽管教区在外观上以誓约共同体的形式加以维系,但雄厚的财产收入同样是不可缺少的要件。职是之故,无论在封建庄园还是教会,生产经营活动能够受到相当程度的鼓励,从事经营与买卖的专门群体或者地域,会因可观的经济收入而更加受到欢迎,它们逐渐从层级的社会结构中分化出来专司商贸活动,是自然发生的事实。

商业贸易的诉求实现了中世纪城市从无到有的进程,它使中世纪的城市法自诞生之初已经与教会法、封建法做出区分。英格兰的

城市起初是商品交易和经营活动的专门区域,它们建设自己的防御工程,同时保有吸纳劳动力、维护市民利益、拓展商业经营并保障稳定社会秩序的功能导向。1066 年诺曼征服以后,国王、领主或者教会均在不同程度上做出特许,将城市与其他的地区进行有意识的区分。如此一来,中世纪城市的存在,慢慢成为相对"另类"的社会空间——尽管在政治臣服、税收缴纳等方面仍旧与封建秩序保有千丝万缕的联系,但是市民的诉求更是商业性而非农业性的,城市生活的主线是贸易往来而非封建隶属。封建层级制度逐渐成为外部化的因素。城市社会交往的安全性、可计量性不断增加,独特的城市习惯孕育出来并最终沉淀为规则性的内容。这是城市法的诞生,也是城市法区别于教会法、封建法最为重要的符号性差异。

城市法得以从中世纪封建层级式社会结构中分化出来,另一个机缘是其规范性内容经由法律文本获得了固定化形态。这意味着,文字书写的形式对英格兰城市的分化进行了确认。这种法律文件分为两类,一类是诸如《末日审判书》、《克拉伦敦宪章》、《卷筒卷宗》、1215 年《大宪章》等王室综合性文件的相关规定,这些文件中关于城市的规定相对分散,但已具有较强的区分色彩;另一类是城市特许状等专门法律文件的记载,它们分别归属于不同的城市,通过法律权限的界定使其专注于城市"自身的内容"。

城市法律文本的确立,时间上是早于"教皇革命"的。1066 年至1068 年间,《末日审判书》作为诺曼征服之后的第一份法律文件,已经承认了英格兰城市的特殊性,规定城市是区别于封建村落(vill)和乡镇(town)的重要法律主体。尽管就外观而言,《末日审判书》仅是一部"财产之书",其初衷不过是获得更多的税收可能性,是故财产统计方式不过是在全境派出代理人核验地产与不动产,然后进行清单式的罗列以及价值评估等。但是,《末日审判书》中的教区、领主与城市的统计具有鲜明的差异性。细观之,《末日审判书》呈现为土地及各类物品的清单,同时标注所有权人或占有人的名称、物品状况、税值估价,但是,英格兰乡村与城市的侧重点则是完全不同——为封建领主和教会所直接管辖的乡村,侧重列明领主姓名、地产面积、小地产持有人与农户（small holders and cottagers）、磨坊（mills）、牧场与树林（meadows and woods）、地租（rents），还有农用牲口诸如牛、羊、马、猪，以及农业经济作物蜂巢等；城市的统计仅少量涉及土地和农业生活，更多关注城市房屋的所有权、房屋建设、道路修缮、公共区域、市场所在地及贸易额、常住居民和非常住居民的住址及人数，其他还有城市磨坊、铸币场和城市防御力量等。① 不仅如此，《末日审判书》已经明确哪些市镇的财产属于国王、领主或者教会，哪些与三者没有关联性。英格兰城市占据了《末日审判书》中冗长的篇幅，仅华威一城，就罗列了 27 名城市常驻民的实际财富状况。② 梅特兰教授区分了这些城市所有权人和中世纪的封建领主、教会，认为他们是中世纪英格兰名副其实的"他种权利保有者"（tenurial heterogeneity）③。

继《末日审判书》之后，与城市有关的王国其他法律文件也频频出台了。1164 年《克拉伦敦宪章》认可了城市法的权威，将城市法的实施并列于教会或领主的司法实践，该文件第 15 条明确，假如城市与领主、教会出现了适用法律上的分歧，国王可以作为仲裁者，并且充当城市、教会以及领主共同的上诉机构。④ 不仅如此，在 1167—1168 年《卷筒卷宗》的档案记载中，各自治城市均以独立法律主体的身份参与国家财政、税收体系。⑤ 及至 1215 年，《大宪章》进一步认可城市的法定权利义务不容变更，其第 13 条规定"伦敦城的自由和习惯受到保护，其他城市、乡镇、港口的自由和习惯也受到保护"，第 23 条专门

---

① *Domesday Book Yorkshire*, ed. by Margaret L. Faull and Marie Stinson, in *Domesday Book: A Servey of the Countries of England Compiled by Direction of King William I*, generally ed. by John Morris, Phillimore Chichester 1986, 333a, 373a。

② Adolphus Ballard, B. A., LL. B., *The Domesday Boroughs*, Oxford, The Clarendon Press, 1904, p. 5。

③ Maitland, F. W., *Domesday Book and Beyond: Three Essays in the Early History of England*, Cambridge University Press, 1897, p. 178。

④ "The Constitution of Clarendon 1164", in J. A. P Johns, *King John and Magna Carta*, Longman Group Ltd., 1971, pp. 118~119。

⑤ *The Great Roll of the Pipe for the Fourteenth Year of the Reign of King Henry the Second*（A. D. 1167-1168）, ed. by the Pipe Roll Society, the Hansard Publishing Union, 1890, p. 76。

限制国王约翰为了饲养鹰鸟的便利强迫城市增加路桥与河堤修缮的公共服务。[①] 至此,在王国法律文件规定的层面,英格兰城市法的基本形态稳定下来了。

特许状(charters)是专属于城市的法律文件,一般由城市曾经受辖的封建领主或者主教授权确立,更多的特许状是来自英格兰的国王。英格兰的城市大都拥有专属的特许状,其内容不同程度地确立城市自治和市民权利义务的范围,客观上限制了国王、领主与教会之于城市的权力。早在"教皇革命"之前,特许状文书已经在英格兰的城市纷纷登场,其中,诺曼征服之后的城市特许状,几乎是威廉换取英格兰本地支持的必要权力让渡,伦敦、约克、纽卡斯尔、北安普顿等地区相继获得特许状,其他城市则在内容与形式上予以仿效,伦敦的特许状还因条目清晰而成为其他城市特许状的范本。[②] 特许状在英格兰境内大量存在,仅亨利二世任内增补特许状近 30 个,理查德和约翰任内增补特许状 50 余个。[③] 在特许状的约束范围内,英格兰城市的公共事务、市民自由、财产关系、司法诉讼都有了法律文本的依据。尽管城市特许状的管辖范围仍旧具有条件性,例如 1189 年亨利二世颁发诺丁汉的特许状中就有表述:"城市选择的治理者,若使我感到不悦,则我将根据我的意愿进行撤换,且替换者也由我来选择"[④],但是这种"撤换"并不能真正得以实现,反倒是下述条款在特许状中得到了较好的执行,根据 1103 年亨利一世授予主教城市圣艾德芒的特许状规定:"任何人包括国王的公职人员不得在任何情况下干涉城市和城市的居民。"[⑤]对此,伯尔曼教授也给与了充分的认可,"城市法在

① J. C. Dickinson, *The Great Charter*, Pulished for The Historical Association by George Philip & Son, Ltd, 1955, pp. 20～22, Magna Carta clause 13, clause 23。

② John Hudson, *The Oxford History of The Laws of England*, Volume II, Oxford University Press, 2012, p. 814。

③ John Hudson, *The Oxford History of The Laws of England*, p. 812。

④ *British Borough Charters*, 1042-1216, ed. A. Ballard, Cambridge University Press, 1913, p. 244。

⑤ John Hudson, *The Oxford History of The Laws of England*, p. 817。

大多数场合是根据成文的特许状建立起来的,这些既是政府组织的特许状,又是市民权利和特权的特许状。"①只不过,特许状的意义还不止于此——它不仅界定了城市的法律权限,还在很大程度上启动了城市内部法律体系化的进程。城市法一面在特许状的基础上衍生并适用,一面又在特许状的框架内受到限定和化约——遵循这样的线索,中世纪城市法的实践才得以开展。

### 三、法律的实现:权利义务及其实施

城市法保有着怎样的内容与实践?

为建立商业和贸易活动所需的宽松社会环境,英格兰的城市在公共事务、市民基本权利以及法律实施保障等方面实现了卓有成效的探索。中世纪英格兰城市法的展开,表明城市范围内的同类事项按照法定的秩序受到调整,城市内部能够实现权利的促进与协调。

#### (一)城市公共事务

城市市民享有中世纪社会较大限度的意志自由,城市公共事务的处理基本排除了外部因素的影响。市民自由是城市特许状的常规性内容,外乡人在没有身份争议的情况下于所在城市待满"一年零一天"即可取得市民权,迁移到自治城市里的农奴居住时间满足"一年零一天"即可获得人身自由。英王亨利一世授予纽卡斯尔的特许状规定:"如果某农奴来到一个自治城市,并在城内住满一年零一天,那他以后就是一个市民了,可以继续住在这个城市里……市民的儿子得因其父的市民权而享有市民权。"②亨利二世颁布给诺丁汉的特许状,同样规定农户进入城市并居住"一年零一天"取得市民身份,其他人不得抗辩。当然,除了达到"一年零一天"的时限之外,市民身份的取得一般还要求稳定的城市居住状态、稳定的财产并且服从城市生活的法律和习惯等其他条件。由于这种相对自由的城市生活氛围在

① [美]哈罗德·J. 伯尔曼:《法律与革命》,487 页。
② *British Borough Charters*, p. 101。

中世纪社会颇受欢迎,诸如林肯、纽卡斯尔等城市已经加收少量的准入费予以限制。① 无论如何,"市民"成为中世纪社会全新的身份认同。

市民公意是处理城市公共事务的起点,以选举为基础的市民集会、城市议会与市政官等机构也顺势产生了。城市市民保有参与公共生活的权利与义务,可以选择产生城市长官(the aldermen)和议员(the councilor)等。根据《末日审判书》的记录,18 名具有独立承担债务资格的民众相互宣誓,可以成立一个新的城市。1130 年,卷筒卷宗也保留了伦敦市民选择城市领袖的记录。为了确保市民参与公共事务,13 世纪的英格兰城市每年至少召开三次全员性的集会(folkmoots):一次是在九月份的圣米迦勒节(Michaelmas),旨在选举产生新的城市长官并且聆听指令;第二次是在十二月份的圣诞节,用以实现主要市政事务的梳理与监督;第三次是在六月份的圣约翰节(St. John),旨在采取措施保障城市基础生活必须并预防火灾。这些城市集会的地点往往位于城市中心的会堂(guildhall)或者教堂,集会除了进行具体的演说和讨论,还就提案进行公开的投票与竞选,也要负责重大案件的审理和裁决。当然,城市也召开规模较小、规格次等的小型会议,这些会议有的是在城市领袖的主持下每月举行,主要解决城市内部的治安、刑事案件的常规审判;遇外敌入侵等相对紧急的事态,也可以每周召开会议。② 综观中世纪英格兰城市的特许状,其中频频记载"每周只能召开一次会议"的制度性限制,侧面反映了城市会议召开的频繁程度与必要性。

**(二)市民权利**

城市法的专业性和体系性,主要体现为市民权利(burgagium)的清晰。

首先,商业保障及其权利。城市是商业贸易的中心,商业利好是

---

① John Hudson, *The Oxford History of The Laws of England*, p. 840。

② *Borough Customs II*, ed. and trans. M. Bateson, Selden Society, 1906, p. 51。

受到城市法保护的首要内容,这种便利主要及于城市内部的"坐商",也扩及走出城市的"行商"。为了维持城市内部的基本经营秩序,《末日审判书》记载了市民缺斤短两罚款 4 先令的案例,酿造售卖啤酒质量不达标者同样罚款 4 先令。<sup>①</sup> 在特许状的一般性规定中,城市有权自行确认本地产品的质量标准和交易便利,为此可以任命 12 至 36 名数额不等的专门人士予以监督。成立行会开展商业活动更是城市市民的常态,不少行会的章程甚至上升为城市的基本法律规范予以遵循。根据特许状和城市行会的要求,城市内部的商业标准还能跟随市民和市民行会走出城市,逢矛盾纠纷的场合,城市法还为外部的"行商"活动保驾护航。1156 年,亨利二世授予牛津的特许状授权城市市民拒绝城市之外的所有审判,除非遵照所属城市的法律和习惯。作为对价,城市如期向给予授权的王室、领主或者教会支付相应的税收,根据布里斯托的特许状,国王和领主均不得向该城市索取额外的税款,已征收者应当全数归还,涉事领主还可能面临羁押。<sup>②</sup> 在 1215 年《大宪章》的条款中,城市不额外加税的内容又得到了重申,商业经营秩序也进一步取得了稳定性。

其次,关于土地的权利。在中世纪的分封体制之下,土地的继承和流转受到一定程度的限制,城市市民多是无地或者少地的商品经营者,他们的生计并不过分倚重土地。但是,市民仍旧可以持有土地,且由于城市税收豁免权的存在,他们持有土地的代价较普通庄园农户为低。土地保有与处分只需遵照城市本地的规定,保有土地的规则也做出了相对灵活的改进。城市土地的持有主要包括三种类型,即保有地产(tenure)、继承地产(heritability)和可转让地产(alienability)。其中,保有地产的权利是中世纪最为常见的土地权利,在城市中,市民并非因为封建隶属关系而取得土地,而是基于市民权而保有土地,例如根据主教城市圣艾德蒙的特许状,携带地产加入城市的

---

① John Hudson, *The Oxford History of The Laws of England*, p. 823。
② *British Borough Charters*, p. 196。

新市民,假如能够在没有其他人主张地产权利的情况下保有该地产一年零一天,则取得市民权的同时取得地产保有权,此后市民可以在城市的支持下拒绝与之对抗的权利主张。[①] 这意味着,附着于这部分市民持有土地之上的封建采邑关系即告消灭。尽管在一些城市,市民需就新占土地向城市缴纳一笔土地备案的费用,但该费用也是一次性支付完成,王权、领主与教会的势力均不得再作干涉,市民对于土地的保有就是完整的(De tenement clause)。[②] 不仅如此,土地的流转与买卖同样排除了被干涉的可能性,根据《末日审判书》的记载:"如果任何市民希望出售属于他的房屋,而这房屋实际位于某领主的庄园中,尽管并未经过领主的知悉或者授权,他也得以实现所愿。"[③]领主罗格(Roger de Lacy)授予庞蒂弗拉克特城的特许状规定了市民出售土地的大致流程:市民出售地产,应先进入市政厅备案该地产的情况,然后作为卖家向市政厅支付 1 德纳,成交后再由买家向市政厅支付 1 德纳。[④] 莱斯特城的特许状则进一步表明,为了维持城市土地的稳定性,土地买卖除了在城市进行备案之外,还应限于本城市民之间。似乎也是出于同样的理由,圣艾德蒙保障了土地保有者直系亲属的继承权,即除非"确有必要"(with necessity compelling),该土地曾经的领主不得借市民保有权人死亡而收回土地。这种"确有必要"的情况,通常以土地保有人配偶与直系近亲属的过世或难以找寻为前提。[⑤]

再次,动产的支配与处分。中世纪城市的动产主要是市民用于生产和生活的工具,它们具有较强的商业指向性。纽卡斯尔专门列举了市民通常保有的动产,例如风车、烤炉、磨坊等,规定这些动产以及市民的劳务,均可以在城市范围内进行出租和出售。城市内部的

---

① John Hudson, *The Oxford History of The Laws of England*, pp. 833~834。
② 英文解释为 concerning an enclosed tenement,直译为"完全占有"。
③ John Hudson, *The Oxford History of The Laws of England*, p. 835。
④ *Borough Customs II*, p. 82。
⑤ *Borough Customs II*. p. 61。

租售关系受到保护,例如伦敦对市民租赁或买受经营场所与工具的情况进行界定,明确承租人不享有财产所有权,而只是该不动产产权的受托人。根据普雷斯顿的特许状,可以看到城市确认了动产买卖双方之间的定金制度,背信弃义的买受人将失去定金,出尔反尔的出卖人则被强制双倍返还定金。<sup></sup>①

最后,婚姻与家庭的相关权利。中世纪婚姻家庭事务通常属于教会管辖,但市民及其子女一定程度上也享有了豁免。根据布里斯托的特许状,领主和教会受理各自辖区的家庭事务,不应包括城市市民在内。② 特许状还对夫妻之间的财产关系进行规定,参考北安普顿对于嫁资地产(maritagium)的规定,可以看到夫妻共同支配与处分嫁资财产的权利,这种权利仅以夫妻共同意志为基础,此外无涉其他可能干扰的因素:"一男子迎娶妻子和她的嫁资后,若因贫困,可在二人合意的基础上共同出售这份嫁资",与此同时,城市出于保持婚内财产关系的稳定性,又规定:"如果(这对夫妇)尚有其他财产,则不可出售这份嫁资。"③ 与中世纪封建领主对于农奴子女的监护和管控形成对比,作为家长的城市市民可以直接掌握未成年子女的监护权(warship)。根据《格兰维尔》一书中的记载,城市少年必须向他的父亲学习并掌握算数和理财的能力,且能够辅佐他的父亲做事,然后才可由他的父亲认可为成年劳动力。④ 1215 年《大宪章》也提到,国王或者领主不可对城市市民宣称监护权。⑤ 无怪中世纪著名的一则法谚有云,"城市的空气使人自由"——封建隶属与依附的人身关系,在城市市民权利的谱系中"松绑"了。

---

① John Hudson, *The Oxford History of The Laws of England*, p. 839。

② John Hudson, *The Oxford History of The Laws of England*, p. 841。

③ *Borough Customs II*. p. 102。

④ Glanvill, *Tractatus de legibus et consuetudinibus regni Anglie qui Glanvilla vocatur*, ed. and trans. G. D. G. Hall, with a guide to extra reading by M. T. Clanchy, Oxford University Press, 1993。

⑤ J. C. Dickinson, *The Great Charter*, p. 19, Magna Carta clause 5。

### （三）司法裁判

法律的规定在表述上呈现了城市法,法律的实践则将城市法最终道成肉身。《末日审判书》已经记载了伦敦、剑桥、林肯、约克等许多城市皆由专门人士负责审理并裁决案件,这些城市审理案件的场合,构成了中世纪城市的法院(The Borough Court)。城市特许状严格限定了城市司法程序必须在城内进行,即市民只能由城市的司法机关审判,除非卷入英格兰国王的相关的案件,市民不受其他法庭的管辖。根据英王亨利一世给伦敦颁发的特许状:"伦敦市民享有充分的权力任命他们所愿的伦敦市民为市长,并任命任何一人或他们所愿的伦敦市民为法官,此外无论何人均不得对伦敦人民行使司法权力"①。理查德一世授予克罗彻斯特的特许状规定:"市民得以选出法官实行正义,他者不得进行干涉。"②后来,亨利三世确立了城市自行任命验尸官的权力,实际是将关键性的司法取证权和决断权进一步赋予城市。

城市法的实施与运行侧重灵活实用性。城市法院受理最多的案件是债务买卖纠纷,重点惩治盗窃和严重的杀伤类案件。这些案件并未出现明确的类型化界定,受理的程序也不存在实质性的差异,只不过情节严重的案件可能等候每年三次的城市集会进行裁判,一般类型的案件基本在平时就获得裁决,集会日是故得名"法律日"(the law day)。③ 就具体诉讼程序而言,主要的环节有起诉和裁判、扣押和逮捕、惩戒与申诉等。

首先是起诉,言辞为主的诉讼方式使城市司法专注于市民的表达。城市司法将起诉与审判从中世纪的迷信枷锁中解放出来,开始摒弃司法程序中古老的决斗裁判,尽量鼓励当事人的充分表达。严谨务实的市民坚持认为,诉讼决斗使"强者借此欺凌弱者,年轻人借

---

① *British Borough Charters*, pp. 241~242。

② John Hudson, *The Oxford History of The Laws of England*, p. 816。

③ *Borough Customs II*, p. 51。

此欺凌老人,因为老弱之人无法在对抗身强力壮之人的决斗中取胜"①。在城市中,决斗的范围严格受到限制——市民有权利选择决斗之外的方式获得裁决,尽管在双方同意的情况下司法决斗仍旧可以开展,但只要有一方不同意决斗则不适用决斗,后来更是发展为市民在城市之外同样不被强制决斗,此类限制决斗的规定通常表述为:"基于任何事项的诉讼场合,市民均不得被强制决斗。"②作为替代,城市提高了诉讼过程中语言表述准确性(verbal accuracy)的要求,直接的口头表述成为城市诉讼的最常用形式,与口头相伴随的起诉宣誓也发展起来。③ 在伦敦,双方当事人应当对诉讼主张进行宣誓,他们还可以找来 6 到 7 名宣誓辅助人(oath helpers)通过宣誓做出担保。假如当事人败诉,宣誓辅助人也要承担不诚信的责任。

其次,裁判与赔偿的认定。城市裁判以事实为基础,在伦敦,自亨利一世的时代起,城市法庭可以召集 12 名正直人士认定案件事实,重大案件可以扩至 36 人。这些认定者也要进行宣誓,并直接影响裁判结果,认定者中任一人拒绝宣誓即可导致被指控人的败诉,继而进入损害赔偿的认定。以普通伤害案件为例,每一寸可以痊愈的伤口可主张 4 德纳的赔偿金,不能痊愈的伤口则是 8 德纳赔偿金,其他诸如医药费等可预期的损失,也能够获得相应的赔偿。此后,被侵害人还要宣誓不做同样的事情报复加害人。不仅如此,城市还鼓励以诉讼之外的协商解决纠纷,例如根据诺丁汉(Nortingham)的特许状,未构成实质性损伤的侵害行为可以协商解决,"市民意欲伤害另一市民,但未造成流血或者可见的瘀青,则二者可以采用自由市民习惯的协商方式解决纠纷"④。

最后,辅佐诉讼的"扣押"(distraint)、"拘留"(arrest)等强制措

---

① John Hudson, *The Oxford History of The Laws of England*, p. 829。

② "If a burgess makes an appeal concerning any matter, he cannot force a burgess to fight." *Borough Customs I*, p. 34。

③ "defend himself by his oath", *Borough Customs I*, p. 34。

④ *British Borough Charters*, p. 112。

施,在城市诉讼中严格区分了市民与非市民的不同待遇,再由城市内部的治安巡查付诸实践。对于市民所主张的被侵害事由,城市法官可以直接将侵害人先行拘留,再依照城市管辖权进行处理。由于城市是国王和领主的重要税收来源,市民的人身与财产必须经由严格的法律程序才能实施扣押,非市民却可以直接实施扣押处分。根据格兰维尔的记载,在杀伤类案件中,城市被告人还可以在 12 名见证人的担保下获得"取保候审"的待遇。对于被告人是非市民的情况,城市法官可以直接实施监禁,且无需征得非市民所属领主的许可。日常生活中,城市安排维持社会治安的专门人员执行此类任务,他们类似于近代以后的"警察"。在主教城市圣艾德蒙,市政厅每年委派 8 名市民专职负责安全巡查,诸如圣米迦勒节和圣诞节等关键时日,此类巡查由 8 人增加为 16 人,巡查必须日夜轮值备勤,失职人员还将受到处分。[①]

## 四、结论:分化的英格兰城市法及其近代转型

城市法是欧洲中世纪的重要法律单元。尽管就规模来看,中世纪的城市不过是散落在封建领主、王权和教会之间的"碎片",但它们已经尝试开辟商业资本得以存续的法律空间——"城市"与"非城市"的界分,经由法律的文本和实践获得了生命。在此基础上,城市法也从中世纪封建层级式的社会结构中分化出来了。

中世纪城市的法律秩序究竟是怎样的? 11 世纪至 12 世纪的英格兰城市法在以下四个主要的方面有所呈现:一是文本化的存在形态,英格兰城市法包括王国层面的相关法律规定和特许状,它们将城市法的形态固定下来;二是自治性的价值诉求,城市的治理权限是整体有效的,它的商业利导性削弱了城市的封建隶属和宗教附庸;三是市民权利保障的基本内核,城市中的个体享有专属的市民权利,城市法律秩序得以展开并不断具体化;四是严谨务实的法律运作,司法程

---

① *British Borough Charters*, p. 92。

序将城市法成功推向实践,城市法的实施与运行呈现出灵活实用的图景。这样的城市法,与其如伯尔曼教授所说体现了教会"改革并拯救世俗社会的热忱",不如说更加以城市独特的生活方式为基础。

城市法的分化,是否全然排斥了外界的影响,尤其是教会法的影响?答案当然也是否定的。中世纪的城市绝非生活与真空之中的乌托邦,教会法的影响力是不可否认的存在。比如城市公共生活颇为倚重的宣誓,本就具有不容置疑的宗教属性。无论是城市的建立、取得市民的资格还是司法裁判,市民个体之于信仰的坦诚乃是一种必要的伦理性、社会性甚至权威性的担保手段,且这种手段在中世纪的欧洲的社会背景下,具有相当广泛的社会认可度。不仅如此,城市重要的时间节点全部沿用了基督教会的节日,聚会的场所则选取市民来往较多的教堂,等等。不能否认,教会的仪式、话语、时间、场所与中世纪城市的生活方式是有所"交叠"的。从这个意义上说,伯尔曼教授选取"教皇革命"作为西方法律传统生成的关键点,其实是更加看中了这种交叠性,以及由此引申出的欧洲法律文化之同质性。当代德国学者尼克拉斯·卢曼在这一点上肯定了伯尔曼的洞见:"伯尔曼提出了许多相关例证来证明,法律系统自主性生成的这项转变,早在 11/12 世纪的时候,就已经借由整体法律文化的'革命'此一形式,而获得实现。"①

无论如何,外部因素与城市法之间的张力,还需增加更为复杂性的解释。

首先,在精准观察英格兰城市法的基础上,不难发现教会法对城市法的影响并不具有绝对的必然性。中世纪城市法中的教会法因素,更多是基于城市因地制宜的选择,诸如仪式、话语、时间、场所的宗教属性,实际都具有情境、目的和条件的限制。细观之,城市法的核心结构更加符合城市自身的特征与需求——一定期限的自由状态

① [德]尼克拉斯·卢曼:《社会中的法》,李君韬译,83 页,台北,五南图书出版集团,2009。

而非宗教信仰构成市民资格取得的关键要求,商业便利而非封建依附转化为有力的制度性支持,市民法庭而非教会领主担当司法程序中的裁判者,法律文本、理性裁判等更加体现并服务于中世纪城市快节奏的商业生活。就此而论,城市法各项规定无一不是来自现实需要和经验智慧的总结。为此,城市法不惜牺牲体系完整性,各种法律规定几乎盘根错节,没有具体细致的部门法划分。以特许状为例,足见其包罗万象的经验主义、实用主义逻辑。这些关键性的内容表明,城市法首先是中世纪城市人物、利益、实践的统一体,城市法也借此在中世纪诸多法律秩序的夹缝中有了属于自己的根基。

其次,还应当看到,教会法并非唯一外在于城市的法律体系,王权和领主等其他法律秩序的影响力也不容忽视,尤其就英格兰的情况来看,王权的影响力又超过了其他。11世纪到12世纪的时段,不仅是英格兰城市法的活跃时期,也是英格兰王国的法律体系开始建立的时期。正如梅特兰教授所言,"12世纪初期的英格兰布满错综复杂的地方法院网"[1]。与英格兰城市法院并存的其他法院至少还有三类:第一,广大乡村保有古老的郡法院(court of shire)和百户法院(court of hundred),它们在英格兰封建体制正式形成之前就已经存在,于中世纪时期落入领主或宗教机构的手中。第二,领主和庄园的法院,这些法院的存在是基于诺曼征服之后的封建占有与管辖。第三,地方性的法院之上是英格兰国王的法院,这一法院的特殊性在于,即便是最为强势的封建领主,也要接受王座法院的司法监督,王室受理来自地方法院的上诉案件、负责国王相关案件的初审、还要调和不同领主、城市、庄园之间的纠纷。尤其12世纪后半期,亨利二世与大法官格兰维尔利用令状、巡回法院、起诉陪审团、职业法官、诉讼代理人等明显优于地方法院的诉讼手段,确立巩固了王室司法的权威,英格兰开始形成以王室法为"上",诸多地方法院并存为"下"的王国法律体系,城市法并不是例外。从这个意义上看,英格兰的城市法

---

① [英]梅特兰:《普通法的诉讼形式》,王云霞等译,32页,北京,商务印书馆,2015。

虽然可以自成体系,却又在很大程度上融入了王国的法律。但是,融入并不等于被取代,城市诉讼的上诉程序并不等于城市法院的失灵,城市仍旧是市民事务的首要裁判者。大多数情况下,关于市民的裁判仅发生在城市的内部,且城市裁判可以取得一裁终局的既判力。就英格兰王室法院"令状先行"的烦琐上诉程序而言,除非市民可以举出充分的理由并且获得令状,否则只能服从城市内部的裁定而不诉诸上诉的程序。实际上,城市法院的裁判节约了大量的诉讼资源,城市裁判的主动性和权威性是得到认可的,尊重城市法的效力,其实是王座法院、城市法院甚至其他地方法院之间达成的默契,而这种默契本身仍旧意味着分化。

最后,中世纪的城市法向何处去?中世纪晚期,法律经历了从"迷魅"到"除魅"的理性化进程。近代民族国家的崛起取代传统的封建王国,迅速接管了中世纪错综复杂的地方法律秩序,自上而下的司法、行政体系确立起来了。到了 17 世纪,传统中世纪城市的特许权力,尤其是中世纪城市曾经相对宽泛的政治权力、立法权力以及司法权力逐渐遭到废除,城市法已经正式纳入了民族国家的法律体系并运转良好。1835 年英国《市政改革法》(*Municipal Reform Act*)撤销了许多传统的代议机构,以法律文本的形式再度界定了民族国家体系内的英格兰城市,它们仅作为重要的居住场所和商业中心而存在,保有征税、人口管理、城市规划等地方行政职责,城市与其他地区的同一性远大于差异性了。无论如何,中世纪城市法的分化,仍旧遗留了重要的启发性线索。城市法界定了中世纪城市的特殊法律地位,区分了"城市"与"非城市"的差别权利和义务,其实是"无心插柳"地首开行政授权、立法授权之滥觞。近代以后,专门领域的立法行为需依授权而成立,行政机关可以根据公民、法人或者组织的申请准予其从事特定活动,起点恰在于中世纪城市法的特许和区分。从近代英国的跨国公司,到遍布全球的海外殖民地,再到 19 世纪后期的专利制度、商标制度,无一不是始于此类特许的法律界分,它在客观上允准了因地制宜的法律适用,最终推动了新兴社会领域的开拓——发端于 11 世纪的城市法,就这样在人类法律文明的进程中留下了印记。这是伯尔曼教授尚未言明的问题,却是我们不应忽视的法律智慧。

## 附录 1　本文涉及英格兰城市名称中英对照

London—伦敦,Oxford—牛津,Cambridge—剑桥,Burford—伯福德,Winchester—温彻斯特,Northampton—北安普顿,Lincoln—林肯,York—约克,Newcastle—纽卡斯尔,Colchester—克罗切斯特,Nottingham—诺丁汉,Bury St Edmunds—伯里的圣艾德蒙,Bristol—布里斯托,Preston—普雷斯顿,Stamford—斯坦福德,Chester—切斯特,Ipswich—伊普斯维奇,Dunwich—邓里奇,Warwick—华威,Shrewsbury—舒兹伯利,Canterbury—坎特伯雷,Pontefract—庞蒂弗拉克特,Leicester—莱斯特

## 附录 2　城市法所涉拉丁语/古英语与英语法律术语对照

Adam(the accuser) and John(the being accused),burgagium(borough),burhmen(citizens),communa(community),conjuratio(oath),conventio(aggrement),se intromittat(himself involved),firma burgi (farm of the borough),husting(assembly),hundretanorum(hundred men's),medlee(affray),facto apparente(obvious deed),ex officio (on duty),mislocutio(mis-speaking),nameles fremeles (nameless useless),prud'hommes (trust-worthy men),clamif (appellor),mort d'ancestor(death of the ancestor),deducantur(the being deduced),legale dictum(lawful statement),probi homines de placitis(trustworthy men of pleas),latrocinium(theft),infidelitate/infidelitas(felony/un-trustworthy),faciet justiciam(carry out the judgment);aestimatio capitis(wer);landgafol(land rent);Rectitudines Singularum Personarum(right of a single person),de tenemento clause(concerning an enclosed tenement),legare(bequeath),retrait lignager(pre-emptive purchase),filiorum(the children's),retrait seigneuriale (pre-empt sales of land),reeve(pretor),pecunia(movables),forum(market goods),mercem(merchandise),forum suum palpabit(market-goods),stengesdint(a fine for striking another),rusticus(peasant),sicut(like),nativus(villein),quiete(peacefully),villa(town),ratione burgi (because of the borough)

# 反思伯尔曼:《法律与革命》叙事中的几大谬误

郭逸豪[*]

## 一

伯尔曼在《法律与革命》的序言中引用了美国诗人阿奇博尔德·麦克利什(Archibald Macleish)的著名诗篇《隐喻》,诗中说道,一个世界的隐喻一经消失,这个世界便告灭亡。[①] 隐喻是西方文化传统的经纬线,它将西方人的精神活动(写作、立法、仪式等)和精神呈现(诗歌、艺术、法律、宗教等)以某种非自然的方式交织和串联在一起,其根基是想象和阐释,简而言之为人的智力。而"这些想象一旦消失,目虽可视,所见万物已不复具有意义"。

从希腊的哲学,到中世纪的圣经教义学,再到近代德国的阐释学,西方文化的"隐喻"传统的内核从未发生过断裂,它只是不断以新的面貌回应着时代的思想和现实。然而,到了20世纪,这种传统遭遇

* 郭逸豪,中国政法大学法学法律史所讲师。

① [美]哈罗德·J.伯尔曼:《法律与革命》(第一卷),贺卫方等译,2页,北京,法律出版社,2018。

了严重的危机,在伯尔曼看来,西方宗教的隐喻和法律的隐喻之间的联系发生了破裂,它们无法表达社会共同体对于其未来和过去的想象力,也不再能够博得社会共同体的热诚。[①]

于是,伯尔曼在1983年出版了让他闻名于世的著作《法律与革命》,副标题为"西方法律传统的形成"。他要提醒和告诫世人的是,西方的法律传统原本是基于理性、宗教和道德而形成的统一的、制度化的体系,而现如今,法律仅仅被视为是碎片化的、特殊的(ad hoc)决定;它是国家所利用的没有道德内涵的工具,最终导致的结果将是"从对法律的嘲弄到对法律的鄙视"。[②]

事实上,在出版《法律与革命》的九年前,伯尔曼在他的另一本著作《法律与宗教》中就发出过振聋发聩的呐喊:西方人正经历着一场整体性危机(integrity crisis),西方的全部文化面临着一种精神崩溃的可能。[③] 这种崩溃的主要征兆,乃是对于法律信任的严重丧失和宗教信仰的丧失殆尽。[④] 不仅如此,法律与宗教的截然两分也加速了这两个领域各自的衰落。因为法律与宗教有着互相支撑的内在逻辑,伯尔曼引用了他的老师罗森斯托克·胡絮(Eugen Rosenstock-Huessy)的观点,认为法律有助于为社会提供维持其内部团结所需要的结构和完型;法律以无政府状态为敌。宗教则有助于给予社会它面对未来所需要的信仰;宗教向颓废开展。[⑤] 也就是说,法律提供了结构与规范性,而宗教提供了信仰和精神。

伯尔曼曾明确表示,罗森斯托克·胡絮的哲学和社会思想对其产生过极大的影响,后者出生于一个德国的犹太人家庭,后改信了新

---

① [美]哈罗德·J.伯尔曼:《法律与革命》(第一卷),3页。

② Brian Tierney, "Review to Law and Revolution. The Formation of the Western Legal Tradition, by Harold J. Berman", in *The Catholic Historical Review*, vol. 71, no. 3, 1985, pp. 431~432.

③ [美]伯尔曼:《法律与宗教》,梁治平译,8页,北京,中国政法大学出版社,2010。

④ 同上书,9页。

⑤ 同上书,11页。

教,并于 1933 年离开德国前往美国。① 1931 年,罗森斯托克·胡絮出版了基于他个人第一次世界大战的经历写作而成的巨著《欧洲革命和民族性格》(*Die europäischen Revolutionen und der Charakter der Nationen*),接着,为了这本著作的英文版,罗森斯托克以一种相反的、从当下回望历史的视角将其重新书写了一遍,最后于 1938 年以《出于革命》(*Ouf of Revolution*)为名在美国出版。在某种程度上,这本著作被视为是奥斯瓦尔德·斯宾格勒(Oswald Spengler)《西方的没落》的姊妹篇,尽管罗森斯托克的文化悲观主义并没有斯宾格勒表现得那么明显。②

罗森斯托克在《欧洲革命和民族性格》中研究了欧洲各个时期的革命以及革命的理论与机制。在这本书第二部分的第 13 章中,罗森斯托克处理了奥托大帝起始的神圣罗马帝国问题,③紧接着便研究了教皇革命(Papstrevolution),他认为,教皇革命不仅催生了罗马天主教会,也促使了近代意大利国家的诞生。④ 尽管罗森斯托克通篇都在研究革命和革命的历史,但他的思想却完全不是激进革命的,反而是循序渐进式的改革的。他不是"自由—革命"话语的信徒,而是"法律—改良"话语的追随者,这一点从他在处理马丁·路德的态度中可以清楚地看出。罗森斯托克认为,并非人民或者大众创造了历史。⑤ 罗森斯托克在他的另外一本专著《越界的现代精神——基督教的未

① 参见 Bernd Faulenbach, "Eugen Rosenstock-Huessy", in *Deutsche Historiker*, Band IX, hg. Von Hans-Ulrich Wehler, 1982, pp. 102～126。

② 同上书,p. 108. 另参见 Gerhard Dilcher, "Bermans 'Law and Revolution'-eine rechtshisstorische Revolution?", in *Zeitschrift des Max-Planck-Instituts für europäische Rechtsgeschichte*, Rg 21, 2013, p. 165。

③ Eugen Rosenstock-Huessy, *Die europäischen Revolutionen und der Charakter der Nationen*, W. Kohlhammer Verlag, Stuttgart und Köln, 1951, pp. 116 ff。

④ Ibid., pp. 51, 129, 141, 169;同时参见 Walther Schönfeld, Eugen Rosenstock-Huessy, "Die europäischen Revolutionen und der Charakter der Nationen", in ZRG, Germ. Abt. vol. 71, 1954, p. 396。

⑤ Eugen Rosenstock-Huessy, "Die europäischen Revolutionen und der Charakter der Nationen", p. 85。

来》(*The Christian Future or the Modern Mind Outrun*)中明确表示，"未来与基督教"不像"驾车的未来"或者"欧洲的未来"那样是词语的偶然联结。基督教是未来的缔造者和托管人，也是缔造和它的真正过程，没有基督教精神，人就没有真正的未来。[1]

伯尔曼便是受到他老师著作的启发，从 1983 年开始创作他的巨著《法律与革命》。他接受了罗森斯托克的"教皇革命"概念，并将其视为西方法律传统，甚至是中世纪历史的分水岭。在教皇革命之前，西方的法律呈现出碎片化的、地域化的、民俗化的习惯法特征，而在教皇革命之后，西方的法律呈现出自觉的、普遍的、有机的和科学系统化的倾向，由此相伴的是近代国家和近代国家法律体系的诞生。伯尔曼要告诉世人的是，西方近代的法律有着深厚的基督教背景，西方的法律传统和宗教传统通过把西方人与先于政治和经济意识形态（民主主义和社会主义）的过去联结为一体，把西方人与超越现今的意识形态争论的未来联系在一起。正是由于这个缘故，法律信任与宗教信任的严重丧失，威胁到了西方人作为一个民族的完整性——威胁到了全部的过去，以及也因此危及到了未来。[2]

二

然而，伯尔曼的著作在欧洲法律史学界遭到不少严厉的批判。法兰克福大学法律史教授迪尔希尔（Gerhard Dilcher）将《法律与革命》在欧陆学界引起的反响分成三种：第一，大部分正面的，部分热情的回应；第二，遭到特定领域专业人士的严厉批判，尤其是基督教历史学家和教会法学家；第三，被视而不见，诸如德语学界的某些法律史著作从未提及伯尔曼的《法律与革命》，也不提及"教皇革命"的概念。[3] 相较于"教皇革命"，欧陆法律史学界一般使用"叙任权之争"

---

① ［美］罗森托斯克-胡絮：《越界的现代精神——基督教的未来》，徐卫翔译，117 页，上海，华东师范大学出版社，2011。

② ［美］伯尔曼：《法律与宗教》，67 页。

③ Gerhard Dilcher, "Bermans 'Law and Revolution'-eine rechtshisstorische Revolution?", p. 164。

(Investiturstreit，Lotta per le investiture，Querelle des Investitures)
的概念。①

　　德国教会法学家彼得·兰多(Peter Landau)对伯尔曼在《法律与
革命》中的历史写作部分发起了致命性的攻击，尤其针对其所使用的
材料。兰多认为，伯尔曼的这部著作涉及的内容虽然十分广泛，涵盖
且不仅限于教会法、罗马法、封建法、庄园法、商法、城市法、王室法，
但他本人并非其中任何一个领域的专家，他使用的基本是二手资
料。② 不仅如此，伯尔曼所使用的二手材料中，以英文文献居多，除了
少许的德文和法文文献之外，基本不涉猎意大利和西班牙学者的研
究。兰多继续说道，伯尔曼几乎忽略了近代的德国法律史研究，而这
些研究极大程度上修正了伯尔曼所描绘的欧洲法律史。③ 以第一章
"民俗法"为例，彼得·兰多认为，伯尔曼基本上是在重述 19 世纪的德
国学者奥托·基尔克(Otto von Gierke)④以及在 20 世纪上半叶发展
了基尔克学说的弗里茨·科恩(Fritz Kern)⑤的作品。⑥ 这种传统学
说认为，日耳曼的氏族有着强烈的认同感和忠诚原则，这种传统和古
制一直持续到 11 世纪。然而伯尔曼没有意识到，所有这些概念近来
几乎都遭到了批判。

---

①　参见 Gerd Tellenbach, *Libertas-Kirche und Weltordnung im Zeitalter des Investiturstreites*, Kohlhammer, Stuttgart, 1936; Werner Goez, *Kirchenreform und Investiturstreit. 910~1122*, Kohlhammer, Stuttgart, 2008; Claudia Zey, *Der Investiturstreit*, Beck, München, 2017。

②　Peter Landau, "Review to Law and Revolution", in *The University of Chicago Law Review*, vol. 51, no. 3, 1984, p. 938。

③　对于这些研究可参见 Karl Kroeschell, *Huas und Herrschaft im frühen deutschen Recht. Ein methodischer Versuch*, Otto Schwartz und Co., Göttingen, 1968; Gerhard Köbler, *Das Recht im frühen Mittelalter. Untersuchungen zu Herkunft und Inhalt frühmittelalterlicher Rechtsbegriffe im deutschen Sprachgebiet*, Verlag Böhlau, Köln, 1971。

④　Otto von Gierke, *Das deutsche Genossenschaftsrecht*, Berlin, 1868-1913。

⑤　Fritz Kern, Recht und Verfassung im Mittelalter, *Historische Zeitschrift*, 1918。

⑥　Peter Landau, "Review to Law and Revolution", in *The University of Chicago Law Review*, vol. 51, no. 3, 1984, p. 938。

　　对于教会法学者而言无法接受的是,伯尔曼在丝毫不涉及他所谓的教皇革命之前的教会法史的前提下,断然强调了格里高利七世改革对西方法律传统的决定性影响,从而显得格里高利七世所颁布的法律文本是某种横空出世的作品,而之前所有教会法律编纂所形成的重要基础被完全忽视,尤其是《伪伊西多尔教令集》,这部编纂于850年左右的伪教令集对主教的权力进行了深入的辩护。[①] 伯尔曼甚至忽视了《格拉提安教令集》(*Decretum gratiani*)中的诸多内容皆来自圣奥古斯丁(Saint Augustine)和圣伊西多尔(Isidore of Seville)。当代英国的教会法学家库辛(Kathleen G. Cushing)于 1998 年以"格里高利革命"为题出版了其专著,不同于伯尔曼对同一主题的处理,库辛所进行的是教会法的纯历史性研究,他的关注点集中于中世纪的教会法学家卢卡的安塞姆(Anselm of Lucca),后者在意大利极大传播了伪伊西多尔的教令集,对格里高利七世的改革起到了推波助澜的作用。[②]

　　不仅如此,伯尔曼在处理中世纪罗马法复兴的问题上似乎也犯了同样的"决定论"和"横空出世论"的错误,他忽略了罗马法文本在复兴之前,卑俗的罗马法(vulgar roman law)在欧洲局部地区的实践,从而使得罗马法被视为某种理想法律,而非现实中真正适用的法律。[③] 简而言之,相对于欧洲法律传统的连续性而言,伯尔曼似乎更强调它的非连续性。

　　另一位对伯尔曼发起猛烈攻击的教会法学家是席费尔(Rudolf Schieffer),他在《中世纪教会法丛刊》(*Bulletin of Medieval Canon Law*)

---

　　① 参见 Uta-Renate Blumenthal, "The Papacy and Canon Law in the Eleventh-Century Reform", in *The Catholic Historical Review*, vol. 84, no. 2, 1998, p. 202. 关于《伪伊西多尔教令集》的研究参考 Horst Fuhrmann, *Einfluß und Verbreitung der pseudoisidorischen Fälschungen von ihrem Auftauchen bis in die neuere Zeit*, 3 Vol, Hanover, 1972, 1973, 1974。

　　② Kathleen G. Cushing, *Papacy and Law in the Gregorian Revolution. The Canonistic Work of Anselm of Lucca*, Clarendon Press, Oxford, 1998。

　　③ Ibid., pp. 939～940。

上发表了一篇专门反问伯尔曼的文章:11 世纪的教皇真的在法律层面上进行了革命?[①] 席费尔还认为,被伯尔曼视为教皇革命核心的格里高利七世的《教皇如是说》(Dictatus papae)在当时并未得到广泛传播,也未有同时代人的回应。[②] 更有甚者,诸多教会法学家认为,《教皇如是说》的内容根本上是违背教会法传统的,布鲁门特尔称其为一份令人费解的文件。[③] 相比较于其他教会法律而言,这份文件缺乏法律上的精确性,充斥着决断和观点,而非真正意义上的教会法原则。[④]

## 三

1969 年,意大利法学家皮埃罗·科西塔(Pietro Costa)出版了他轰动欧洲法律史学界的著作《管辖权——中世纪公法中政治权力的语义学》(Iurisdictio: semantica del potere politico nella pubblicistica medieval,1100-1433),[⑤]极大推进了对于欧洲中世纪公法和政治学说的研究。作者在研读了大量法律和政治学说文本的基础上,对中世纪语境下的"管辖权"(iurisdictio)概念进行了抽丝剥茧的归类和

---

① Rudolf Schieffer, "The Papal Revolution in Law? Rückfragen an Harold J. Berman", in *Bulletin of Medieval Conon Law*, vol. 22, 1998, pp. 19~30。

② Rudolf Schieffer, "Rechtstexte des Reformpapsttums und ihre zeitgenössische Resonanz", *in überlieferung und Geltung normativer Texte des frühen und hohen Mittelalters*, ed. Hubert Morde, Raymund Kottje, Jan Thorbecke Verlag, Stuttgart, 1986, pp. 56~62; John Gilchrist, "The Reception of Pope Gregory VII into the Canon Law (1073-1141)", in *ZRG*, *Kan. Abt.* vol. 59, 1973, pp. 35~82; Hubert Mordek, "Proprie auctoritates apostolice sedis: Ein zweiter Dictatus pape Gregors VII?", in *Deutsches Archiv*, vol. 28, 1972, pp. 105~132; Horst Fuhrmann, "Papst Gregor VII. und das Kirchenrecht: Zum Problem des Dictatus Papae", in *Studi Gregoriani*, vol. 13, 1989, pp. 123~149;另可参见 Andreas Their, "Dictatus Papae", in *Handwörterbuch zur deutschen Rechtsgeschichte*, vol. 1, ed. Alberecht Cordes, Berlin, 2008, pp. 1043~1045。

③ Uta-Renate Blumenthal, "The Papacy and Canon Law in the Eleventh-Century Reform", p. 214。

④ Ibid。

⑤ Pietro Costa, *Iurisdictio: semantica del potere politico nella pubblicistica medieval*, 1100-1433, A. Giuffrè, 1969。

分析,最终认为"管辖权"在中世纪表达的其实是"政治权力"的意思。

　　然而,伯尔曼在 1983 年出版《法律与革命》的第一卷时,意大利法学界的研究并未引起他的关注,科西塔的这本著作不出意外地也并未纳入伯尔曼写作的参考文献当中。在《法律与革命》第一卷的导论中,伯尔曼总结出了西方法律传统的九条特征,第九条是这样表述的:西方法律传统最突出的特征可能是在同一个社会内部各种司法管辖权和各种法律体系的共存和竞争。正是这种司法管辖权和法律体系的多元性使法律的最高权威性成为必要和变得可能。伯尔曼在司法制度层面捕捉到了中世纪法律实践中最独特的一面,那就是管辖权的竞合与竞争,但他并没有对中世纪的一手文献进行爬梳以及理论上的分析。

　　伯尔曼关于中世纪"管辖权"的讨论主要源自两个二手的英文文献:吉摩尔(Myron P. Gilmore)的《政治思想中罗马法的论证》(*Argument from Roman Law in Political Thought*,1200-1600)[1]和佩林(John W. Perrin)在盖恩斯·波斯特(Gaines Post)纪念文集中的文章《阿佐,罗马法和欧洲主权国家》(*Azo,Roman Law,and Sovereign European States*)。[2] 实际上,早在阿佐之前,博洛尼亚学派的开山鼻祖义内利乌斯(Irnerius)就对"管辖权"展开了讨论,在他的注释中,管辖权是建立公正所必要的权力。[3] 这意味着,管辖权从古典罗马法的"宣告何为法律"(iuris dicere)的权力发展成为了法律框架下的建构性要素,即建立公正(aequitas statuenda)。另一位伟大的注释派法学家罗杰利乌斯(Rogerius)在义内利乌斯的基础上发展了管辖权的概念,他认为管辖权是公共权威所委托的职能,是出于维护法律

---

[1]　Myron P. Gilmore, *Argument from Roman Law in Political Thought*, 1200-1600, Cambridge, Mass. 1967。

[2]　John W. Perrin, "Azo, Roman Law, and Sovereign European States", in *Post scripta*, 1972, pp. 87~101。

[3]　Irnerius, glossa to Dig. Vet., de iurisdictione:"Iurisdictio est potestas cum necessitate iuris scilicet reddendi equitatisque statuende." 引自 Besta, *l'opera d'Irnerio*, vol. II, Torino, 1896, p. 20。

和建立公正的需要。①

直到评注派法学家巴特鲁斯（Bartolus）那里，管辖权从最初的司法管辖性质的权力到复合型的公共权力的转变才算正式完成。② 巴特鲁斯将管辖权定义为"依据公法引入的，为了维护法律和建立公正的公共人的权力（potestas）"。③ 巴特鲁斯在原本注释派法学家的定义上加入了"公共人"（a persona publica）这个因素，原因在于，对于巴特鲁斯而言，权力在私法上原本表现为家父对家子、主人对奴隶、监护人对未成年人的权威，它是建立在民事法律之上，而"管辖权"是这种权力的公法化，从而管辖权接近于公权力本身。除此之外，巴特鲁斯在解决城市（Civitas）的法律问题时，赋予了"管辖权"以立法的含义，他说："如果城市的人民拥有完全的管辖权，便可以在没有上级权威的同意下制定法律。"④

我曾在一篇文章中认为，中世纪的"主权"理论是建立在对"管辖权"概念的解析之上，与此同时，又处于中世纪各个政治实体对主权话语的争斗之中。⑤ 教皇、神学家和教会法学家在"全权-管辖权"（plenitudo potestatis-iurisdictio）的框架下，认为教皇作为上帝的代理人，从上帝处接管统治精神和世俗的双剑，正如 14 世纪西班牙主教贝拉焦（Alvaro Pelagio）对教皇"全权"话语所做出的总结："它至高无

---

① Rogerius, *Summa Codicis*, de iurisdictione, omnium iiudicum, 2: "Iurisdictio est munus iniunctum publica auctoritate, cum necessitate dicendi, tuendi iuris vel statuende equitatis".

② 参见 Dieter Wyduckel, *Untersuchungen zu den Grundlagen der frühmodernen Rechts-und Staatslehre*, phd Dissertation, 1977, p. 100。

③ Bartolus de Saxoferrato, *In primam Dig. Vet.*, II, 1. 1, 3, Venetiis, 1596, vol. I, p. 45: "iurisdictio est potestas de iure public introducta cum necessitate iuris dicendi et aequitatis statuendae tanquam a persona publica." 转引自 Francesco Calasso, "Jurisdictio nel diritto comune classic", in *Annali di storia del diritto*, vol. 9, 1965, p. 432。

④ Bartolus de Saxoferrato, *In primam Digesti Veteris partem*, Venetiis, 1585, Omnes populi, de iustitia et iure: "quando populus habet omnem iurisdictionem potest facere statutum non expectata superioris authoritate"。

⑤ 郭逸豪：《主权理论前的主权——中世纪主权理论研究》，《苏州大学学报（法学版）》，2018（1），24～38 页。

上;它是教会权力的总和,基督的完全代理人。上帝赋予的统治信众和人民的权力,无论是精神的,还是世俗的;教会内部的权力都来自教皇的全权;没有任何一种'人的权力'能够超越它;没有一种纯粹的人的权力能够限制、命令或者裁判它。"①

神圣罗马的皇帝和中世纪罗马法学家们在"皇帝法—管辖权"(lex regia-giurisdictio)的框架下,认为帝国/皇帝的权力源自罗马人民的授予,一些罗马法学家认为这种授予不可撤销;另一些认为这种授予可撤销,人民可重新拿回主权并再次授予。国王在教会法学家和哲学家的帮助下,积极推动了"国王在自己的国王中即皇帝"(Rex in regno suo est imperator)的主权话语,②教会法学家们将国王的管辖权从皇帝的管辖权中独立出去,并且认为前者在实质上等同于后者;哲学家们认为王权是一种虚构的身体,抽象、不可见且永恒,而国王仅仅是国王的肉身,"国王的两个身体"理论也不啻为一种国王主权理论。③ 帕多瓦的马西里乌斯(Marsilius of Padua)在他的《和平保卫者》(Defensor pacis)中提出了"人民立法者"(legislator humanus)的概念,并在"人民立法者—管辖权"(legislator humanus-iurisdictio)

---

① Alvaro Pelagio, De Planctu Ecclesiae, Venetiis, 1560, L. I, c. 60: "Sciendum est quod potentia summi pontificis et christi vicarii plena dicitur. Primo quia ab hac potentia nullus ... excipitur ... Secundo quia omnis potestas ad gubernationem fidelium a deo ordinata et hominibus data, sive spiritualis sive temporalis, in hac potestate comprehenditur ... Tertio quia omnis potestas in ecclesia ab hac potestate derivatur ... Quarto quia a nulla potestate humana exceditur ... Quinto quia a nulla alia potestate puri hominis limitatur aut ordinatur at iudicatur".

② 参见 Francesco Calasso, I glossatori e la teoria della sovranità, Giuffrè editore, Milano, 1957, pp. 13~37; ibid, "Origini italiane della formola 'rex in regno suo est imperator'", in Rivista di storia del diritto italiano, Roma, 1930, pp. 213~259; Francesco Ercole, "L'origine francese di una nota formola bartoliana", in Archivio Storico Italiano, vol. 73, 1915, pp. 241~294;另有 Durantis 的 Speculum,其中也说道:"法国国王在其王国里是君主,他可以不承认其他的上级。"Durantis, Speculum iuris, IV, III, De feudis 2: "Rex Franciae princeps est in regno suo, ut pote qui in illo in temporalibus superiorem non recognoscat".

③ Ernst H. Kantorowicz, The King's two bodies. A study in medieval political theology, Princeton University Press, 1957, p. 337.

的框架下,认为市民共同体中的"主要部分"(pars valencior)具有立法权,这种独立的立法权便是人民拥有充分主权的体现。

## 四

伯尔曼在《法律与革命》第二章"西方法律传统在教皇革命中的起源"中探讨了近代国家兴起的问题,毫无疑问,伯尔曼眼中近代西方的第一个国家便是教会。并且,教皇革命在催生近代第一个国家的过程中起到了至关重要的作用,因为在格里高利七世之后,教会具备了近代国家的绝大部分特征。从立法的角度看,不仅教皇有权立法,教会会议也可以颁布新的法律。从行政的角度看,教会还通过一种行政管理等级制度执行法律,即官僚制度。从司法的角度看,教会还通过一种司法等级制度解释和适用它的法律。除此之外,教会还有明确的税收制度以及通过洗礼所授予的公民权,开除教籍则意味着公民权的剥夺。① 伯尔曼又说道,教皇革命撤销了皇帝和国王从前曾行使的精神权能,这实际上为随后出现的近代世俗国家奠定了基础。② 从法律上讲,世俗法被期待去模仿教会法。只是因为教会法有更高程度的发展并可以被模仿,所有各种世俗法体系才使得教会法的许多基本概念和技术成为适合于它们自己使用的东西。③

那么,伯尔曼在谈及西方近代国家问题时,其实是从两个层面切入:第一、罗马教会本身是近代第一个国家;第二、严格意义上讲,罗马教会本身不是世俗国家,但它的官僚体系以及教会法被世俗政权所模仿。伯尔曼在为了特地强调新的王权法律概念更多得力于教皇权力(模仿论)的法律概念而非罗马法时,提出了以下逻辑论证:王室的立法权在英格兰、诺曼底和西西里的诺曼王国中地位最突出,但这些地方的罗马法复兴比法国等地弱;而在罗马法复兴之势最强盛的北意大利,皇帝的立法权却残缺不全,王权则根本不存在。

---

① [美]伯尔曼:《法律与革命》(第一卷),148 页。
② 同上书,150 页。
③ 同上书,360 页。

对此,本文想指出伯尔曼在处理近代国家兴起问题上逻辑和历史性的谬误,并通过近当代欧洲历史学家和法律史学家(主要是意大利、德国)的研究来补充和修正伯尔曼的学说。

首先,如果我们接受并承认伯尔曼对罗马教会近代国家论的论证的话,罗马教会与11、12世纪出现的西西里、诺曼底、英格兰等王国相比,在近代国家的形态上仍缺乏两个重要的要素:领土和军队。近代国家的一个基本特征便是地域性的(territorial),伯尔曼从未提及罗马教会所统辖的领土,而中世纪意大利中部所谓的"教皇国"也并非世俗意义上的王国,它的行政管理体系和官僚制度极为松散,无法与前面提及的几个王国比拟。其次,教皇并不拥有自己的常备军队,常常借用或者命令教皇派的君主或者封建领主调动军队(以十字军东征为例)。

再次,伯尔曼为了强调教皇革命对近代王国的形成和王室法的发展的重要性,从而提出"罗马法复兴之势最盛的北意大利王权却根本不存在"的论证,实属逻辑上的谬误。意大利北部伦巴第地区在罗马帝国灭亡后,继续适用卑俗的罗马法,这确属实;中世纪罗马法研究在博洛尼亚等城市复兴,也确属实,然而,由于意大利北部多以城市国家为主,本身缺乏足以形成王室的强有力的家族,并且在历史上,这个地区并不存在王政统治的传统。意大利北部城市为了自治和独立,与德国皇帝的统治进行了持久不断的抗争,才导致皇帝的立法权在这个地区残缺不全。罗马法的复兴与该地区存不存在皇权和王权并不存在因果关系的链条,即使这种因果关系存在,也仅仅是逻辑上的必要条件而非充分条件。

事实上,伯尔曼在第十三章"王室法"中已经注意到了欧洲近代世俗国家的雏形,或是出于史料的不足,或是出于整本书的一贯性,他依旧认为宗教与世俗政治组织的划分(教皇革命的结果)致使地域性王权的概念占据了支配地位,[①]以及王国统治是对教会统治的模仿。然而,在伯尔曼经常引用的米泰斯(Heinrich Mitteis)的《中世纪

---

① [美]伯尔曼:《法律与革命》(第一卷),530页。

晚期的国家》(*Der Staat des Hohenmittelalters*)一书中,德意志帝国、英国、意大利、法国,以及后来的西班牙被直接视为实体的国家。①

我们以西西里为例。虽然诺曼人在征服西西里期间曾与教皇结盟,形成了某种封建关系,因为教皇需要诺曼军事力量的支持以便使罗马城与皇帝抗衡。② 罗伯特·奎斯卡德(Robert Guiscard)自称国王但需要教皇的同意,否则他们只有权力而无权威。③ 罗伯特在进行封建宣誓时,承认他的统治源自"上帝的荣耀与圣彼得"(Dei gratia et sancti Petri)。④

然而,西西里的诺曼人利用教会使其征服合法化的行为并没有持续很久,在罗伯特·奎斯卡德的官方文件中,他只愿接受神意(Robertus divina favente clementia dux),而否认了教会的间接性授权,⑤这意味着原本为了利益交换而形成的表面上的封建关系宣告破产。1140年,罗杰二世颁布了西西里的第一份宪法性文件《阿里亚诺法令》(*Assizes of Ariano*, 1140),其序言写道,罗杰二世对西西里的统治直接来源于上帝,相对于其他的世俗权力或者教皇权力而言,西西里享有独立的主权。⑥ 对此,伯尔曼也承认,罗杰二世在法律的领域中开辟了一条独立的管辖权,即西西里王国对高级审判事务的管辖权,然后通过一套创设统一和发展的法律体系的相互关联的原则和规则界定这种管辖权。⑦

1994年,意大利出版了一本关于《阿里亚诺法令》的会议集,并冠

---

① Heinrich Mitteis, *Der Staat des Hohenmittelalters*, Weimar, 1955。

② [美]伯尔曼:《法律与革命》(第一卷),538页。

③ 同上书,539页。

④ Josef Deér, *Papsttum und Normannen. Untersuchungen zu ihren lehnsrechtlichen und kirchenpolitischen Beziehungen*, Köln, Böhlau, 1972, p. 66, 115; Mario Caravale, Il regno normanno di Sicilia, Milano, 1966, p. 13。

⑤ Josef Deér, *Papsttum und Normannen. Untersuchungen zu ihren lehnsrechtlichen und kirchenpolitischen Beziehungen*, p. 115。

⑥ Ibid., p. 117; 另参见 A. Marongiu, "Concezione della sovranità di Ruggero II", in *Atti del Convegno internazionale di studi ruggeriani*, vol. I, Palermo, 1955, p. 219。

⑦ [美]伯尔曼:《法律与革命》(第一卷),548页。

以"欧洲宪制的起源"的标题。① 会议集中的文章从各个角度探讨了《阿里亚诺法令》及所谓的西西里宪制,在诸多层面上,诺曼人的西西里都足以被视为最早诞生的近代国家,《阿里亚诺法令》也是近代意义上最早的宪法,并且,罗马法和伦巴第法律的影响远远超过教会法。②《阿里亚诺法令》"关于法律解释"(De legume interpretatione)的条目规定,西西里的法律包括了罗马法、习惯法、伦巴第法,以及王国中不同的人所适用的法律(即法兰克人、拜占庭人、犹太人和穆斯林),它们毫无差异,只要人民达成共识去适用它们。③ 其中唯独缺少了教皇或者教会的法律。

而后,罗杰二世的外孙、神圣罗马帝国皇帝、西西里国王弗里德里希二世(Friedrich Ⅱ)更是启用了受过专业法律训练的博洛尼亚罗马法学家来帮其完成《梅尔菲宪章》(*Constitutios of Melfi*,又称《奥古斯都法》,*Liber Augustalis*)的起草。《梅尔菲宪章》著名的 I. 63 规定,政务官们审判"依据我们的立法(constitutiones),在立法空缺的地方依据批准(approbatas)的习惯,以及依据共同法(secundum iura communia)。"④《梅尔菲宪章》中明确提出并使用了"共同法"(ius commune 或者 iura communia)的概念,而它最主要的法律渊源便是

---

① 文本参考的是这本文集 1996 年的再版,*Alle origini del costituzionalismo europeo. Le Assise di Ariano*. 1140-1990, a cura di Ortensio Zecchino, Editori Laterza, 1996。

② 关于这方面的研究参见 R. Trifone, "Diritto romano comune e diritti particolari nell'Italia meridionale", in *Ius Romanum Medii Aevi*, 2d, 1962, p. 9 ff; Hermann Dilcher, "Normannische Assisen und römisches Recht in sizilischen Stauferreich", in *Aktuelle Fragen aus modernem Recht und Rechtsgeschichte. Gedächtnisschrifte für Rudolf Schmidt*, Berlin, 1966, pp. 463~481; A. Romano, "Diritto comune e diritti particolari nel Sistema normative del 'Regnum Siciliae'", in *Schede Medievali*, vol. 14, 1988, p. 31 ff。

③ Assizes of Ariano, I. De legum interpretation: "moribus, consuetudinibus, legibus non cassatis, pro varietate populorum nostro regno subiectorum, sicut usque nunc apud eos optinuit, nisi forte nostris his sanctionibus adversari quid in eis manifestissime videatur".

④ Liber Augutalis, Puritatem, I. 63: "secundum constitutiones nostras et in defectu earum secundum consuetudines approbatas ac demum secundum iura communia".

罗马法和伦巴第法律。① 弗里德里希二世与他的祖父红胡子大帝一样，求助于罗马法（尤其是皇帝法 lex regia）来论证其帝国统治的合法性，并视其为世界统治者与立法者优士丁尼的后代。②

我们再把目标转向德国。伯尔曼在处理德意志皇室法和公国法时候，依旧贯彻"教皇革命之转折"的观点，认为教皇革命前后，帝国官职的性质以及与之相伴的皇家法的范围和特征都发生了极大的改变。③ 然而，中世纪神圣罗马帝国的官僚制度极其不完善，帝国的统治基本上借助于封建制度，即近代德语区学者极为重视的公爵、伯爵、贵族领地和领地统治的传统，这些学者们皆将其视为近代德国国家的中世纪起源，并承认其在中世纪历史中的连续性。④

德国历史学家阿洛伊斯·舒尔特（Aloys Schulte）和法律史学家奥托·弗雷赫尔·冯·邓根（Otto Freiherr von Dungern）的研究着重强调了贵族在德国宪制史中的角色，认为贵族的家族和阶层在中世德国国家中发挥了至关重要的作用。⑤ 历史学家格哈德·西利

--------

① 参见 Francesco Calasso, "La constitutione Puritatem del Liber Augustalis e il diritto comune nel Regnum Siciliae", in *Studi in onore di C. Calisse*, Vol. I, Milano, 1940; G. M. Monti, "Il diritto comune nella concezione sveva e angioina", in *Studi in onore di E. Besta*, Milano, 1939, pp. 267 ff。

② Ernst H. Kantorowicz, *The King's two bodies. A study in medieval political theology*, p. 103; Hermann Dilcher, "Die sizilische Gesetzgebung Friedrichs II. Eine Synthese von Tradition und Erneuerung", in *Probleme um Friedrich II*, ed. Josef Fleckenstein, Vorträge und Forschungen 16, Sigmaringen, 1974, p. 23。

③ ［美］伯尔曼：《法律与革命》（第一卷），631 页。

④ Alfons Dopsch 强调了德意志民族从中世纪早期以来形成的政治统治的连续性，参见 Alfons Dopsch, *Wirtschaftliche und soziale Grundlagen der europäischen Kulturentwicklung aus der Zeit von Caesar bis auf Karl den Großen*, 2vol, Wien, 1923/1924; Hermann Aubin, *Maß und Bedeutung der römisch-germanischen Kulturzusammenhänge in Rheinland, in Von Raum und Grenzen des deutschen Volkes. Studien zur Volksgeschichte*, Breslau, 1938, pp. 35~56。

⑤ Aloys Schulte, *Der Adel und die deutsche Kirche im Mittelalter*; Ibid, *Der hohe Adel im Leben des mittelalterlichen Köln*, München, 1919; Otto Freiherr von Dungern, *Der Herrenstand im Mittelalter*; Gebr. Vogt, 1908; Ibid, *Die Entstehung der Landeshoheit in Österreich*, Wien und Leipzig, 1910; Ibid, *Adelherrschaft im Mittelalter*, 1927。

格（Gerhard Seelige）则开启了对中世纪领土统治（Grundherrschaft）研究的新道路。[①] 从封建的、贵族的、权力分散的权力结构到集中的、制度型的领土国家，是中世纪晚期德意志宪制最重要的问题。而伯尔曼仅注意到神圣罗马帝国皇帝与教皇权力之间的斗争，而忽略了德国近代国家的形成，是一种"由下至上"的权力构造。[②]

## 五

在《法律与革命》第八章"世俗法的概念"中，伯尔曼专门开辟出了一个小节来讨论索尔兹伯里的约翰（John of Salisbury）的《论政府原理》（Policraticus）。伯尔曼想论证的是，虽然亚里士多德的异教思想在中世纪经由翻译而被重新挖掘，但亚里士多德的政治思想对于他同时代的人与对于索尔兹伯里及其同时代人而言，根本上是两回事。亚里士多德的政治思想只有经过一系列的重新解释，才能为中世纪的基督教思想所接受；而那些解释即使对亚里士多德本人来说也会显得非常陌生。[③] 伯尔曼还认为，只有在教皇革命把西方区分为教会政治体和世俗政治体之后，西方的思想家们才有可能把世俗共同体想象成为一种实体。[④]

本文赞成伯尔曼的某些判断，比如对于某种思想和某个经典文本而言，每个时代都有不同的读法，以及因时代特征而形成的特殊解释。并且，正如帕多瓦的马西里乌斯所言，亚里士多德不可能认识基督教教会这个东西。[⑤] 然而，本文认为，伯尔曼所选取的思想家和文

---

① Gerhard Seeliger, *Die soziale und politische Bedeutung der Grundherrschaft im früheren Mittelalter*, 1904；Ibid, *Staat und Grundherrschaft in der äteren deutschen Geschichte*, Leipzig, 1909。

② Theodor Mayer, "Die Ausbildung der Grundlagen des modernen deutschen Staates im hohen Mittelalter", in *Historische Zeitschrift*, Bd. 159, H. 3, 1939, p. 475。

③ ［美］伯尔曼：《法律与革命》（第一卷），379 页。

④ 同上书，380 页。

⑤ Marsilius of Padua, Defensor pacis, I, XIX, 3："quem, ut in dictis prohemialiter tetigisse meminimus, nec Aristoteles aut philosophancium alter sui temporis vel prioris conspicere potuit"。

本不足以论证其结论。原因在于，索尔兹伯里的约翰所处的12世纪在智识上正进行着翻天覆地的变化，罗马法的复兴、古典人文主义的复兴、亚里士多德思想的重新挖掘，经院哲学的诞生，这一系列事件的影响都反映在了约翰的政治和学术立场上的犹豫不决，他的政治著作中不仅有异教哲学和法律的论证，又毋庸置疑存在着基督教的天启。

稍举一个例子。约翰在《论政府原理》的第三卷第15章中提出了中世纪政治史上关于弑君理论的著名论断：诛杀僭主不仅合法，而且公正和正义（Porro tirannum occidere non modo licitum est sed aequum et iustum）。然而，这个论断在后续章节中被不断地修正，并且附加了条件，有时甚至被推翻，回到了早期基督教的"隐忍"和"服从"的传统。

如果伯尔曼选择但丁的《论世界帝国》（De Monarchia）作为例子，想必也可以得出类似的结论。因为但丁面临的现实世界和个人经历都是由皇帝派和教皇派的斗争所引起，他在《论世界帝国》中为了呼吁和平以及在尘世建立如天堂般至福的景象，提出了皇帝作为世界唯一合法统治者的政治观点，并且在第三卷中处理教皇和教会权力的问题。

然而，伯尔曼忽略了亚里士多德的政治思想在意大利北部城市中的生根发芽。意大利北部城邦的政治现状与希腊城邦在某种程度上相似，许多论述城市权力与城市制度的中世纪学者对亚里士多德思想的援引并非如伯尔曼所说的需要经过基督教思想的改造。詹姆斯·布莱斯（James M. Blythe）在他的《中世纪理想征服与混合政制》（*Ideal Government and the Mixed Constitution in the Middle Ages*）中对此做出了部分的解析。[①] 不仅如此，意大利两位著名的评注派法学家巴特鲁斯（Bartolus）和巴尔杜斯（Baldus）也深受亚里士多德的影

---

① James M. Blythe, *Ideal Government and the Mixed Constitution in the Middle Ages*, Princeton University Press, 1992。

响,将罗马法与亚里士多德的政治思想进行了结合,深度分析了中世纪城市的法律地位。①

## 六

从 20 世纪的上半叶直到下半叶,伯尔曼与音乐家伯恩斯坦一样,目睹了整个西方文明的危机,而作为法学家,伯尔曼把观察的视域缩小到法的领域,他认为,西方上千年形成的法律传统正在消失殆尽,而在这些传统中,伯尔曼受其老师罗森斯托克·胡絮的影响,选取了基督教作为最重要的切入点。

然而,伯尔曼在《法律与革命》的叙事中,并未关注到欧洲历史和法律史学界的最新研究,同时也忽略了欧洲中世纪特殊的智识和政治形态,因此,他一刀切式的"教皇革命决定论"的立场遭到不少严厉的批判。而这个问题归根结底在于对西方法律文明的连续性和断裂性的讨论。

不仅如此,欧洲研究中世纪学界近期更是将研究领域扩展和细化至经济史、生活史、战争史、疾病史等更加微观的领域,对于尝试着以"某个重大事件决定历史发展"的研究路径而言不啻为一种致命的打击。

但不可否认的是,伯尔曼的著作在 20 世纪唤醒了一大批学者对西方法律传统和当下法律发展的反思,宗教和道德是否能作为法律的根基将会被继续地讨论下去。

---

① 参见 Joseph Canning, *The Political Thought of Baldus de Ubaldis*, Cambridge University Press, 2002。

# 罗马法在西方法律传统中的地位
## ——比较伯尔曼和梅因的罗马法观

敏振海[*]

## 引　言

伯尔曼在其著作《法律与革命》中提出了重要的命题：西方法律传统起源于 11、12 世纪的教皇革命。受制于此命题，他指出同时期罗马法复兴运动所形成的罗马法为西方法律传统的起源。换言之，他认为古代罗马法作为一种素材，只有经过 11、12 世纪罗马法学家的系统化才构成西方法律传统的重要内容。以梅因为代表的另一种观点认为，西方法律传统必须追根溯源自古代罗马法，梅因以古代罗马法为视角考察西方法律的发展及演变。由此，伯尔曼和梅因对古代罗马法和复兴后的罗马法在西方法律传统中的地位有不同评价。如何认识两位法史学家对罗马法的评价？以及如何评价两个阶段罗马法在西方法律传统中的地位？笔者针对伯尔曼的观点，为古代罗马法辩护的同时指出二者的不同观点源于对罗马法研究范式之差异，而超越罗马法研究连续性范式和断裂性范式的局限，赋予两个阶段罗

---

　＊　敏振海，清华大学法学院 2017 级博士生，西北民族大学法学院讲师。

马法同等重要的意义,有助于我们认识罗马法在西方法律传统中的地位。

## 一、伯尔曼命题下的西方法律传统之起源

伯尔曼在《法律与革命》中提出了其核心命题:西方法律传统产生于 11 世纪末 12 世纪初的教皇革命。在教皇革命之影响下西方社会和法律产生了全面剧变,这次革命中罗马法复兴运动的开启,成为西方法律传统之起源。

### (一)罗马法复兴运动:西方法律传统的起源

罗马法的发展史包括两个阶段。第一阶段从公元前 6 世纪塞尔维乌斯·图利乌斯(Servius Tullius)改革到公元 7 世纪中叶为止,包括整个历史时期罗马奴隶制国家所实施的全部法律制度。[①] 按照罗马历史的分期,第一阶段可以分为王政时期、共和时期以及帝国时期。[②] 这一时期的罗马法可以称之为古代罗马法,包括从《十二表法》颁布到查士丁尼《民法大全》这一千多年的罗马法历史,尤其是查士丁尼《民法大全》时期达到罗马法发展的顶峰阶段。但是随着公元 475 年西罗马帝国的灭亡,蛮族入侵,来自不同部落的习惯法代替了古代罗马法。在东罗马帝国,古代罗马法也是以零散的形式存在,换言之,古代罗马法失去了它昔日的辉煌。自 11 世纪 80 年代随着意大利博洛尼亚《民法大全》的发现,罗马法的发展进入第二个阶段,这一阶段(11 世纪末 12 世纪初)的罗马法学家对古代罗马法进行注释、评论并解决当时社会出现的种种问题,第二阶段的罗马法发展和继受一直持续到近代。

伯尔曼认为,正是 11 世纪末 12 世纪初教皇革命时期的罗马法学家对古代罗马法进行整理、分析和综合,通过注释法学派和评论法学派的努力所形成的罗马法,才构成西方法律传统的起源。换言之,古

---

① 周枏:《罗马法原论》,(上册),5 页,北京,商务印书馆,1994。

② 关于第一阶段罗马法的分期,国内外学者的观点很不一致。有主张二分法、三分法、四分法等,本文以学界通说为主,将古代罗马法分为王政时期、共和时期和帝国时期。

代罗马法并未对西方法律传统产生实质性影响,其只是作为一种文本或书面理性而存在。在伯尔曼看来,11、12 世纪的罗马法学家具有古代罗马法学家所无法企及的高度抽象能力,具体而言,他们能够做到以下几个方面:

一是将古代罗马法和希腊哲学予以结合。古代罗马法学家具有务实性,他们面对的是具体的个案,以解决争议案件为主要目标。伯尔曼认为,虽然在公元前 1 世纪和公元 2 世纪罗马引进了希腊的辩证推理,使得罗马法受到第一次学术冲击,"但是却并没有带来罗马法与希腊哲学的结合"。① 而 11、12 世纪的罗马法学家试图将古代罗马法学家整理的规则进行更高层次的体系化。他们通过将希腊哲学中的辩证推理和古代罗马法的具体规则相结合,发展出比古代罗马法更为抽象、更为系统的法律体系,这意味着 11、12 世纪罗马法学家比起他们的前辈,其研究的法律规则更具有普遍性,能为后世所效仿。

二是将分析和综合的方法运用于罗马法。11、12 世纪法学家对《民法大全》中的《学说汇纂》进行注释和评论时运用分析和综合的方法。这种分析和综合的方法建立在以古希腊柏拉图、亚里士多德辩证法哲学基础之上。分析是指将一个种概念划分为若干属概念,再将属概念划分为更次一级的子项,而综合是指将若干属概念归入它们的种概念中的反复的归类过程。② 他们对每个案件进行分析,找出其中的共性因素,"将规则综合为原则,又将原则本身综合为完整的制度"。③ 伯尔曼指出这种分析与综合的方法,有利于协调各种冲突的法律,尤其是协调教会法和世俗法之间的矛盾以及各种世俗法体系之间的矛盾。

三是对一般法律概念进行界定。伯尔曼指出,古代罗马法学家只是提供了基本的术语,例如古代罗马法规定,一个奴隶可以作为其

---

① [美]哈罗德·J.伯尔曼:《法律与革命:西方法律传统的形成》,贺卫方、高鸿钧、张志铭、夏勇译,177 页,北京,法律出版社,2018。
② 同上书,174 页。
③ 同上书,183 页。

主人的代理人,代表主人从事某些行为,主人须对此行为负责,但是古代罗马法中没有代理的概念,也没有发展出法人制度。① 而 11、12 世纪的法学家发展出诸如代理、公司、管辖权等具体的法律概念。② 另外,古代罗马法虽然规定了某些具体的契约类型及适用规则,但是缺少关于契约的一般概念,而 11、12 世纪的罗马法学家能从古代罗马法各种具体的契约类型中抽象出复杂的契约概念及理论。

四是将古代罗马法的研究和西欧现实相结合。11、12 世纪法学家对古代罗马法进行注释、评论之时会引入具有现实意义的问题。这种研究在后期评论法学派居于主流,他们将古代罗马法的研究和当时西欧的社会实践结合起来,用以解决社会上出现的各种问题。这种结合不再让古代罗马法仅仅是一种书面理性,而使罗马法实现了从理想之法到现实之法、从应然之法到实然之法、从书本之法到生活之法的转变,从而为罗马法成为西方法律传统的起源奠定了实践基础。

正如伯尔曼所指出的,影响西方法律传统的"主要是古代典籍文本的重新发现、重新审查和重新采用"。③ 通过 11、12 世纪法学家对古代罗马法的复兴和改造,复兴后的罗马法已经具有了西方法律传统的主要特征:一是法律被认为是一种整体和体系,法律体系因包含一种有机变化的内在机制才能生存下来。二是法律的发展被认为具有一种内在逻辑。换言之,11、12 世纪的罗马法处于有机的发展变化之中,这种变化不仅是旧对新的适应,而且是对过去的重新解释,以便满足当时和未来的需要。伯尔曼认为,即使"古代的学问没有被打断而存活下来的程度,这种学问也不可避免地要受改造"。④ 言下之意,即使罗马法完完整整保存下来,也必须要经过 11、12 世纪罗马法学家的整理和改造才能成为西方法律传统。

---

① 虽然古代罗马法中无明确的法人概念和专门术语,但法人概念的基本内容及其形式却存在。参见江平、米健:《罗马法基础》,122 页,北京,中国政法大学出版社,2004。

② [美]伯尔曼:《法律与革命》,196 页。

③ 同上书,4 页。

④ 同上。

### （二）古代罗马法并未对西方法律传统产生实质性影响

对于古代罗马法,伯尔曼认为它只是素材,其并不对西方法律传统的起源产生实质性影响,笔者将其原因概括如下:

一是随着西罗马帝国的灭亡,古代罗马法也逐渐消失殆尽。公元 476 年西罗马帝国灭亡后,罗马文明被其他原始文明所代替,"本来在日耳曼王国便残存无几的属于宏大的罗马法架构的东西愈发减少了,在许多地方则实际上消失殆尽了"。① 在拜占庭的东罗马帝国,罗马法虽然存在却支离破碎。罗马法的一些规范和概念存在于法国和意大利诸民族的习惯法中,罗马法的一些格言和原则也保留下来。这些残存的罗马法对西欧社会发挥的作用有限,西欧社会更多适用部落法以及日耳曼习惯法等蛮族法。古代罗马法的残存和部落法、习惯法等混合一起被加以适用。

二是古代罗马法并未体系化和系统化。伯尔曼以《学说汇纂》为例,指出其中记载的裁判官的告示,法学家对这些告示以及案件提出不同的意见。但是这些法学家的学说并未被整合,②伯尔曼认为西方法律传统的一个特征是法律具有整体性和系统性,在西方法律传统中,"法律被设想为一个连贯的整体,一个融为一体的系统"。③ 显然,《学说汇纂》对于同一个案件具有不同的处理方式,其并未系统化。

三是古代罗马法学家关注具体案件,缺乏分析和综合的能力。

---

① ［美］伯尔曼:《法律与革命》,66 页。

② 例如《学说汇纂》记载了一则裁判官的告示:"如果你或你的奴隶用武力剥夺某人当时所拥有的财产,我将只在一年之内允许提起一项诉讼,但在一年时间逝去之后,我将根据用武力剥夺起诉人的那个人[随后]获得了什么而授权一项诉讼。"关于裁判官的这段告示,法学家乌尔比安指出:"发布这项禁令的目的在于维护被武力剥夺占有权的人的利益,因为在这类情况下,向他提供救济是完全正当的。这项禁令就是为了使他恢复占有权而设置的……此禁令并非有关所有暴力,而只对侵夺他人占有权的人发布。它只针对残酷的暴力,并且当事人是被剥夺了土地占有权,例如一片土地、一座建筑的占有权,而非其他。"法学家庞博尼厄斯说:"不过,如果你被武力剥夺了占有权,你将有权要求返还土地,即使你最初是通过强力或秘密地或者在权利不确定的情况下而获得对它的占有权,也一样如此。"［美］伯尔曼:《法律与革命》,167~168 页。

③ ［美］伯尔曼:《法律与革命》,11 页。

古代罗马法学家对具体的案件具有强烈的关注,针对某一个个案提出自己的解决方案,这些案件有的是假设的,但更多的是取自实际诉讼。正如约翰·P.道森(John P. Dawson)曾写道,古代罗马法学家的大多数注意力"并不是指向理论性的综合,而是指向对具体案件的协调一致和有序的处理……他们全部的动力是追求经济实用,不只是语言上的,而且也包括观念上的经济实用……他们是解决问题者,在这个制度之内工作,没有被要求去解决涉及人类的需求与命运的各种根本性问题"。① 伯尔曼认为,"罗马法为全欧洲(包括英格兰)提供了大量基本的法律词汇"②。古代罗马法并不构成一门科学,其并不具有西方法律传统的特征——法律的科学性。只有到了11、12世纪法律活动参与者的意识却逐渐达到对这些素材进行系统的研究并对关于它们的知识体加以积累的程度,这便有了可以成为一门科学的特性。③

**(三)西方法律传统起源于教皇革命**

为何伯尔曼将11、12世纪的罗马法视为西方法律传统的起源,而将古代罗马法仅仅作为某种素材?

1. 11、12世纪罗马法更符合伯尔曼界定的西方法律传统之特征

伯尔曼认为西方法律传统具有十个特征。④ 他指出教皇革命时期复兴后的罗马法完全符合上述十个特征,其构成了西方法律传统的起源。但是,古代罗马法并不完全享有以上十个特征,"罗马法(此处指古代罗马法——笔者注)传统享有西方法律传统的上述四个特征"。⑤ 言外之意,对于西方法律传统的其余六个特征,古代罗马法并

---

① 转引自[美]伯尔曼:《法律与革命》,168页。

② 同上书,160页。

③ 同上书,157页。

④ [美]伯尔曼:《法律与革命》,10~14页。笔者对这十个特征概括如下:(1)法律制度和其他制度有明显的区分。(2)存在一批职业的法律人群体。(3)法律成为一种独立的学问。(4)法律具有科学性。(5)法律具有整体性和体系性。(6)法律具有不断发展的能力。(7)法律的发展具有内在的逻辑性。(8)法律的历史性与法律具有高于政治权威的至高性这一概念相联系。(9)各种司法管辖权和各种法律体系的共存和竞争。(10)西方法律传统在思想与现实、能动性与稳定性以及超越性与内在性之间存在紧张关系。

⑤ [美]伯尔曼:《法律与革命》,11页。

不享有。这也意味着古代罗马法并不构成西方法律传统的起源。

2. 伯尔曼的命题决定了 11、12 世纪罗马法在西方法律传统中的地位

伯尔曼受制于西方法律传统起源于教皇革命的命题。这个命题决定了他对古代罗马法和 11、12 世纪的罗马法在西方法律传统中地位的评价不同。在此命题之下,伯尔曼将西方法律传统的起源框定在教皇革命时期的罗马法,并指出同时期的罗马法对西方法律传统产生实质性影响。显然,如果将古代罗马法作为西方法律传统的起源,那么西方法律传统就必须追溯自早于教皇革命的古代罗马法时期,这和他的宏大命题——西方法律传统起源于 11、12 世纪教皇革命——产生矛盾。

由此,伯尔曼受其命题之影响,对古代罗马法在西方法律传统中的地位做出的评价值得商榷。爱德华·彼得斯(Edward Peters)指出,一个传统的线性叙述,即使集中在 12 世纪,也可能从对罗马法的讨论开始,至少是对查士丁尼六世纪晚期罗马法的讨论,然后讨论日耳曼法,直到 12 世纪重新发现罗马法和教会法的系统化。[①] 伯尔曼显然突破了这个传统。威廉·巴赛特(William Bassett)也指出伯尔曼在其命题的制约下对一些问题的概括不那么准确,他说,伯尔曼"信守他自己的革命模式,致使伯尔曼在数处作出了值得商榷的历史概括。"[②] 伯尔曼在讨论了 1100 年之后教会法的出现及对西方法律产生的深远影响,他将格拉蒂安的《教令集》视为法律理论的革命性作品,但是伯尔曼没有讨论在此之前的教会法以及两个阶段教会法之间的关系。实际上,被伯尔曼视为法律理论的革命作品的《教令集》,也在一定程度上受到罗马法之影响。彼得·兰多(Peter Landau)指出,"格拉提

---

① Edward Peters, "The Origins of the Western Legal Tradition Reviewed work(s): Law and Revolution: The Formation of the Western Legal Tradition by Harold J. Berman", *Harvard Law Review*, vol. 98, no. 3, 1985, p. 690.

② 威廉·巴赛特:《对西方法律传统起源的探究——评伯尔曼〈法律与革命〉》,阮齐林译,《比较法研究》,1990(4),27 页。

安依赖的是古代晚期塞维利亚的伊西多尔(Isidore of Seville)的作品。格拉蒂安在他的《教令集》开始时引用了伊西多尔,他对伊西多里亚文本的评论揭示了对罗马法概念的有限理解"。① 因此,在伯尔曼命题之限制下,他"对罗马法不仅仅重视不够,在这个命题下,将宗教法置于很高的地位,以至于忽视了其他的宗教法令的重要意义"。② 赫姆·赫兹(R. H. Helmholz)指出:"伯尔曼教授专注于教会法和教皇革命作为西方法律传统的来源的重要性,使他低估了其他重要的贡献。"③如他将日耳曼法作为教皇革命发生的主要背景,指出日耳曼部落法是一个几乎没有变化的静态秩序,彼得·兰多反对道:即使在古代,日耳曼社会也融入了强烈的基督教和罗马元素,并且只有少数旧日耳曼传统遗留下来。④ 伯尔曼对庄园法和城市法的描述也存在错误。⑤ 因此,在此命题之下,伯尔曼对于古代罗马法的评价并非十分客观。

## 二、梅因:古代罗马法作为西方法律传统的起源

对于罗马法在西方法律传统的考察中,梅因代表了另一种观点,虽然梅因没有明确界定西方法律传统,但是他的论述暗含着他对西方法律传统的观照,现对其观点进行论述。

### (一)以古代罗马法为起点考察西方法律传统之发展

在《古代法》中,梅因考察了以雅利安为主的古代法律的发展和演变。他以古代罗马法作为媒介,重点论述从罗马《十二表法》开始,到罗马帝国查士丁尼《民法大全》的颁布这一千多年古代罗马法的历

① Peter Landau, "Reviewed work(s): Law and Revolution by Harold J. Berman", *The University of Chicago Law Review*, vol. 51, no. 3, 1984, p. 939.

② 威廉·巴赛特:《对西方法律传统起源的探究——评伯尔曼〈法律与革命〉》,27页。

③ R. H. Helmholz, "Harold Berman's Accomplishment as a Legal Historian," *Emory Law Journal*, vol. 42, no. 2, 1993, pp. 475~496。

④ Peter Landau, "Reviewed work(s): Law and Revolution by Harold J. Berman", p. 939.

⑤ 伯尔曼对庄园法的描述以英国为基础,但是忽略了欧洲大陆的发展。对于城市法的发展,他认为很大程度上是新兴商人反抗的结果。Peter Landau 指出对于欧洲许多地区来说,这种概括是错误的,在那里发展是连续的和渐进的。Ibid., p. 940。

史。梅因认为,要了解当前的法律状况,必须追根溯源,他对古代罗马法的发展概括为四个阶段:

第一,《十二表法》时期。在制定《十二表法》以前,古代罗马习惯法盛行,公元前450年《十二表法》的制定标志着罗马第一部成文法的诞生,自此以后,罗马法的发展进入成文法时期。

第二,法律拟制阶段。共和国时期罗马的《十二表法》,主要用以调整罗马市民之间的法律关系,随着共和国末期来罗马经商的异邦人逐渐增多,适用于罗马市民的《十二表法》并不适用于异邦人,这种情形下只有"原告是一个外国人而他提出他是一个罗马公民"[①]时才能参加诉讼。因此法官通过法律拟制的方式,将异邦人作为罗马人,从而使用《十二表法》来进行裁判。法律拟制意味着"用以掩盖、或假装掩盖一个事实的任何假定,即一条法律规定已经发生改变,它的文字虽没有变化,但其运用却改变了这一事实"。[②] 可以看出,面对法律的严苛性或者僵硬性,罗马法官通过法律拟制的手段促成法律和社会的发展。

第三,衡平法阶段。随着罗马社会的发展以及法律和社会之间出现的张力,法官不满足于悄悄地通过法律拟制的手段加以改进法律,而是公开地直接干涉法律,只要发现法律和社会的发展不协调,法官就以心中的良心、公平正义等原则去纠正,在罗马法的发展过程中,裁判官通过发布告示就包括了其衡平法的内容。

第四,法典化阶段。在罗马帝国时期,古代罗马法的发展已经到了非常丰富的阶段,查士丁尼时期开启了大规模的立法和法典编纂。在这一时期将《法学阶梯》《学说汇纂》《查士丁尼法典》《查士丁尼新律》汇编成《民法大全》,为古代罗马法发展的顶峰。

按照梅因的观点,古代罗马法作为已知最早的法律,其发展经历了习惯法、成文法、拟制、衡平到法典化的阶段,法典化标志着法律已

---

① [英]梅因:《古代法》,沈景一译,18页,北京,商务印书馆,2011。
② 同上。

经发展到其最高阶段。古代罗马法为西方法律尤其是欧陆法律的发展提供了一种模板和理想类型,映射出西方法律传统的演变和发展。

## (二)对于罗马法复兴运动未给予观照

梅因以古代罗马法为起点,考察西方法律的发展和演变。但是对于罗马法的复兴,梅因并没有对其给予像伯尔曼那样的关注,梅因甚至忽略中世纪的罗马法律史。正如亚伦指出的:"古代法最大的缺点,在于它跳过了从罗马人到格罗秋之间的几个世纪,忽略了中古世界的时期。"①亚伦认为"对于梅因这样有非常的均衡感和透视力的人,这真是一个奇怪的遗漏"。② 梅因认为,考察古代法律的发展,必须追根溯源于古代罗马法,因此,梅因更为重视古代罗马法在西方法律发展中的作用,换言之,他重视古代罗马法在西方法律传统中的地位,而对于复兴后的罗马法明显观照不足。

## (三)梅因的命题

梅因探讨了古代罗马法的法典制定、各种具体的民事法律制度的发展和演变,但是他对复兴后的罗马法尚显忽略。

### 1. 立基于梅因的从身份到契约的命题

梅因在《古代法》中的一个著名命题是,人类社会的发展,主要是迄今为止以雅利安为主的西方社会的发展经历了从身份到契约的转变。③ 古代罗马法主要表现为以家父为核心的身份制,家父拥有至高无上的权力,他可以对家庭成员生杀予夺,家子等家庭成员生活在家父的庇护下,不能成为单独的民事交易主体。随着法律的发展和社会的进步,家庭成员逐渐获得解放,从家父权的阴影下脱离,并成为独立的主体进行交易,签订契约。梅因认为这实现了社会从身份到

---

① [英]梅因:《古代法》,13页。

② 同上。

③ 有学者指出,梅因的这句格言被批评为过于简单化,没有人类学证据支持,并且受到维多利亚时期对社会文化进化的线性演进的错误信念的驱使。Kathartina Isabel Schmidt, "Henry Maine's 'Modern Law': From Status to Contract and Back Again?", *The American Journal of Comparative Law*, vol. 65, no. 1, p. 147.

契约的转型，古代罗马法契合了社会发展的需求，为梅因的命题提供了有力的论据。

由此，梅因将他的命题建立在古代罗马法家父制度之上。① 当然，他以古代罗马法家父制为基础建构的人类社会，主要是雅利安的西方社会的起源曾遭受到学界的批判。② 但无论如何，他的视角暗含着这样一种观点：欲考察西方法律传统须以古代罗马法为起点。梅因指出："通过罗马法的纪年史，我们可以看到有关一个古代制度逐渐被摧毁以及把各种材料再度结合起来而形成各种新制度的几乎全部历史，这些新的制度，有的被保持原状一直到了现代世界，也有的由于在黑暗时期和蛮族相接触而被消灭或腐蚀，最后才又为人类所恢复。"③按照梅因的观点，古代罗马法中的一部分内容直接流传下来被现代国家所采纳。另一部分内容由于罗马帝国的衰亡而消失，最后又被恢复。因此在梅因视角下，古代罗马法实为西方法律传统的起源。

2. 梅因视角下西方法律传统的特征

通过对梅因著作的梳理，笔者归纳出梅因关于西方法律传统具有如下特征：

一是西方法律传统中，政治处于宗教之上。梅因指出，在西方，英雄时代的王依靠神所赋予的特权，集宗教与政治权力于一身。"逐渐地，君主神圣不可侵犯的印象开始单薄"④，君主的神圣性不再强调。而在非西方社会，"宗教因素有胜过军事因素和政治因素的倾向"⑤。"统治的贵族们逐渐倾向于变为宗教的而不是军事的或政治

---

① Kathartina Isabel Schmidt, "Henry Maine's 'Modern Law': From Status to Contract and Back Again?", *The American Journal of Comparative Law*, vol. 65, no. 1, p. 161.

② 1861 年，和《古代法》同一年出版的有瑞士法人类学家约翰·巴霍芬发表的《母权制》。巴霍芬分析了古代世界母权制的宗教和司法特征，得出的结论是，许多前现代社会都是基于母系而非父系血统，母亲和其他家庭妇女占据着特定的权威和尊重。

③ ［英］梅因：《古代法》，110 页。

④ 同上书，7 页。

⑤ 同上书，8 页。

的,并因此不但不失去反而获得了权力。"①这也说明,和传统东方国家相比,西方国家较早实现了政治对宗教的控制,政治最终处于宗教之上的格局。

二是西方法律传统中,法律与宗教分离。在非西方法律传统中,法律与宗教不分,法律限制文明的发展,法律的统治尚未从宗教的统治中分离出来。"违反了一条宗教命令应该用普通刑罚来处罚,而违背了一个民事义务则要使过失者受到神的惩戒"。② 诸如印度的《摩奴法论》,其不可避免地带有极其强烈的宗教色彩。而在西方社会,法律和宗教较早实现了脱离,从古代罗马法的发展可以看出,法律始终是祛魅,朝着理性化的方向发展。

三是在西方法律传统中,社会是进步的社会。梅因通过对罗马法的考察,指出西方社会的发展经历了从身份到契约的发展,属于进步的社会。而非西方如印度社会,在梅因看来属于静止的社会,在静止的社会中,"婆罗门教的印度还没有超过所有人类各民族历史都发生过的阶段"③。之所以如此,是因为非西方法没有经历罗马法那样的发展。

综上,首先,梅因以古代罗马法作为考察对象,来探讨西方法律传统的演变。在梅因看来,"罗马法最古部分中,有着最悠久的古代事物的痕迹,而在其后的规定中,又提供了甚至到现在还支配着现代社会的民事制度的资料"④,即罗马法不仅仅是作为古代的法律,而且其对现代西方法律的发展产生重要影响。其次,梅因认为古罗马法能代表西方法律传统,他试图将雅利安各个分支的历史……关于私有财产、契约自由和个人权利编制成渐进发展的历史。⑤ 因而古代罗马法中的很多原则及具体规则都被西方法律所继受,成为西方法律

① [英]梅因:《古代法》,11 页。
② 同上书,16 页。
③ 同上书,13 页。
④ 同上书,序言。
⑤ Karuna Mantena, *Alibis of Empire: Henry Maine and the Ends of Liberal Imperialism*, Princeton: Princeton University Press, 2010, p. 81.

传统的重要内容。

### 三、伯尔曼和梅因的罗马法观之比较：兼为古代罗马法辩护

以上分别讨论了伯尔曼和梅因对于不同阶段罗马法在西方法律传统中的地位之论述，现试对他们的观点进行比较与评价，并为古代罗马法辩护。

#### （一）伯尔曼和梅因的罗马法观之比较

伯尔曼和梅因对于罗马法的论述侧重点不同，其主要原因如下：

1. 二者对罗马法的不同评价受制于他们的基本命题

如上所述，伯尔曼将西方法律传统追溯到 11、12 世纪教皇革命时期，将 11、12 世纪的罗马法作为西方法律传统的起源，他认为古代罗马法仅仅是一种素材或书面理性，唯有教皇革命时期罗马法学家经过理性的注释和评论之后，其才符合西方法律传统的所有特征。爱德华·彼得斯指出，伯尔曼将 1050 年之前的欧洲法律史降格为"西方法律传统背景"，这致使罗马法学家感到沮丧，罗马法的历史学家会争辩说伯尔曼没有意识到后古典罗马法的重要性，并且忽视了它在 6 世纪和 11 世纪之间的连续性问题。[①] 其次，伯尔曼也没有给予那些 13 世纪和 14 世纪罗马律师足够的信任，这些律师曾注解了《学说汇纂》的一部分文本，这是一个有力且有用的论证，即立法权力独立于皇帝的合法权威。但是，查士丁尼的《民法大全》和盖尤斯《法学阶梯》中的摘要以及其他古典法学家的作品都无法代表罗马法的总和，即使在 1100 年之后也是如此。因此，罗马法的历史学家在伯尔曼对它的处理方面会有很多争论。[②] 爱德华·彼得斯进一步指出，伯尔曼在概括 11 世纪中期之前欧洲社会的法律特征可能是他工作中最不可靠的部分。[③] 梅因侧重于古代罗马法，他主要考察古代法和现代法之

---

① Edward Peters, "The Origins of the Western Legal Tradition Reviewed work(s): Law and Revolution: The Formation of the Western Legal Tradition by Harold J. Berman", p. 694。

② Ibid., p. 694。

③ Ibid., p. 695。

间的关系,通过对古代罗马法的考察来探索西方法律的发展及演变,梅因认为古代罗马法发展到查士丁尼《民法大全》时期已趋于成熟,完全可以跳跃中世纪而为现代西方法典制定提供模板,但是他却没有观照到复兴后的罗马法。显然,在他们各自的命题下,他们策略性地采纳了不同阶段的罗马法。

2. 二者对罗马法在西方法律传统的定位有差异

伯尔曼过分强调西方法律传统起源中的宗教因素,正如米尔伊安·达玛什卡(Mirjan R. Damaška)所指出:"一些社会理论家发现了宗教因素对于西方崛起至关重要,一些历史学家追溯了中世纪教会法学家对法律特定领域的巨大贡献,但伯尔曼将这些学者的见解融入自己的模式,增加了自己的想法,并提供了一个关于西方法律文化起源的新颖视角。"[1]伯尔曼关注基于教皇革命背景下的罗马法复兴运动,换言之,他重视西方法律传统起源中宗教因素,对于罗马法的重视程度不如教会法。伯尔曼强调教会法和教皇革命,将其视为西方法律传统的渊源,这导致其低估其他因素对于西方法律传统的贡献。譬如,在教皇革命之后的运动与革命对于西方宪法传统的贡献、中世纪市民的贡献等没有给予应有的重视。

梅因本身作为罗马法专家,曾在牛津大学开设罗马法讲座。他的古代法思想主要是以古代罗马法为学术资源,进而批判维多利亚时代盛行于英国的自然法思想以及实证主义法律思想。换言之,梅因认为要追溯法律的真相,必须追根溯源于古代罗马法,显然,梅因更加关注西方法律传统中的罗马法因素。

3. 伯尔曼将古代罗马法作为书面理性,忽视了其在中世纪法庭之实践

伯尔曼指出罗马法复兴的起因得益于博洛尼亚《学说汇纂》文本的发现。然而也有人认为《学说汇纂》文献早已存在于当时的西欧社

---

① Mirjan R. Damaška, "How Did It All Begin? Reviewed work(s): Law and Revolution: The Formation of the Western Legal Tradition by Harold J. Berman", *The Yale Law Journal*, vol. 94, no. 7, 1985, p. 1810。

会,劳森指出,"这个传说现在已不再为人们相信,我们倒更愿意认为《学说汇纂》的原文只要想读总是可以读到的,只不过在 11 世纪以前没有任何人有足够的勇气和智慧去完成这项工作罢了"。[①] 唐纳德·凯利(Donald Kelley)进一步批判道,历史学家将反对伯尔曼的断言,即在 11 世纪对罗马法的重新研究是发现查士丁尼的《民法大全》的完整手稿的结果,并且盖尤斯的《法学阶梯》在中世纪是众所周知的。[②] 彼得·兰多指出:"伯尔曼关于罗马法在中世纪影响的描述也有严重的扭曲。他考察了 12 世纪大学中的罗马法,但他忽略了罗马法在日常法庭实践中的重要性。"[③]因此我们可以认为《学说汇纂》早已存在于西欧,其中的一些规则在当时西欧社会实践及法庭中被运用。伯尔曼指出,"罗马法被当作一种理想的法律,一种法律观念的集合体"。[④] 彼得·兰多指出,如果将罗马法在 12 世纪和 13 世纪视为一种没有实际意义的"理想法则",那么罗马法的复兴和继受的整个过程将被误解。[⑤] 这也进一步说明了古代罗马法并不是伯尔曼所认为的一种理想法则,而是现实存在的法律。因此,伯尔曼将西方法律传统的起源框定在教皇革命时期,无异于斩断了罗马法的连续性发展及其在日常生活中的实践,也忽略了教皇革命之前罗马法发展的历史和现实以及其在西方法律传统中的地位。

4. 二者皆略过了中世纪罗马法在西欧继受的现实

梅因略过中世纪欧洲罗马法的发展史,伯尔曼对于 11、12 世纪之前罗马法在西欧继受的现实未给予足够重视。其实日耳曼人推翻罗

---

① [英]F. H. 劳森:《罗马法对西方文明的贡献(下)》,黄炎译,贺卫方校,《比较法研究》,1988(2),75 页。

② Donald R. Kelley, "Gaius Noster: Substructures of Western Social Thought", *The American Historical Review*, vol. 84, no. 3, 1979, p. 583。

③ Peter Landau, "Reviewed work(s): Law and Revolution by Harold J. Berman", p. 939。

④ [美]伯尔曼:《法律与革命》,171 页。

⑤ Peter Landau, "Reviewed work(s): Law and Revolution by Harold J. Berman", p. 940。

马帝国后,为了确立其在罗马的统治并稳定其部落的内部秩序,同时为解决罗马人和日耳曼人之间的冲突,协调各个蛮族部落之间的关系,也仿照罗马人陆续将其既有习惯法编纂成法典。这些蛮族法典虽然是以蛮族部落的习惯为基本内容,但在不同程度上都受到罗马法的影响。[①] 笔者以这些蛮族法典为例来指出它们深受罗马法之影响:其一,《狄奥多西法令集》(*Edictum Theoderici*)(简称《法令集》)是日耳曼最早的法典。《法令集》由154条规定加上序言和结语组成,序言和结语中明确阐明同时适用于罗马人和哥特人的法律规则。在此目的下,无论是法律著作还是帝国法令,其规定似乎都起源于罗马《法令集》是对以前所缺乏的日耳曼习惯的精确描述,但是"它们的术语、要旨和形式(罗马法律制度)大量由借鉴而来"。[②]

其二,《尤里克法典》。西哥特人适用《尤里克法典》(*Codex Euricianus*)之前,他们按照他们的习惯生活。阿尔瓦罗·多勒斯(Alvaro d'Ors)认为,《尤里克法典》被严重地罗马化了,尽管他确实发现了日耳曼法的细节和痕迹。[③] 维诺格拉多夫指出,《尤里克法典》中大量片段摘自罗马法资料,例如,禁止对发生在30年前的事务提起诉讼(第277条);以暴力或者威胁强迫做出的赠与意思表示无效(第309条),一项突破蛮族法对债的性质所作的纯粹形式主义处理的规范;在继承方面认可男女平等(第320条)[④]。《尤里克法典》成为其他日耳曼法典的典范,其主要影响了以下日耳曼法典:克洛维(Chlodwig,486-511)为法兰克人制定的《萨利克法典》(*Lex Salica*);为勃艮第人制定的《冈都巴德敕令集》(*Lex Gundobada*)。[⑤]

其三,《阿拉里克罗马法辑要》。公元506年西哥特人的法律代表

---

① 米健:《比较法导论》,北京,商务印书馆,2013年,198页。

② Lord Stair, The Institutions of the Law of Scotland(1st ed), 1681, 1.1.15。

③ D'Ors, Estudios Ⅱ。

④ [英]保罗·维诺格拉多夫:《中世纪欧洲的罗马法》,钟云龙译,18页,北京,中国政法大学出版社,2010。

⑤ Alan Watson, The Evolution of Law, The Johns Hopkins University Press, 1985, p.81。

性产物《阿拉里克罗马法辑要》没有包含西哥特国王的法律,而是取材自罗马帝国的宪法和罗马法学家的著作。[1]

其四,《西哥特法典》。西哥特人制定的《西哥特法典》也大量继承了罗马法规则,萨维尼将《西哥特法典》文本中再现的罗马法分为三类。首先,有些文本再现了罗马渊源的文献——例如,关系的程度、正当防卫和利息。其次,许多文本再现了罗马的原则,这些原则已被采纳、设想、修改或完全改变。萨维尼从人身法和相关的规则中依次给出了例子。[2] 第三,一些规则似乎通过《巴伐利亚法典》间接地借鉴了罗马法。[3] 勃艮第人是第二个在法典制定方面突出的哥特人群体。《勃艮第法典》(Lex Burgundionum)是勃艮第王室法律的官方汇编,其中前88个标题构成了早期阶段。《勃艮第法典》的具体日期不详。它适用于勃艮第人,也适用于勃艮第人和罗马人之间的诉讼。[4]《勃艮第法典》包含了许多罗马法的规则,无论是直接还是间接地取自罗马文献。[5]

其五,《撒里克法典》。在法兰克帝国,《撒里克法典》(Salic Code)几乎完全以条顿法原则为基础。但是罗马法理念还是有很多渠道显示其存在。其主要体现是罗马法对私人交易的影响。在这一领域,蛮族人为解决当事人之间私人协议的法律难题留下了巨大空白,如果这些协议并没有违反某些已经确定的或者明确表达的法律规范。蛮族立法中关于解决商业事务的巨大空隙得到填充,这是通

---

① Alan Watson, *The Evolution of Law*, The Johns Hopkins University Press, 1985, p. 82。

② 《西哥特法典》3.12允许哥特人和罗马人在伯爵的授权下结婚。该禁令载于《狄奥多西法典》3.14.1。一项法律规定,由丈夫赠送的彩礼可以与嫁妆数量相等,据说这是罗马法允许的(*L. Visgoth* 3.1.6)。另一项法律禁止在丧事之年再婚(3.2.1),这一规定在罗马文献中不止一处有记载。一位寡妇成了她孩子的家庭教师。未成年结束于25岁(*L. Visgoth* 4.3.1),立遗嘱的能力从14岁开始(2.5.10),配偶在没有亲属的情况下相互继承(4.2.11)。奴隶的解放可以在教堂里进行。Ibid., p. 85。

③ Ibid., p. 84。

④ Ibid., p. 88。

⑤ Ibid。

过广泛借鉴罗马法律材料实现的。①

其六,伦巴第的法律史揭示出另一种情势。意大利北部和中部大量罗马人既没有毁坏,也没有完全丧失其法律遗产。② 值得注意的是,虽然伦巴第的立法在其法律规范的内容方面忠于其条顿源头,但是仍然在两个不同方面受到罗马法强有力的影响。首先,在意大利,关系复杂的经济交往迅速增长,这要求精细的调整,要求采取能够高度满足需求的文明法律,尤其因为商业事务中的很多当事人都是具有罗马血统的人,因为与东罗马总督(Exarchate)管辖的人,以及生活在直接适用罗马法的意大利南部的人之间的交易每天都在发生。这种独特的渗透方式,尤其体现明显受到罗马法范式影响——拟定契约的伦巴第法律程式的发展上。另一种途径是,法学见解表现出来的罗马法理念的侵入。在 8 世纪初纯粹的伦巴第时代的立法中,我们已经发现法学分析的痕迹。③ 维诺格拉多夫认为,罗马法并没有随着帝国衰亡而完全消失。在某种程度上,它与其他古代文化遗存一起幸存下来,尤其凭借当时博学阶层的媒介——教士或者修士的法令。④

可以看出,即使在中世纪的西欧,当时的法律也受到古代罗马法之重大影响。至于为什么罗马法会对日耳曼社会产生如此重大影响,沃森从法律移植的视角给予了解释:首先,也是最重要的,它们表明(在条件合适的情况下),从一个由非常不同的线条构成或包括非常不同规则的体系中,可以借鉴大量的法律。其次,它们——首先是日耳曼法典——显示,大量的法律可以借鉴自具有截然不同的政治、经济和宗教条件的社会。第三,它们显示出一种趋势,这是很自然的,即借鉴更发达和更详细的法律体系。借鉴的原因通常是为了寻找更好的规则,但它也可能只是为了寻找一个已建立的规则。⑤

---

① [英]保罗·维诺格拉多夫:《中世纪欧洲的罗马法》,22 页。
② 同上书,19 页。
③ 同上书,20 页。
④ 同上书,23 页。
⑤ Alan Watson, *The Evolution of Law*, p. 94.

5. 二者对西方法律传统之特征界定不同

梅因虽然没有明确界定西方法律传统的特征，但是其暗含着古代罗马法代表了西方法律传统。而伯尔曼明确提出了西方法律传统的十个特征，并且认为古代罗马法只符合前四个特征。对于后六个特征，笔者概括为两点：一是西方法律传统具有体系化之特征，而古代罗马法缺乏体系化特征。二是西方法律始终处于有机的发展变化之中，[①]言外之意古代罗马法缺乏有机发展的特征。对此笔者为古代罗马法进行辩护。

**（二）古代罗马法是否具备体系化特征？**

古代罗马法是否具有体系化的特征？这个判断涉及伯尔曼对古代罗马法在西方法律传统中地位的评价。如前所述，古代罗马法分为王政时期、共和时期和帝政时期。笔者指出共和国晚期以后的罗马法其实具备了体系化之特征。

1. 共和国早期的罗马法具有决疑特征

伯尔曼认为古代罗马法并未体系化，这个观点其实更符合共和国早期罗马法的现实。共和国早期，由罗马法学家创制的法属于市民法的范畴。市民法并不是一开始就由像近现代西方法教义学那样精致的理论体系指导下完成的，毋宁说相反，舒国滢教授认为早期的罗马法是决疑式的、个案取向的。[②] 其中《十二表法》就是决疑性质的个案取向的立法，其大多是由个案决疑式的裁决构成，并没有形成原则性、系统性的法律条文，此时的古希腊辩证法思想对罗马法作用

---

① 伯尔曼认为，自第一次世界大战爆发以来的事件已经破坏了这种"有机发展"。相对其他社会制度，法律相对自治的信念被严重削弱。学者们不再将法律的规范性宇宙想象成一个能够持续增长的连贯整体，而是作为一个不连续的片段组合，像蒲公英一样不规则地生长。事实上，一些段落似乎表明我们可能已经生活在后西方时代：人类共有的新兴文化可能会使文明间的冲突过时。正是因为他看到了一个时代的结束，伯曼认为他可以清楚地看出它的起源：密涅瓦的猫头鹰只在黄昏时展开它的翅膀。Mirjan R. Damaška, "How Did It All Begin? Reviewed work(s): Law and Revolution: The Formation of the Western Legal Tradition by Harold J. Berman", p. 1808.

② 舒国滢：《罗马法学成长中的方法论因素》，《比较法研究》，2013(1)，1~42 页。

甚微。共和国早期的罗马法学家们的学术工作不是理论性的,而是实践性的,即针对案件中的法律问题提出解决方案。从阿尔多·拜杜奇提到公元前 1 世纪的一个真实的案件可以看,法学家对面对一个案件,只有在对案情进行分类学分析之后,才能够确定其具体的解决方案。① 正是在这个意义上,早期的罗马法学家们的法律学术可以称为法律决疑术,这是一种实践的智慧。法学家的这种务实的做法以及以个案为解决问题的中心贯穿在罗马共和国时期。换言之,法学家们并不关心如何把法律体系化或试图发展出一个融贯的私法体系。

2. 共和国晚期罗马法的体系化

共和国晚期到帝政时期,罗马法的发展出现了重大变化,罗马法已经逐渐开始体系化或者系统化,劳森指出,"这些世俗法学家前赴后继,到公元 3 世纪末,或直接或间接地几乎完成了发展私法理论的全部工作。"②共和国晚期罗马法的体系化其主要表现如下:

一是共和国晚期希腊哲学输入罗马法。从第二次布匿战争(公元前 218 年—前 201 年)结束之后,罗马法学进入了一个新的阶段,古希腊的辩证法开始输入罗马。希腊文化对罗马法的影响可以追溯到《十二表法》的制定,著名罗马法学家朱塞佩·格罗索(Giuseppe Grosso)就曾指出,根据传统记载,在《十二表法》制定之前,罗马人曾

————————

① 在这个案子中,两辆满载货物的骡车一前一后地正在向刚比托里山坡上行驶准备去罗马城。为了减轻骡子的负担,两名车夫在第一辆车后推车。推着推着,驾第一辆车的骡子失蹄下滑,两名车夫没能阻止车辆下滑便放开骡子躲在了一边。于是第一辆车继续下滑并撞到了第二辆车上。第二辆车也开始下滑并碾死了一名过路的年轻奴隶。该案中死亡奴隶的主人向阿尔芬·瓦罗询问,在此种情况下该向何人提起诉讼,请求赔偿。瓦罗解答说,只有分析了所有与案件有关的情况后,才能找到可以适用于这一案件的法律规范。如果第一辆车的下滑是由于车夫故意离开车辆所致,那么就应当向车夫提起请求赔偿之诉。如果第一辆车的下滑是由于骡子受到突然惊吓造成的,车夫放开骡车是为了不被碾死,那么,诉讼应当向骡子的主人提起。如果车辆的下滑既不是车夫也不是骡子引起的,而是意外事故造成的,就不能对任何人提起赔偿之诉。但无论如何,本案不得向第二辆车的车夫或骡子的主人提起诉讼,因为他们并非故意要杀害那名年轻的奴隶,其造成的后果乃受第一辆车撞击所致。[意]阿尔多·拜杜奇:《罗马法与普通法决疑方法之比较》,丁玫译,《比较法研究》,1995(4),440~441 页。

② [英]F. H. 劳森:《罗马法对西方文明的贡献(下)》,《比较学研究》,1988(2),57 页。

派遣了一个使团去雅典学习梭伦的法律和其他希腊城邦的制度。[①]
据传,第一次将希腊辩证法引入罗马的当数昆图斯·穆丘斯·谢沃
拉(约公元前 159 年—前 88 年)。对斯凯沃拉影响最大的是柏拉图、
亚里士多德以及斯多葛学派学说。按照柏拉图的观点,辩证法就是
指有关(概念的)"属"和"种"的研究,而"属"和"种"则是通过区分和
综合的方式获得。辩证法的输入在罗马法学史乃至整个法学史上是
一件极其重要的事情。它使罗马法成为一门科学,法学只有借助辩
证法才可以达到的一种体系研究和组织化知识。谢沃拉的著作《论
市民法》是他第一次系统运用希腊辩证方法的产物,具有罗马法学体
系之奠基的地位。谢沃拉的学生西塞罗在将希腊哲学引进罗马法的
过程中作出了巨大贡献,徐国栋教授认为,"真正系统把古希腊哲学
'搬运'到罗马并将之罗马化的人当推西塞罗"。[②] 西塞罗在给朋友阿
提库斯的信中说,自己不过是一个搬运工,希腊有什么,他就把什么
搬到罗马来。[③] 西塞罗指出,"正是由于罗马法学家擅于使用从逻辑
学(辩证法)中推导出来的技巧,才得以使那些散失了的、混乱无序的
材料合理地、有机地重新汇集编排在一起。"[④]

　　二是古代罗马法并非仅仅具有素材的作用。古代罗马法是否如
伯尔曼所认为的,在西方法律传统中仅仅是一种材料? 按照韦伯的
观点,自帝政时期起,"罗马法除了昔日固有的分析性格之外,早就添
加了另一个要素,亦即法律概念越来越赋予强的抽象性格。"[⑤]韦伯指
出,罗马法的发展在帝政以前还缺乏系统化,但是到了帝政时期,司

　　① [意]朱塞佩·格罗索:《罗马法史》,黄风译,77 页,北京,中国政法大学出版社,
1994。
　　② 徐国栋:《共和晚期希腊哲学对罗马法之技术和内容的影响》,《中国社会科学》,
2003(5),74~85 页。
　　③ R. H. 巴洛:《罗马人》,黄韬译,169 页,上海,上海人民出版社,2000。
　　④ [意]桑德罗·斯奇巴尼:《法学研究方法以及对古罗马法学著作和近现代法典结
构体系的若干问题的思考》,丁玫译,《比较法研究》,1994(2),205~216 页。
　　⑤ [德]马克斯·韦伯:《法律社会学》,康乐、简惠美译,215 页,桂林,广西师范大学出
版社,2011。

法成为专门行当,部分法律顾问的法律解答具有法律拘束力,在司法上拥有官方的地位。法律顾问专注法律事务,这为法律顾问们做出严格抽象的法律概念提供了良机。因此,罗马法从最初的经验性格,"逐渐发展为技术越来越赋予合理化且具有学术精纯性的法律体系"。① 巴里·尼古拉斯(Barry Nicholas)将罗马法的发展分为两个阶段,第一个阶段是自罗马城建立到罗马帝国时期,这一阶段在公元6世纪查士丁尼完成《民法大全》的编纂而结束。第二阶段是11、12世纪的罗马法复兴运动。那么他对第一阶段的罗马法是如何评价的呢? 巴里·尼古拉斯教授并非将第一阶段罗马法看作是不成体系的材料。他认为,第一阶段的罗马法中,罗马法变成了科学的主题,罗马法学家"从作为法律原材料的细碎规则中提炼出原则并精心构建成一个体系。"②换言之,他认为第一阶段的罗马法发展中,罗马法学家已经具有高度抽象的能力,"他们有能力在前所未有的规模和复杂程度上创建和操纵这些抽象原则"。③ "一位法学家可以通过对两三项原则的组合创造出新的原则,并且由此创造出新的规则"。④ 由此,他总结出罗马法学家通过从具体的规则中抽象出原则的能力,并且通过原则还进一步发展出具体的法律规则。对于第一阶段罗马法体系性弱,或者有时逻辑性不强的特点,他指出,这是由于罗马法学家务实的特性所导致,即罗马法学家在精心构筑法律体系的大厦之时,"他们清楚地觉察到希冀的实际结果。当自己的规则体系的逻辑与适宜性所提出的要求发生冲突时,他们乐于摒弃这种逻辑"。⑤ 这也说明在体系性和实践发生冲突之时,罗马法学家选择了后者。可以看出,巴里·尼古拉斯对于第一阶段的罗马法,他认为并非是某种材料或零散的组合,而是具有高度体系化、概念化,其中充满着规则和

---

① ［德］马克斯·韦伯:《法律社会学》,212 页。
② ［英］巴里·尼古拉斯:《罗马法概论》,黄风译,1 页,北京,法律出版社,2000。
③ 同上。
④ 同上。
⑤ 同上。

原则的精心建构的体系。

三是共和国晚期罗马法体系化和系统化的具体表现如下:其一,为事物寻找定义。在希腊哲学的影响下,共和国晚期的法学家尝试给罗马法下定义。定义产生在寻找事物的共性和差异的过程之中。通过定义,能将纷繁复杂的生活世界构建为概念世界。徐国栋教授考察,最早运用这种概念组织技术的罗马法学家是昆图斯·穆丘斯·谢沃拉(Quintus Mucius Scaevola)。[①] 他对罗马法进行了详尽的分类。[②] 这一概念体系已经被后世西方法律所继受。

其二,规则之寻找。主要依据属和种的发现原则来完成。共和时期的法学致力于这种规则的寻求,这些规则往往是简短的法谚。罗马法学家们留下了 14 部《规则集》,其中内拉蒂的《规则集》达15 卷[③]。

其三,罗马法中发展出法律的类推适用或扩张适用的技术。如果出现了现有的法律不能解决的现象,罗马法学家通过法律拟制的技术来解决,它是法律的类推适用。如果没有可以遵循的现成规范,裁判官则会运用事实诉讼、拟制诉讼、抗辩、恢复原状等手段创制出一项新的解决方法。由于类似案例的重复出现,为先前案例制定的新的解决方法便被援引适用于类似的案例,久而久之,这一新的解决方法就被确定为一条可以适用于所有这类情况的一般原则。从公元前 2 世纪到公元 3 世纪,罗马法学家通过他们的法律知识或学术参与了罗马法的创制过程。阿尔多·拜杜奇(Aldo Petrucci)认为,这种创制过程主要通过两个途径实现:第一条途径是通过司法解释扩大已

---

① 徐国栋:《共和晚期希腊哲学对罗马法之技术和内容的影响》,《中国社会科学》,2003(5),74~85 页。

② 在他的著作中,他将罗马法分为人法、物法、债法和继承法四部分。其中的每个分类再进行细分,将人法分为婚姻、监护、自由人、家父等;将监护分为 5 种;物法分为占有和非占有;债法分为契约和侵权,其中契约分为物权契约、买卖契约、租赁契约、合伙契约,侵权行为又分为殴打、盗窃和损坏财产。

③ 参见斯奇巴尼选编《民法大全选译·法律行为》,附录三、附录四。徐国栋译,北京,中国政法大学出版社,1999。

经存在于法律、裁判官告示、元老院决议和敕令中的规范的使用范围,从而使这些规范总是能适用于新的情况和新的问题。第二条途径是将罗马法中存在的、却没有文字记载的法律思想或法律意识制定成规范并适用于具体的案例。[①]

综上,在共和国晚期,随着对具体的个案的解释例的积累,罗马的法学家们受古希腊辩证法的影响,致力于从他们所达成的个案裁判中抽象出一般的法理,形成规则。

### (三)古代罗马法处于有机发展变化中

伯尔曼认为,西方法律传统的主要特征之一是它在持续变化发展之中,言外之意,古代罗马法并不具有自主发展的特征。梅因通过考察罗马法,指出以罗马法为代表的西方法律的发展经历了法律拟制、衡平到立法的阶段,古代罗马法处于有机变化之中。其实,考察古代罗马法的具体制度可以发现其处于不断的发展和变化中。以罗马契约的发展变化为例,古罗马的契约经历了从耐克逊制度(契约和物权相分离)、要式口约(从神前发誓到世俗问答)、文书契约(形式瑕疵不影响契约之效力)、要物契约(交付促成契约信用机制产生)、诺成契约(合意成为契约的核心要素)这几个发展阶段。罗马法契约的发展表现出以下主要特征:契约的发展经历了从烦琐的形式主义到简便的非形式主义、从注重契约外在形式到注重当事人的内心意思、从宗教仪式契约到世俗性质契约、从人身责任契约到财产责任契约的过程。[②]

艾伦·沃森(Alan Watson)考察了古代罗马法契约之发展,他认为罗马契约法的发展甚至与特点的时间和地点无关。"虽然经济和社会原因要求引入每一类型的合同,但法律传统决定着每一种合同的性质、结构和年代。"[③]沃森考察到罗马最初的契约为要式口约,在

---

① [意]阿尔多·拜杜奇:《罗马法与普通法决疑方法之比较》,440页。

② 敏振海:《梅因的罗马契约理论及评价》,《清华法治论衡》,第25辑,清华大学出版社,2017,100~123页。

③ Alan Watson, *The Evolution of Law*, p. 5.

大多数情况下,一个独立的罗马合同类型总是衍生于要式口约,出于各种原因,要式口约在特定情境下或出于某种社会需要,已经变得不合时宜或没有效率。因此,几乎以后的每一种合同类型,都是要式口约的一种减损。① 要式口约通过巧妙的现代化,可以成为灵活统一的合同制度的基础。与之相反,许多其他类型的单独合同诸如消费借贷、寄托合同、诺成合同(包括买卖合同、雇佣合同、委任合同、质押合同)也出现,每一个合同都是根据其功能来定义的。这种根据功能而不是根据形式的定义,将它们与要式口约区分开来。② 因此,沃森驳斥了从经济或社会发展的观点去解释合同出现原因的观点。③ 这也意味着古代罗马契约法具有自我调节、自我创生的自主发展的倾向,"法律在很大程度上是自治的,不受社会需求的影响;虽然法律制度没有相应的社会制度就不存在,但法律是由法律传统演化而来的。如要理解社会中的法,就必须充分认识到法律传统的影响。"④其实,无论古代罗马法的不同发展阶段,还是其具体的法律制度,均都是法官或法学家精心建构自主发展的产物,古代罗马法的这种自主发展实质上正是伯尔曼所总结的西方法律传统的主要特征。其实,其他法律传统也处于发展变化之中,高鸿钧教授指出传统印度法也并非停滞不变。⑤

---

① Alan Watson, *The Evolution of Law*, p. 8。
② Ibid. , p. 9。
③ 沃森指出,人们试图从经济的角度解释每一种合同出现的原因。这些尝试注定会失败。对合同逐一单独进行调查,从其出现的顺序来看,可以发现没有任何经济意义。比如,寄存出现于公元前 5 世纪,消费借贷最晚出现于公元前 3 世纪,而易货贸易作为一种合同类型,则至少还得再等上几百年;而买卖合同则要直到公元前 200 年才出现。而且,在公元前 200 年左右,在铸币出现和雇佣合同被引入之前,并没有专门的合同来奖励照看物品,也没有专门的合同来奖励回报他人对某人物品的使用,也没有专门的合同来奖励服务。在这种情况下,最早可追溯到公元前 123 年之前,就发明了使某人同意无偿为他人行动的委任合同——这一合同的实质是明确规定履行合同是无偿的——如果从经济角度解释合同的必要性,就似乎行不通。Ibid. , p. 7.
④ Ibid. , p. 120。
⑤ 高鸿钧:《传统印度法停滞不变吗》,《中外法学》,2019(2),285~306 页。

## 四、罗马法在西方法律传统中的地位

伯尔曼和梅因由于各自的立场不同,对于古代罗马法和复兴后的罗马法的评价不一,那么,古代罗马法和复兴后的罗马法究竟是什么关系? 笔者认为,古代罗马法和复兴后的罗马法对于西方法律传统产生同样重要的影响,具有同等重要的地位。

### (一)古代罗马法对西方法律传统产生实质性影响

古代罗马法作为罗马奴隶制国家的法律,其对西方法律传统具有重大影响,一个在奴隶制国家的基础上设立的法律制度,如何能跨越时代的发展,对后世西方社会产生重要影响?

1. 建立在奴隶制社会上的古代罗马法具有跨时空特征

古代罗马法经过一千多年的发展,拥有复杂的法律规则,这些规则本身就能适应于西方社会,甚至可以说,古代罗马法中的大部分规则,尤其是民商事交易的规则能跨越时空而长久存在。正如艾伦·沃森指出:"罗马法是西方最具创造性和复制性的法律体系。"[1]罗马法是奴隶制国家时期的法律,自罗马国家建立到西罗马帝国灭亡,其处于奴隶制社会时期。即使拜占庭时期的东罗马帝国,在 7 到 12 世纪完成封建化过程之前,也仍然是奴隶制社会。为何古代罗马法适应于后世的西方社会? 其原因在于,古代罗马法的发展经历了从市民法到万民法到统一法时期,在市民法后期,随着来罗马经商的外邦人增多,适用于罗马市民的市民法已经无法满足当时的商业贸易,因此调整罗马市民与异邦人以及异邦人和异邦人之间的万民法应运而生。这也意味着,古代罗马法建立在商品交易的基础之上,它是"商品生产即资本主义以前的商品生产的完善法",[2]而且也是"商品生产者社会的第一个世界性法律"。[3] 由于古代罗马法建立在人类交往、商品贸易的基础上,而人类的交易、商品贸易具有某种共性因素,因

---

[1] Alan Watson, *The Evolution of Law*, p. 4.

[2] 《马克思恩格斯全集》(第 3 卷),395 页,北京,人民出版社,1972。

[3] 《马克思恩格斯选集》(第 4 卷),248 页,北京,人民出版社,1972。

此调整商品交易的罗马法也具有普遍性,跨越时空而具有永恒的生命力,从而成为世界性的法律,"以致后来的一切法律都不能对它做任何实质性的修改"。[①]

### 2. 古代罗马法的具体制度对西方法律传统产生重大影响

古代罗马法并非伯尔曼认为的只是某种材料或"原料"。古代罗马法中的很多具体规则不仅对西方法律传统产生实质性影响,而且对于非西方法律影响同样深远。其中罗马私法对于西方法律传统的影响更为深远。徐国栋教授以《十二表法》为例,指出《十二表法》制度对西方法律之影响,其中关于私法上财产之影响,他列举了十六个制度。[②] 笔者拟以罗马私法中的几个规则为例,来说明其影响。

其一,债的理论。古代罗马法债的理论中,首先是债的概念体现和包含着西方法律关于债的概念的一般要素。查士丁尼《民法大全》中有不同的论述,其中《法学阶梯》认为:债是拘束我们根据国家的法律而为一定给付行为的法锁。《学说汇纂》定义为:债的本质并不是要求某物或某役权,而是使他人给予某物、为某事或某物的给付。根据上述定义,可以知道,债具有双重含义:一方面是据此请求他人为一定给付;另一方面则是据此应请求而为一定给付。债权人和债务人的这种关系因得到国家的认可受到法律的保护,从而使债成为事实上拘束双方当事人的"法锁"。这是古代罗马法债的实质所在,它包含了现代法律关于债的概念的一般要素。这进而说明古代罗马法对于概念的提炼和整合已经达到现代法律发展的高度。

其次,罗马债法中契约理论颇为发达,在对契约的分类中,最显著的是将契约分为要物契约和诺成契约,在要物契约中又划分为消

---

① 《马克思恩格斯全集》(第 21 卷),454 页,北京,人民出版社,1972。

② 1.要式物与略式物的区分;2.强制添付制度;3.交付制度;4.所有权保留制度;5.追夺制度;6.质押制度;7.取得时效制度;8.雨水处理制度;9.领地果实取得制度;10.调整地界制度;11.附随意条件法律行为制度;12.同时履行抗辩制度;13.共同监护人间的连带责任制度;14.动物租赁制度;15.恩惠制度;16.损害投偿制度;徐国栋:《十二表法研究》,北京,商务印书馆,2019,387~397 页。

费借贷、使用借贷、寄托、质权契约等；在诺成契约中，分为买卖、赁借贷、合伙、委任等。这种对契约的分类几乎为后世法律完全承袭。"在大陆国家的民事法律中，几乎没有哪个国家的民事法律在契约的种类方面对罗马法模式有重大突破"。<sup>①</sup> 艾伦·沃森指出："像赁借贷这样的合同出现之后，其范围在整个罗马时期都没有改变，它最好地说明了法律传统在法律发展中的作用，而且在今天作为一种合同，它仍然兴盛于例如法国、智利和阿根廷这些国家。"<sup>②</sup>

其二，物权理论。对于所有权的界定，在市民法时期，只有主体是罗马市民，客体的不动产是罗马乃至意大利的土地时才成立，而万民法上的所有权与市民法上的所有权分开来处理，"以上种种所有权最终被统一起来，是在查士丁尼大帝时代的事"。<sup>③</sup> 罗马万民法时期的所有权的取得方式，诸如时效取得、先占取得等为西方法律所继受。时效取得在《十二表法》中就有规定。在《十二表法》第六表三条规定：使用土地的，其取得时效为 2 年，其他物件为 1 年。<sup>④</sup> 如《法国民法典》规定了时效取得制度，第 2219 条规定，时效系指依法律确定的条件，经一定的期间而取得财产所有权或者自行免除义务的一种方法。第 2262 至 2266 条分别规定了三十年、二十年和十年时效制度的情形。《德国民法典》第 937 条第 1 款规定：自主占有动产达 10 年的人，取得所有权（取得时效）。《瑞士民法典》第 728 条第 1 款规定，以所有之意思，五年间，未中断且无争议地，占有他人动产者，因取得时效而成为所有人。

先占原则形成于古代罗马法。盖尤斯《法学阶梯》中指出通过先占取得所有权，不仅那些通过让渡我们所有的物品因自然原因而为我们所取得，而且［此处有残缺］通过先占［此处有残缺］它们先前不归任何人所有，从盖尤斯《法学阶梯》可以看出，占有作为一种古老的

---

① 江平、米健：《罗马法基础》，333 页，北京，中国政法大学出版社，2004。
② Alan Watson, *The Evolution of Law*, p.16。
③ ［德］马克斯·韦伯：《法律社会学》，215 页注释。
④ 周枏：《罗马法原论》（下册），1026 页，北京，商务印书馆，1994。

法律规则,主要有三种表现形式:一是对自然界物的先占,比如:所有在陆地、海洋或天空中被捕获的动物。① 二是对他人抛弃物的先占,"然而,当它们摆脱了我们的控制并且恢复了天然的自由时,它们又可以为先占者所有,因为它们不再是我们的了"。② 三是对战争中敌人之物的先占,"从敌人那里获取的物品根据自然原因是我们的。"③ 盖尤斯对占有的几种情形基本囊括了占有的情形。这种罗马法中的先占制度为西方法律所继受。④ 如《法国民法典》虽然没有明文规定先占制度,但是根据第 2279 条,对于动产,占有等同于权利根源,具有与权利根源相同的效力。《德国民法典》第 958 条规定以先占方式取得无主动产,第 959 条规定了对所有权的抛弃之物的先占以及 960 条规定的对野兽之占有。《瑞士民法典》第 658 条第 1 款规定,已登记于土地登记簿的不动产,其先占,仅在依土地登记簿证明该不动产为无主物时,始得发生。对于无主动产的取得,第 2 款规定,未登记于土地登记簿的土地,其先占,适用关于无主物的规定。

其三,侵权理论。公元前 287 年前后颁布的《阿奎利亚法》首次从立法上确认了过错责任原则。⑤ 根据第一、第三两章,侵权行为的成立必须具备四项要件:直接暴力、违法、损害结果、被损害物须为原告的财产。⑥ 其中最为重要的违法这一要件,确立了罗马法过错责任原则。可以看出,罗马私犯法的归责原则在逐步摆脱了原始社会的影

---

① [古罗马]盖尤斯:《盖尤斯法学阶梯》,黄凤译,71 页,北京,中国政法大学出版社,2008。

② 同上书,71 页。

③ 同上书,72 页。

④ 如 1804 年《法国民法典》第 560 条规定,可通航河流河床上形成的河洲及生长的植物,归国家所有。第 556 条规定,在一地产边沿由于冲积逐渐不为人察觉地形成的冲积地归冲积地相邻地产所有人所有。

⑤ 该法第一章主要规定:倘若任何人杀死属于他人之男女奴隶或可牧之畜,则他须偿付被损害物于损害发生前一年中的最高价值。第二章规定的是无形损害的责任,但未见实施。第三章规定:除了奴隶和被杀家畜之外的一切物件,倘任何人由于焚烧,折损或折断造成对他人的不法损害,那么无论争物是什么,都应赔偿其尔后 30 日内的价值。江平、米健:《罗马法基础》,第 375 页。

⑥ 同上。

响之后,即结果责任原则后,确立了过错责任原则。古代罗马法确立的过错责任原则体现着自由资本主义时期简单的商品经济关系,也体现着早期资产阶级自然理性的理念,对西方法律传统产生了实质性影响,实际上,后世的西方各国都接受了这一归责原则。如《法国民法典》第 1382 条规定,任何行为致他人受到损害时,因其过错致行为发生之人,应对该他人负赔偿之责任。《德国民法典》第 823 条第 1 款规定,故意或有过失地不法侵害他人的生命、身体、健康、自由、所有权或其他权利的人,有义务向该他人赔偿因此而发生的损害。

通过以上对古代罗马法具体制度的考察,可以发现,西方法律基本上是对古代罗马法的继受。

### (二) 11、12 世纪罗马法复兴促使古代罗马法更趋于体系化和系统化

罗马法复兴运动是西方法律传统中的重大事件。保罗·维诺格拉多夫(Paul Vingradoff)在他的著名作品《中世纪欧洲的罗马法》一开始就提出了这个问题:"在整个历史范围内,没有什么问题比罗马国家垮台后罗马法的命运更重要、更令人困惑的了。一个符合特定历史条件的制度是如何不仅在这些条件下存活下来,而且在政治和社会环境完全改变的今天仍然保持活力?"[1]这其中的原因,主要归功于 11、12 世纪罗马法学家对古代罗马法的继受,"他们从一个具有或曾具有迥异经济、社会、宗教与政治条件和观点的社会进行法律借鉴"[2]。此处不再赘述。可以说,没有 11、12 世纪的罗马法学家对罗马法的复兴,就不可能有罗马法后来的发展以及对后世产生的影响。巴里·尼古拉斯教授认为,罗马法复兴"给予几乎整个欧洲以法律概念的共同库藏、法律思想的共同文法,并且,在不断变化但不可轻视的范围内提供了一批共同的法律规则"[3]。罗马法的复兴只是给罗马法的发展和传播提供了机会,使得完整的罗马法重新面世并加以

---

[1] P. Vingradoff, *Roman Law in Medieval Europe* (3d ed), with preface by F. De Zulueta, Oxford University Press, 1961, p. 11。

[2] Alan Watson, *The Evolution of Law*, p. 67。

[3] [英]巴里·尼古拉斯:《罗马法概论》,2 页。

升华。

总之,在西方法律传统的发展历史中,古代罗马法和复兴的罗马法二者的地位同样重要,如果没有古代罗马法的存在,西方法律尤其欧陆法律注定不可能遵循罗马法的路径发展;如果不是在 11 世纪发现古代罗马法文献及罗马法复兴运动,西方法律也可能不会形成以罗马法为内核的法律传统并影响后世法律的发展。正如劳森指出的:"从罗马法整个历史来看,罗马法逐代延续下来,与人体运动机能是一致的,就好比人体靠一个细胞群为另一个细胞群取代的不断运动而维持生机,同样地,罗马法也靠不断地发展变化、取舍存留而至今保持着生命活力。"①

### 五、罗马法在西方法律传统中的研究范式反思

由上,对于罗马法在西方法律传统中的地位,伯尔曼主张以 11、12 世纪的罗马法作为西方法律传统之起点,梅因则以古代罗马法为考察西方法律传统的开始。这种对罗马法在西方法律传统中地位之评价不同,涉及二者对罗马法研究范式之差异。在此,笔者引入福柯关于历史研究中的连续性范式和断裂性范式,尝试解读罗马法在西方法律传统中的研究范式。

福柯在《知识考古学》中提出两种历史研究的范式:连续性范式和断裂性范式。福柯指出,传统的历史研究方式是连续性范式,连续性范式意味着"追寻静默的起始,无限地上溯最早的征兆"。② 在连续性研究范式下,起源、连续性、总体化,这就是思想史的重要主题,也正是由于这些主题,它才同某种现在看来是传统的历史分析形式重新连接起来……③在表达了连续性主题的概念,如传统、影响、演化、

---

① [英]F. H. 劳森:《罗马法对西方文明的贡献(上)》,黄炎译,贺卫方校,《比较法研究》,1988(1),55 页。

② [法]米歇尔·福柯:《知识考古学》,谢强、马月译,顾嘉琛校,3 页,北京,生活·读书·新知三联书店,1998。

③ 同上书,176 页。

进化等后,福柯转而向连续性范式提出挑战,他指出,"今天,人们正力图在人类思想长期的连续性中……探测中断的偶然性"。[①] 福柯指出,过去一向作为研究对象的线性连续已被一种在深层上脱离连续的手法所取代。从政治的多变到物质文明特有的缓慢性,分析的层次变得多种多样:每一个层次都有自己独特的断裂,每一个层次都蕴含着自己的分割;人们愈是接近最深的层次,断裂也就随之越来越大。[②] 换言之,福柯在连续性观念史中引入断裂,使断裂概念在历史学科中取得重要地位。在福柯这里,传统历史学追求的连续性范式正在被断裂性范式所取代,历史学研究应该向非连续性即断裂性实现范式转化。福柯的连续性范式和断裂性范式被蒙纳特里用以分析罗马法的多重渊源,受此启发,[③]笔者尝试借助这一对范式来分析罗马法在西方法律传统中的地位。

## (一)连续性范式

在对罗马法的研究中,连续性范式以萨维尼的历史法学为代表,历史法学主张法律深深植根于地方性传统,从而取代普世主义的自然法理论。萨维尼将古代罗马法作为一种理性赋予其极端重要的历史地位。连续性范式主要的表现是雅利安模式,雅利安模式暗含了印欧法族内罗马法进化论。所有19世纪末的那些研究莫不是企图以一种雅利安伦理社会的口吻重建"雅利安原初法模式,罗马法简直成了原初法得以展开叙述的模板。"[④]梅因在一定程度上继承了萨维尼的理论,他在《古代法》中以罗马法界定西方法律的起源,并考察罗马

---

① [法]米歇尔·福柯:《知识考古学》,谢强、马月译,顾嘉琛校,2页,北京,生活·读书·新知三联书店,1998。

② 同上。

③ 蒙纳特里教授在他的论文《黑色盖尤斯——寻求西方法律传统之多重文化渊源》中借助福柯的连续性范式和断裂性范式,指出在西方法律传统中罗马法并非唯一渊源,罗马法是在借鉴其他异域文化成果基础上的发展和完善,甚至他认为西方法律传统可以溯源于古埃及等法律。尽管对他的判断笔者并不认同,但是他的分析范式对于本部分内容写作具有启发意义。[意]蒙纳特里:《黑色盖尤斯——寻求西方法律传统之多重文化渊源》,周静译,朱景文校,《清华法治论衡》,26辑,2018,293页。

④ [意]蒙纳特里:《黑色盖尤斯——寻求西方法律传统之多重文化渊源》,293页。

法及其雅利安根源，连续性范式下雅利安理论便成为理解罗马法的至上性和独特性的一把钥匙。[1]

连续性范式具有以下几个特点：一是连续性范式主张法律的独特性。这种独特性被视为一种传统的最终产物，一种绵延不断、未被打破的进程。[2] 因此这也可以解释梅因为何忽视中世纪罗马法的另一个原因，即其不承认罗马法的发展被打断，而是从查士丁尼时代经过中世纪被当代所借鉴。

二是连续性范式主张罗马法的旧制更新说。该范式强调古代罗马法对现代社会之影响，重述罗马法有助于处理当代问题。梅因考察古代罗马法的初旨在于探索其和当代法之间的联系以及对当代法之影响是旧制更新说的表现。

三是连续性范式带有进化论的主张。进化论强调研究特定社会中的特定法律之演化。如梅因考察古代罗马法的发展以及社会的演进显然受到进化论之影响，特别是，梅因关于历史进化逻辑的论证受到了达尔文生物进化论启发，达尔文的《物种起源》在《古代法》出版两年前就在同一个出版社出版。梅因很有可能受到这部著作的影响，或者至少认为自己是以同样的传统写作。[3] 在梅因所生活的维多利亚时代科学主义以及达尔文的进化论盛行，我们有理由推定其受到那个时代学者的影响。

## （二）断裂性范式

断裂性范式如前所述的，是在批判传统的连续性范式的基础上产生的。在断裂性范式下，其法史学家很容易公然承认历史进程中的那些大的断裂，公开承认那些革命时机。[4] 伯尔曼研究罗马法的方法可以称之为断裂性范式。在伯尔曼那里，11、12 世纪对古代罗马法

---

① ［意］蒙纳特里：《黑色盖尤斯——寻求西方法律传统之多重文化渊源》，294 页。

② D. Johnston, "Linmiting Liability: Roman Law and the Civil Law Tradition", *Chicago-Kent Law Review*, vol. 70, no. 4, p. 1515.

③ See Kunal Parker, *Common Law, History, and Democracy in America*, 1790-1900, Cambridge University Press, 2011, p. 228; E. Donald Elliott, "The Evolutionary Tradition in Jurisprudence", *Columbia Law Review*, vol. 85, 1985, pp. 38~94.

④ ［意］蒙纳特里：《黑色盖尤斯——寻求西方法律传统之多重文化渊源》，310 页。

的改造及复兴运动,象征着同古代罗马法的某种断裂。

断裂性范式批判连续性范式,指出连续性范式常将变动内化于某种开展着的传统之中,其策略性选择亦趋于被引介对经严格限定的过去背景的回应,是一种指向将来的政治性方案。这也意味着连续范式背后隐藏着某种策略,这种策略强调古代罗马法的优越性和至上性,通过确立罗马法作为西方法律传统的起源从而为古代罗马法建构谱系学。然而,断裂性范式强烈质疑古代罗马法作为严格科学和真正艺术的历史地位。[①] 沃森的法律移植和变迁理论可以看作是断裂性范式反对连续性范式的有力武器,沃森的法律移植理论强调法律的发展是借鉴移植其他法律的成果,这意味着法律可以不遵循既有传统的发展,相反,法律的发展时常遭受各种变革、革命等因素的阻碍。伯尔曼对于西方法律传统中古代罗法的渊源论提出的批判以及其将教皇革命这一历史变革型因素置入西方法律传统中的模式更好地诠释了断裂性范式。

断裂性范式意味着:一是西方法律传统具有多重渊源,罗马法并非西方法律传统的唯一渊源,而且还包括教会法等其他渊源。二是罗马法的发展并非一帆风顺,而是在发展过程中出现某种裂痕,比如长达数世纪罗马法的停滞阶段。三是更为重要的是,断裂性意味着人们根据新的目的和动机对原初的罗马法文献进行改造和重构,使已有的罗马法呈现全新的面向。根据断裂性范式,罗马法之所以经久不衰,成为西方法律之传统的起源,并非是古代罗马法所具有特殊能力,相反,却是经过后世学者改造和重构之后的结果。

## (三)超越连续性范式和断裂性范式

连续性范式暗含罗马法发展之进化论意涵,断裂性范式更强调罗马法发展史中传播论观点,进化论强调研究特定社会中的社会制度,传播论则关注不同文化间的制度传播。因此,连续性范式和断裂

---

① Hayden White, *Metahistory: The Historial Imagination in Nineteenth-Century Europe*, Johns Hopkins University Press, 1937, p. 2.

性范式之不同在于,连续性范式建立于内部进化的观念之上,断裂性范式将法律史理解为一种革命的、建构的历史。伯尔曼将教皇革命这一重大革命置入罗马法的发展史,以断裂性的范式重述西方法律传统,显然没有考虑到罗马法自身的传统及连续性范式。梅因的连续性范式强调了古代罗马法极端重要性,但却忽视了变革或者革命性因素对罗马法之重大影响这一断裂性范式。申言之,连续性范式和断裂性范式各有利弊,伯尔曼和梅因的两种不同范式主要囿于他们的命题之不同,也可以说在不同命题之下他们对范式的选择体现出的一种策略。实际上,笔者认为,只选择一种范式研究罗马法这一重大主题显然有失偏颇。因此,对于罗马法之研究,需要超越连续性范式和断裂性范式的或然选择,应将连续性范式和断裂性范式结合起来,从而准确界定罗马法在西方法律传统中的地位。

## 六、结语

本文对伯尔曼和梅因的罗马法观进行了比较和评价,伯尔曼和梅因由于受其宏大命题的制约,策略性地对两个阶段罗马法进行了不同的评价。本文认为在西方法律传统中,古代罗马法和复兴后的罗马法具有同等重要的地位。其实,古代罗马法并非如伯尔曼认为的没有体系化,其在共和国末期已经开始体系化和系统化。当然,古代罗马法的体系化和系统化远未达到 11、12 世纪罗马法的程度。其次,在中世纪古代罗马法以各种不同的形式保留,而且在和蛮族习惯法结合成蛮族法典的过程中也进行了体系化之尝试。[①] 因此,对于西方法律传统的考察还需要追溯于古代罗马法以及它在西欧社会发展

---

① 维诺格拉多夫认为中世纪是否对古代罗马法进行进一步体系化还存在争议,他指出,在某种程度上,帕比尼安与乌尔比安、马克·奥勒留与君士坦丁大帝的蛮族继承者,是否仍然保持了在此前的岁月里将分散的细节构建成一个理性整体的理论思考与智识传授进程?是否存在一股独特的法学潮流,蜿蜒通过自西方法学家参与帝国法律的法典编纂与解释的 5 世纪,直至一种学术理论在意大利和法国再次爆发的 12 世纪的黑暗时代?这些问题在现代学者中引发了很大的争议。[英]保罗·维诺格拉多夫:《中世纪欧洲的罗马法》,23 页。

的现实。

　　实际上，伯尔曼和梅因对罗马法的研究分别代表了法史研究中的断裂性范式和连续性范式，两种范式各有得失。我们应该超越连续性范式和断裂性范式，用将二者结合的视角去重新考察罗马法。在此范式之下，我们应该指出西方法律传统起源于古代罗马法，而11、12世纪罗马法复兴运动对于罗马法在西方法律传统中地位产生了重大影响。换言之，只有将古代罗马法和11、12世纪的罗马法视为罗马法发展的不同阶段，只有将罗马法作为一个整体，才有助于我们认识罗马法在西方法律传统中的地位。

# 伯尔曼法律有机发展观中的紧张关系

王永祥[*]

美国学者哈罗德·约瑟夫·伯尔曼出生于康涅狄格州哈特福德,1984 年加入哈佛大学法学院,并在哈佛大学法学院任教 37 年,后加入埃默里大学法学院任教,是著名的法律史、宗教法和比较法的研究专家。"上帝""传统""革命""综合"这些词语只能简单地勾勒其部分研究成果,其普世的关怀和对现代性的反思才能真正揭示其学术研究的意蕴。伯尔曼对中国法学界的重要影响始于其成名作《法律与革命》两卷本在国内发行,该作的导论与基础理论部分为其部分论文的精编,并重新引入了详细的史料论述西方革命的进程,描绘了自12 世纪起西方法律史的发展脉络。他通过历史来理解法律,整体考察西方法律传统,为身处东方的法律学人提供了接触西方传统的机会,得以深入西方法律文化。本文选取伯尔曼的法律有机发展观进行研究,揭示伯尔曼思想视野中推动西方法律发展的内在紧张关系,展现其所述法律传统的有机发展方式。同时,将伯尔曼的有机发展观与社会法学、历史法学等法律思想进行对照,展示其笔下西方传统

* 王永祥,北京航空航天大学法学院 2016 级法学理论专业博士研究生。

的建构方式。

## 一、伯尔曼的有机发展观

### （一）伯尔曼法律发展理论的要旨

法律发展指的是不同历史维度中法律的存在方式，为了探究各历史维度中法律之间的变化与联系，伯尔曼首先从现代法律的性质入手进行剖析。他认为现代法律体系是一种不断对社会进行完善的制度性内容。在他看来，法律制度并不完全来源于当代，而是一种发展的过程：西方法律自12世纪起呈现出一种增长的态势，表现为法律制度的积累。在此过程中，西方法律制度将社会各要素统一于一种认知结构下，将法律制度表述为"为执行特定社会任务而做的结构化的安排"①，法律成为调整社会的机制，形成了现代法律体系。

但伯尔曼并没有止步于对现代法律的解析，他进一步探讨了一类更具普遍意义的法律定义。伯尔曼认为西方法律传统并不是一种"具体法律"（of law）的命题形式，而是一种"关于法"（about law）的整体认识。② 他从法律体系外部考察法的性质，法律规则被理解为在司法实践的历史中展开的连贯整体。这种整体认识不仅要求对法律命题做出定义式或变换形式的列表解读，而且避免在某一实证主义法律体系内进行论述。其理论超越了单一民族国家的法律体系，从历史的角度进行比较法律史研究，并做出探源性解释，探求法律的稳定性，以求真的态度来定义法的性质。

由于摒弃了民族国家的立法性，法律被视作具有连续性和整体性的"法传统"，以专业术语和实践方式记录着西方世界。该记录方

---

① ［美］哈罗德·J.伯尔曼：《法律与革命》（第一卷），贺卫方等译，7页，北京，法律出版社，2018。

② Harold J. Berman; Charles J. Jr. Reid, "The Transformation of English Legal Science: From Hale to Blackstone", *Emory Law Journal*, vol. 45, no. 2, 1996, p. 411; A. W. B. Simpson, "The Common Law and Legal Theory", in A. W. B. Simpson (ed.), *Legal Theory and Legal History Essays on Common Law*, Hambledon Press, pp. 350, 361。

式不仅在历时性中流传下来，而且又重塑了传统自身的结构，传统成了"信息摸彩桶"萃取的结果①———一切变化被融入传统自身的解释中，并在解释中呈现。虽然某一历史阶段的变化打破了原有规律，法律发展出现停滞、阻碍甚至激变；但变化既是一种"旧对新的适应"，更是"这一种变化形式的一部分"，变化在本质上依然无法逃离法传统的连续性，特殊阶段的革新依然受制于历史视域的遮蔽，革新不过是对历史资源的重述，不能用其定义法律发展的本质属性，"法律有一种历史，它在讲述着一种经历"。②法律的变化建立在对传统的继受之上，变动性依赖于与过去相联系的整体，变化被融入完整性中，其生命力即为传统整体的不断成长。"衍续（ongoing）的历史意识相对较强，以至剧变也被有意识地解释成为保存和贯彻传自过去的观念、原则所必须的。"③在该历史意识的要求下，伯尔曼开始寻找法律发展的时间起源点，以此探索西方法律发展的动力，将西方法律传统的宏大叙事结构与司法的具体历史相结合，他探究了现代法律的起源点，以现代法律体系的发展阶段为例，论证衍续发展的普遍性。

为了维系法律渊源的衍续性，防止人类的主体性在历史中消解殆尽，伯尔曼为我们描绘了一种信念：坚信法律存在且具有持续性。④在论述连续性之时他借用基督教的千禧年理论，将法律与人的存在性结合起来，不仅人对于法律具有推动力，而且法律也具有自主动力。第三次千禧年引领了法律全球化，突破了法律在人类代际间有限的发展空间，基督教意义下的法律已经规划了人类未来的终极发展。这其中，连续性指的是在法律传统断裂时依然存在发展的信念

① ［加］帕特里克·格伦：《世界法律传统》，姚玲译，18 页，北京，北京大学出版社，2009。

② ［美］伯尔曼：《法律与革命》（第一卷），9，12 页。

③ ［美］伯尔曼：《法律与宗教》，梁治平译，25 页，北京，中国政法大学出版社，2003。

④ "西方法律体系的概念带有西方法律传统的第六个特点，即相信法律的持续性，相信法律能够在几代人乃至几个世纪内不断发展。这种信念似乎也是西方独有的。每一代人都自觉地发展其祖先所遗留下来的法律制度。法律的主体被认为包含了一个内在的机械学的有机变化。"Harold J. Berman, "Introductory Remarks: Why the History of Western Law Is Not Written", *University of Illinois Law Review*, vol. 61, no. 3, 1984, p.514.

与目标。革命虽然影响了传统,但法的自主性依然连接着不同革命之间的传统,进而提供了传统连续性的指引。因此,增长论坚持了人与法律传统之间的互动性,即,西方法律传统以人的作用延续其生命,并反哺人类知识,从而形成一种连续的精神。法律的传承成了传统存在的方式,坚持法律具有本质属性与确信法律具有连续性之间并无不同;以这种方式,它为现代人提供了传统与自身的联系、可能以及信仰。

综上,法律发展以传统为中心做整体性理解。伯尔曼主张透过规则的确定性分析法律理念的变动性,从而促使人感受到与传统之间的一致性,并确信法律在社会中的存在。这一感受性的发展方式便是有机发展的主题。① 以还原历史来理解法律传统,并感受其内在活力,对法律传统的活力形成历史感的共鸣,最终形成法律信仰。有机发展提供了时间性上的进步观念,展示了西方法律连续发展的可能。因此,伯尔曼将连续性与溯源性对照,以溯源性作为法律特殊历史时段的代表;以连续性作为法律普遍性发展的动力,目的就在于表达法的动态发展过程。

**(二)法律有机发展的理论渊源**

1. 社会法学的影响

伯尔曼的发展结构受到了早期社会法学有机发展观的影响,吸纳了法律进化论的观点,并形成了其论述的出发点。在 19 世纪初,达尔文的进化论衍生出社会达尔文主义,认为社会是不断成长变化的有机生命体,催生了斯宾塞等人类学家"普遍演变"(general evolution)的观点,强调特殊地理环境和本土风俗对普遍发展的重要性。

---

① "从 12 世纪离散的现代西方法律体系最早形成起,现代西方法律体系通常理应被视为是一种不间断前进的模式,一种具有在世代间和世纪中增长能力的模式。这是一种独一无二的西方信念:一种法律,或一种法律体系,包括并且应当包括一种内嵌的有机的(organic)改变机制,并且这种机制存在于,或应该存在于发展和成长之中。"Harold J. Berman, "The Origins of Historical Jurisprudence: Coke, Selden, Hale", *The Yale Law Journal*, vol. 103, no. 7, 1994, p. 1654; Harold J. Berman, "The Western Legal Tradition in a Millennial Perspective: Past and Future", *Louisiana Law Review*, vol. 60, no. 3, 2000, p. 743。

梅因也做出了相似的论断,他认为人类法律存在一种从身份到契约的发展过程,强调古代及其本土社会衍生下的相对性,认为社会的演变是法律一致性的推动力。伯尔曼肯定了其人类学研究的样本意义,他借用其中社会进化的观点,以法律的特殊性为切入点,表现了地方本土性法律的自发成长过程,将特殊性被融入普遍性之中,为自己溯源式的研究提供了理论原点。

同时,伯尔曼也受到了20世纪当代社会法学社会利益论的影响,并对其具体派别做出厘清和吸收,推动法律发展理论的进一步完善。从20世纪初工业社会的繁荣,到两次世界大战和经济萧条的预势,社会面临着不平等的危机。以工团主义、利益法学等为代表的社会法学开始兴起,法律所调整社会关系开始关注弱势者和社会整体利益,将社会视为一项工程,视社会利益为法律的基础。其中,早期社会法学有机体理论的整体性特征被放大,发展性特征逐渐消失,现代法律被视为历史发展的终结点。面对现代性的终局困境,唯有提出解决机制才能重新激活社会的生命力。由此,以狄骥等为代表的社会连带主义将"有机"概念发展成为一种系统机制,以解决社会集体利益的不均衡,辅之以韦伯的理性主义将传统形式化。社会法学强调系统化,法律变化的不确定性被论证为一种诟病。所以,该解决方式间接地提出了法律发展的核心问题:如何处理复杂社会系统与理论普遍性之间的矛盾。

因此,伯尔曼继承了20世纪社会法学中社会基础的含义,并将19世纪的"有机"概念与之结合。他反对利益化的社会系统,批判理性对社会的解构。在对社会法学的继受中,伯尔曼尽量避免使用韦伯的理性概念,剔除了部分科学实证的论断。伯尔曼更加倾向于使用"社会"的概念缓和法律,为法律的特殊性留下实证主义之外的余地,保证司法与社会之间的互动,通过社会中司法实践的繁荣,为有机概念重新注入灵魂。他倾向于以埃里希和庞德为代表的"活法"理论,保证法律非科学化地自发成长。

2. 历史法学与德国古典哲学的影响

为了深化对社会的理解,避免"社会"概念化与实际生活的脱节,防止法律发展的终局性,伯尔曼必须对"社会集体"的形式概念进行更为生动化的解读,以满足有机论的鲜活性。因此,伯尔曼开始向历史法学寻求解决之道。萨维尼反对法律发展中法典化的终局性,认为德国立法不应操之过急。法律有一定的发展轨迹,但应该在司法实践中缓慢积累,循序渐进。萨维尼将司法实践集中在德意志民族之上,强调共同体的民族生活,法律发展源于民族习惯。与萨维尼类似,伯尔曼也关注"共同体所经历的生活"①,这属于典型的萨维尼式论断,从民族特殊性中找到连接社会稳定与法律发展的桥梁,通过民族生活的内在活力,代替理性式的外在动力。伯尔曼指出"萨维尼认为法律是国家共同意识的整体,与人民的思想和精神有机地联系在一起"。②"有机"成了人民习惯法的自由发展,而习惯法的有效性必须通过长久的时间来论证,因此他强调法的历史基础。萨维尼通过追溯罗马法的精神,还原古代罗马法以习惯为基础的诞生方式,突显社会的基础地位,强调法律发展的本质乃是对社会的关注。伯尔曼之所以推崇萨维尼的观点,是因为萨维尼弥补了历史意识和社会之间的鸿沟——寻找到了二者之间的连接点:民族习惯。他强调法律演变中应依照具体的历史习惯,因此法律发展的历史结构与社会的活力相连。

除了论述社会的基础地位,伯尔曼还需要找到发展指向性的动力,他在德国古典法哲学中找到了有机概念的渊源。德国古典法哲学与历史法学有着异曲同工之妙,强调法律具有自主的历史意识,"有机生命力"的意识来自于历史资源的丰富性,鼓励民族特殊性与普遍性的结合,并形成一种融汇古今的发展模式。早在 18 世纪,黑格尔将这种观念表达为绝对的理念,展现了历史自我发展的精神,在历

---

① Harold J. Berman, "Toward an Integrative Jurisprudence: Politics, Morality, History", *California Law Review*, vol. 76, no. 4, 1988, pp. 788, 791。

② Ibid., p. 789。

史结构中,法律发展与历史感相关,并以追溯起源点的方式,表达法律在溯源性和未来性之间的必然关系。历史的普遍性是历史自由的保证,而历史的自我意识则隐喻了德意志民族,通过现实的伦理生活为历史的自由发展创造可能。同样,赫尔德也表达了类似的理论,通过援引浪漫主义,他在同时代自然科学中找到了生机论学说,借用对于历史的总体设想,为民族自主性发展拟制了一种从产生到衰落的模式,这是一种"一种活生生的有机力量"(a living organic power)①,这为历史法学的起源性研究提供了指引。浪漫主义也为因袭性的权威进行了证明,强调了习惯与传统在该学派中的地位。

3. 英格兰普通法与保守主义的影响

伯尔曼认为在萨维尼提出历史法学之前,有机发展的理论就存在于英格兰普通法实践中,普通法传统的实践证明了历史法学理论。这就要提及埃德蒙·伯克的保守主义,伯克认为历史的经验形成了政治和法律传统,法律必须经历时间的考验,只有这样,时效性的宪法才能在社会集体的记忆中得到确认,国家"是一个在时间、数量和空间上延伸的连续性的想法……这是一场经过数代人深思熟虑的选择……它是由人们所处的特殊环境、场合、脾气、性情以及道德、文明和社会习惯所决定的,而这些习惯只有在很长一段时间内才会显露出来。"②伯克也认同了习惯的基础性、法律发展的时间性以及社会共同体等特征,这与历史法学和社会法学高度相似。在保守主义中,审慎是验证法律有效性的唯一方法,保守主义为一种传统而辩护,以对

---

① "赫尔德断定,诞生、生长与衰落的有机模式,乃是自然中所有特殊之事物以及历史中所有个别民族必经的过程。这种思想有其古代渊源,……他坚持,存在着那么一种东西——他以许多不同名称来呼之,如'一种活生生的有机力量(a living organic power)'、'这种活力(this vital power)'以及'活力原则(the vital principle)'——所有自然力量都与之相关联,它创造并维护着实践中所有的自然事物和民族形式,同时也是它们衰落的原因。"[德]克瑞格:《历史主义:通史的早期史》,蒋开君译,载刘小枫:《从普遍历史到历史主义》,224～225 页,北京,华夏出版社,2018。

② Edmund Burke, *The Works of the Right Honorable Edmund Burke*, Boston, Little Brown & Co., 1869, p. 89.

抗新理性主义。所以伯尔曼的有机论以这种因袭性权威为基础，以此区别于理性主义和实证主义权威。以历史基础作为理论的底线，防止特定权威对于社会的超越。

另外，伯尔曼认为伯克的理论来自于 17 世纪马修·黑尔和约翰·塞尔登等人的古典普通法理论。该理论认为，法律规则随社会而变化，但历史中法律自身的同一性并未改变。黑尔将英格兰法比作历史中驶来的"忒修斯之船"，虽然船体经过修理，其材料已经完全不同，但这艘船依然是"忒修斯之船"，以此表达社会变化中法律性质的同一性。此理论来源于普通法的历史实践，为有机理论提供了实体化的例证，由于普通法历史悠久，王室司法中心化也建立在本土习惯法之上，法律具有深厚的历史渊源。普通法获得的法律权威来源于习惯法的时效性，呼应了保守主义的因袭性。因此，伯尔曼以普通法为例，在法律的稳定性中论述了社会特殊性与法律一般性之间的关系。

综上所述，伯尔曼的有机发展观与社会法学和历史法学形成对照，又与之有着深厚的理论联系。在研究结构上，早期社会法学进化论构成了其理论的原点，20 世纪的社会法学促使伯尔曼关注法律与社会之间的关系；在研究原因方面，历史法学则为伯尔曼提供了追溯法律史的理由，以民族生活医治社会结构化的弊病，推动伯尔曼在浪漫主义之下，理解生命活力论，深化了德国古典法哲学中对法律自主精神的理解；在法律性质的定性中，以英格兰普通法为例，论证变化中法律的同一性，证明了内在于法律传统的因袭性权威。因此，伯尔曼从现代社会法学入手，以历史法学的方式探源，形成了完整的理论逻辑，并以普通法理论证明了法律发展的历史根源性，将法理学与法律史联系起来。

**（三）有机发展观的特点——社会和历史之间的循环论**

受上述理论的影响，伯尔曼的法律发展理论呈现出鲜明的特点。第一，他将法律当作"生命"整体，完整地理解法律。伯尔曼以社会法学对自然法和实证主义进行了调和，以历史法学的宽泛态度考察法律整体。第二，发展的进化论。由于受到了社会进化论的影响，法律呈现出一种前进的结构,在增长的基础上,其生命力即在于前进性的趋势,既保证了法律总量的不断增长,也实现了从制度向法的质变。第三,历史地理解法律。这构成了伯尔曼的研究方法。其中,他以历史法学的方式对法律真实性进行探究,展现了历史法学的起源论,强调原始和神话阶段法的重要性。第四,社会共同体成为有机发展的基础。这展现了有机性的经验来源,通过民族生活的集体经验,强调社会整体的利益。第五,法律的超越性。该超越性源自古典德国哲学的绝对精神,保证了人类的统一性,以带有想象力的法律建构方式强化对法律的信仰。该进路被伯尔曼转化为指引人类前进的基督教末世论,并以超越的姿态指引现实法律秩序的建构。

如果社会法学通过对现代性的结构化孤立了法律史,以内部制度调节社会,而历史法学则追溯了起源的民族性,将法生活与历史结构进行分离,那么伯尔曼则结合了社会与历史。他虽然继承了社会法学和历史法学的部分特征,但他承认法律史中存在语境化的历史单元,从而将历史与现实紧密结合,破除了历史决定论的外在结构;同时,他也承认当代法律继续发展的可能性。他尽可能地融合二者,将代表法律发展的社会性融入到了代表过去的历史性中。

自12世纪以来,法律的前进性与社会变化之间彼此冲突,现代法律制度需要满足社会变化的需求,制度的积累更加深了这种矛盾。由于存在冲突,法律必须考据与自身历史相对照的内容,在对照中发现变化。因此,历史为变化提供了参照系,回到带有社会含义的传统中,形成一种法传统的认知方式,只有经历过数代之后,才能发现人类集体智慧的变化。伯尔曼也指出"事后的我们看来,这些变化被视为一种改变模式和其内在逻辑、内在需要的反思。法律不应仅仅视为前进的,其有一种历史,其构成了一种传统。"① 这形成了西方法律连续性的趋势。另一方面,对于社会的关注又提供了法律变化的可

---

① Harold J. Berman, "The Origins of Historical Jurisprudence: Coke, Selden, Hale", p. 1655。

能,传统观要求在社会共同体之内了解历史。由此,通过在历史与当下社会之间的循环往复,部分地视法律具有意识性和增长性,不同于黑格尔,它将关注的重心放置到具有无限发展可能的社会基础之上,也就否定了发展的终局性。这样,法律既成了人类社会整体智慧的集合,又成了证明西方传统的存在方式。

综上,伯尔曼的法律发展观并非线性发展的历史关系,而是法律在二元矛盾冲突中的发展逻辑。在时间的连续性中,矛盾之一为法律自身发展的终极目的,表达了目标的进步趋势,化约为一种信仰的追求;在另一层次的矛盾中,伯尔曼也回归到了社会变化当中,通过具体革命展现西方法律传统中的冲突,以具体语境批判历史决定论,通过革命、改革等方式,法律与社会语境产生了关联,在适应特殊性问题中对法律进行阐释。以回溯传统的方式,重新获得历史资源对法律有效性的证成,做出适应当下社会的解释。从而在特殊性和普遍性的紧张关系中,围绕社会的史实性,促成法律在重返过去的稳定性和关注未来的变化性中的平衡,以便在发展的过程中自我循环,区别于受过去盲目权力奴役意义上的历史循环论。[①] 因此,自由循环模式具有更深刻的有机性,展现出世俗特殊性与普世价值之间的张力,以此推动西方法律的发展,这种张力形式也是"有机"一词保持鲜活属性的动力来源。

## 二、西方法律发展中的紧张关系

### (一)传统与革命之间的矛盾性

伯尔曼在其文章中多次提到了西方法律发展的内源性矛盾,他将之表述为紧张的关系(tension)。这导致了西方法律不确定的变化,并以前述循环的二元论展现出来:当紧张关系矛盾突出时传统成了阻碍,法律需要适应社会变化;当法律发展理论适应社会之时紧张关系相对缓和,法律的基本价值则相对稳定。这体现为稳定性与革

---

① [美]伯尔曼:《法律与革命》(第一卷),21 页。

命性之间的矛盾,但却涉及了多种因素:"其(西方法律传统)理想与现实之间、其活力与稳定性之间、其超越与内在之间的紧张关系。这些紧张关系不时导致暴力推翻法律制度的革命。然而,法律传统比任何组成它的法律制度都要强大,它最终存活了下来,而且确实由于这些革命而得到更新。"①因此,在下文中笔者将对紧张关系进行梳理,展现法律在循环发展中的二元结构。

伯尔曼总结了西方法律传统中的六次革命——教皇革命、德国新教改革、英国革命、法国革命、美国革命和俄国革命。伯尔曼在《法律与革命》中撰写了前三次革命的紧张关系。其隐含于革命的主题当中,却以二元对立的方式展现了西方法律体系的演化过程。

在教皇革命中,体系化的秩序和中世纪宗教的优雅诗意形成对立②,紧张关系存在于教令法体系中,在赋予其连贯性的同时也开创了西方政治科学的独立性,由政体统治者完善法律系统,并实行主权管辖,形成了具有区分度的秩序概念,秩序表明了管辖的边界,即教会法和世俗法的分野。伯尔曼视教令体系为一种新的法律结构,在展现精神和实体冲突的同时,实现法律的发展。③ 具体而言,伯尔曼运用了"活体"的概念,通过探究格拉提安所构想的新法建筑于旧法之上的论断,展示了新法和旧法的融合,开启了新旧主题冲突的二元结构,导致之后历史中的多次革命。

在德国新教改革中,路德宗的学者进一步发展了这两种秩序,通过世俗与天国的对立,产生了不同于经院哲学的观点:理性从属于良

---

① Harold J. Berman, "Introductory Remarks: Why the History of Western Law Is Not Written", p. 515。

② "以理性的、科学的以及形式主义的态度为一方面,神秘的、富有于诗意的以及崇尚超凡力量的态度为另一方面,两方面的斗争和紧张关系有助于说明为什么新的法学用了三代人的时间才得以确立,用了数世纪的时间才走上正常发展的轨道,以及为什么最终它受到后来的革命的一一挑战。"[美]哈罗德·J.伯尔曼:《法律与革命》(第二卷),袁瑜珍,苗文龙译,259页,北京,法律出版社,2018。

③ "教会法虽然也是从往昔继承下来,但它并没有完成,它可以继续加以改造,它具有一种随着时代推移而有机发展、自觉成长的特性。"同上书,267、272页。

知,良知再与信仰相联系。将理性置于更加值得怀疑的世俗地位,具有了实证主义意志论的意味,他们都要求世俗政体的服从性,把天上王国和地上王国联系起来,从而形成了道德与法律之间的紧张关系①。这颠覆了经院哲学对二者的统一化解释,并逐渐取代了经院主义法学的地位。在路德改革中,自然法与实证法之间也存在着紧张关系,奠定了西方法律科学体系对于社会变化的认识,影响到革命中民间权利的理论基础。

而在英国革命中,这二者间的紧张关系更为明显,展现了现代政治与法律至上性之间的矛盾,关注现代法律体系的生成机制。其中,英国通过财产法、契约法和侵权法实现了现代化,并且在宪法领域强化了普通法的地位,贯彻了现代法律至上的观念。更为重要的是,英国法并没有脱离了自身传统,英国法的变革经历了一代以上的时间,虽然在 1688 年较为迅猛,但前期经历了清教革命和王政复辟等过程,使得现代化更为彻底。因此,革命从天上之城转向地上王国,关注法律的实践运行,以历史的话语体系进行融合,实现了法律的稳定发展。

综上,紧张关系表现为革命对西方传统中的冲击。紧张关系就是社会规范变动性和传统稳定性之间的矛盾(contradiction)。其中,稳定性指传统的连续,革命指打断连续性的作用。但同时,紧张关系也象征着变化的法律与历史的传统之间的相互作用,伯尔曼认为革命指的是指法律体系"最终所发生的变化",革命强调了现代法律结构的形成过程。因此,革命在本质上应该做整体性理解,指在进行科学化、现代化的过程中,普遍性的法律体系与一国法律特殊性之间存在冲突。因此,紧张关系是指法律普遍性与特殊性之间的互相演化。这包括但不限于:在法律渊源与法律体系之间的紧张关系;在道德性和科学性之间的紧张关系;以及在正义和秩序之间,寻求现代性解决方案的紧张关系等内容。

---

① [美]哈罗德·J.伯尔曼:《法律与革命》(第二卷),袁瑜珺,苗文龙译,109,107,133,137,139 页,北京,法律出版社,2018。

### （二）紧张关系的具体表现

紧张关系是一种特殊性与普遍性的冲突，与法律科学化密切相关。围绕法律科学对认知结构的普遍性要求，传统受到了多方面的冲击。法律科学的实证性、客观性和整合性与传统产生了冲突，在普遍性与特殊性之间相互影响。下文将根据紧张关系的具体法律史，探讨法律传统与法律科学之间的紧张关系，在其基础内容、科学转向过程以及现代演变的特点中，逐一展现紧张关系的具体表现。

### 1. 司法渊源的多元性与法律科学的归纳性

首先，该紧张关系奠定了法律产生的基础，法律渊源的多元化与科学整合性之间存在冲突。在中世纪晚期，习惯法等司法实践是主要的法律渊源，由于宗教与世俗的分离，司法实践并未受到宗教权威的影响，世俗法律渊源具有基础性地位；伴随着政治主权的发展，围绕主权的至上性，司法权逐渐集中，塑造了法律权威。在发展过程中，法律科学主张为司法实践做出指导性归纳，统一多种法律渊源，使其从离散变为整合。自此，法律科学削弱了实践渊源的社会影响，将其分为两个维度。一方面，西方的司法渊源类别清晰，在各自法律体系内实现社会管理的自洽；另一方面，科学融合各类别的法律体系，从中归纳共性，演变成为一般规则性的体系。其中，法律逐渐理论化、客观化，呈现出准确性，以指导司法实践。在这两种趋势下，自由社会与科学体系相冲突，离散的法律渊源代表了社会的自发成长；而法律科学则整合司法实践，要求依照权威做出清晰的判断。

这种矛盾集中在习惯与法律统一之上。西方法律体系具有多元复合结构，正如伯尔曼曾指出："（12世纪前）每一个欧洲民族都有它自己相当复杂的法律秩序。但是，法律体系是一种被人们自觉加以明确表达和系统化的法律制度的结构……从这个意义上讲，当时还没有一个欧洲民族拥有一种法律体系。"[①] 西方法律的基础是诸多的

---

① ［美］哈罗德·J.伯尔曼：《法律与革命》，贺卫方等译，90页，北京，中国大百科全书出版社，1993。

世俗法,世俗法的多元性创造了丰富的实体法渊源。离散的欧洲习惯塑造了这种法律制度,在欧洲大陆,习惯在罗马法中被厘清,成为了欧洲共同法的理论基础;而在英格兰,王室通过地方司法的集中,创制了习惯性的普通法。紧张关系穿梭在二者之间,既力求系统化,又要求多元性,并没有追求体系的完全统一,相反"所有的世俗法律体系——封建法、庄园法、商法、城市法和王室(普通)法——是相互交叉的"①。伯尔曼通过列举 11、12 世纪系统化的动向,包括治理世俗事务的宗教法体系,习惯向封建法体系的变化、庄园法中系统化农奴制的阐述、具体商事法司法制度的确立、城市法的共有性和其宪政基础。② 其中,法律一方面需要发展其丰富的习惯实体规则,不断拓展法律渊源。另一方面,法律还受到了政治统治、科学思想的影响,为法律引入了一个抽象思考的原点,塑造了一种权威性。

2. 法律的道德性与法律科学的整体性

其次,在道德特殊性和科学完整性之间存在着紧张关系,紧张关系伴随着法律进一步迈向现代化而加剧,开始向现代科学转向,法律科学更加专门化,属于法律发展的进阶环节;更确切地说,该命题不止于 12 世纪教皇革命,相较于上一紧张关系其起源更早,开始对法律进行哲学上的反思。

从宏观上来看,道德性与科学性之间的紧张关系属于古今之争的论题,在古代,法律的道德性不仅指现代意义上的公平良知,它还具有判断真假的功能,寻求发现世界的实在性。这与现代法律科学的建构性和体系性背道而驰。在古代科学中,亚里士多德秉持"普遍意义的观察和价值,其目标是发现真正的形式因(true cause)和实体性(necessity)",亚里士多德及经院主义者的目标都是根据"科学"原则,展示原则的首要性和不容置疑性,形成严密的推理,使所有的学科在同一原则下获得普遍真理,古代科学使道德成为真理的一部分。

---

① [美]伯尔曼:《法律与革命》(第一卷),412 页。
② 同上书,410、432、459、514 页。

而在现代科学中,"现代科学的重点是建立假设,这些假设作为时间世界中现象排序的基础,因此也可作为概率和预测世界的基础,而不是确定性和必然性。学者和法学家的法律科学是一门科学。"法律科学的目标是建立法律制度的系统,而不是观察现象的合集。伯尔曼总结了法律科学的三个特征:完整性(integrity)及客观性、怀疑性以及开放的无限接近真相的近似性。① 现代科学与古典道德中的"真"相悖,而道德上的"真"与现代科学的怀疑论构成了对立关系。

具体而言,法律科学的整体性形成于 12 世纪,但渊源久远。在教皇革命之后教会法塑造了完整的世俗法体系,但这种世俗法历史基础久远。在教皇革命之前,罗马法以碎片化的形式存在,隐藏在 12 世纪前欧洲的实践性法律中。11 世纪《学说汇纂》在欧洲发现,世俗法的本土实践性与罗马法的体系性相互冲突。到 16 世纪前,经院主义哲学对罗马法进行了文字意义的统一解释,但僵化的语义学解释却加深了法律本土性和普遍性之间的矛盾。到 18 世纪前,欧洲大陆存在着以"Jus commune"为基础的欧洲共同法(common law),在超越民族国家的基础上,强调共同的法律"方法"或"科学",在清教革命后,欧洲法律科学进一步走向统一。② 人们开始接受革命之后的现代法律,接受原则体系的法律科学。

但是由于紧张关系的存在,道德性以其"是非"价值质疑了科学的真实性。以此为基础,人文主义开始对体系方法进行批判。人文主义通过对罗马法的纯化,不仅质疑了经院主义语词学的解读方式,而且以道德的真理性质疑了历史决定论:人们开始意识到罗马法的性质完全不同于过去日耳曼的习惯法,法律的真实性轰然倒塌。"罗

---

① Harold J. Berman, "The Origins of Western Legal Science", *Harvard Law Review*, vol. 90, no. 5, 1977, pp. 930, 931, 934。

② Harold J. Berman; Charles J. Jr. Reid, "Roman Law in Europe and the Jus Commune: A Historical Overview with Emphasis on the New Legal Science of the Sixteenth Century", *Syracuse J. Int'l L. & Com*, vol. 20, no. 1, 1994, p. 20。

马法不是被冻结在时光中的理想，而是法律史长期演变的产物。"①由于人们认识到了古代罗马法用语与现实生活中的法律已截然不同，历史语境论冲击了旧有的法律解释。由此，其后的人文主义研究者希望向历史更深处溯源，以便重塑法律的真实性。第二阶段的"新人文主义"重新继承了经院主义原则化的精髓，第三阶段的人文主义法律回到了系统化的方法上，"它与将整个法律规则纳入概念和原则的共同框架中。"②

在这里，道德性纠正了经院主义中的部分错误，并创造了一个新的清教法律科学体系。其体系化方法以研究"主题"（topic）的修辞学为主，通过追溯西塞罗的修辞学方法，重塑法律的道德性。③ 因此，道德以恢复上古美德的方式，反而促成了法律的统一。修辞学的哲学基础是拉姆主义（Ramism）的宗教体系论，该理论继承了亚里士多德的体系性，通过链条一样的环状原则连接法律，把握整体对于真理的认识。这种方法不再只是语言上的解析，而成为一种教育方式。路德以"因信称义"的观念做出了佐证，表达了获得真理的简单性，由此。拉姆主义将秩序的简单性注入教育当中，提升了体系在实践中的作用，这导致了后世培根的新科学。

因此，中世纪生活化传统形成了共同的记忆，而体系化撕裂了传统，二者之间形成了紧张关系，将"记忆"转化成为实践的手段，尽管它在文艺复兴时期并不能完全与司法接轨，但其对真理的追求过程

---

① ［英］约翰·布罗：《历史的历史：从远古到 20 世纪的历史书写》，黄煜文译，298 页，桂林，广西师范大学出版社，2012。

② Harold J. Berman; Charles J. Jr. Reid, "Roman Law in Europe and the Jus Commune: A Historical Overview with Emphasis on the New Legal Science of the Sixteenth Century", p. 14。

③ "人文主义者在努力将理论推理和实践推理结合起来，人们更加重视以前属于修辞学范畴的推理方法，如上下文、实例、隐喻和类比的使用。人文主义是古典修辞学或口才的复兴，在这种复兴中，'智慧和语言之间有一种和谐的结合'，对语言和解释技巧的敏感可以导致公民美德和人类状况的改善……换言之，人文主义追求的是人文艺术的统一性和连贯性，认为这是公民美德和公共利益的基础，或者是公民共和主义的目标。"Mark D. Walters, "Legal Humanism and Law-as-Integrity", *Cambridge Law Journal*, vol. 67, no. 2, 2008, p. 359.

具有催化作用,作用于法律科学的外在结构,影响了欧洲法律的发展前景,成了 19 世纪之前法律发展的重要动力。

### 3. 自然的正义性与法律科学的秩序性

秩序和正义之间也存在紧张关系,这构成了当今现代性的核心冲突,其在价值与秩序之间摇摆,它表现为信仰与法律之间的冲突。在现代实证主义下,法律秩序排斥价值。"可能是由于西方法律传统的性质存在固有的矛盾,其中一个目的是维护秩序,另一个目的是伸张正义。秩序被认为在变更需求和稳定需求之间存在内在的紧张关系。"①其中,秩序的关注点是社会共同体,需要稳定的实证结构进行社会管理。现代法律秩序强调稳定性,围绕理性建构社会的治理规则。但在中世纪,秩序只产生了共同体的习惯法。它蕴含着自然法思想,按照事物的本性发展,这种秩序观包含多种正义理论,既包括现代个人的权利,也包括现代社群主义集体利益。自然秩序产生了社会规范以及道德观念。"在西方传统里,正义本身是个共有概念,它以社群为前提,在该社群中,人们不仅希望公平对待彼此,而且希望何为正义拥有共同信念。"②因此,秩序和正义的关系受历史影响,在近代自然权利观中才逐渐产生矛盾,法律价值成为实在法所要保护的对象。而此类权利观在 12 世纪之前并没有从正义的集合概念中分离出来,古代的秩序观与道德观产生了重合,权利即"法","法"即正义,价值塑造了古代法的秩序。但由于现代法律的规范性无法揭示信仰,受制于制度的规范。但现代社会依然存在共同体的基础,必然隐含着一些重要的正义的价值,这些价值与法律实证体系分庭抗礼,不仅要求法律拥有完美的形式,更要实现其理想性。

不仅历史来源不同,而且这二者向着不同的两极迅速分化,在各自意志论的方向上证明着法律发展的方式,彼此之间存在着更为激

---

① Harold J. Berman, "Law and Revolution", *Christian Legal Soc'y Q*, vol. 12, no. 1, 1983, p. 15。

② [美]哈罗德·J. 伯尔曼:《个人主义与社群主义正义论》,姚剑波译,载[美]哈罗德·J. 伯尔曼:《信仰与秩序,法律与宗教的复合》,姚剑波译,258 页,北京,中央编译出版社,2011。

烈的挑战关系。法律科学视科学精神为圭臬,实证的秩序论依赖于科学权威,而正义则依赖于共同体的信仰。它们表现为:正义神圣性和秩序服从性之间的矛盾。圣神性的法律权威与工具主义的法律观完全不同,其权威来源于个人在社会生活层面的直观经验,创造出对人类自身命运的信赖。伯尔曼认为现实与超越性之间的紧张关系来自于秩序和宗教,直接表现为价值对既有秩序的挑战。伯尔曼认为,法的正义价值就是宗教的神圣性:"这是社会关系的——也是人性的——处于紧张关系中的两个方面:法律以其稳定性制约着未来;宗教则以其神圣观念向所有既存社会结构挑战。"①

伯尔曼认为挑战起源于第一个近代西方法律体系——教会法,在教会法中形成了一种秩序(order)②。社会被此秩序分成世俗和精神世界,格里高利改革继承了精神之剑和世俗之剑的理论,并认为教会的精神之剑可指引世俗权威走向正义。路德将其深化为两个王国的理论:教会变成了一个纯粹的精神团体,尘世的王国在法律的教化下,向着改变人类邪恶的良善秩序努力,赎罪券运动深化了对人的理性和邪恶意志的认识,只有通过怜悯和信念才能保持正义的政治和法律。③ 这种论述规避了早期自然主义所固守的认知,连接了秩序和正义。路德以截然不同的态度,论证了世俗法的新主题。这一主题不同于马基雅维利对主权国家的依赖,它有其自身道德性的追求。具体而言,这一实证秩序具有人类普遍适用性。正如伯尔曼批判韦伯定义的强制性社会秩序,伯尔曼要从教会法秩序中挖掘理念性的世界社会模型。④ 在此前提下,秩序与正义之间才能保持适度的弹性

---

① 〔美〕哈罗德·J.伯尔曼:《法律与宗教》,梁治平译,12 页,北京,中国政法大学出版社,2003。

② 〔美〕伯尔曼:《法律与革命》(第一卷),262 页。

③ Harold J. Berman, "Law and Belief in Three Revolutions", *Valparaiso University Law Review*, vol. 18, no. 3, 1984, pp. 573~577。

④ 〔美〕哈罗德·J.伯尔曼:《世界秩序发展当中的法律与宗教》,姚剑波译,载〔美〕哈罗德·J.伯尔曼:《信仰与秩序,法律与宗教的复合》,263 页。

关系,为世俗法的特殊性保存活力。因此,法律与正义的紧张关系也具有历史渊源,现代法律秩序为人类提供了一个稳定的世俗生活环境,而以宗教为代表的法律信仰,则提供了变化、冲动以及对于秩序神圣性的笃信,二者相互影响。

综上所述,在三种紧张关系中,法律科学是近现代的一种"革命",与西方中世纪之前的传统相冲突。法律科学的基本要求为整体性,以此统一规则,完成对法律渊源的归纳,这与早期法律的自由发展有一定差异。在西方传统中习惯法等渊源散见于民间,不存在一个统一的科学权威,这构成了实践基础上的紧张关系;而该冲突有着思想史渊源,源自亚里士多德以来人文主义者所追求的道德实体性,这与法律科学的客观假设性冲突,构成了道德性与系统性之间的紧张关系;在近现代法律的迅速发展中,科学要求权威性,从而实现对于社会规则的调解管理。而法律的价值则希望社会中的个体信仰法律,表现为正义信念与权威秩序之间的紧张关系。由此,法律的特殊性与普遍性互相影响,推动法律持续发展。

## 三、紧张关系的解决方式

### (一)历史主义与历史性之间的逻辑

在前文中,伯尔曼将革命与法律整体发展相联系。历史不只是革命的衬托物,历史自身也是一种传统,而传统则是革命发生的必要场域。历史基础成了革命变化的参照系,这表明传统对紧张关系有基础性影响。因此,在前述三种具体紧张关系中隐含着抽象的历史逻辑,不仅法律科学化的过程具有历史演进性,而且与之相冲突的主题都具有相应的历史基础:习惯法的历史时效基础;法律原则的思想史渊源;自然正义的基础地位。因此,理解法律史的结构有助于探究紧张关系的本质,形成内在结构的认识,奠定解决紧张关系的基本立足点,所以我们有必要考察传统的历史逻辑。

伯尔曼曾多次引用教会史学家佩利坎的一句话,"传统是死去的人鲜活的信仰,传统主义是活着的人僵死的信仰。"①在佩利坎《为传统辩护》(*The Vindication of Tradition*)一书中,作者认为传统主义破坏了传统的名声,而传统流传了自由性的精神洞见。传统主义虽为创新的产物,但其具有循环往复的特性——其创新只是暂时回到传统自身的调整。"传统"本身存在着历史的外在强力,对于传统认知的继受者来说,其不应该只是身处于传统的"传达者",而应该成为新生于传统中的"解释者",只有以内在"洞见"的方式,才能将变化提升为一种革命(revolution),而不是在变化的基础上继续演化(evolution)。② 即,在理解传统之时做出创造性洞见,实现更高层次的超越,因此,佩利坎借用保罗在哥林多后书中的表达:"信能使人死,灵能使人活"(The letter killeth,but the spirit giveth life),表达了法律与自由发展之间的关系。"信"是指拘泥于形式的法律形式主义,人类内心受到传统影响,产生对法律进行整体化的内在冲动;而"灵"则指的是,在获得法律形式指引之后,突破字面解释,实现更为自由的诠释。③ 因此,传统主义是形式化的法律创新,并不能激发出法律自由发展的动力,法律发展需要在传统与传统主义之间综合考量,形成具有洞见性的理解。

在伯尔曼的眼中,传统主义是以过去的目的坚持陈旧的观点;而传统则是过去和未来之间的连续性,在法律繁荣之时依然从历史中

---

① "Tradition is the living faith of the dead, traditionalism is the dead faith of the living."[美]哈罗德·J. 伯尔曼:《世界法:一种普世的圣灵法学》,曹明、苏婉儿译,载赵明:《法意(第一辑)》,194 页,北京,商务印书馆,2008。这一引用还出现在 Harold J. Berman, "The Origins of Historical Jurisprudence: Coke, Selden, Hale", p. 1693; "The Historical Foundations of Law Foundation", p. 19; "The Western Legal Tradition in a Millennial Perspective: Past and Future", p. 740。

② Ted Kyle, "The Letter Kills, But the Spirit Gives Life", 载 "Disciple Magazine", http://www.disciplemagazine.com/www/articles/166.740(最后访问时间:2019-05-30)。

③ Jaroslav Pelikan, *The Vindication of Tradition*, Yale University Press, 1984, pp. 65, 66, 71。

寻找新的灵感。① 对于传统主义和传统，伯尔曼分别解释为"历史主义（historicism）"和"历史性（historicity）"②。伯尔曼对二者做出了解释：历史主义指"过去历史的概念作为一系列既定的观点被人们所保存和重申，既定观点在法律上指已固定不变的规则和判决"；历史性则指"过去历史的概念被当作了一种继承过去经验来适应变化需要的过程。"③前者对应着传统主义，后者对应着传统，代表着历史和创造性之间的关系，伯尔曼主张坚持历史性，并通过批判历史主义，而获得超越历史性的理解。在这里，历史性对法律变化更加理智，它继承过去的经验以解决新问题。

西方法律的悠久历史塑造了外在于时间观的普遍历史结构，在整体性理解这一结构的同时，它也存在着一些谬误。例如，现代历史学的目标是以历史实际发生的"科学"为对象。对法律史来说，法律科学区别于教会法、军事法、习惯法等超国家法的内容。追求法律"实际上是什么"的结构导致了历史决定论，现代法律成了过度化的历史主义命题——法律无涉价值，变成了一种盲信。而盲信脱离了其自身价值的历史过程。科学化的初衷本来无涉价值，只限于法律整体性的塑造，但却演变成了对既存规范的信赖，而忘记了价值的历史过程——"只有在特定条件下的规则才孕育出结果"④，导致现代人只相信空洞的价值，脱离了历史的语境，这直接消除了价值的特殊性。研究者不再关注法律自身的发展动力，历史的科学化导致价值的形式化，比如韦伯的形式理性；而历史的结构化则产生了唯物主义

---

① Harold J. Berman, "The Western Legal Tradition in a Millennial Perspective: Past and Future", p. 740。

② 在《法律与革命》（第二卷）中，"historicism"被译成泥古主义和历史决定论；"historicity"译成了历史性。在《从普遍历史到历史主义》中，"historicism"翻译成了历史相对论，指"历史主义中的一个特殊的理论分支，它在 20 世纪的'一战'和'二战'之后逐渐占据了主导地位"；"historicity"翻译成史实论，指"现在流行的史学观思想运动，它真诚地在历史过程自身内部寻求历史关联性的基础"。

③ Harold J. Berman, "The Origins of Historical Jurisprudence: Coke, Selden, Hale", p. 1693。

④ Harold J. Berman, "The Origins of Western Legal Science", p. 943。

的历史决定论。①

因此,伯尔曼批判了传统主义对法律形式的固化,也即,批判了历史主义。首先,当历史主义过于强烈时,就会变为历史决定论,而法律原初解释论要求追溯立法者最初的具体意志,陷入了追溯的历史框架,导致只尊崇结构的权威,而不探索哲学的批判性。法律研究走向纯粹的形式主义,致使"穷尽历史的具体意识,而耗光宪法"②。同样,现代法理学受制于这种结构,研究主题日益集中。比如,现代实证主义将立法者的意志视为权威的来源;自然法学家将理性和良知视为权威的来源。不论是意志还是良知,其受制于结构化历史产生的权威,都受到了现代性对于权威的固化。现代三大法学流派相互靠拢,只有在现代法治的历史语境下才能进行论述。其次,历史主义的方法只会导致复古主义,与传统的连续性基础相悖,一旦以恢复具体历史为基调,传统概念就失去了意义。这是因为二者对待变化事物的出发点不同,如果考据法律史的目的是为了拯救过去,那么这种考察进路仅仅是刻舟求剑。伯尔曼以英国宪法为例,对其做出了解释。他认为科克坚持恢复过去的态度,表明其是一个传统主义者,而 17 世纪法律史的开创者塞尔登和黑尔在变化中重述历史,则是延续英国宪政传统的合理方式。塞尔登将英国法比作双面的雅努斯之神,一张脸看向前方,另一张脸又看向历史,呼应了伯尔曼对历史性的评价:历史性就是一种衍续性,就是"伴随着前进进入未来的同时,向后看到过去。"③

---

① 在谈及封建法的时候,伯尔曼这样认为:"应该把法律制度看作交叉于社会-经济因素和政治——意识形态因素分界线两边的因素。必须把法律既当作西方社会的物质结构('生产方式和生产关系')的一个本质部分,又当作它的精神生活('政治和社会意识')的一个本质部分——它既是基础,又是上层建筑。"[美]伯尔曼:《法律与革命》(第一卷),391、527 页。

② Harold J. Berman, "Toward an Integrative Jurisprudence: Politics, Morality, History", p. 785。

③ Harold J. Berman; Charles J. Jr. Reid, "Roman Law in Europe and the Jus Commune: A Historical Overview with Emphasis on the New Legal Science of the Sixteenth Century", p. 31。

当然,伯尔曼对历史性的坚持并不意味着他完全否认了历史主义,他认为弱版本的历史主义具有一定的导向作用。因此,伯尔曼强调历史变化的总体特征。纵观《法律与革命》一书的篇章体例,他对每一类西方法律类型进行了同样结构的分析:从历史社会因素、历史缘起再到具体法律制度的递进式解读,然后给出共同的结论——"体系的整体性"与"具有发展能力"。这显然是历史主义的认知结构:将历史视为贯通图式的内容,并抵制理性主义的作用;但其立足点不同于历史决定论,因为伯尔曼所关注的法律史基于社会语境。这其中,历史情形的语境化仅仅是解决矛盾的手段和方法,在结合了历史的总体特征后,历史性获得了内在超越性,演变为一种自发性的生长。由此,紧张关系体现了法律内在的发展动力,由内在成长性推动法律发展,这既突破了历史主义的认识局限,又能将法律视作一种创造性的主体。

### (二) 在人类共同体的实践中和解

在分析紧张关系的历史动因之后,伯尔曼还提出了相应的具体措施,将其与有机观联系起来。紧张关系不可避免,唯有在强调法律特殊性的同时,兼顾历史性的普遍结构,以对法律的感受性缓解紧张关系。通过这种积极看待紧张关系的方式,强调法律存在的广泛性,以对法律的直接感受缓和紧张关系。因此,从法的概念入手,通过扩大多元性基础,在社会共同体之中重新理解法的概念。这种重塑包括诸多方面:法律思维的重塑、法律文化的扩展、法律价值的深化,通过在人类共同体中重新理解法传统,从根本上缓解紧张关系。

#### 1. 共同体与法的交互

首先,缓解紧张关系的基础是人与概念的和解,这要求改变对法律性质的认识,以开启和解之路。在总体态度上,由于传统、社会与革命形成了三点一线的关系,传统和革命构成了冲突情境的两极,重塑法律性质的重点集中到了社会中的人,实现人与冲突情境的和解。由于两极冲突各自含有其价值指向,这就要求人既要理解结构化的历史,以看清现实情况;又要在该历史结构中捕获人与法律之间的交汇点。这种交汇的范例出现于历史盛世中的法律,历史上优秀民族或个体流传了这种精神遗产,因此追溯起源就等于理解古今历史的相似性。法律在思想史上具有了共通性,在其与历史的连接中循环发展(evolving)。由此,个体不再批判法律,而在理解历史中与传统相连,在继受传统中预测未来的良法。

这类似于伽达默尔的视域融合。"理解甚至根本不能被认为是一种主体性的行为,而要被认为是一种置身于传统过程中的行动,在这种过程中,过去和现代经常地得以中介。"①这要求"读者"在理解法律的过程中,既要看到历史结构中注定的原则,也要将个人对法律信仰的历史感融入其中。"谁不把自己置身于历史性的视域中,谁就不能理解流传物的意义"②,其中流传物既是个体感受,又是超越个体感知而存在的历史实在。在法律中,"读者"指的不是一个人,而是一个民族,或者某一共同体,其理解的对象传承自其民族性,但又超越其民族特殊性——法律是社会对象与法律史的总体关系,而民族共同体就是总体关系的切入点。这就要求法律必须经历共同体的实践,通过实践,共同体的司法生活不断延续,形成一种新的认识,使法律流传物的价值与共同体紧密相连,避免沦为某一特殊紧张关系的附庸,"法律的历史性与相信其超越政治权威的信念紧密相关"③。在这一原则的指引下,缓解紧张关系的直接方式就是关注共同体与法的交互性。由此,伯尔曼为紧张关系找到了和解基础——以重新理解民族共同体自身传统为起点,实现法的传承性。

2. 法文化对法律概念的扩展

伯尔曼强调法律的事业性(enterprise)和过程性(process),希望通过法律文化拓展法律性质的外延,缓和紧张关系。事业性既强调

---

① [德]汉斯-格奥尔格·伽达默尔:《真理与方法(第一卷)》,洪汉鼎译,7,355页,上海,上海译文出版社,1999。

② 同上书,8页。

③ Harold J. Berman, "Introductory Remarks: Why the History of Western Law Is Not Written", p.515.

了人的具体实践活动,而且赋予参与实践活动的人以进取心(enter-prise),人与法律结合为一个整体。围绕着人的文化属性,法律的特殊性与普遍性结合起来。从事具体司法实践的人也能通过文化感受到法的宏大叙述结构,体悟到法律价值对人的感召,在广泛的文化中实现对法律价值的信任。西方法律体系在形成与发展的过程中,不断累积制度性内容。在此过程中,法律包含立法、管理、行政、仲裁等具体活动,这些构成了法律的特殊事业性;但除了这些规则指引的实践活动之外,还应该包括若干要素:法律的信仰、法律的科学、法律教育以及司法职业等内容,法律不只是操纵人的一种活动,人通过文化主动地参与到实践中,以此实现法律的价值。

在伯尔曼看来,法律发展与司法的多样性相关,法律是司法实践及其法律文化的结合。基于法的非规则性,他认为西方法律是一种组成,组成要素包括了法律科学的独立性、从事法律的专业人群、法律教育的手段、法律运作和解释的过程。[①] 在坚持本质主义的同时,伯尔曼将核心属性拓展到法律文化;法律的存在需要法律职业、学者等鲜活的人为因素来守护,所以伯尔曼格外强调大学在西方法律中的教育作用,其以文化传播的方式,塑造了法律的独立性。由此,法律成了由职业人、学者、民众等运作的法。法律在传统中形成了动态化的捍卫过程,进而捍卫了法律的至上性。在这一过程中,法律理论也形成了自洽性,其导致了法律超越其他西方制度而存在,文化基础的存在为紧张关系提供了舒缓的空间。

3. 世界法的普遍性和解

在民族共同体的基础上,伯尔曼希望以世界法的方式连接各个民族,从根本上缓解紧张关系——在精神统一性和世俗生活复杂性之间实现和解,他希望以此实现对现代性的全面超越。因此,伯尔曼借用基督教整体时间观来超越法律发展中的历时性内容。基督教中的整体世界观倾向于信仰对个体的超越,历史和记忆分别代表着基

---

① [美]哈罗德·J.伯尔曼:《法律与革命》(第一卷),47页。

督教中的时间观和世界观,代表着上帝对于全体人类倾注的"幸福计划"。[①] 由此,伯尔曼引入了世界共同体的概念,希望以世界法实现精神与世俗社会之间的和解。他基于法律全球化给出具体法律建议,并且从民族精神扩展到人类普遍价值。伯尔曼希望在强调民族生活的同时,建立更加广泛的世界法体系,以人类共同体为契机,推动法律由特殊性向普遍性迈进。

由此,伯尔曼提出了两种观点:宗教和世界法实践。宗教代表着信仰,世界法代表世俗共同体,象征着上帝和人类之间的和解,将上帝对于历史的规划世俗化为现世的历史意识,在其中联结不同民族的价值。除此之外,在具体历史语境中他都尝试为冲突的法律理论寻找综合方式,寻求规则与原则之间、特殊法律理论之间的和解,寻求"严格法与衡平"、"正义与怜悯"以及"平等与自由"等其他诸多紧张之间的和解。[②] 伯尔曼主张从具体实践入手,宗教只是伯尔曼的立意,用以扩展民族的概念,他更加倾向于在实践中完善世界法。他作为一名美国比较法学者,不仅致力于研究苏维埃、英国和德国等法律体系,而且不遗余力地赞颂国际经济贸易和全球化。但伯尔曼并没有将之视为法律的执行,也未将其视为打破国家壁垒的比较法学。[③] 伯尔曼既不会将法律作为宗教进行宣传,也不会肤浅地否认现代法律体系。

那么何为伯尔曼和解论的最终目的呢? 他主张为世界各国民族提供具体方法,保证在普世观和民族习惯之间的良性互动,让每一个

---

[①] "我们可以认识到法律的政治、道德和历史维度之间的紧张关系,但是它们最终是在三位一体的上帝中发现其共同渊源,上帝是一个所有权力的立法者,一个怜悯的法官,以及一个历史过程的激励者,正如圣奥古斯丁所说,这些在人类心灵中的'残留部分'分别成了意志、理性和记忆。"Harold J. Berman, "The Historical Foundations of Law Foundation", pp. 14, 23; Harold J. Berman, "Toward an Integrative Jurisprudence: Politics, Morality, History", p. 782。

[②] Harold J. Berman, "The Origins of Western Legal Science", pp. 930, 943, 942。

[③] Harold J. Berman, "The Western Legal Tradition in a Millennial Perspective: Past and Future", pp. 753, 758, 762。

民族为世界共同法律提供经验。其中，每一个共同体都应依照自身历史的轨迹发展，尊重其演化形成的法律生活。这就避免了在狭隘的普世观下普遍同质国家的出现。经过这种反思，当法律第二次超越习惯的特殊性时，由于民族已经认识到了普遍性的必要，民族共同体转化为自由精神连接下的特殊共同体。二元紧张关系逐渐消除，它转移到了可实践操作、有着无限可能的世界共同体中。该共同体将人类共同的使命视为法律发展的目标，但在发展中以民族性理解其在世界中的地位，避免了自由对价值的过度依赖。因此，现代性需要适度的特殊个性对其进行规范，而伯尔曼通过有机发展观，将规范的实体性转化到了共同体的民族生活中，让其通过自身渐进式发展，找到释放普遍性压力的出口。只有法回归到共同体之中，才能避免法律形式主义，法的独立学术地位才具有鲜活的生命力。

## 四、结语：法律发展的使命

伯尔曼的法律发展理论以多元文化为中心，强调世界共同的法律价值。他对现代性世界有着强烈的忧患意识，希望以有机能动性促使法律自由发展，并不断在世界范围内实现法律的普遍性。因此，他的法律发展观肩负着遥远且美好的理想，他是一位现代法律的反思者、开拓者与捍卫者。

伯尔曼反思了法律的存在性，保证法律在宽泛的自由观念中发展。他不仅继承了自由主义的因袭性，而且反思了西方法律的结构与现代性的弊病。他以宗教拓宽了法律的狭隘概念，这包括三次宗教革命：16 世纪早期的新教崛起、17 世纪的加尔文主义以及 18 世纪自然神论与启蒙运动。相较于历史革命而言，这三次宗教革命从更深层次的精神革命出发，重新阐述现代自然权利的生成过程，逆现代历史决定论而完成论述，从西方法律传统内部发起了对现代法律体系的反击。它表现了法律自由的发展过程，塑造了现代西方法律体系。但这种解释并不是由宗教所决定，他并非探讨自由主义传统的宗教因素，而是通过宗教找到多元解释的可能性，强调前进式的基督教精神,以此找到西方法律发展的内在关系。不再将法律仅看作西方传统的结果,而将法律的概念拓展为一种广义的"法"观念。法是指包含诸多历史要素的传统,突破了实证主义的局限,丰富了其起源因素。正如伯尔曼总结道:"我现在不是在谈论'因果关系'。我不是说法律的变化是由宗教或意识形态的变化所引起的。我说的是相互联系,相互关系,无论是否因果关系。"

作为开拓者,伯尔曼开拓了一种世界性的共同法律观念,他丰富了人的主体性实践地位。由于 20 世纪强调立法,而西方传统自身却具有多元性:法不仅包括立法,还包括司法、宗教和习惯等等,这要求全面理解法的成长。伯尔曼的研究进路似乎与斯塔布斯在《斯塔布斯英国宪政史增补》中认为"历史是持续成长的自由故事"有着异曲同工之妙,更何况身为教士的斯塔布斯也认为"历史研究在本质上是宗教的"。然而,伯尔曼探讨了现代自由主义贸易、比较法、苏维埃法律等实践内容,它们并不是建立在法律史绝对自由成长的方式中,伯尔曼恰恰认为法律受诸多因素影响。伯尔曼将法律发展拓展到多元法律文化的范围,鼓励世界各族人民自由地实践,他并未否定任何民族的特殊性,也没有否定法律理论的各种动向。他鼓励人们大胆进行法律实践,并承受法律紧张关系的冲突,这恰恰是人类整体前进的号角。只有通过强化人的主体意识,处理好民族与传统的共生关系,世界共同法律才能持续发展。

伯尔曼通过研究法律发展的内在逻辑,维持法律传统中价值的连续性,从中捍卫法律自身的存在性,以历史的视角重新审视法理学。反思者的视角促使他将现代法律追溯至教皇革命,其研究方法是从现代法律体系的具体元素入手,推演出法律的历史起源,然后寻找区别性证据。该研究方法以现代法律的存在为基础。因此,他恰恰认为现代法律体系可以继续发展,这既激发了伯尔曼在比较法学上的兴趣,也令伯尔曼致力于推动全球化,将普世价值隐藏在现代法律的发展中。在伯尔曼看来,普世价值内在于历史的进程,并能和现代性完美结合。价值并不只是符号,而是指引现代法治发展的终极目标。伯尔曼借用近九百年的历史批判了历史宿命论,批判了游离于现代法律体系之外的价值。同时,他也批判了历史主义所匮乏的价值,批判了诸多社会法学的历史决定论。然而,由于历史考察时间段的局限性,也为其走向多元综合法理学和社会学埋下了伏笔。他借用社会这一概念,展示法律有机发展的基础,描绘了社会生活实践中的活法。但伯尔曼的社会学仅仅是隐藏在历史法学背后的手段,唯有还原历史中的法,才不会令社会法学走入理性结构的异化,保证社会中的法是传统的一环。在传统自身连续的基础上,考量其它多种因素,从而整体地理解西方法律传统,并在传统中获得历史感的归属。借用伯尔曼自己的话来说,"在西方,法律一直具有一种强劲的历时性的因素,不止如此,它还具有一种强劲的传统因素。传统不仅仅是历史的连续性。一种传统是有意识和无意识因素的一种混合。"①

---

① 〔美〕伯尔曼:《法律与革命》(第一卷),728 页。

# 马克斯·韦伯是一位法律实证主义者吗？
## ——以伯尔曼对韦伯的批判为视角

苗文龙*

耶鲁大学法学院院长，著名法学家圭多·卡拉布雷西(Guido Ca-labrese)曾经说，"在对法律现代性的显著特征进行历史和比较研究的深度方面，哈罗德·伯尔曼(Harold Berman)是唯一一位可以和马克斯·韦伯(Max Weber)相提并论的美国人。"②中国社会科学院国际法研究所的钟瑞华研究员亦有类似的评论，虽然与卡拉布雷西的角度并不相同："伯尔曼对西方法律史的解读，与马克斯·韦伯的《新教伦理与资本主义精神》遥相呼应，强调的是精神因素在人类历史发展中的重要作用，或者更为确切地说是宗教教义和宗教观念对于历

＊ 苗文龙，重庆大学法学院理论法系讲师。

② Jacket endorsement for Howard O. Hunter, ed.. *The Integrative Jurisprudence of Harold J. Berman* (Boulder, CO: Westview Press, 1996). 转引自 John Witte, Jr. and Christopher J. Manzer, "Introduction", in Harold J. Berman, ed. By John Witte, Jr., *Law and Language: Effective Symbols of Community* (Cambridge University Press, 2013)。

史发展(于韦伯是经济发展,于伯尔曼是法律发展)的驱动作用。"①的确,尽管国内大多数法理学者强调伯尔曼的综合法学②对特殊论法学(实证法学、自然法学和历史法学)的批判,但是仔细研读伯尔曼的著述,作为法律史学家,伯尔曼在进行理论批判时,他将主要(甚至是唯一)火力对准了马克斯·韦伯。在他的主要作品《法律与宗教》、《法律与革命》(两卷)和《信仰与秩序》,以及他的学生小维特(John Witte, Jr.)教授整理的他的遗作《法律与语言》中,他都一而再再而三地点名批判马克斯·韦伯,而对于自然法学派和历史法学派的重要学者,他提及甚少,更少批判,只是一直在泛泛地谈整合与超越。

而韦伯作为现代法社会学的开创人,发现了现代社会的理性化,进而详细描述了现代法律的特征,并且归纳了现代法律系统的形式理性特质,更重要的是,他把这种形式理性的法律系统和国家紧密地结合起来,从而使得其法律思想被放入了一个更大的历史和政治视野之中。从这个角度讲,在伯尔曼的法律研究方面,韦伯是他的真正对手。更为准确地说,对韦伯法律命题的批判成了伯尔曼研究的先导。③ 正是在对韦伯的批判中,伯尔曼发扬了其师罗森斯托克·赫西(Rosenstock-Hussey)的历史(革命)思想,并将其思想运用到自己多部著作和论文的撰写中,逐渐形成了自己稳定且有世界影响的法

---

① 钟瑞华:《哈罗德·J.伯尔曼:美国当代法律宗教学之父》,载《比较法研究》,2017 (5),182～200 页。

② 把伯尔曼的法学思想概括为 The Integrative Jurisprudence 是准确的,也是符合伯尔曼的原意的,事实上伯尔曼也多次谈及这种进路,比如伯尔曼有一篇文章名称就是 Toward An Integrative Jurisprudence: Politics, Morality and History,载 California Law Review, vol. 76, 1988, pp. 779～802. 但是把 Integrative jurisprudence 翻译成综合法学,貌似不妥,Integrative 并非包罗万象的综合之意,确切的含义其实更接近于整合,将众多因素整合为一。伯尔曼的思路是看到政治学派(法律实证主义)、道德学派(自然法学派)和历史学派(历史法学)结合起来成为 Integrative jurisprudence,虽然形式上伯尔曼更亲近历史,特别是法律与宗教互动的历史,并以此视角来建立自己的法律理论。

③ 伯尔曼教授在《法律与革命——新教改革对西方法律传统的影响》一书的"导论"部分中在概括指出韦伯的概念和史实错误后说,"所以,对韦伯命题的批判可以作为本书主题的一个先导",我觉得这个结论可以扩大。见[美]哈罗德·J.伯尔曼:《法律与革命——新教改革对西方法律传统的影响》,袁瑜琤、苗文龙译,34 页,北京,法律出版社,2018。

律思想。[①]

## 一、哲学和方法论上的事实与价值的"断裂"

伯尔曼对韦伯的批判，首先是哲学和方法论上的。韦伯的研究方法首先是"价值无涉"（wertfrei）的，这种价值无涉需要对事实和价值有一种明确的区分：事实是一种无关意义和价值的客观存在，意义和价值是观察者主观赋予事实的，同时意义和价值也是有观察者自我确定的。这种事实和价值的区分并非源于韦伯，大卫·休谟（David Hume）在《人性论》中就已经明确提出"事实是不可能推导出价值的"，齐美尔、李凯尔特、耶利内克和涂尔干等在韦伯之前亦有此论。他们认为社会学家的任务是观察、描述和分析社会事实，正是因为社会事实的客观性，社会学家的研究才可能具有科学性。换言之，所有的科学研究都应该将目标放在客观的事实，而非那些本质上主观、既无法证明也无法证伪（波普尔语）的价值问题。韦伯在此实证主义价值观上的贡献是以价值无涉的方法来理解这些价值，而不是完全忽视这些价值。[②] 这就要求研究者不得在研究中抱持某种价值，并以此价值为圭臬来分析和解释事实，因此也不能给出事实的规范性预测评价。伯尔曼赞同克朗曼的观点，"韦伯的确是从实证主义价值理论进到实证主义法律理论，"[③]虽然韦伯提醒人们注意法律"撕下面具变成纯粹权力工具的危险。"但是，伯尔曼更为赞同菲尼斯的观点，即，

---

① 罗森斯托克·J. 赫西是伯尔曼本科时候的导师，其思想对伯尔曼影响最大的当属 *Out of Revolution: Autobiography of Western Man*, Berg Publishers, Inc. 1993，该书最早出版于 1938 年，1993 年再版的时候，伯尔曼为其专门撰写了导言（Introduction）。但是，与罗森斯托克·赫西相比，从伯尔曼的著作和关注的问题来看，伯尔曼并不是一位神学家或宗教学家，也不是一位哲学家或历史学家，而是一位有着宽阔视野并且使用长时段观察方法的法学家。

② 由此方能理解价值无涉的研究方法抱持者韦伯为何去研究儒教与道教，研究新教伦理，在现代性的研究中这种方法被用到了极致，也带来了韦伯理论中难以摆脱的内在矛盾。韦伯的《学术作为志业》一文深深地体现了这种叹息与忧虑。

③ Anthony T. Kronman, *Max Weber* (Stanford, CA, 1983), p.55, 转引自[美]伯尔曼:《信仰与秩序：法律与宗教的复合》，姚建波译，226 页，北京，中央编译出版社，2011。

从韦伯的哲学和方法论出发,否定价值具有客观性就必然会导致价值和法律本质上是意志的产物。[①]

从这样的一套哲学假定和方法论基础出发,伯尔曼认为,"韦伯所谓形式理性法律权威,即通过自觉制定的逻辑连贯的法律规则体系来施行统治的政治体系,与韦伯的价值理论相吻合,它宣称一切规范都具有实证性。"[②]祛除了法律(作为事实)和价值(作为实行者的主观赋予)的联系,韦伯把法律和政治权威连接起来,并用政治权威的形式来理解历史中法律。"韦伯通过生动对比不同文明及西方文明的不同时代来解释包括法律在内的社会行动,这给人留下一种印象,就是历史(包括法律史在内)的确具有一定模式,甚至可能具有一定方向,而且西方法律也的确曾经具有一定的历史使命。"[③]这种对法律的历史解释模式就是,传统的法律类型逐渐被现代法律类型所取代。传统的政治统治类型(权威来源)或者是传统的,或者是克里斯玛的,相对应的传统的法律类型或者是形式非理性的,或者是实质非理性的;而现代统治类型(权威来源)则是官僚制的,是法理型的,其对应的法律类型就是形式理性的。

这样一种理想类型的研究,对于读者的理解和学者的交流大有裨益。然而,这样的研究也极有可能为了理论的简洁而忽略了历史的准确,甚至在历史理解方面是完全错误的。伯尔曼以韦伯的城市研究为例,指出了韦伯对于历史的误解和历史意识的缺失,并且指出这种缺点和其整个法律研究的缺陷其实是有密切关联的。

## 二、城市研究中历史意识和法律意识的双重缺失

伯尔曼和韦伯对西方城市的时间起点没有异议,二人都认为应该放在 11～13 世纪作为西方城市开始出现的时间点。韦伯认为,西

---

① John Finnis, "On 'positivism' and 'Legal Rational Authority'," *Oxford Journal of Legal Studies*, vol. 5, 1985, pp. 74～90. [美]伯尔曼:《信仰与秩序:法律与宗教的复合》。

② [美]伯尔曼:《信仰与秩序:法律与宗教的复合》,226 页。

③ 同上书,227 页。

方城市具有独特性，这种独特性在其他文化中并没有出现。韦伯认为，"要构成一个完整城市共同体，聚落必须呈现出商贸关系处于相对主导的地位的状况，同时该聚落作为一个整体，要显现出下列特征：(1)城防；(2)市场；(3)自己的法庭与至少自主的法律；(4)相关的社团组织；(5)至少与部分自主权，因此还要一个经市民参与选举而产生的权力机构来实施管理。"这种特殊的治理体系只出现在了中世纪末的欧洲。伯尔曼赞成韦伯的这种界定，但是伯尔曼进一步指出，韦伯尽管是从历史角度来展开对城市的研究，但是其研究缺失了"西方城市最显著、最独有的特征，即其历史意识（也就是对其自身从过去走向未来的历史趋向的意识，对其自身发展演进特征的认识）。"①伯尔曼认为韦伯"完整城市共同体"的构成要素反映了它结构上的整体性，但没有解释它的动态特征，即它的与时俱进。这些构成要素没有解释 12 世纪的城市为何或如何发展到 16 世纪和 20 世纪的城市——这些时代的城市，虽有许多特征与 12 世纪完全一致，至少一脉相承，但其他特征在性质上即使没有太大差别，在程度上也已大不相同。20 世纪的城市成长为一个法人，一个政治法人、一个经济单元，以及一个公共服务机构，其职权和职责范围已经是 12 世纪的城市远远不能相提并论的了。换言之，过去的城市里很多由行会、教会和家族来承担的事务，现在已经完全由城市自身作为一个强大有力的政治、经济和社会实体来完成了。伯尔曼认为，要理解西方城市的生长过程，就不能不理解历史意识。首先，"从历史角度看，这与教皇革命的宗教层面，尤其是教会逐步改革和拯救世俗秩序的使命有关。"其次，"这与教皇革命的政治层面有关，尤其是自治世俗政治体多元并存的信念；正是这种信念使得公民有可能、也迫切需要建立独立于王室当局、封建当局甚至教会当局的城市——这在教皇将王权世俗化之前是无法想象的。"第三，"它与教皇革命的法律层面有关，尤其是以下信念，即改革与拯救世俗秩序必须通过稳步发展法律制度和定

---

① ［美］伯尔曼：《信仰与秩序：法律与宗教的复合》，228 页。

期修改法律来进行,以此克服无序和不公"。① 伯尔曼进而指出韦伯的城市研究中的矛盾之处,即韦伯本人也承认西方城市的这些构成特征实际上在东方城市也存在,只不过是程度上的差异。这与韦伯对西方城市的独特性界定就有了嫌隙。为了解决这个自我矛盾,韦伯引入了"市民身份的法律地位(自由)"这个特征,伯尔曼立即指出,"在西方城市兴起的过程中,有关西方法律的东西才是至关重要的。"此外,伯尔曼认为,与含混地承认法律在西方城市发展和兴起中的重要地位一样,有关宗教在此过程中的重要作用,韦伯同样虽有提及,但是他没有"解释宗教因素与法律政治因素之间的关系;尤其是,他没有正视这一事实,即古希腊罗马城邦是建立在奴隶制基础上,并且缺少'独特的市民自由'——实际上'独特的市民自由'并非用语归纳'地中海城市'的特征,而是用于归纳 11 世纪末几次后西方欧洲城市的特征。"②所以,伯尔曼对韦伯的城市研究的批判最终落在了韦伯缺乏历史进程中法律与宗教的互动:"没有表达西方城市自由的出现是一场革命性宗教变革的一部分——在这场革命性宗教变革中,一方面教会组织宣布从所有世俗政治体中独立出来,另一方面世俗政治体的真正概念得以首次创立,并称世俗政治体可以通过法律来改善和(获得)救赎。"③伯尔曼进而分析韦伯的此种"不见"的思根源在于,韦伯虽然不赞成马克思关于经济基础决定上层建筑的看法,但是在哲学和方法论上,韦伯同样把历史的发展归因于事实的发展,只是在韦伯的"事实"里,不仅有经济以及人的理念和共同意识以及作为二者体现的法律。但是,韦伯对于事实和价值的区分,使得他最终将法律制度的起源追溯到政治统治。他从强制的角度看待国家和法律,国家是"一个人类团体,在一定疆域内(成功)拥有地合法使用暴力的垄断"(《政治作为志业》),法律是"一种秩序,凭借为获得服从并惩罚犯罪行为而由专门人员实施身体强制或心理强制的这种可能性来得

① [美]伯尔曼:《信仰与秩序:法律与宗教的复合》,229~230 页。
② 同上书,230~231 页。
③ 同上书,231 页。

到外部保障。"(《经济与社会》)。因此,伯尔曼认为,韦伯对于客观事实的主观价值的二分使得他的法律研究走向了政治唯物主义。

### 三、对法律和宗教误解的韦伯

一如上述,伯尔曼对韦伯的城市研究缺乏历史意识和法律意识进行了批判,与此同时,伯尔曼对韦伯的早期基督教新教观念和早期资本主义兴起的关系进行了更为激烈的否定。在伯尔曼看来,"这是两个被广泛接受但是——就像被证明的那样——根本不能成立的概念;其次,是因为这些错误概念可以通过分析蕴含在 16、17 世纪的法律制度中的价值,而得到揭示和纠正;而这些法律制度恰恰在韦伯的分析中被忽视或打了折扣。"①

按照韦伯的理解,新教伦理和资本主义之间并不存在的简单的因果关联,毋宁说他们是一种有着紧密联系的"选择性亲和力"关系。也就是说,新教中的加尔文宗和资本主义精神具有一定的一致性,前者对后者可以有一定的促进作用。资本主义精神中的财富欲望为加尔文宗的命定论(救赎论)相配合,从而加尔文宗的伦理激励着其信奉者以禁欲的方式去追逐大量财富,从而在人间显现出其被可能被拣选的凭据。②

但是,在伯尔曼看来,韦伯首先犯了他本人都承认的年代误置的错误。首先,"他认为宣扬追求财富的不是 17 世纪中期的英国加尔文宗的清教徒,而是 18 世纪自由进取的理性主义提倡者,"进一步讲,在韦伯看来,他的资本主义——"资产阶级所勤恳从事的资本主义"——在 19 世纪才出现,而它是由于 18 世纪的"精神"激励,而这个 18 世纪的"精神"又是基于 17 世纪的"新教伦理"。实际上,在韦伯看来,18 世纪的启蒙运动、法国革命和英国的功利主义才是 19 世纪资产阶级所勤恳从事的资本主义思想的直接文本,他的论文或许应该

---

① [美]伯尔曼:《法律与革命:新教改革对西方法律传统的影响》,34 页,"导论"。

② 详见[德]马克斯 · 韦伯:《韦伯作品集——经济与历史》,康乐等译,188~194 页,桂林,广西师范大学出版社,2004。

冠名"新教伦理的衰落和资本主义精神"。①

再则,在伯尔曼看来,培育 17、18 世纪资本主义精神的并不是加尔文宗的救赎论,而是加尔文宗的教会论——这是关于基督徒共同体本质的信条。我们也可以将此理解为伯尔曼和韦伯的资本主义精神的根本究竟是个体主义还是共同体主义。在这个问题上,伯尔曼秉持共同体主义,批判韦伯的"个人主义"和"禁欲苦行","实际上,不管是路德宗还是加尔文宗,都异于同时代社会理论家的常规观点,而有着强烈的共同体倾向。路德写到,在对神的关系上,个人乃是自私的个人,但在'三个阶层'——家庭、教会和实施统治的集权政府(Obrigkeit)——面前则是一个社会之人。不论是牧师领导的路德宗聚会还是长老负责的加尔文宗聚会,都是紧密结合的自治的立约团契。基督教关于神和神的人民之间以及不同行业的基督教共同体内部成员之间的神圣契约——庄重的约定——的信条,为路德宗和加尔文宗是分享,但尤其为加尔文宗所强调。同样,16、17 世纪的经济企业——还不是资产阶级的,也不是劳资产业的——也基本上是共同体主义的。"②

为了说明这种共同体主义,伯尔曼举了两个法律制度方面的例子,股份公司和信托制度。在伯尔曼看来,股份公司是"把投资者集合起来共同参与一项共同事业的手段,在经济与政治上都具有重要意义,"伯尔曼承认,"这里面也有为股东谋求利益的企业经营目的。同时,企业依赖于许多志趣相投人士的紧密合作。在一定程度上,他们的动机来自于相互合作,在一个联合企业中服务公共事业的欲望。"17 世纪晚期的英格兰银行的成立更好地说明了此种"资本主义精神"。而信托制度则是另外一个重要的法律制度,"它既适应了社群目的,也适应了个人需要。像股份公司一样,信托机制使得各资本所有者的投资,由受托管理人根据投资目的而权衡经营,而信托机制

---

① [美]伯尔曼:《法律与革命:新教改革对西方法律传统的影响》,35 页,"导论"。
② 同上书,36 页。

因此适应了维持商业经营,同时把众多具有共同旨趣的人集合到慈善事业中来的需要。"①

追根溯源,伯尔曼认为韦伯之所以有这样的误解,实际上有两个原因。首先是韦伯对于 17 世纪英格兰的法律状况没有研究,因而也并不熟悉,"如果韦伯曾经研究了 17 世纪英格兰的发展状况的话,他将会得到截然不同的结论。当我们看到那些法律人以及他们所创造的制度时,我们看到的不是在终极毁灭或救赎图景面前骨悚晃晃的奉行禁欲主义的个人。相反,我们看到的是具有社会意识的人创制出了共同体主义的法律制度。"②

另一个原因则是,韦伯缺乏法律价值分析的视角,"不论是在分析新教还是分析资本主义时,韦伯都没能分析法律的价值,如公司结构、信托制度、设立并调整慈善组织的法律规则或者是统治宗教和商业社团的那些宪法原则中所蕴含的法律价值"。而造成这种无视或忽略法律价值的原因则又重归韦伯的方法论,"他的所有作品中都在事实和价值之间做了绝对区分,再加之他把法律归并事实的领域。"这样的方法论导致他把法律定义为"国家为了其意志被服从从而颁布的规则和程序,""法律的渊源(合法性)来源于政治支配。"同时,韦伯对法律类型的划分也与此高度相关,他把德国的法典编纂视为形式合理性的典范,而把英国的普通法视为传统主义的。但是,一个历史事实则是,他把加尔文宗视为"反传统主义的,"认为它和资本主义精神是一致的,并促进了资本主义的发展,但是英国加尔文宗清教徒发动内战的部分目的则是确立韦伯意义上的"传统主义的"普通法的之上地位。③ 同时,与之相关的是,韦伯对宗教问题的误解或忽视,导致他对路德宗和加尔文宗都存在着误解,这种误解和他对 16、17 世纪的法律的误解交集在一起。

---

① ［美］伯尔曼:《法律与革命:新教改革对西方法律传统的影响》,37 页。
② 同上。
③ 同上书,283～323 页。

### 结 语

从伯尔曼对韦伯的方法论、城市研究以及新教伦理和资本主义精神的批判来看,伯尔曼和韦伯最大的区别在于,二者关于法律的定义并不相同。伯尔曼认为法律是从 12 世纪开始在西方发展起来法律体系,他们拥有共同的历史基础、共同的概念和方法。而韦伯把法律和政治支配紧密连接起来,通过法律的合理性和支配的合法来描述法律的发展。其次,二者关于法律的发展基础也是不相同的,伯尔曼站在历史主义的立场上,从法律与宗教互动的视角来研究西方法律的发展,而韦伯则站在社会认识的角度,从政治发展的角度看待法律发展。从这两方面来讲,伯尔曼并不是一位综合法论者,而是一位历史法学家,他把其他的法学流派其实统合到了自己的历史研究之中。而韦伯在法律上也并非一位法社会学家,而是一位典型的实证主义者。

# 超越韦伯：伯尔曼与韦伯之争

姚力博[*]

长久以来我们将伯尔曼（Harold Berman）视为法史学家，而不顾他在其蜚声昭著的《法律与革命》中反复表明："我们需要一种能够综合这三个传统学派并超越它们的法学"。[①] 如果承认伯尔曼作为理论法学而非法史学家的身份，不被其厚重绵密的历史书写遮蔽视线，我们就会发现，在伯尔曼的作品中反复出现他与马克斯·韦伯（Max Weber）从历史叙述到社会图景构建上的对话。这尤其集中在伯尔曼《法律与革命》上卷的尾论、下卷的导论中。在伯尔曼选择的历史叙述与理论愿景中，他与韦伯共享了如下问题意识：西方如何成为今天的西方？西方法律如何成为今天的法律，以及我们该如何认识这种法律？在今天的西方法律传统的形成过程中，宗教革命（尤其是新教改革）究竟发挥了何种作用？

本文将首先指出伯尔曼对韦伯评述的具体争点，接着审视二人

\* 姚力博，清华大学法学院 2018 级硕士。本文的写作得益于清华大学法律全球化研究中心下设的读书小组 2018 年秋至 2019 年春的读书活动，在此向各位同伴致谢。

① ［美］哈罗德·J.伯尔曼：《法律与革命》（第 1 卷），贺卫方等译，3 页，北京，法律出版社，2008。

争论,一方面承认韦伯理论的力所不逮之处,另一方面也作为后来者,尝试为缺席辩论的韦伯作出辩护;最后我将通过回到 20 世纪的社会与法律,分析伯尔曼忧愁的眼光折射出的理论危机与时代症候。

## 一、引言

伯尔曼对韦伯的评述看似分散,却覆盖了韦伯几乎所有的理论精要。同作为法史学家,伯尔曼对韦伯的讨论以对历史观的评述开始。伯尔曼首先反对一种历史的短视性,即将现代西方历史追溯至 15 世纪和 16 世纪的文艺复兴与宗教改革,而忽视了更早的 11 世纪和 12 世纪的教皇革命才是第一个重大转折点;接着反对一种民族主义的谬误,只见各国法律体系的独特性而忽视了作为整体的西方法律的共同特征;复次反对一种宗教的谬误,只见宗教改革的断裂性而不见经历改革之后仍然保持的连续性;这种谬误因为启蒙运动和马克思主义理论整体的进路更不惹眼。[①] 最后,伯尔曼回到韦伯作为"守护神"[②]所属的 20 世纪社会理论阵营的谬误。虽然自社会理论法学诞生以来经历了几代思想家的演变,但社会理论家们共享了一套社会学的视野,这种视野简言之,是从旁观者视角出发,根据在政治与思想事件表象背后所起作用的社会和经济力量来解释历史。[③] 19 世纪和 20 世纪早期的社会理论家们尤其关注周期性打断社会演进过程的革命对社会历史所起的影响。这点在马克思与韦伯身上体现得淋漓尽致。在对马克思进行切中肯綮地评论之后,伯尔曼迅速转向了韦伯。不过在历史观上伯尔曼对韦伯更多持肯定态度,称赞其超出了马克思的"进化论式的因果链条"。[④]

---

① [美]哈罗德·J.伯尔曼:《法律与革命》(第 1 卷),贺卫方等译,528 页,北京,法律出版社,2008。

② [美]伯尔曼:《法律与革命》(第 2 卷),袁瑜琤 苗文龙译,33 页,北京,法律出版社,2018。

③ 鲁楠:《社会理论之法:学源、学理与学问》,《北京航空航天大学学报》(社会科学版),2019(1),15～22 页。

④ [美]伯尔曼:《法律与革命》(第 1 卷),534 页。

　　具体言之,伯尔曼对韦伯的具体看法可归纳为如下几点:(1)韦伯强调近代西方社会和西方法律独有特征和"它发展方向的普遍意义和有效性",正是这些特征使得西方实现向现代的突破。在这点上伯尔曼和韦伯分享了同样的视角。① 但是,(2)韦伯对特定社会中结构性要素以及它们之间的相互作用的综合描述,即社会理想类型和理想法律类型,存在模糊性,并因此导致他虽然可以分析却无法解释,为什么同样起源于神圣的法律会在不同社会呈现出法律秩序之间的差异。② (3)韦伯将观念与法律归结为政治,这部分肇始于他的实证主义:他对事实与价值进行了绝对二分,并将法律归入了事实范畴。这不足以解释西方法律传统的独特之处③。不过韦伯对以上问题的回答折射出了他的重要问题意识:人们不得不追问法律是什么,我们该如何认识西方法律。④在这个问题上,伯尔曼认为,法律是由神圣与凡俗之间、在精英与大众之间互相竞争的、在体系化与非系统化之间的多线程、多元主义的张力所塑造而成的法律体系。法律包含着自上而下和自下而上的源流,法律是事实,是观念,也是价值尺度,法律是传统也是现实,法律是有意识和无意识的混合,法律传统是可见的规则、制度、学说,也是不可见的民众最深层的信仰和情感的根源。⑤ (4)在宗教与法律和西方现代社会的关系上,(伯尔曼的)韦伯认为是加尔文宗的救赎论带来了国家主义、个人主义、资本主义和世俗主义,从而孕育了西方资本主义经济,伯尔曼则认为加尔文宗教会论所孕育的共同体主义和公共精神促进了资本主义发展。⑥

---

　　① 韦伯认为,法律具有特有的重要性和对经济发展的重要意义,这些特征可以归纳为:发达的民间司法,对封建制度啥身份集团的法律规定、社会等级集团对君主权力的宪法性控制、用"自然法"取代一种身份法体系对罗马法的相继接受。而这样一套高度发展的合理的法律制度是资本主义出现的必要前提之一。同上书,535页。

　　② 同上书,536~540页。

　　③ 同上书,540~541页。[美]哈罗德·J.伯尔曼:《信仰与秩序》,姚剑波译,233页,北京,中央编译出版社,2011。

　　④ [美]伯尔曼:《法律与革命》(第1卷),542页。

　　⑤ 同上书,543~546页。

　　⑥ [美]伯尔曼:《法律与革命》(第2卷),35~39页。

如上意见表明,伯尔曼共享了韦伯的第一点理论视角,但在第二点的批评上则令人失望地误解了韦伯,在第三点上表现出了他对韦伯的洞察,而在第四点上则突出反映了伯尔曼《法律与革命》系列作品的主旨与韦伯的《宗教社会学》作品的显著差异。我们在此处似乎没有必要在伯尔曼对韦伯的第二点理想类型批评的明显疏漏上花费过多笔墨,因为对任何一个熟悉韦伯社会学概念的读者来说,这部分读下来都令人困惑而极具灾难性,伯尔曼基本上没有读懂韦伯的理想类型,他完全混淆了韦伯社会学概念中的行为类型、法律类型和支配类型,并错误地试图将法律类型还原到西方具体历史时段中的法律上。因此我们将关注点集中在具有实质意义的争论上。我将在下文依次阐释。

## 二、伯尔曼与韦伯的视角考察

如上第一点反映了韦伯与伯尔曼的共同关切之一:近代西方社会独有的特征和它的发展方向的普遍意义和有效性。韦伯本人对此问题有更为著名的表述:"生为近代欧洲文化之子,在研究世界史时,必然且应当提出如下的问题:即在——且仅在——西方世界,曾出现朝着我们(至少我们认为)具有普遍性意义及价值的方向发展的某些文化现象,这到底该归诸怎样的因果关系呢?"[①]这恰与伯尔曼《法律与革命》的主题——对现代西方法律传统的考察相一致。韦伯与伯尔曼关注的都是共享一套"文化传统"的"西方"如何认识自身的历史、法律与社会。

二人共同的关注都包含了两个方法论视角:一是普遍主义;二是文化主义。所谓普遍主义,在韦伯这里涉及的是一般现代生活世界的一些必要的结构特征,这种普遍主义不同于以特殊主义为起点的普遍主义,诸如东方主义等将自我(或基于自我将他者)伪装成普世

---

① [德]马克斯·韦伯:《新教伦理与资本主义精神》,康乐,简惠美译,1页,桂林,广西师范大学出版社,2016。本前言也是韦伯宗教社会学系列作品的序言。

主义的普遍主义，毋宁说韦伯的普遍主义是一种精选模式，它并不旨在谋求某种价值观或模式的霸权逻辑或否定人类文化的多元性，而是主张这种多元性也要受到一定结构的制约：任何一种文化或社会，如果要在后现代持续也应当具备这种精选模式的结构性要素。① 对伯尔曼而言，他也并未忽视西方这一概念之下包含的各民族国家社会和历史、法律的多元性，只是更加坚持他们作为西方共同享有的文化传统、社会结构和精神意识。因此，伯尔曼的普遍主义更多体现在，他并未如同那个时代兴盛的民族主义史观，考察各个此前存在或正在存在的各个民族国家法律史、法律制度，也并未按照比较法学界的基础法系理论将英美法系和欧陆法系分开考察，而是将西方作为一个社会共同体来看待。在这个意义上我们可以说，与韦伯的普遍主义相对的是世界其他各民族的文化相对主义，而与伯尔曼相对的则是西方这一文化传统内部的民族国家的相对主义，但这并不妨碍他们都将西方视为一个整体的西方。就思想源流而言，正是扎根于韦伯比较社会学基础上的轴心文明土壤，开出了伯尔曼这朵专注现代西方法律传统的花朵。

所谓文化主义，我们再次用韦伯的话来表述："若欲甄别理性化在文化史上所表现出来的这种差别的特征所在，那么首先要问：哪个生活领域被理性化了？朝哪一个方向理性化？准此，首要任务是去认识西方的，尤其是近代西方的理性主义的独有特质，并说明其起源。"②这一出自被视为韦伯宗教社会学系列作品的序言的立场隐藏着一个假设：西方的特征（理性化）必然受到本身是一个文化现象，受西方文化内容的制约，要分析西方何以成为西方，我们就必须探寻西方文化的文化价值领域（科学与技术，艺术与文学，法律与道德），通过分析西方文化孕育的行动体系和意识结构形式作出解答。毕竟，"极为不同的理性化曾存在于所有文化圈的各个不同的生活领域

---

① ［德］哈贝马斯：《交往行为理论》（第1卷），洪佩郁、蔺青译，235～237页，重庆，重庆出版社，1994。

② ［德］韦伯：《新教伦理与资本主义精神》，12页。

中",而凸显西方文明的独特性的正是这个生活领域和方向锚定在何处。他的宗教社会学系列作品的目的,也是"故意要强调,种种文化领域里无论过去或现在,那些与西方文化发展相对照的成分"。① 而在伯尔曼看来,西方从来也不是一个可以借助罗盘定位的地理意义上的西方,西方是一个"具有强烈的时间性",是一个"文化方面"的词汇,是历史文化,是文明。② 在他对西方法律传统的诸多考察中,虽然伯尔曼也关注到了经济、政治、社会、法律和文化等维度,但他始终将着力点聚焦于包含法律精神、法律文化和法律意识在内的西方法律文化传统。在此意义上,可以说伯尔曼所考察的西方法律传统,从来不是从所谓的生产方式、政治环境或地理决定论等内容出发,而是从一开始就暗含了文化的眼光。

### 三、法理论之争:合法化与合法性

伯尔曼对韦伯法律观的讨论接续了他对韦伯理想类型的批评,不过虽然他误解了韦伯的理想类型,但是他仍正确地注意到,韦伯对法律的解释不是源自于他的理想类型的结论,而是出自他的政治学理论,他"最终把观念和法律归源于政治,而把政治归源于统治和强制",但这种政治决定论的视角和其他的经济决定论、人类学的分层理论一样,都无法解释西方法律传统的独特性特征。③ 不过伯尔曼肯定了韦伯的问题意识,指出韦伯试图对下述问题作出回答:"如果说法律不是阶级统治的一种工具,那么它是什么呢?"④换句话说,西方社会的人们应该如何认识自己的法律?

伯尔曼看来,韦伯的"政治决定论"具有法律实证主义色彩。就这点而言,他是对的。韦伯认为现代法律,或者说现代西方法律的发展是与经济活动与国家行政的合理化作为平行过程而展开的,法律

① [德]韦伯:《新教伦理与资本主义精神》,13 页。
② [美]伯尔曼:《法律与革命》(第 1 卷),2~3 页。
③ 同上书,540 页。
④ 同上书,542 页。

的发展也被列入目的理性发展的附属结构。韦伯所指称的现代法律将自身理解为一套实证法，具有如下特征：实证性，合法性与形式性。实证性指的是现代法律是实证法，不是通过神启之法或者神圣传统的解释而被继续制定的，现代法律表达的是独立自主的立法者的意志；合法性指的是现代法律使得对人们行为的评价除了服从法律外，不需要考虑其他伦理动机；形式性则指的是现代法律规定了私人合法意愿的范围，个人的行为与法律结果相连，实现了伦理中立化领域内的个人意愿自由，法无禁止皆可为。以上三种结构特征规定了一套行动体系，在这套体系下，人们被设定为：只要他们第一将法律作为认可的法律，但是也是合法可变的规定加以服从，第二不考虑伦理，遵循法律利益，第三在这些利益的指引下，考虑法律后果做出决定，它们就可以采取任何的合法的策略行动，即目的合理的利用私人的独立自主权。① 换句话说，韦伯理想的现代理性法抽象掉了人们的约束自我意志的能力，而仅仅考虑法律规定的目的理性的自由选择；简化了生活世界的复杂性，而仅仅考虑行动者之间的外在关系；卸掉了人们服从法律的动机，而满足于人们对规则的服从，不管这种服从从何而来。针对传统的伦理生活的崩溃造成的社会秩序的缺陷，后传统时代服从法律动机的认知不确定性、动机不实证性和义务的可责成性的压力被这种形式法卸掉了，满足了秩序需求。②

伯尔曼本人则拥有另一套法律观。虽然他也承认西方法律的自治性、形式性和作为一种科学和知识体系等特征，但是更强调西方法律的其他特征：整体性、对法律世代发展能力的坚信、变化与继承并行、法律高于政治、多元司法管辖权和体系并存竞争、教会与王权法并存等。③ 伯尔曼认为西方法律传统的这种独特性来自于西方国家水平的社会的三个特征：一是教皇革命带来的具有国家形式的教会

① ［德］哈贝马斯：《交往行为理论》，第 1 卷，330～331 页。

② ［德］哈贝马斯：《在事实与规范之间》，童世骏译，137～144 页，上海，三联书店，2011。

③ ［美］伯尔曼：《法律与革命》（第 1 卷），7～11 页。

的崛起,形成教会代表的神圣权威与王权代表的世俗权威之间的合作与竞争;二是知识结构和世界观层面,神学、科学与法律之间存在辩证的紧张关系,现实与来世、理性与信仰、人定法与神法之间存在着张力;三是社会合为一体,革命进化之间辩证的相互作用。从不存在彻底的断裂性,革命总是在旧制度的基础上进行。因此植根于此的法律既不是推崇的神化道德和人心的自然法学,也不是神化民族和集体记忆的历史法学,更不是神化国家意志的实证主义,①在伯尔曼看来,它是由神圣与凡俗之间、在精英与大众之间互相竞争的、在体系化与非系统化之间的多线程、多元主义的张力所塑造而成的一套体系,法律是物质基础也是上层建筑,是事实,也是观念,还是价值尺度,是自上而下的立法者的意志,也是自下而上的习惯和传统,法律是传统,也是不断生发的历时内容。法律不仅凝结了看得见的一面,也包括社会看不见的一面:民众最深层的信仰和情感根源。② 我们很难在现有法理学诸流派中定位伯尔曼的法律观,如他本人所言:"自然法学、历史法学和实证主义法学仅仅主张了真理的三分之一",所以我们姑且用伯尔曼本人的称谓"综合法学"来为之命名。

事实上,伯尔曼与韦伯的法律观的不同反映了合法性与合法化(在韦伯这里表现为合理性)之争。韦伯的法社会学所要解释的,是西方法律如何从神启之法出发,逐步走向最后成为适应现代经济与行政等目的理性进程的自成体系的、独立的法律系统。传统到现代,法律由神灵之法到传统之法再到后传统时代规范封闭的世俗之法,背后的社会秩序依次建立在神圣权威、传统习俗和主体承认的基础上。这一进程伴随着现代理性化进程而展开。

宗教世界观的祛魅和对世界理解的功能分化,发生了施鲁赫特所说的"法律途径的除魅过程",法律的宗教与传统的合法性逐渐丧失,强制性外壳则继续保留,最后步步退回到体系封闭的法律规范自

---

① [美]伯尔曼:《信仰与秩序》,271~291 页。
② [美]伯尔曼:《法律与革命》(第 1 卷),543~546 页。

身之上,所谓的"巫术的形式主义"发展成为了"逻辑的形式主义",具有了法律实证主义色彩。① 我们所言的法律的实证性、形式性和合法性也代表了现代法律一般要求一种独立自主、封闭的论证方式。但是此时也就产生了法律自身的合法性问题,既然法律已经失去了神启权威和永恒的昨日权威,那么法律的合法性从何而来呢? 韦伯在此处不甚清楚地转移了论证方向,他似乎一步步退回到了法律的形式程序上来,换言之,通过法律判决、法律论证和立法来解决法律的合法性,法律在运作中为自身论证合法性。

虽然要承认,韦伯的实证法形式符合了现代社会的秩序要求和人们的意识结构,为人们提供了协作和遵守社会秩序的理由,但我们并不能仅仅因为现代法律的演进可以根据这么一套抽象的目的理性价值规范辩护,就得出结论说法律本身是合法的,纯粹的功能主义论调过于稀薄。韦伯消除了人们服从法律的疑问,却没有消除对法律合法性本身的追问。我们可以用他本人的"自动售货机"比喻来说明:现代实证法要考虑的是何种因素应该被设置为法律机器的操作系统/程序,以便产生可接受的判决,而丝毫不考虑通过程序产生判决这一做法本身是否具有合法性。在这样一个自我编程的循环中人们无法确切地为合法性(而非合法化)找到一个出口。繁密的法律机器、复杂的法律程序和技术的确可以延长我们对合法性的求索途径,并将合法性越发把控于法律系统自身,但它始终不能提供一个终极答案。人们难免会有如下疑问:法律系统自身的合法性何在,以至于我们会认为它可以提供正义? 这尤其在下述情况出现:这套我并不清楚运作流程的判决结果不利于我,它是正义的吗? 启蒙运动以来,良好的生活必须是平等主体的自由联合的共识决定了,现代人对生活秩序的理解也必须与对一种民主意愿的自我理解相关,在此意义上,韦伯的合法化论证显然禁不起现代社会愈加急迫的合法性追问。

---

① [德]沃夫冈·施路赫特:《现代理性主义的兴起》,林端译,200~221页,台北,台大出版中心,2014。

回到韦伯,他之所以会进入这种困境很大程度上与他本人的思想进路有关。哈贝马斯指出,韦伯将法律与宗教同视为一种生活秩序,这种生活秩序内涵了利益整合的工具理性和观念实现的价值理性双重要求,但在法律论证的过程中,尤其伴随着法律与道德的分离,韦伯越发将法律同化为目的合理的行动的组织手段所依据的途径,价值理性这一前提被抽空,法律自身的目的理性逻辑最终胜出。①当然,他本人并非没注意到这个问题。韦伯通过对"英国法悖论"的考察,指出形式理性法之下重新存在的实质化潜流,②这也反映了韦伯意识到,自我编程的机器的形式合理性之法悬浮在程序之上缺少实质理性作为依托,并不符合他心中对现代社会和法律的理想愿景。但无论如何,韦伯始终没有回到合法性的问题上来。这点则被伯尔曼敏锐地察觉。

在《法律与革命》一书中,伯尔曼反复掸清历史的尘絮,讲述世俗王权与教权之间的竞争与互动,正是要强调在多元张力之下法律作为一个整合机制,调和了神圣与凡俗之间的冲突,同时获致两种权威与合法性。显然,韦伯对现代法律形式性的功能论调在他看来是远远不够的,伯尔曼更关注法律的意义维度和法律自身的价值,而非法律的工具性一面。他指出,韦伯的实证主义将传统社会中法律与宗教之间的联系切断,导致"理性法"总是和"世俗性"联系在一起,"法律人和经济人一样,在社会学著作中被描述为一个精于算计、压抑梦想、信念和激情,漠视根本目的的人"。③ 整个法律制度如同经济和行政系统一样被视为一套结构复杂的机器。吊诡的是,在一切社会中,法律本身却鼓励对其自身神圣性的信仰。"它以种种方式来要求人们服从,不单单是迎合它们物质、客观、具体而又理性的利益,还要迎合他们超越社会功利的真理、正义的信仰,这和实证主义所呈现出的

---

① [德]哈贝马斯:《交往行为理论》,342 页。

② [德]韦伯:《法律社会学》,康乐、简惠美译,317～337 页,桂林,广西师范大学出版社,2016。

③ [美]伯尔曼:《信仰与秩序》,266 页。

世俗主义与工具主义想象远不相符"。[①] 在这点上,伯尔曼诉诸与宗教价值的勾连为法律注入合法性的源流,正是看到了法律实证主义的虚空。

### 四、新教伦理与资本主义的崛起?

在这一问题上,伯尔曼对韦伯的批评主要集中在《法律与革命》的下半卷。在我们所周知的《新教伦理与资本主义精神》中,韦伯断言了新教(主要是加尔文宗)与资本主义精神的亲近关系。伯尔曼对此提出两个质疑:第一,就禁欲主义职业文化起到促进作用的,不是加尔文宗带来的国家主义、个人主义、资本主义和世俗主义,而是 18 世纪的启蒙运动、法国革命和功利主义才是直接的思想文本,伯尔曼甚至认为韦伯应该将他的著作改为"新教伦理的衰落和资本主义精神";[②]第二,如果说宗教精神的确促进了 17、18 世纪的创业精神的话,那也应归功于加尔文宗教会论孕育的共同体主义和公共精神促进了信托、银行信用和合伙等法律制度的产生,为资本主义发展带来了精神动力和制度支持。

在此,我们有必要为韦伯做出辩护。首先我们有必要解释在韦伯的整个思想体系中,宗教伦理与资本主义精神的地位,因为这构成了韦伯比较宗教研究乃至比较研究的起点,也是他最具争议的一部作品。如上言及,韦伯的重要关注之一在于世界的现代化,新教改革则正好构成了西方文化发展的一个关键节点。韦伯看来,现代职业文化不仅仅是现代意识结构的一个结果,也是信念伦理学的一种补充。[③] 在自下而上对目的理性的外部制度进行考察的同时,韦伯也注重自上而下的视角,着力于考察追求营利的经济组织的动机方面,如他所言,"生活态度之所以不同,主要必须从宗教信仰的恒久的内在

---

① [美]伯尔曼:《信仰与秩序》,266~269 页。
② [美]伯尔曼:《法律与革命》(第 1 卷),35 页。
③ [德]哈贝马斯:《交往行为理论》,299~300 页。

特质当中来寻求,而不是单只求之于其一时所处的外在历史—政治
情况"。① 而他所找到的这种动机依据与精神意识,正是伴随着新教
改革而产生的禁欲主义职业伦理。在韦伯看来,新教伦理与现代职
业文化之间的关系是,通过连接自我支配与现世支配,新教伦理并不
试图在经济行动与道德行动之间达成妥协,而是为经济行动置诸一
个伦理依据,并依此伦理塑造出一个内在世界的禁欲主义的生活方
式,外在表现即不排除盈利与消费欲,并不阻碍而是积极促进了资本
主义的发展。② 在施路赫特(Wolfgang Schluchter)看来,通过"对营
利本能与消费本能一个理性的调整,以及对这两者的串联",新教伦
理有助于资本主义这一新形式的道路的开辟。这样,经济的利害关
系动力就朝向资本主义企业、资本主义系统而进展。③

　　就此而言,伯尔曼所谓"养育17、18世纪创业精神的不是加尔文
宗对救赎信条,而是他关于基督徒共同体之本质的信条"的论断则疑
点重重。伯尔曼主张加尔文宗教会论的共同体主义和公共精神对于
信托法、现代股份制度等资本主义法律制度对资本主义起到了促进
作用,但是在韦伯看来,这些法律制度更应属于资本主义得以发展的
联合系统,而不属于他本人试图探究的原初动机层面;而单纯就加尔
文宗的公共精神和共同体主义和救赎论的禁欲主义职业伦理相比,
恐怕读者们也不会轻易得出结论说,没有禁欲主义职业伦理作为底
色的共同体主义可以激发人们充足的营利欲和理性的消费欲,并为
资本主义精神的高歌猛进扫清障碍。因为,从古至今,共同体主义几
乎没有不同,而由个人主义和禁欲主义指引的职业伦理才是现代的
产物。至于伯尔曼主张的18世纪的启蒙运动、法国革命和英国的功
利主义才是19世纪方出现的资本主义的直接思想文本,我们或许可
以用伯尔曼本人的话语来反驳:传统是历时性的传统,革命也从来不

---

① [德]马克斯·韦伯:《新教伦理与资本主义精神》,14～15页。
② 同上书,144～185页。
③ [德]沃夫冈·施路赫特:《现代理性主义的兴起》,290～302页。

是连续的。① 他本人也不会否认这一点。

另一方面，伯尔曼戏谑性的"新教伦理的衰落与资本主义的兴起"则颇有洞见地和韦伯对新教禁欲主义职业文化的悲观判断相合。韦伯承认，禁欲主义职业伦理只能设定资本主义社会初始发展的条件，而没有把资本主义带到可以巩固它们自己稳定化的途径上来。长远来看，由于与职业文化亲和的营利欲和消费欲遵循的目的理性发展轨迹，确如伯尔曼所说，它被一种功利主义取代而丧失了伦理性价值，换句话说，目的合理性的下属体系逐渐脱离了它们自己的价值合理的基础，并在自己运动方面独立化了。功利取向本应是件"随时可以卸下的薄斗篷，命运却使这斗篷变成了钢铁般的牢笼……"②同时，资本主义的发展也就如同一道火箭，宗教生发的职业伦理的燃料的确助推资本主义的迅速腾飞，只是我们并不清楚在燃料燃尽之后，它能够飞多久。

结合上一部分对现代法律的判断，我们似乎可以看出，韦伯本人对理性的看法总是充满着矛盾。一方面他承认理性化是现代化的主要进程；另一方面他认为理性化的发展是不平衡的，总会出现工具理性牺牲掉价值理性或者说牺牲掉整个生活秩序的局面。在宗教理性化的议题上，宗教伦理越是试图将现世组织成理性化的宇宙，它就会发现自己越是不合理的，与世界诸秩序之间的紧张关系就越尖锐。③这也是为何基督教伦理越是按照资本主义经济和政治国家、实证法律的目的理性逻辑发展，宗教自身的信念伦理越会被掏空。作为现代社会生活秩序另一面的合法性资源的缺失也是如此。我们不妨揣测韦伯这种矛盾心态的原因：将社会现象作为事实来研究。韦伯生存的19世纪，资本主义企业中的目的合理性已经机制化，而如何解释这种事实就成为了解释资本主义现代化的关键。换言之，韦伯不需

---

① ［美］伯尔曼：《法律与革命》（第1卷），546页。
② ［德］韦伯：《新教伦理与资本主义精神》，182页。
③ ［德］马克斯·韦伯：《宗教社会学》，康乐、简惠美译，256～258页，桂林，广西师范大学出版社，2011。

要解释这些行动的目的合理性,而是要解释这些目的理性的行动如何制度化。因此他首先借助了新教的禁欲主义职业文化,其次选择了现代法律体系。韦伯面对的是既定的社会事实,因此他不得不确定目的理性在现代社会中的中心地位,并将之设定为行动方向上具有特殊重要意义。① 故而,如伯尔曼所言,(尽管这个问题并不仅仅存在于他的法理论视野中)韦伯在分析社会事实的时候是充分而精细的,但却不自觉地被事实的应然束缚了视线。也就因此,我们可以清楚地看到在他的社会合理化进程中的两条线索:一是"经济与社会"系列作品中集中论述的目的理性的机制化,就此而言他创造了社会学分析的典范;一是在其对资本主义诊断中仍保留的事实评判的尺度:价值理性,在这点上他又保留了哲学的洞察力。② 不过,韦伯虽然意识到,现代社会的理性化本是一个复合体,但是目的理性长期碾磨其他类型的理性,以至于现代化过程本身反过来淹没了目的合理行动的价值合理的基础,但他却未给自己找到一条理论的出路。

## 五、结语

最后,如果我们同时将两位思想家作为法理论家而非法史学家看待,那么在此可以揣测二人对法律背后社会图景的想象。伯尔曼显然将西方社会设想为一个动态的、多元竞争的、共同体式的有机体,法律在其中发挥着明暗双线的作用:明是当世及后世可见的法律制度、法律学说、法律知识的一面,暗则是这些所淹没、但是通常是更为重要的一面:信仰与希望。而韦伯的设想更像是一架机器,其中经济行动和政治支配的目的理性行动构成了立体化的横纵主轴,而包括法律和宗教在内的意识结构的合理化则构成了配合这种目的理性的立体框架。

另一方面,每位思想家都是他们时代的境况。回观伯尔曼对韦

---

① 〔德〕沃夫冈·施路赫特:《现代理性主义的兴起》,284~286、299~300页。
② 〔德〕哈贝马斯:《交往行为理论》,286页。

伯的批评,在他所生活的 20 世纪西方社会,西方法律和整个西方文明经历着前所未有的危机,西方社会的共同体破裂,种族、宗教、地域和家庭、阶级等共同体的联系被肤浅的种族主义和民族主义代替。首先是世俗的世俗化与宗教的私人化,西方文明的公共目的性衰退,各种传统象征,尤其是法律和宗教也发生了变化。20 世纪的宗教变成了一种私人事务,作为精神自由被禁锢于个人信仰领域,而不再具有公共空间的整合效果;法律则日益被归入法院和各大律师事务所的技巧,起初获致于宗教的神圣信仰被切断。宗教变成了私人的逃避,法律则变成了一架僵硬的机器,①二者均无法再表达社会共同体对其历史与未来的想象力,也无法提供社会共同体的热诚。在伯尔曼写作《法律与革命》的 20 世纪后半叶的美国,法律现实主义和批判法学运动大行其道,法律被认为是社会政策,是利益博弈,是法官的偏见和意识形态,是政治权力和政治态度,可无论如何都不是人们所怀有忠诚信仰的那个沟通神圣与凡俗、本身提供合法性的纽带。法律和宗教的危机也是社会的危机。

其次,西方作为一个文化整体的统一性破裂。民族主义叙事将西方的共同传统分割得七零八落。但 20 世纪后半叶也恰恰是全球化开始的新时代,人类首次尝试在世界上的所有人和所有文化之间建立起持续而有意义的互动。跨过经济体、跨国法律规范形成,为不同目标而制定的跨国组织和协会也产生。全球化的进程同样是双向的:既有自上而下的制度移植、文化输入,也有自下而上的来自全世界人民对人类共同关切的问题,如环境污染,普遍人权、恐怖主义、消除威胁世界和平的伦理与宗教冲突等问题要求在全世界范围内进行保护。处于 19 世纪民族主义精神高扬的德意志的韦伯显然无法看到这一趋势,而在 20 世纪后半叶的伯尔曼则不能忽视这一趋势。因此,伯尔曼对韦伯的批判也具有了时代转换下的世界法意蕴。伯尔曼指出,韦伯的法律社会学与实证主义的亲和,使得人们越来越拥有如下

---

① [美]伯尔曼:《信仰与秩序》,48 页。

印象:一方面,法律秩序就是那些"在一定疆域内拥有对合法使用暴力的垄断"的人实现他们对该疆域内人民的控制,这样,共享着一套西方法律传统的统一法被分割成七零八落的各民族国家实证法。另一方面,对韦伯理想类型划分的误用也导致人们会根据特定意识形态为既有法律制度贴上标签,并和特定权威类型对应起来,而忽视了这些法律制度各自都共享着西方法律传统暗含的基本特征,①无法实现有效的联合。

最后,即便伯尔曼对韦伯的批评如何激烈,如此怀有对现实的忧愁,作为一名法史学家他仍是明智而警醒的。他意识到,"这些变化是不可避免的"、"既然不能返回过去,仅有的问题就是:我们将如何走向为未来",②因此既然法律与宗教之间的联系几乎完全切断,伯尔曼也不否认现代法律的形式理性特征,"法律的自治性、职业性、作为一个知识的学科和一门科学仍要得到承认",③他所要求的只是必须为其重新注入合法性。他给出的药方是必须回到传统,回到法律的历史基础,通过对历史的重新解释,重新发现我们的基因密码。"一个社会每当发现自己处于危机之中,就会本能地转眼回顾它的起源并从那里寻找症结"。④

---

① [美]伯尔曼:《信仰与秩序》,234 页;[美]伯尔曼:《法律与革命》(第 2 卷),3 页。
② [美]伯尔曼:《法律与革命》(第 1 卷),3 页。
③ 同上书,35 页。
④ 同上书,546 页。

# 寻找革命者
## ——论商人在西方法律传统形成中的两种形象

李前程*

### 引子:谁是革命者

美国当代法学名家伯尔曼(Harold Berman)在探讨西方法律传统的起源时,曾提出以下著名论断:西方法律传统产生于一次"革命",并在后来数个世纪的过程中被革命周期性地打断和改造。[①] 他认为整个西方法律传统是于12世纪和13世纪时,在教皇革命的冲击下形成的。这一11世纪末由教皇格列高利七世对神圣罗马帝国皇帝亨利四世所发动的主教授职权之争以及由此引发的全面政教冲突,把罗马天主教集团从皇帝、国王和封建领主的控制下解放出来,并产生了第一个西方近代法律体系——罗马天主教的教会法,其在许多重要方面都为世俗法的发展提供了范例。伯尔曼特别指出,其在《法

---

  * 李前程,华东政法大学法律学院博士研究生。
  ① [美]哈罗德·J.伯尔曼:《法律与革命》(第1卷),贺卫方等译,1页,北京,法律出版社,2018。

律与革命》一书中所言的"革命",不仅指新体制借以产生的最初暴力事件,也指体制得以确立所需要的整个时期。[①] 在此意义下,可以说正是教皇的革命为 12 世纪以后教会法、王室法、商人法、城市法以及刑法的持续发展提供了原动力,西方法律传统的根源即在于此。

与之相对,美国杰出的刑辩律师和法律教育家泰格(Michael E. Tigar)却主张:作为资产阶级革命的主要理论组成部分,资产阶级起义者的法律理论先于宗教改革。他在《法律与资本主义兴起》一书中聚焦法律意识形态在资产阶级争取社会变革中的作用,大致勾勒了从 11—19 世纪的 800 年间商人阶层与法律体系的互动过程。整部书突出强调商人阶层对西方法律体系的影响乃至改造,比如他们在不同阶段利用蜕变中的法律体制来与当时的宰制集团抗争,以达到建立自身宰制地位的最终目标。[②] 不同于伯尔曼,泰格所谓的"革命"是指从 11 至 19 世纪资产阶级兴起——用他的术语来说,这乃是一连串的造反——所依赖而同时又促成了的法理学革命。作者认为,法律变革是社会阶级相互冲突的产物,各阶级均寻求根据自身的目的推动社会控制制度的转变,并致力于强加和维系一种特定的社会关系体系。[③]

显然,以上两书均以探究西方法律传统形成之原因与动力为旨归,使用的一些基本文献与关键事实也大体相类。前者执着于宗教理念对西方法律体系的影响,后者从新兴资本家势力和衰落封建结构之间的斗争入手,认为没有一种生活力量仅靠前后一贯的原则生存下来,西方法律传统是在商人阶层和法律体系的长期互动中才最终定型的。两位著者虽都承认法律的发展与变革离不开"革命",但对革命标志性事件的确定以及革命的担纲者究竟属谁存有分歧,由

---

① [美]哈罗德·J.伯尔曼:《法律与革命》(第 1 卷),贺卫方等译,25~26 页,北京,法律出版社,2018。

② [美]迈克尔·E.泰格:《法律与资本主义兴起》,纪琨译,3 页,上海,上海辞书出版社,2014。

③ 同上书,3、15 页。

此产生了对商人在西方法律传统形成中之地位与作用的不同认识，值得进行一番饶有兴味的探究。

## 一、得救之路：基督教社会理论中的商人形象

德国著名历史哲学家、现代神学家特洛尔奇（Ernst Troeltsch）曾说，知识人认识不到宗教思想强大的生命力。[①] 其实，这种生命力既表现在那些声称不需要任何教义学和护教学因而对之漠不关心的团体中，也表现在那些想为时代的宗教冲动开辟新通道的团体中。照伯尔曼本人的说法，他之所以追本溯源，从头考察西方法律与法制、秩序与正义的传统，乃是为 20 世纪该传统所遭遇的整体性危机寻找出路。因为一个社会每当发现自己处于危机之中，就会本能地转眼回顾它的起源并从那里寻找症结。[②] 此种研究动机决定了该氏的重心在于重新确立西方社会对曾经作为一种文明和一种社会共同体的西方本身的信念，并尤为关注西方法律的宗教之维。不同于马克思主义的经济决定论，伯尔曼认为法律既具有物质（社会经济条件）的一面，也具有意识形态（观念与价值）的一面。比如在对近代西方商法体系形成原因的认识问题上，他便认为正是基督教教义不断地与商人的社会经济活动契合，商人们对自己可否得救的恐惧才被大大消除，而主要由商人阶级所推动的一种新法律体系才在 11 世纪晚期和 12 世纪得以形成。在此意义下，商法便具有了一种神圣品格，并正如伯尔曼所言，变成商业活动和灵魂拯救之间的一座桥梁。不过，教义上的这种宽容并非一以贯之。事实上，基督教对作为一种普遍的世俗活动形式的商业与商人的态度内含于其社会理论之中，并随教会自身的发展经历了不同的变化。

---

① ［德］特洛尔奇：《基督教理论与现代》，朱雁冰等译，92 页，北京，华夏出版社，2004。
② 语出墨西哥诗人、散文家奥克塔威·帕斯，转引自［美］哈罗德·J. 伯尔曼：《法律与革命》（第 1 卷），729 页。

### （一）初期基督教——福音伦理观下的商人

从初期教会开始，福音①便不断地对社会思想产生影响。为了解基督教对商人这一社会群体的态度，我们首先须认识到它的产生并非任何社会运动的结果。换言之，其没有受过某种阶级斗争的影响，也未曾关注到上古时代的社会运动。

初期教会对世俗社会大体采取"不介入"政策，力求保持相当距离。耶稣认为财富会威胁个人的灵性，并反对当时犹太祭司式的贵族统治。在初期基督教的作品中几乎找不到关于社会问题的任何论述，这些作品的主题总是纯宗教性的，多半处理像灵魂拯救、来世生活、基督教理想在日常生活中的应用等问题。② 耶稣的一系列诫命并不包含关于社会改革的任何方案，而是教导人们如何在现有社会体制下洁净自己，时刻准备着迎接上帝国的到来。因为在耶稣看来，生命的整个意义都是宗教性的。

既然福音的主旨在于上帝国的降临，因此世俗秩序中的所有变化均应交由上帝。对于生活在尘世的人们，福音只要求真诚地为即将到来的转折点做准备，包括达到一种能使每个人站在上帝面前的无比高尚的人格，也包括全人类在纯朴的圣爱行为中团结在一起，这是真诚的献身和友爱的体现与结果。这种伦理观着重于意念的纯洁，主张道德诫命的绝对性，认为不论在何种情况下其都应该被不折不扣地遵照执行。福音允许国家自行其是，把它看成是人人必须服从的经由上帝准许的统治，它的主旨不是改革社会，而是借兄弟之爱来缓解具体的受苦。福音的伟大之处在于，它不顾国家与社会的情况，完全以人格与永生的交融以及人人在超越性的爱的团契中结合起来为内容。故而，它基本的经济主张是：工作乃个人谋生的手段，

---

① 特洛尔奇认为，福音的本质绝对是个人主义的，即人人蒙召作为神的儿女，和神直接沟通的个人主义。唯有当人们能够共同和上帝发生灵性上的关系时，人间的一切等级差别才归于消灭，这便是有关福音的信仰。［德］特洛尔奇：《基督教社会思想史》，戴盛虞等译，2页，香港，基督教文艺出版社，1991。

② 同上书，11页。

这为上帝所允准;在苦难来临时,"爱"是解决问题的密钥;对财富当敬而远之,因为它可能危及灵魂的健全。其实,耶稣并不主张苦行主义,他对感官生活和享乐毫无轻视之意,也不夸大贫穷本身。他非常明确地教导人们,只有在维持生活所必要的限度内,饮食和工作才有价值,过此限度,它们便不再具备伦理价值。总之,耶稣思想体现的是一个凭借上帝而存在的灵魂加以建构的超世俗的爱的国度。

毋庸置疑,在这一思想氛围中,贸易是基督教面临的一个相对棘手的问题。尽管他们鄙夷财富,但没有人能完全离开贸易独自生活,更不要说早期的基督徒多数还居于城镇之中。事实上,就连修道院也不得不接受这种经济形式,到公元四世纪时,有的教士甚至还指靠贸易过活。① 不过,教会对贸易的种种限制也是非常严格的。首先,以爱的原则衡之,贸易本身殊成问题,因为它表面上只是将货物从彼地运至此地,在社会整体财富并未因此增加的情况下,这被认为损人利己。其次,由大规模贸易所引发的一些投机行为,诸如囤积居奇、市场垄断、高利贷以及其他故意欺诈等等,也增加了基督徒们在道德领域的担忧。故而早期的神学理论认为,相较于农业和手工业,商业贸易作为谋生手段的伦理价值要更为低下。与此同时,教会还直接干预商品的价格,规定其必须在成本与较低利润的总和之内。这种所谓的"公平价格"被认为恰好等同于货物的客观价值,而商人的获利意图也得到了应有的照顾。但这项略显质朴的价格理论并不提供这一客观价值的确立方法,为适应各种具体情形,它只须承认价格是不免变动的,而且在评定物价时主观因素在所难免。

另外,与批发业务有关的信用买卖和利息也在禁止之列,理由在于,教会认为高利贷是对穷困者的榨取,大大损害了爱的精神。其依据被认为是亚里士多德关于货币的一整套理论,该理论的基本假定是——货币本身并无生产力。② 同时,早期的基督徒们并不认为,人

---

① [德]特洛尔奇:《基督教社会思想史》,戴盛虞等译,48页,香港,基督教文艺出版社,1991。

② 这种学说的用意在于免除不正当的剥削和贸易上危险的鼓动,防制永无休止地继续扩增的、欲求脱离有限顾客圈子的那种大生产过程,并阻止人们不劳而获。

民的整体物质生活水平会随着生产规模的不断扩大而得到普遍提高。他们虽痛感于现实世界的种种罪恶,但内心深处还保有对人类善性的信心。然而维持这种善性的关键在于人们能够顺从上帝的种种安排,不耽于外部的物质享受,在满足最低生活需求与控制自身欲望之间享受一种心灵上的恬淡和自由。

总而言之,初期教会对商业作为一种职业以及其应与其他职业相互合作的观念表示认可,但对后来尤其是在早期新教徒中所习见的"蒙召从业"观却相当陌生。

### (二)中世纪教会——以阿奎那的经济伦理观为代表

特洛尔奇曾断言,若没有中世纪思想史,则整个现代精神世界尤其是欧洲宗教史便不可理解。[①] 上古时期的基督教社会理论立足于神权和神恩,而神恩的获赐只能在教士一系列的祭仪和圣礼中才有望实现。这种观念在中世纪表现得更加强烈,此时的教会被视作拯救人类的工具,不仅继续关注基督教文化理想在现实中的践行情况,还极力主张它合理性的一面。除了因应现代社会的趋向所进行的一些必要调整外,上述理想依然对今日天主教的社会学说产生着不可低估的影响。被伯尔曼视为西方法律传统之开启者的格列高利七世更是通过恢复集权化的普世教会,为天主教创立了一套典型的国家和社会学说。自此以后,教会完全独立并日益凌驾于世俗权力之上,中世纪的社会学说逐渐变成了一种神学政治论。

不同于其起源,这一时期的基督教社会学说开始出现明显对立:一个关注基督教社会理想在俗世中的实现可能,代表其对社会认知的相对性一面;一个坚持该理想的不可妥协,显示出其激进的一面。前者以阿奎那为集大成者,认为教会作为普世组织,在洞悉无上真理的同时理应通过圣礼掌握赐恩与救赎;后者以各小派[②]为代表,主张

---

① [德]特洛尔奇:《基督教理论与现代》,328页。

② 小派是从教会中再分出来的,着重个人灵性生活的追求,对于国家和社会的态度是冷淡、容忍、甚至敌视的。它重视主观的个人成就,多数反对圣礼主义,认为灵性上的进步不必倚靠圣礼。

教团的社会理想早已在福音与基督的启示中得以确定,并不需要由教会这一多余的制度来担保,所有基督徒都应时刻通过自身的行动维持此种理想的特质与圣洁。因此,它对外在于基督教的一切价值、制度和团体均怀有深深的敌意,或沉默以对,或出于强烈的末世论信仰去攻击它们,代之以纯粹的基督教社会秩序。不同于小派和神秘主义①,大教会认为自身肩负着引导社会实现基督理想的重任,必须首先承认世俗生活的种种现实缺陷,有时甚至不得不容忍某些世俗体制,因而表现出了极度的保守与妥协。

约略言之,中世纪教会的发展是从区域性进入到以教皇为中心的大一统局面的过程。这一时期,国家的软弱和农业化封建社会的不成熟将教会推上了领导者和教育者的地位,最终使其扩张成为一个包罗万象的、统一的、调和一切的社会整体。社会有机体的观念则预设了人类的统一性,并把教会视作该有机体的灵魂,社会的其他部分应接受教会的全面领导,尤其要服膺于其在思想文化领域的支配地位。中世纪后期尤其是阿奎那的学说,从基督教文化统一的实际与必要性出发,建立起了一种普遍一致的社会哲学。

阿奎那(Thomas Aquinas)曾在《神学大全》中将法划分为四种主要类型,分别是"永恒法""自然法""人法"和"神法",②他对某些社会现实问题的分析与阐释则常常以这种四法理论为框架。根据古老的自然法观念,社会分化成由各种行业和阶级组成的体系,在这一等级体系之内的职业活动被认为是个体对整体福祉和繁荣所作的贡献,而基督教的博爱正是在有秩序的职业劳动中实现的。诚实的职业活动是一个人在家庭、国家及社会中借以对邻人表达上帝所恩赐的爱的手段,因此也是一个人通过与邻人的关系把自己生存的基础确立在与上帝共契之中的手段。中世纪早期的西欧在本质上是一个农业封建社会,贸易被视作只是这种基本经济形式的补充。受自然法理

---

① 神秘主义认为宗教生活必须完全是一种属于个人的内在经验。它反对任何固定形式的组织,也不重视教义教规或历史传统,完全以个人体验为基础。

② [意]托马斯·阿奎那:《阿奎那政治著作选》,马清槐译,106~108 页,北京,商务印书馆,1963。

念的影响,①阿奎那认为整个社会组织建立在劳动的必然性和与之相伴的分工基础上;对作为补充服务于农业经济的商业应实行公平价格;城市工业中的行会组织应当通过建立各种协作和保护区域来缓解,并平息残酷的生存竞争。面对经济现实中长期存在的高利贷问题,他一方面坚持教会反高利贷的教义传统,认为神法和自然法均明确反对此种做法;但另一方面出于"人类不完美状况"和新经济实践的考虑,又主张在人法或实在法上对此举酌情处理。② 这种看似矛盾的态度反映了宗教信仰与世俗生活在中世纪的紧张与对立,商人们迫切希望消除商事活动在教义上的种种罪恶印象,使自己得到神恩的救赎。在财产问题上,阿奎那认为正是神的护佑让一部分人获得了丰裕的财产,成为富人,而每个人都应有足以维持其基本生活的必要财产,但对它的获取必须以个人的劳作为基础,实行"不劳动者不得食"原则;生产的规模以社会的基本消费需求为限,在不得已进行商品交换时必须严格执行公平价格;应在社会中鼓励慈善行为和兄弟般的互助互爱,资本家更要具备奉献精神,必要时愿意牺牲一部分利润,甚至放弃赚钱的机会。③

### (三)新教的经济伦理观

众所周知,路德本人宣扬严格的宗教个人主义观,认为人人得与上帝直接沟通,不必以教士或神父为媒介,亦即"凡信徒皆祭司"的理论。据此,路德宗抛弃了天主教会的教阶制度和教皇作为社会最高领袖的法律要求,以赋予教会一种彻底的内在性质,使其与国家建立一种在自愿的基础上相互补充的关系。因此,其伦理学与天主教的差异首先在于,它没有双重道德,不懂得将大众基督徒与带有僧侣色彩的精英区别开来。④

---

① 早期的自然法明确禁止基督徒从事批发、投机、借贷以及其他可能给社会阶层结构造成动荡的职业。

② 刘招静:《圣托马斯·阿奎那论高利贷》,《世界历史》,2012(4),79~87页。

③ [德]特洛尔奇:《基督教社会思想史》,98页。

④ 至于它的伦理原则仍是纯粹属灵的,以个人在良心上的激动作为行为的唯一法则,道德行为的目的仅仅是为来世作准备罢了。

　　起初,路德只关注个体内心属灵的一面,对外部世界表现出相当的冷漠,整个伦理观具有明显的激进取向。随后,他虽继续坚持基督教高贵的理想,并强调此一理想对社会的绝对控制,但也开始认可国家为自然的制度。因此,正如国家和教会在社会中并肩存在一样,路德派的伦理观也是二元的,一方面有爱和恩典的伦理观,另一方面又有法律和理性的伦理观。在对职业与社会阶级的态度上,路德认为,每个人都有自己所属的社会阶层,其规定了个体的生活方式和内容,社会成员均应照此执行。在上述范围与限度内行事的个人有权获得来自政府的保护,这是一个社会正常的经济伦理。不安现状、觊觎其他人的社会地位和生活境况,希图改善自己的社会阶层,这不但破坏了社会的稳定,与自然律相龃龉,也为上帝的律法所不许。[①] 因此,路德对高利贷的反对也是意料中事了,尤其在经院哲学时代后期,律师们利用自己的法律知识,千方百计地为放高利贷者设计出种种规避法律的条款,引起社会其他群体的极大不满。只是路德并不像早期的教父们那样,主张凡是高利贷都要拒绝偿还,而是认为若没有及时归还本金,出借方依旧有要求偿付利息的权利。此外,路德还对担保和信用制度展开了猛烈批判,认为它们试图确定未来,是对天命的僭越,是人类理性狂妄自大的表现。他还认为新的经济秩序和谦卑精神相悖反,政府对此必须加以干预,同时要依靠学校和教会去影响人民的意见。[②]

　　相比之下,加尔文派则完全接受了近代经济状况的整体转变。加尔文宗本质上是对路德宗的一种修正,它从《圣经》中推演出自身特有的教会法,并以此更加严格地界定和维持教会与国家的关系。至于其他方面,则与后者一样寄希望于教会与国家之间充满友爱的自愿协调。在经济问题上,加尔文宗对路德宗做了更进一步的改变,比如它认为货币和信用本身也具有生产力,主张自然法允许商业活

---

　　① ［德］特洛尔奇:《基督教社会思想史》,144 页。
　　② 同上书,146 页。

动和高利贷,甚至基督徒也可从事这些行业——在这里,它明显偏离了天主教的自然法。不过,对于像日内瓦这样的商业中心而言,这种观点十分必要。它使加尔文宗可以问心无愧地与那些代表资本主义经济兴起的国家和阶级建立亲密的同盟,而路德宗与天主教为形势所迫,只能不情愿地向这些力量让步。

加尔文在强调属灵信仰高度重要的同时,仍不忘告诫基督徒们自身负有为上帝建设圣洁社会的义务,并把道德上的进步和成就当作恩典存在的证据。他并不反对个人拥有私有财产,也不反对商人企图依靠贸易获利,只是认为在如此行事时要诚实并应适可而止。财富的增长被认为提升了社会和国家的整体福祉,同时也为上帝带去了荣耀。

早期教会并不反对社会等级的存在和劳动者的自然结合,只是禁止基督徒从事某些职业,因为这些职业的要求被认为与基督教的信仰背道而驰。除此之外,从能否得救的角度来看,各职业并不存在任何实质差别。将职业和恩典联系起来的做法只出现在新教尤其是加尔文派的理论当中,它认为,完成世俗世界中的任务不仅是上帝借以拣选个体的重要载体,也是个人训练自己、完善品格以最终配得上赎罪恩典的绝佳方式。这种人文主义的职业观通过将工作提升为一项宗教荣誉而极大激发了人们对各项生产劳作的积极性,此后,工作不再被认为仅仅是实现物质财富增长的世俗手段,还成了人们在其中锻造信仰之剑的冶炼场。这种将工作本身视为目的、为工作而工作的理念,不仅促进了商业的蓬勃发展,极大提升了商人阶层的社会地位,而且为西方资产阶级自近代以来的生活方式提供了智识与道德上的支持,对整个社会的世俗化进程也是功莫大焉。德国社会学家马克斯·韦伯(Max Weber)极富创造性地指出,新教伦理中的禁欲主义和资本主义精神之间具有高度的"亲和性",箴言中所蕴含的实质合理性与资本主义的形式合理性共同作用,导致了不同于以往任何一种经济类型的工业资本主义的蓬勃发展。不过在伯尔曼看来,尽管韦伯对西方法律史发展事实的把握大体正确,但受传统历史分期法的影响,他将独具特色的西方法律认作资产阶级的、形式合理式的判断却是错误的。因为在 11 世纪晚期和 12 世纪早期,我们可以看到韦伯所提出的有关法律的几种理想类型常常并存于教会法、城市法以及商法等任一法律体系之中。可想而知,这种法的社会理论对执着于解释"西方何以西方?"的伯尔曼来说当然是不尽人意的。但不管怎样,新崛起的商人群体至此得到了教会伦理的支持,在宗教层面上完成了自己的救赎之路。

## 二、为权利而斗争:泰格笔下的早期商人形象

如果说宗教赋予法律以精神,伯尔曼从商人渴望灵魂拯救的角度揭示了商法背后超凡的信仰因素,那《法律与资本主义兴起》一书则从纯经济的视角讲述在资本主义勃兴的过程中,法律如何反映并支撑商业的繁荣,以及商人群体在其中的独特作用。作为一位新马克思主义者,泰格关注资本主义经济的兴起与资产阶级的壮大对西方法律传统的全面塑造作用,为我们展现了商人为争取自身经济利益而不断与各种封建势力做斗争并最终取得胜利的完全世俗的一面。

公元 1000 年左右,西欧的商人们被称作"泥腿子",[①]他们带着货物四处奔波,一路售卖。在封建领主的大厅里,商人是被嘲笑、侮弄甚至憎恨的对象,因为当时靠经商获得的利润被视作一种高利贷,人们据此认为商人的灵魂是罪恶的,死后必定要进地狱。教会清楚地认识到,商业由于其特殊地位而竭力谋求最大限度的不受约束,具备自由身份之人所经营的贸易对社会稳定是强烈的腐蚀剂。然而在泰格眼中,11 世纪的商人生活却是欧洲资产阶级兴起的序曲。不唯如此,商人在 11 世纪至 19 世纪资产阶级反抗封建制度的漫长过程中更是扮演着不可替代的重要角色。

---

① [美]迈克尔·E.泰格:《法律与资本主义兴起》,4 页。

### （一）作为商法缔造者的商人

1. 商法的兴起

商法是关于商人的特别法，曾被适切地称作"中世纪的国际私法"。① 从历史视角观之，商法主要是从商人间有效的习惯和交易惯例中不断发展而来的，这种习惯法特征是其发展历程中最为重要的因素，它使得商法完全成为一门适应商业需要的实践型法律。作为商人与商事交易的特别法，商法的起源与自西罗马帝国衰落后几个世纪内的商业、商品交易会和集市的历史紧密相连。在此期间，商品交易会和集市逐渐成为有别于其他地方的行政和司法单位，此项发展成就在商法的历史中占有极其重要的地位。

实际上，中世纪早期的西欧并不存在可适用于所有集镇、港市或商品交易会的统一的商法体系。在每一个商业具有重要地位的国家里，法律都必须努力适应商业需求。但在中央政权强而有力、司法体制统一且始终处于控制之下的地区，这种适应只需调整国内的普通法，无需创立单独的法律体制。而在中央政权软弱无力的时期或地方，商人与他们的纠纷出现在不受任何有效力量控制的法院，此时发展出一种独立的法律体系便是可能的。可以毫不夸张地讲，若没有集市和商品交易会法庭的豁免权，商法绝不可能兴起。

中世纪西欧的封建权力关系是百衲衣式的，大大小小的世俗与宗教领主星罗棋布，为获得对某片土地及其居民的统治权而你争我夺、钩心斗角。随着贸易的扩展，商人的活动范围不断增大，结果他们便无可避免地与封建领主的固有利益产生冲突，法律也理所当然地成了此种冲突的焦点。商人在最开始的较量中明显处于劣势，因为任何一方都想从他们身上榨取利益。慢慢地，他们意识到有必要找到一种力量既可使自己免遭劫掠之苦，又能使与大宗贸易密切相关的保险、汇兑等业务得到更为安全、迅捷的办理，从而最大限度地

---

① William Mitchell, *An Essay on the Early History of the Law Merchant*, Cambridge University Press, 1904, p. 1.

适应商品活动的开展。最后,他们发现国王似乎最适于提供上述庇护。

表面上看,国王与商人的结盟至少对双方都有益处。商人通过缴纳赋税来换取国王的保护,大商人或银行家更是不时向国王提供巨额贷款[1]以用作军事或其他目的。有了商人的支持,国王的实力不断增强,在与各封建领主的斗争中开始占据上风。其对内推行统一的立法与司法权力,结果使商人获得了在更大地域内从事贸易的统一法律;对外则不断进行军事扩张,这些扩张又很可能转而有利于本国商人。商人渴望贸易能在更大范围内实现统一,国王则对征服一块又一块的土地而乐此不疲,二者一拍即合。虽然这种同盟并非始终坚不可摧,但它对商人阶层的发展壮大以及后来资产阶级逐步掌握立法、司法等政治权力却是至关重要的。

其实,早在墨洛温帝国时期,整个农村地区、集市、商品交易会都处于同一政权控制之下。许多涉及圣丹尼斯商品交易会的特许状表明,交易会出于公正和秩序考虑需仰赖普通的王室官员、伯爵以及百户区法庭的官员,这些人当时并不认为在农民与商人、集市与空旷地之间存有法律上的差别。[2] 因此,墨洛温帝国并未给商人提供任何特殊保护。然而自卡洛林王朝的统治者即位以后,情况发生了明显的改变。经同意和批准而设立的集市与商品交易会越来越多,王权开始将商人置于其特殊保护之下。查理曼在一封致麦西亚[3]国王奥法的信中说道:"您在来信中谈到了贵国的商人们,我们将依照商业中的古老习惯使他们在敝国得到保护。假如他们在任何地方遭受了不公正的压迫,来此申诉吧,我们将为他们主持公道。望您也照此对待

---

① 例如 1226—1270 年在位的法国国王圣路易,在他的最后一次"十字军东征"时被土耳其人俘获,所付赎金便来自意大利银行家提供的借款。[美]迈克尔·E.泰格:《法律与资本主义兴起》,105 页。

② W. Mitchell, *An Essay on the Early History of the Law Merchant*, p. 23。

③ 中世纪早期七国时代的七国之一,位于今英格兰中部。

敝国商人。"①事实上,王室的保护有时甚至会给予单个商人,但他们通常要为此项特权支付费用。特许豁免权变得愈发常见,尤其是对教堂和修道院,这便产生了一个连王室司法官也无权进入的独占活动领域。

德意志在 10 世纪和 11 世纪兴建了大批集市与商品交易会,其中特许状的颁布深具指导意义。首先,它们通常以最简明的条款授予当地领主对市场的管辖权,并使其免受王室官员的司法干预。公元 946 年的梅彭(Meppen)市场特许状写道:"我们认为,政府司法官员不应动用前述之地的司法权以保护上述修道院院长的合法辩护人。"②集市和商品交易会出于司法目的逐渐摆脱中央政府的直接控制,这一进程在德意志直至 13 世纪始告完成。弗雷德里克二世在 1218 年还继续宣称:"在我们这里,判决由帝国的诸侯和权贵们作出。如果我们通过特许状授予任何一个商品交易会或周集(管辖权),那该省的伯爵或其他法官便失去了管辖权或惩治违法行为的权力。"③

在意大利和英格兰,封建领主们也赢得了同样的司法管辖权。1115 年那不勒斯的一份特许状规定:"我同意并授予前述修道院及其院长们享有民事案件的审判权,这些案件可能发生于上述时段的商品交易会之中。"④在法国,不单是对商品交易会的管辖权,就连设立商品交易会的权利也落入了封建领主之手。直到 13 世纪,王室才重又取得建立新商品交易会的专有权。

早期特许状表现出来的另一特点是王权对商人的特殊保护已扩及去往集市和商品交易会或自那里而来的所有商人。946 年的梅彭特许状规定:"他们会发现一个公开的集市,往来及居于此地的人将享有稳如磐石般的和平,因为我们的先辈早在很久以前就授予了专

① W. Mitchell, *An Essay on the Early History of the Law Merchant*, p. 23。
② Ibid., p. 24。
③ Ibid。
④ Ibid。

属于商人们的公共之地。"①一种特殊的刑罚为商人和集市提供保障。997 年的黑尔马斯豪森(Helsmarshauser)特许状载明:"根据帝国的权力,我们规定,所有的商人和其他使用集市、往来与暂居此地的人都应像在美因兹、科隆和多特劳德的商人那样享有同样的和平与公正。任何侵犯或扰乱集市之人都应支付同样的罚金。"②

伯尔曼认为,11 世纪和 12 世纪的西方,城市不论在规模还是数量方面都在迅速膨胀。同时,一个专事大规模商业贸易的新的职业商人阶级亦开始出现。③ 不过在米切尔(William Mitchell)看来,至少从九世纪起,商人就成了一个有别于其他人的特殊阶层。根据法律特权,他们享有其他人享受不到的保护。同时,集市和商品交易会也成了王室法官无权进入的独立司法单位。从此事最本质的意义上来说,在缺乏中央政府强力控制的情形下,这种独立的管辖权逐渐使自身适应工商业的需求,而这对商品交易会和集市至关重要。独立司法权的设立并不必然意味着要改用新法,但逐渐采用那些能够适应商人特殊需求的规则不仅是可能的,也是顺理成章的。以上情形有利于在集市和商品交易会中发展出一种专门适用于商人的特别法,故而一种特别法便兴起了。

无论在何地,商法的基本原则和最重要的规则总是相同,或者说是趋同的。正是这些共同规则和基本原则的增加与发展,才形成了商法的历史。④ 关于此种法律体系对西方法律传统的历史影响,有学者总结道,其可谓是后世资本主义法律体系的提前预演。⑤

2. 商事法院的建立

伯尔曼曾说,教皇革命将基督教世界分裂成教会和世俗政体两

---

① W. Mitchell, *An Essay on the Early History of the Law Merchant*, p. 25。

② Ibid。

③ [美]哈罗德·J. 伯尔曼:《法律与革命》(第 1 卷),440 页。

④ W. Mitchell, *An Essay on the Early History of the Law Merchant*, p. 9。

⑤ 高鸿钧、李红海主编:《新编外国法制史》(上册),294 页,北京,清华大学出版社,2015。

个部分。① 此后,各类世俗法庭与教会法院围绕管辖权进行了长达数个世纪的争夺,这种冲突之所以反复上演,与个人在封建体制中的多重身份有关。在彼时的司法环境下,虽不能说仅仅拿到一份胜诉判决无济于事,但至少不能保证胜诉者能够最终取得法律规定应属于他的东西。除非他借助某位领主或国王的力量强制执行此项判决,否则那张要求对方足额付款或按期交货的判决书对他来说也只是一纸空文。事实上,各世俗法庭与教会法院虽都极力主张自己对某类事务的专属管辖权,但直至 16 世纪,也没有任何一方能够理直气壮地宣称自己已获得对所有臣民的绝对管辖。不过,也正是政治和宗教间的这种角力为商事法院②的建立提供了空间,无怪乎连伯尔曼也坦承,同一社会内部各种司法管辖权和法律体系的共存与竞争可能是西方法律传统最突出的特征。③

早在 11 世纪,随着城镇独立性的不断增强以及它们之间贸易的扩展,在南欧的某些大城市中逐渐出现了明显区别于市场和商品交易会的固定法院,其只对具有商业特征的案件拥有审判权。这些法院的产生是当时城市的权力、独立性和商业活动综合作用的结果。

正如在商法的许多其他方面一样,意大利于此同样走在了前列。意大利商事法院的兴起与城市宪制的发展密切相关。11 世纪末,许多城市已赢得事实上的独立,行政权与司法权落入他们自己地方执法官的手中。随着城镇的发展和商业的扩张,事务变得越来越多,北意大利的几个城市在 12 世纪任命了专门的执法官——司法领事(consules judices)。④ 当然,他们并非任何意义上的商事法官,但他们的出现表明旧体制已无力应付新的商业状况,也部分解释了商人行会中高级市政官的迅速兴起之于商事法官的重要影响。必须指出,

---

① 〔美〕哈罗德·J.伯尔曼:《法律与革命》(第 1 卷),695 页。

② 早期的商事法院形式多样,包括市场法庭、市集法庭、行会法院和城市法院,有的地方还设有专门的海事法庭。

③ 〔美〕哈罗德·J.伯尔曼:《法律与革命》(第 1 卷),12 页。

④ W. Mitchell, *An Essay on the Early History of the Law Merchant*, pp. 40~41。

即使是针对自己的会员,行会的管辖权在一开始也不是强制性的。如果行会的某个会员将其他会员诉至该城市的普通民事法院而不将纠纷提交给行会领事们裁决,这当然是他的权利。然而,商人们却极少主张,也几乎不敢行使此项权利。首先,相较于行会法院,城市普通法院的诉讼程序延缓拖沓导致诉讼成本大增。但更为有力的原因是,在商事案件中,行会的明确决定维持了其对本会会员的管辖权。在仅仅涉及行会会员的案件中,它禁止会员向除行会法院之外的任何法院提起上诉,否则将被施以最为严厉的处罚。作为撒手锏,行会将毫不犹豫地开除那些无视其管辖权宣告的会员,并且禁止其他会员与他们贸易或往来。① 因此,虽然行会的审判权和城市普通民事法院的审判权在理论上并行不悖,但在事实上它却对自己的会员拥有专门管辖权。毋庸置疑,起初它们只是在同一行会的会员之间适用,但正如后来所显示的那样,行会法官逐渐获得了对所有事实上在该城从事商业活动之人的管辖权。在整个 14 和 15 世纪,从法律视角观之,任何从事贸易之人,不论其是否属于行会会员,都开始被视为一名商人并处于领事管辖权的范围之下。

孟德斯鸠(Montesquieu)曾说,在一个贸易城市里,法官少而法律多。② 意即与贸易相关的法律虽多但负责执行此类法律的正式法官甚少,其实不然,因为商人们倒是更愿意由"自己人"来解决彼此之间的纠纷,而这正是通过形式多样的商事法院来实现的。

**(二)作为城市生活主体的商人**

1. 商人与城市运动

中世纪法谚有云:"城市的空气使人自由。"泰格认为,虽然资产阶级革命集中爆发于 17、18 世纪,但它走向最后胜利的斗争实际上是在更早几个世纪开始的,即始于 11 世纪的城市起义。这些城市兴起的故事不仅构成了人类解放斗争的一个精彩篇章,而且修正了他关

---

① W. Mitchell, *An Essay on the Early History of the Law Merchant*, p. 42。

② [法]孟德斯鸠:《论法的精神》(上卷),许明龙译,356 页,北京,商务印书馆,2009。

于法律与革命之关系的理论视野。① 市民运动催生了中世纪的城市，并就此成为影响城市命运的主要力量。地处欧洲封建势力边缘地带的中世纪城市，在此起彼伏的城市运动浪潮中同封建领主和教会团体斗智斗勇，为商业活动在城市的有效开展创造了不可多得的宽松与自由氛围，有力地瓦解了当时的封建关系体制，推动了欧洲社会由传统到近代的伟大转型。

商业贸易是早期西方城市的立命之本，商人们大多聚居于城市，城市本身则往往是商业和手工业中心。② 总体观之，公元 1000 年左右的西欧仍以农村和农业经济为主，但同时也开始出现许多城市，人口大幅增加促使许多农民脱离庄园，涌入正在形成中的城市，变为工匠或商人。③ 以往临时的商品交易会和集市被证明越来越难以满足规模与频率日益增长的商业贸易的需求，商人们开始意识到，他们需要找到一个安全、固定的居所以进一步推动贸易的发展，城市的军事职能意外地为流动商人提供了安全、便利的定居点。④ 不断聚集的商人与其他手工业者一道构成了市民阶层的主力军，他们依托城市的特殊地位努力为自己争取更多的权利与利益，从而在结果上冲破了封建体制当时在经济、政治以及人身依附等方面的诸多束缚。

11 到 15 世纪的商人与各种封建势力斗争的成果多以特许状或条约的形式固定下来，此后每当他们的权利受到侵犯时，他们便出示上述文书以证明自己行为的正当性，宣称自己保有并行使该项权利的事实由来已久。这种形式成为他们开展城市运动的有力武器，也逐渐为他们在封建秩序内部赢得一种法律上的地位。社会各集团力量的变化促发了思想领域的新思考，新阶层迫切需要在政治理论中为自身寻求正当性，从而在意识形态上强化获得权力的事实。中世纪著名的市民阶级政治思想家马西利乌斯认为，政府是人民意志的

① ［美］迈克尔·E. 泰格：《法律与资本主义兴起》，18 页。
② 高鸿钧、李红海主编：《新编外国法制史》（上册），287 页。
③ 同上书，282 页。
④ 同上书，283 页。

工具,它的权力最初来自人民。如果政府侵犯了作为其职务依据的宪制性法律,人民便可撤销它。① 如此一来,国王以及封建领主们在与市民阶级争夺城市事务控制权的交锋中逐渐处于下风,并以特许状的形式被迫承认市民在越来越多的事项上享有自治权。

在此过程中,行会展现出了特殊的组织力量。它由城市商人和手工业者组成,本质上属于一些享有自由权的市民团体,它不仅在反抗封建势力的斗争中发挥着战斗堡垒作用,有效地维护了中世纪商人群体的人身和财产安全,也是他们解决自身内部问题的自治组织,其几乎存在于任何地方并通常对城市管理影响至深。行会不仅处理城市内部事务,调整商业活动,而且属于城市的非正式管理机关,具有一定的行政组织职能。比如在绝大多数意大利城市中,商法都主要是在商人行会的章程中被发现的,因为意大利的商人行会实际上是一个为达成商业目的的附属立法机构,它在很大程度上拥有自治权,能够制定他们自己的章程,只需城市管理机关批准即可。然而,无视它们的起源、径直认为这些章程就是简单、纯粹之行会法规的想法是错误的。无论默示还是明示,只要得到批准,它们便具有国家法的全部效力,所有在该城市从事贸易的人都要受其约束。行会不仅订有行会章程,还有固定的活动场所,具备社会交际、慈善事业和宗教活动等一众功能,但以经济功能为主。② 行会既是商人结成的利益共同体,也是以身份为中心的命运共同体。它的出现使商人在作为一个阶级崛起的道路上迈出了重要的一步。③

中世纪的城市因商而生、因商而兴、因商而存。在市政事务中享有的权利和自治特权教会居民们可以商人身份追求更多的自治;一

---

① [英]沃尔特·厄尔曼:《中世纪政治思想史》,夏洞奇译,207 页,南京,译林出版社,2011。

② D. M. Palliser, *The Cambridge Urban History of Britain*, vol. I. 600-1540, Cambridge University Press, 2000, p. 429。转引自高鸿钧、李红海主编:《新编外国法制史》,上册,271 页。

③ 同上书,284 页。

旦被授予就促使他们明智地行使这些权利。同时,商业利益与城市繁荣的一致也鼓励城市当局授予商人和手艺人合理限度内的自治权与司法权,因为这些人乃是城市的支柱。若没有他们,彼时城市的自由色彩怕也所剩无几了。

2. 商人与城市法

在商法的发展过程中,城镇扮演了一种重要的,或许可说是最为重要的角色。尽管在每个国家的各个地方条件并非同样有利,但城市都无一例外地作为商法发展的中心,因为其发展所必需的那些极其重要的条件只有在城市中才存在。12 和 13 世纪,欧洲大的商业城市居于事实上的独立地位,而商业社会环境与政治结构的演变确定了城市人法的商业化倾向。

产生于集市和商品交易会的特别法慢慢被带到了城镇。例如1120 年的弗莱堡特许状规定:"如果我们的市民之间发生了纠纷,不应根据我的或他们教区长的意志去裁决,而应根据适用于所有商人的习惯法和正式立法,尤其是科隆的商人法"。① 商法成了城市法的一部分,在德意志,这种观点得到了进一步发展,即商法从一开始便是城市法中最为重要的部分,因为所有城市法律都因它而生。这种观点认为,商法是城市法的起源,后者从广义的特征来看只是商人特别法的延伸与发展。人们对此项理论存有争议,但对商法的早期史而言这不是最重要的。商法成为城市法不可或缺的一部分,人们对此深信不疑,这就足够了。在 12 世纪和随后的几个世纪里,各地的城市开始记下它们的法律与习惯,这些法律与习惯包含了有关商业的、完全不同于国内习惯法的法律规则。对商法的发展而言,这种通过城市的法律继受显得至关重要。此时正是城市通向财富与伟大的上升期,也是他们自治权的成长期。正是在这里,商法有了一个更为广阔的适用范围,其不再局限于临时的商品交易会和集市,而是找到了一个固定居所。

---

① W. Mitchell, *An Essay on the Early History of the Law Merchant*, p. 28。

在意大利,伦巴第和托斯卡纳从 11 世纪起便是事实上的独立共和国,与此同时,它们的商业也得到了极其迅速地发展。他们控制了欧洲和东方的绝大部分贸易,并在君士坦丁堡和黎凡特拥有自己的殖民地,这些地方为新习惯的产生和商法的发展提供了绝佳场所。意大利的城市管理者意识到,工商业是他们权力和财富的源泉,故而他们政策的主要目标便是提高二者的发展水平。独立地位给予他们最大限度的帮助,使他们可以采纳那些看上去似乎更能适应商业需求的规则和条例。在上述有利情形下,商法得到了迅速发展。规则与习惯急剧增加,人们很快便发现有必要把古老的习惯法形诸文字。较其他地方更为彻底的是,意大利的商法不再停留于纯粹习惯法的阶段,开始向成文法转变。这是一个巨大的转变,但人们往往很容易夸大其彻底性与重要性。商法并未因此变成纯粹的制定法,因为没有任何商业法规能够宣称其实现了那种彻底性。未被记录下来的旧习惯的效力得到了明确承认,新习惯也在不断形成之中。

除了特许状和城市立法,城市行会章程也是中世纪欧洲城市法的主要法律渊源之一。然而,并非每一个意大利城市中的商人行会都拥有如此重要的立法权。比如在热那亚商法被规定在城市的普通民事法当中,但这种情况并不多见。作为一项原则,在意大利,商法的主要部分还是被规定在商人行会的章程之中。许多城市的民法典确实包含商法规则,但它们不过是对行会章程的补充。在商事纠纷中,领事们首先根据行会章程作出裁决,只有在行会未曾制定规则的情形下才会适用普通法。

城市法起源于中世纪西欧城市的复兴,为市民社会的形成奠定了法律基础,并与商法、庄园法等世俗法律体系一道型塑了西方法律传统的整体风貌。

### 结语:偶然的革命与常态的妥协

特洛尔奇认为现代世界的精神特质之一在于它的历史感,主要表现为一种对一切传统的批判和不信任意识。因此,传统在面对批判时必须证明自己存在的合法性,而这通常被一个强加给它的可能真实的起源说取代。① 由此观之,伯尔曼做的恰是此种形式的工作。面对西方法律传统在 20 世纪所经历的整体性危机,他端本澄源,强调法律的历史意识,试图通过对该传统形成之历史的追溯找出应付此种危机的良方。至少知往有助于知今,知今而后能知去从。最终,他祭出宗教的大旗,认为宗教理想是了解西方法学传统的关键,强调全社会必须重新形成对法律的信仰,可说是对前述危机的一种保守主义式回应。与此同时,泰格的著作被认为是一本带有强烈新马克思主义色彩但仍完全符合学院标准的学术著作,作者更是承认自己无论在理论还是实践层面都是一位彻底的辩证唯物主义者与历史唯物主义者。② 因此,泰格并不认同法律自身具有独立自主的价值,而是继续追随马克思的理论,力图将资本主义法律产生的原因归结于经济贸易的发展。但马克思主义式的历史研究方法假设所有的根本解释都将是经济性的,将法律看作反映经济发展的意识形态,多少存在过于简单的化约主义倾向。

英国思想史家、历史学家昆廷·斯金纳(Quentin Skinner)认为,现代西方能够照顾好自己,历史学家的工作不是去攻击或捍卫它。③ 就本文的主题而言,商人阶层和法律体系的互动是个既反复又漫长的过程,因为法律较之大多数其他政治制度的变化更为缓慢。试图把任何一个时代或组织看成只不过是为历史中的"绝对"作准备的阶段是不可能的,因为在历史中找不到那种"绝对",历史本身是一个无限多样性与特殊性并存、常新结构无限流动的领域。故而,我们不应把现代世界看成是任一时代的光明之子战胜黑暗之子的结果,最好把它的产生视为各种意志之间冲突的结果,这个结果往往是任何一方都不曾希望看到的,甚至是任何一方都没有想象到的;有时候可能

---

①  [德]特洛尔奇:《基督教理论与现代》,56 页。

②  [美]迈克尔·E. 泰格:《法律与资本主义兴起》,3、18 页。

③  [英]昆廷·斯金纳:《国家与自由:斯金纳访华讲演录》,李强等主编,203 页,北京,北京大学出版社,2018。

冲突双方都同样憎恶这种结果,但正是双方的存在与冲突才产生出这一结果。因此,革命性事件的出现只是偶然,各种不同力量不断地互相作用,致使原来看似不相干的动因之间开始接触,并为达成自身目的寻求妥协,这可能才是某一事物在历史发展中的常态。

当然,新秩序不可能完全与过去绝缘,它的种种可能性深藏于既往的各种安排之内。在最终形成的未来秩序中,过去的价值、观念与制度随处可见,但我们不能据此认为:现在完全由过去所决定,同时清楚地向我们昭示着未来。况且现代世界本身充满着内在张力和对立,因为它实际上是由千差万别的各个方面和极不相同的缘由共同组合而成的。我们必须接受现代世界的现实,不论它在此之前曾经是什么,在此之后可能是什么,这就是我们的时代。抑或如歌德剧作《哀格蒙特》的主人公所言:"时代白驹好像在无形精灵的鞭策下拉着我们的命运之车奔跑,我们只能沉着而勇敢地握牢缰绳,驾驭着它,突左突右地避开山岩和深渊。谁又知道,车驶向何方? 因为它也回忆不起自何方而来。"①

---

① 转引自[德]特洛尔奇:《基督教理论与现代》,71 页。

# 12、13世纪英国与欧洲大陆国家司法方法的分野

李培锋[*]

英国的司法方法与欧洲大陆国家相比有鲜明的特色,这在司法活动中的事实认定、法律选择和法律推理三个环节中有比较典型的体现。近年随着司法方法论研究在中国的兴起,英国的司法方法也成为法学研究的一项重要内容。我国近年实行的案例指导制度,也在一定程度上借鉴了英国的类比推理方法。但对于英国为什么会形成不同于欧洲大陆国家的司法方法,这是比较法学研究中相对薄弱的一个问题。本文立足比较的视野,试从法律史角度对此予以探讨。

## 一、英国与欧洲大陆国家司法方法的同源

对于司法方法的含义,国内外目前还没有统一的较为权威的界定。如果根据德国法学家对方法的界定,将方法视为"通往某一目标

---

\* 李培锋,中南财经政法大学法学院副教授,硕士生导师。

的路径"①或"智力的运用方向"②,那么司法方法就是在解决案件纷争过程中司法工作人员采用的思维路径。

世界各国在司法过程中都面临解决案件纷争的任务,这是共性,但在不同时期和不同国家,司法人员解决案件纷争的思维方式并不相同,呈现出明显的个性差异。这就是司法方法的类型差异。就英国与欧洲大陆国家而言,英国的司法方法有自己鲜明特色。就事实裁断而言,欧洲大陆国家通常由法官负责,但在英国却长期交给了陪审团。就刑事案件的证明标准而言,欧洲大陆国家采用法定证明,而英国则采用排除合理怀疑。就如何选取法律而言,欧洲大陆国家通常从成文法中寻找解决纠纷的法律规则,但英国在历史发展长河过程中却演化出了从判例中寻找先例的方法。就法律推理而言,欧洲大陆国家通常采用演绎推理,英国偏爱类比推理。

从比较法角度看,英国上述特色司法方法是历史形成的,是在12世纪以来英国与欧洲大陆国家司法传统分流的基础上发展起来的。因为在12世纪以前,英国和欧洲大陆国家的司法方法同根同源,基本完全一样。

12世纪以前英国和欧洲大陆国家在司法中都适用共同的日耳曼习惯法。自5世纪西罗马帝国灭亡以后,英国与欧洲大陆国家原有的罗马法均被日耳曼习惯法取代。日后虽也出现过一些成文形式的法典,如法国的《撒利克法典》、德国的《萨克森明镜》、英国的《伊尼法典》和《阿尔弗雷德法典》,但从内容来看都不过是原来某个地区固有习惯的汇集,习惯法的本质并未从根本上获得改变。这一点在《阿尔

---

① 德国著名法学家齐佩利乌斯在《法学方法论》一书中说:"'方法'意指通往某一目标的路径。在科学上,方法是指这样一种路径,它是以理性的,因而也是可检验和可控制的方式导向理论上或实践上的认识,或导向对已有认识之界限的认识。"[德]齐佩利乌斯:《法学方法论》,金振豹译,1页,北京,法律出版社,2009。

② 德国著名法学家萨维尼在《萨维尼法学方法论讲义与格林笔记》一书中指出:"学术研究的成就不仅仅取决于天赋(个人智力的程度)与勤奋(对智力的一定运用),它还更多地取决于第三种因素,那就是方法,即智力的运用方向。"[德]萨维尼:《萨维尼法学方法论讲义与格林笔记》,杨代雄译,67页,北京,法律出版社,2008。

弗雷德法典》的序言就有十分清楚的体现,该序言这样写道:"我,阿尔弗雷德,现将(过去的萨克森的法律)汇集到一起,并将先辈法律中一些我认为是好的收录下来。我未敢擅自收录太多自己的法律,因为我不知道其中哪些会获得后人的赞同"。①

当时英国与欧洲大陆国家均采用日耳曼人的一些原始的审判程序与审判方式。审判过程的第一步是起诉。起诉采取公开方式,原告须在法庭上公开对被告提出指控。在进行起诉陈述前,原告须向法庭宣誓保证自己所说的一切"真实可靠",并对自己的主张负有举证责任,接着由被告经宣誓后进行答辩陈述。如果被告拒绝应诉,保持沉默,法庭可据此判他败诉,给予逐出法律的惩罚。一旦被逐出法律,此人将不再受法律保护,任何人均可逐杀之而不负任何法律责任。若诉讼双方都顺利地通过了陈述,则进入审判阶段。审判由教士主持,审理方法是由双方特别是被告一方做出程序性的证明,通过的一方就算胜诉。证明方法有以下几种:一是证人誓证法,即由诉讼双方分别向法庭提供一定数量的证人,以证明诉讼当事人的法庭陈述是否真实可信。二是公证昭雪法,由被告面对一定数量的公证人重新陈述一遍,若 2/3 的公证人认为他的答辩陈述真实可靠,法庭则判其胜诉或者驳回原告的诉求。三是神判法,它是由教士主持,通过诉诸神灵来判定一个人是否有罪的方法,分为热铁法、热水法、冷水法和吞食法等几种形式,若通过神判就无罪,通不过就判有罪。

但从 12、13 世纪开始,英国与欧洲大陆国家的司法传统开始分道扬镳,朝着不同的方向发展。就司法审判方式而言,欧洲大陆国家1215 年废除原始的神判法之后,在吸收罗马证据法的基础上确立了纠问制审判方式。而英国由于此前就确立了陪审制度,所以在废除神判法后没有采用纠问制,而是进一步扩大了陪审制的使用范围。就司法所适用的法律而言,英国自 1086 年诺曼征服以来,凭借历代国

---

① A. H. Knight, *The Life of the Law: The People and Cases That Have Shaped Our Society, from King Alfred to Rodney King*, Oxford University Press, 1996, p. 11.

王的司法集权措施,先于欧洲其他国家形成全国统一的普通法,早在13 世纪左右就基本以普通法取代了传统的日耳曼习惯法。而同期大陆法系国家依然保持着原来的日耳曼习惯法状态,所以在罗马法复兴运动中更倾向于全盘接受系统完善的罗马法,由罗马法逐渐取代了传统的日耳曼习惯法。伴随着英国陪审制与欧洲大陆国家纠问制的确立、英国普通法的形成与欧洲大陆国家罗马法的复兴,英国与欧洲大陆国家的司法方法也开始出现重大分野。

## 二、案件事实的认定与证明

英国司法方法的一大特色是案件事实的认定交给陪审团,事实证明的标准要达到排除合理怀疑,而这些特色方法的形成,直接归因与起步于英国陪审制的确立。

陪审制的确立是英国国王总结行政管理经验基础上所做出的一种理性选择。陪审团最初用于行政领域,是一种事实调查方法。1066 年诺曼底公爵征服英国后,将欧洲大陆法兰克王国的宣誓调查法带入英国。在历史上有名的 1086 年全国土地赋役调查中,国王威廉一世就是运用宣誓调查法,从各百户区分别召集 12 名忠实可靠人士组成陪审团,经宣誓后逐一回答当地的人口、土地、牲畜、财产状况。这一方法十分有效,陪审团在调查中几乎未漏掉一分地、一头牛、一只羊,从而为政府确定和分摊税额提供了基本依据。亨利一世时,利用当地陪审团的宣誓调查法运用的范围更加广泛,如检查地方政府工作、监督财产估价和赋税征收、确保地方法院罚没财物及时上缴国库等。陪审团在用于上述行政调查时,为英国积累了一条重要的经验:那就是在技术手段极为有限的熟人社会中,用熟悉当地情况的当地居民进行事实调查,比外来的官员更切实有效。这一行政管理经验后来被用于司法领域,从而创立了用陪审团查清事实并负责裁断的司法制度。

陪审团作为一种司法上的事实裁断方法确立于亨利二世时期,其应用首先开始民事纠纷领域。1164 年,亨利二世颁布《克拉伦顿宪章》,规定当某块土地是教会保有制还是世俗保有制出现争议时,应从当地居民中选出 12 名骑士或自由人组成陪审团,经宣誓后对争议问题做出裁断。[①] 1176 年,亨利二世又制定《北安普顿法令》,规定土地保有人死亡时,如果应由何人占有该土地发生争议,须由陪审团裁定。通过上述法令,原来在熟人社会中利用当地居民查清事实方面的行政方法被转化成一种司法裁断方法,案件事实与法律问题分开裁断的方法也由此形成。1215 年神判法被废除后,陪审团又承担了刑事案件的事实裁断职责。而同期欧洲大陆国家在废除审判法后,在司法领域确立了纠问制,事实的认定完全取决于法官。英国与欧洲大陆国家的事实认定方法由此出现了明显差异。

由陪审团裁断事实的方法,是英国人在司法领域的一大创举,在英国人司法方法特色的形成过程中发挥着重大作用,对事实、法律与推理三个领域都产生了很大影响。

由陪审团裁断事实首先对案件事实的证明方法产生了重大影响。欧洲大陆在 13 世纪确立了纠问制审判传统后,在案件事实的证据证明方面继受了罗马法的证明方式,规定任何死刑重罪都必须根据"完整证明",即必须有两名见证人作证才能确定。1216 年,《教皇英诺森二世教令》为评估证据价值精心设计了一整套形式化规则:要确定一项事实必须有两名神谕证人或耳闻证人,一名女子的证言的效力只能算做男子的一半,并且必须由至少一名男子的证言加以补充。贵族证言的效力要高于平民证言,教士的证言高于俗人,基督徒的证言高于犹太人。随着法官逐渐远离对证人的讯问以及除了书面记录之外并不依据其他证据,人为规定的证据分量具有了不断增强的重要性,证据分为完全证据、折半证据、1/4 证据甚至 1/8 证据。[②]由此,欧洲大陆国家确立了数量证明标准,也就是后来经常提及的法定证明标准。当然,由于严重犯罪多是秘密实施的,要想找到两名见

---

① F. Pollock & F. W. Maitland, *History of English Law Before the Time of Edward* I, Vol. II, Cambridge University Press, 1968, p.137。

② 何勤华主编:《法国法律发达史》,428~429 页,北京,法律出版社,2001。

证人难乎其难，或者说根本不可能。所以在大多数情况下，法院所收到的只是控告人（受害人）提供的"一半证据"，无法满足数量标准。这就导致欧洲大陆国家在适用数量证明标准过程中更偏重于获取犯罪嫌疑人的口供，以弥补证据数量的不足。

当对案件事实用证据的数量来证明的做法在欧洲大陆国家得到普遍采用之时，英国则由于采用了陪审制而避免了全盘采用欧洲大陆国家的数量证明做法。在早期的陪审团审判模式下，陪审团既是案件事实的裁判者，也是案件的知情人。他们通常对案件事实和被告人的情况都十分了解，在审判过程中可凭借对案情的了解和依据"良心"做出被告人有罪无罪的裁判。早在 1185 年，陪审团就被告知，"根据你的良心说出什么是正确的"。① 正如布莱顿（Britton）写道，在13 世纪时期因为陪审团做出了宣誓，所以"如果他们对事实存在怀疑或不确定"，他们应该做出无罪裁决。② 所以，当欧洲大陆依靠数量证明规则来认定事实，依据是否具有一个"完全证明"作为判定被告人有罪无罪的标准尺度之时，英国因为采用陪审团裁判事实，依据陪审团的"良心"做出被告人有罪无罪的裁决，从而走上了一条与欧洲大陆国家不同的事实证明道路。在数量证明标准之下，欧洲大陆国家侧重外在的客观证据，而在陪审团"良心"标准之下，英国则强调知情基础上的主观判断。自此，英国与欧洲大陆的刑事证明方式以及证明思维的差异不断扩大。英国在"良心"证明标准上发展成为"满意的良心"，到 18 世纪正式确立了"排除合理怀疑"证明标准。而欧洲大陆在数量证明标准基础上发展成为现在仍基本沿用的法定证明标准。

由陪审团裁断事实还影响到了法律的适用与法律推理。陪审团负责事实裁断意味着事实问题的裁断与法律问题的裁断由两个主体做出，从而使英国没有像欧洲大陆国家那样由法官统一裁断事实与

---

① ［美］詹姆士·Q. 惠特曼：《合理怀疑的起源——刑事审判的神学根基》，佀化强、李伟译，232 页，北京，中国政法大学出版社，2012。

② Anthony A. Morano, "A Reexamination of the Development of the Reasonable Doubt Rule", *Boston University Law Review*, vol. 55, 1975, p. 510。

法律。由陪审团裁断案件事实不是绝对的事实裁断,经常还混有部分法律问题的裁断。陪审团的事实裁断分为两种,一种是"概括裁断"(general verdict),一种是特别裁断(special verdict)。"概括裁断"是指陪审团在案件事实认定的基础上,根据法官的法律指导对案件事实作出的混合部分法律问题的整体裁断,如有罪或无罪的裁断。特别裁断是指陪审团仅对案件事实中的特定事项作出裁断,而将法律适用于该事实并确实当事人有罪无罪的问题交给法官。陪审团的裁断一般都是"概括裁断",通常只在很特殊的案件中才准许做出特别裁断。在"概括裁断"过程中,陪审团在法律问题上也发挥了部分职能,并在事实上充当特定法律的适用者角色。① 这样,陪审制下事实裁断与法律裁断的分工和陪审团在法律问题上所具有的部分职能,使法官在事实问题、部分法律问题及法律适用问题上都受到限制,这也在一定程度上致使英美法官无法像大陆法系那样"偏爱演绎推理"②。

### 三、从先例中找法与类比推理

英国司法方法的另一特色是从先例中找法和偏爱类比推理,这不同于欧洲大陆国家主要从制定法条文中找法和适用演绎推理。英国这一特色司法方法的形成,根源于英国普通法自形成之初就具有"法官法"的特性。

12、13 世纪英国普通法的形成是"英格兰被诺曼人征服后的几个世纪里,英格兰政府逐步走向中央集权和特殊化的进程中,行政权力全面胜利的一种副产品"。③ 但英国的集权不是通过军队、警察和行

---

① James Bradley Thayer, *A Preliminary Treatise on Evidence at the Common Law*, Little, Brown and Company, 1898, p. 252。

② [美]乔治·弗莱彻、史蒂夫·谢泼德:《美国法律基础解读》,李燕译,65 页,北京,法律出版社,2008。

③ [英]密尔松:《普通法的历史基础》,李显冬等译,3 页,北京,中国大百科全书出版社,1999。

政官吏,而主要借助了以下司法措施:扩大"国王诉讼"的受理范围、大量使用司法令状、建立巡回审判制度。通过上述措施,国王司法权延伸到全国各个角落和各个领域,国王法院包揽了全部的刑事案件和几乎全部的自由土地纠纷案件。为适应国王司法权不断扩大的需要,国王在 12—13 世纪陆续建立了普通诉讼法院、王座法院和财政法院三大中央法院。司法体制的集权化促进了以国王法院为主导的统一法律体系的形成。国王法院的法官,尤其是巡回法院的法官在审判过程中,总是要从众多的地方习惯法中选择比较合理的一种作审判依据,久而久之,就形成了一套"王国的普遍习惯法"作为法官共同遵奉的审判准则,这套"王国的普遍习惯法"就是普通法。①

从普通法的产生过程看,普通法最初是一种习惯法,但这种习惯法不是某一地区的习惯法,而是适用于整个王国的共同习惯法,是王室法院的法官实施的全国通行的习惯法。由于在普通法的形成过程中,王室法院的法官发挥了重大作用,所以普通法从形成之初就是一种"法官法",是王室法院的法官在习惯法中发现、整理并在此基础上创制出来的法律。

由于普通法是一种"法官法",所以从其形成之初就显露出判例法的发展趋向。对此,著名比较法学家勒内·达维也这样写道:"普通法是由法院发展起来的,因此,它必然成为判例法。"②而同期欧洲大陆国家依然保持着原来的日耳曼习惯法状态,无论是当时的法国还是德国,都还处在诸如奥尔良等地方习惯法、封建邦国习惯法、城市习惯法、村庄习惯法并存的阶段,全国的法律成一片碎片,没有显示出任何判例法的发展趋向。

从 12 世纪起,罗马法在西欧全面复兴。在大陆法系国家,以前主要是习惯法,所以更倾向于接受系统完善的罗马法,受罗马法的影响非常大。他们对罗马法全盘继承,罗马法在这些国家取得了压倒性

---

① Jenks E. *The Book of English Law*, Houghton Mifflin Company, 1929, pp. 21~22.

② [法]勒内·达维:《英国法与法国法:一种实质性比较》,潘华仿等译,19 页,北京,清华大学出版社,2002。

优势,完全取代了本地法。由于在罗马法复兴过程中,以注释法学派为代表的学者和法学家发挥了重大作用。所以,复兴的罗马法一开始就带有强烈的"法学家法"倾向。但英国在中世纪以来的罗马法复兴运动中没有像欧洲大陆国家那样全盘接受罗马法,而是借助罗马法的一些原则完善了普通法,从而进一步巩固和发展了原来的判例法发展趋向。在 12、13 世纪罗马法在欧洲大陆复兴时期,一些罗马法学家被聘请到英国讲学,英国当时的法学家格兰维尔与布雷克顿也都学习过罗马法。在 12 世纪末格兰维尔写的《中世纪英格兰的法律与习惯》一书中,使用了罗马法的技术,特别是罗马法的术语及其推理方法。在 13 世纪布雷克顿的《论英格兰的法律与习惯》一书,也使用了罗马人的术语、格言及罗马法的原理,但它引用的案例是英国本土的,对罗马法的吸收并不是"全盘接受"。所以说,这一时期"英国接受罗马法,毋宁说是以罗马法的法理补充日耳曼的法律传统,或者是把罗马法的技术作为本地法技术构成的一种辅助手段。"①

可见,12、13 世纪普通法的形成使英国成功避免了日后走向欧洲大陆国家"法学家法"的方向。欧洲大陆国家由于在中世纪罗马法复兴时就确立了"法学家法"的历史基础,所以日后就走向了制定法的道路,发展出了从法典与成文法中找法的方法。英国法官由于在普通法形成过程中发挥了巨大作用,所以导致普通法一开始就具有"法官法"的特点,因而日后就发展出了从先例中找法即遵循先例的方法。

遵循先例作为法官找法的方法是逐渐发展起来的。在普通法确立的过程中,王室法院的法官最初主要依据地方习惯断案,日后随着判例的增多,先前的判例也不时作为断案依据使用。从早期的判例汇编《年鉴》可以看出,13 世纪末开始法官援用判例的做法逐渐增多,但当时判例还只是"法律的依据"还非法律本身,先例只有说服力而没有拘束力,法官可以不依据判例而自由地制作判决。但从比较视

---

① 〔日〕高柳贤三:《英美法源理论》,杨磊等译,29 页,重庆,西南政法学院出版社,1983。

野来看,这一时期无疑奠定了英国从先例中找法的历史基础。

普通法的"法官法"特性在孕育从先例中找法的方法同时,也促成了从先例找法所必须的判例汇编制度的发展。先例如果没有经过汇编就带有很大的不确定性,不能构成一个切实可行的先例引用制度的基础。从13世纪后期到16世纪前期是年鉴时期,其中的判例是以律师在法庭上所作的笔记为基础编纂的,存在时间始于爱德华一世,止于亨利八世。《年鉴》不仅奠定了后来判例汇编制度的历史基础,而且作为判例的重要载体为英国从先例中找法和适用类比推理奠定了一块要基石。

类比推理最初是作为遵循先例原则的一个组成部分,随着遵循先例原则与判例汇编制度一起发展起来的。在选择遵循判例汇编中的哪一先例作为判决当下案件的依据时,从个案到个案的类比推理就发展起来了。早在13世纪普通法确立之初,布雷克顿在《论英格兰的法律与习惯》一书中这样写道:"如果出现任何新的和不寻常的情况,而且以前出现过与之相似的事情,就以同样的方式来裁判该案件。"[①]这可以作为类比推理较早出现的一个标志。

英国偏爱类比推理,至今也没有像欧洲大陆国家那样广泛地适用演绎推理。这除了因为陪审团对事实的"概括裁断"使英美法官无法像欧洲大陆国家那样适用演绎推理外,也源自英国普通法自形成之初就具有"法官法"特性。

基于上述历史性的比较分析,我们可以看出,英美司法方法的特色并不是一开始就有的,而是在12、13世纪英国与欧洲大陆国家司法传统分流的基础上逐渐发展起来的。英国陪审团对事实的裁断和普通法的"法官法"特性是英国司法方法跟欧洲大陆国家存在重大差别的源头所在。英国与欧洲大陆国家的司法方法是同源异流,其差异首先是一个"法律史问题",而后才是一个"法理学问题"。

---

① [英]鲁伯特·克罗斯,J. W. 哈里斯:《英国法中的先例》,苗文龙译,31页,北京,北京大学出版社,2011。

　　英国司法方法的特色是围绕着陪审团与"法官法"而形成的一个整体,对英国司法方法特色的理解与把握必须以二者为切入点和中心展开。二者不仅可以解释英国特色司法方法的历史由来、具体表现,而且还可进一步解释其发展走向。即当代英国随着陪审制应用范围的缩小和制定法适用领域的扩大,这些司法方法的适用范围正在缩小,司法方法的特色正在减弱。所以,中国等大陆法系国家在借鉴英国特色司法方法时要有纵向的比较历史考察,不可忽视它们对陪审团与"法官法"的高度依赖。

# 外空自然资源权属的法律规制

孙雪妍[*]

## 引 言

随着人类经济活动不断扩张,自然资源的有限性与生产开发行为之间的内在矛盾日益凸显,一些拥有航天科技力量的国家开始将目光投向广袤的外层空间。

外层空间,在本文中简称"外空",是指是地球大气层及其他天体之外的虚空区域,包括月球和其他天体。[①] 科学研究发现,外空星体上所富集的自然资源在数量上突破了有限性的范畴。[②] 在可预见的未来,包括外空自然资源开采在内的外空商业必将成为一个科技导向型的新兴产业,而该产业活动的开展和管理必须纳入法律的调整轨道。外空自然资源所有权的确认及保护,则是需要相关国内及国

---

\* 孙雪妍,清华大学法学院 2017 级博士研究生。本文的研究和写作,得到了清华大学法学院王明远教授以及中国人民大学法学院曹炜助理教授的指导与帮助。

① 参见"互动百科",http://www.baike.com/wiki/外层空间,2018-05-06。

② Jennifer Hackett, "New Law Paves Way for Asteroid Mining-but will it work?", available at http://www.scientificamerican.com/article/ New Law Paves Way for Asteroid Mining-but will it work/,2016-12-22。

际法首先解决的基础性问题之一。

2015 年 11 月,美国总统贝拉克·奥巴马签署了《美国商业航天发射竞争力法》(US Commercial Space Launch Competitiveness Act,以下简称《竞争力法》)。在该法出台之前,美国已经制定了《航空航天法》(1958)、①《商业航天发射法》(1984)、②《商业航天法》(1998)③等一系列规范非军事性外空活动的法律。2009 年,美国国会通过了修改《联邦法典》的提案,增加了第 51 章即"国家及商业航天项目"(National and Commercial Space Programs),将原来分散在商业、公共健康与福利以及交通等章节中的外空立法汇总为一章。④

《竞争力法》延续了美国支持商业性外空开发活动的一贯态度,通过放松政府对外空商业领域的管制,鼓励私人公司开展商业性发射、外空旅游、外空矿产资源开采以及商业航天飞行等活动,从而为外空商业的繁荣积蓄力量。与以往的外空立法相比,《竞争力法》首次明确了外空自然资源权属问题:一方面,声明国会制定该法并不表明美国会对任何天体主张主权、主权性或专属性的权利或管辖权;⑤另一方面,又明确规定参与行星上及外层空间中自然资源(包括矿产资源和水资源)开采的美国公民对其所开采的资源享有所有权,该权利包括以符合美国法律及国际法规定的方式对资源的占有、所有、运输、使用及销售。⑥

这一规定有助于鼓励私人对外空自然资源的开采和利用,刺激外空商业的发展,⑦同时也涉嫌违反国际空间法之"不得据为己有"原

---

① 〈National Aeronautics and Space Administration〉, Sec. 202。

② 〈U. S. Commercial Space Launch Act〉, Sec. 3。

③ 〈Commercial Space Act〉, Sec. 101。

④ Robert C. Berring, "Title 51 of the U. S Code and Why It Matters", *Green Bag*, vol. 14, 2011, p. 251。

⑤ 〈U. S. Commercial Space Launch Competitiveness Act〉, Sec. 403。

⑥ *Id*, Section 402。

⑦ Redmond Wash, "President Obama Signs Bill Recognizing Asteroid Resource Property rights into law", https://www. plantaryresources. com/2015/11/president-Obama-Signs-Bill-Recognizing Asteroid-Resource-Property-rights-into-law, 2016-12-15。

则,成为有争议的法律问题:私人及企业是否可以在法律上获得外空自然资源的所有权? 这一问题也可以转化和引申为以下一系列问题:美国是否可以通过其国内法将外空自然资源的所有权授予其公民? 这种授予是否违反美国在国际法上的义务? 即便不违反美国在国际法上的义务,有关外空自然资源权属的法律制度是否需要进一步完善? 而要回应上述问题,有必要从制度和理论等层面对《竞争力法》第 402 条与有关外空自然资源权属的国际法规定之间的关系进行深入探讨。

## 一、《竞争力法》第 402 条是否违反国际空间法的"不得据为己有"原则(the Non-Appropriation Principle)

### (一)国际空间法有关外空主权和财产权的基本规定

和美国空间法相似,国际空间法的发展始于 20 世纪 60 年代,其基本内容包括《关于各国探索和利用包括月球和其他天体在内的外层空间活动所应遵守原则的条约》(简称《外空条约》)、《关于营救航天员、送回航天员和送回发射到外层空间之物体的协定》(简称《营救协定》)、《关于外层空间物体所造成损害的国际责任公约》(简称《责任公约》)、《关于登记射入外层空间物体的公约》(简称《登记公约》)以及《关于各国在月球和其他天体上活动的协定》(简称《月球协定》)等五个国际条约。① 这些条约由联合国和平利用外层空间委员会(COPOUS)监督执行,其中与外空主权和外空自然资源所有权密切相关的是《外空条约》及《月球协定》。

1967 年的《外空条约》是第一个规范外空活动的国际性条约,也被视为国际空间法的宪章性条约。② 该条约主要规定从事外空活动所应遵循的基本原则和承担的国际义务,其中包括"自由探索及利用

① 联合国:《联合国公约汇编:关于外层空间的公约》,http://www.un.org/chinese/documents/convents/space.htm,2018-05-06。

② N. Jasentuliyana, "A Survey of Space Law as Developed by the United Nations", in N. Jasentuliyana (ed.), *Perspectives on International Law*, London, 1995, p. 349.

外空"、"不得将外空据为己有"以及"探索及利用外空应遵守国际法和联合国宪章"等原则。① 条约强调"探索和利用外层空间(包括月球和其他天体),应为所有国家谋福利和利益"②,且"各国不得通过主权要求、使用或占领等方法,以及其他任何措施,把外层空间(包括月球和其他天体)据为己有"③,这就明确否定了国家对外层空间的侵占。

1979 年由联合国大会通过的《月球协定》对《外空条约》的原则性规定进行了扩展和强化。在该协定通过之时,美国和苏联以外的其他国家(特别是发展中国家)也逐步意识到了外空活动的潜在利益,并且因普遍缺乏外空开发能力而担忧外空开发成果被强国瓜分,《月球协定》就是在这一背景下产生的。④

《月球协定》是建立在《外空条约》等国际空间条约的基础之上的,其义务性内容更加明确和具体。该协定宣示"月球及其自然资源均为全体人类的共同遗产"⑤,强调"月球的探索和利用应是全体人类的事情并应为一切国家谋福利"⑥,"应依照联合国宪章规定,充分注意今世与后代人类的利益以及提高生活水平与促进经济和社会进步和发展的需要"⑦,要求"缔约各国应遵循合作和互助原则从事一切有关探索和利用月球的活动。按照本协定进行的国际合作,应尽量扩大范围,并可在多边基础上、双边基础上,或通过政府间国际组织进行"⑧。协定进一步明确"各国不得依据主权要求,通过利用或占领,或以任何其他方法将月球据为己有"⑨,"任何国家、政府间或非政府

---

① *See* F Tronchetti, "The Non-Appropriation Principle as a Structural Norm of International Law: A New Way of Interpreting Article II of the Outer Space Treaty", *Air & Space Law*, vol. 33, 2008, p.147。以及《外空条约》第 1-3 条。

② 《外空条约》第 1 条第 1 款。

③ 《外空条约》第 2 条。

④ *See* E Husby, "Sovereignty and Property Rights in Outer Space", *Journal of International law and Practice*, vol. 3, 1994, p. 359。

⑤ 《月球协定》第 11 条第 1 款。

⑥ 《月球协定》第 4 条第 1 款。

⑦ 同上。

⑧ 《月球协定》第 4 条第 2 款。

⑨ 《月球协定》第 11 条第 2 款。

国际组织、国家组织或非政府实体或任何自然人都不能取得对月球及其自然资源的所有权"。① 综合观之,在《月球协定》中,"不得据为己有"原则包含以下两重含义:首先,该原则所涵盖的客体不仅包括月球或其他星体本身,还包括相关的自然资源;其次,该原则的义务主体不仅包括主权国家,还包括一切国际组织、国家组织、非政府实体以及自然人。

《外空条约》的缔约国有一百多个,美国是其中之一;而《月球协定》的缔约国很少且基本上都是发展中国家,包括美国在内的外空强国均未加入该条约。② 因此,多数学者认为《月球协定》属于"边缘性条约",而不是国际空间法的主流。③ 也有少数学者指出《月球协定》能够最大限度保护发展中国家在外空开发中不遭受歧视性待遇,开创了继《外空条约》之后的国际空间法新纪元。④

笔者认为,一方面,受缔约国数量的限制,《月球协定》对国际社会的实际影响力非常有限,但它仍应是研究者重点关注的对象,因为该协定反映了广大发展中国家在国际空间法中的基本诉求,如通过国际合作、依托发达国家提升自身的外空商业开发能力,要求与发达国家共享外空商业开发的经济利益,等等;另一方面,评判美国《竞争力法》是否违反国际空间法上的"不得据为己有"原则,仍然需要以《外空条约》第 2 条作为分析基础。

**(二)对"不得据为己有"原则的解释**

《外空条约》第 2 条是否适用于私人性的自然资源开发行为? 对于这一问题,可以运用不同的法律解释方法进行分析。

---

① 《月球协定》第 11 条第 3 款。

② Committee on the Peaceful Uses of Outer Space, "Status of International Agreements relating to activities in Outer space as at 1 January 2017", http://www.unoosa.org/documents/pdf/spacelaw/treatystatus/AC105_C2_2017_CRP07E. pdf, 2017-05-29。

③ See M Leach, "property rights in Outer Space", *Scitech Lawyer*, vol. 10, 2014, p. 5。

④ See V Pop, "Appropriation in Outer Space: the Relationship between Land Ownership and Sovereignty on the Celestial Bodies", Space Policy, vol. 16, 2000, p. 275。

### 1. 文义解释

文义解释是指按照法律条文的文字、语法来理解法律规范的内容和意义的解释方法。[①] 作为法律解释的基本方法，文义解释从作者中心、读者中心转换为文本中心，尽可能探求立法者的原意。[②]

对《外空条约》第 2 条的解释首先应按其字面含义进行。该条的英文原文为"Outer space, including the Moon and other celestial bodies, is not subject to national appropriation by claim of sovereignty, by means of use or occupation, or by any other means"。这里的"by any other means"（以其他任何方法）受到"National Appropriation"（国家侵占）的限制。

有国外学者指出，在"不得据为己有原则"之下，不仅禁止国家对星体的侵占行为，而且禁止任何私人取得外空自然资源所有权。[③] 私人财产权禁止论者进一步提出：主张私人财产所有权属于"其他形式的国家侵占"。[④] 笔者认为，这一解释不符合法律规范的内在逻辑：首先，在《外空条约》第 2 条中，"国家侵占"是一般概念，"宣称领土主权"、"使用或先占"是对国家侵占方式的不完全列举，而"任何其他方式"则是对国家侵占方式的概括式列举；其次，条文中所列举的内容必须与一般概念相契合，即便使用的是"任何其他方式"这种不确定性的语言，也不得超出"国家侵占"的范畴；再次，国际法上的"国家行为"是指一国有权的专门机关，在国际事务中代表整个国家行使国际法上的权利和履行国际法上的义务，[⑤] 而私人进行外空自然资源开发，国家只是行使监管者的权力，对开发者颁发许可证，这并非国际法上的国家行为。因此，私人所有权的获取不属于国家行为，自然也

---

① 杨建军、杨锦帆：《解释范式转换对法律解释学的影响》，《陕西理工学院学报（社会科学版）》，2007(3)，60～64 页。

② 王彬：《法律解释的本体与方法》，《广东省社会主义学院学报》，2006(1)，51～66 页。

③ 〈U. S Commercial Space Launch Competitiveness Act〉，Sec. 402。

④ 〈U. S Commercial Space Launch Competitiveness Act〉，Sec. 402。

⑤ 方世荣：《析国家行为与具体行政行为的区别》，《法学评论》，1994(4)，64～67 页。

就不应受"不得据为己有"原则的限制。笔者认为,更合逻辑的理解应当是:"其他方式"包括"添附"(Accretion)等传统的领土取得方式,或"公民投票"(Referendum)及其他条约初设时尚未预见的新型领土取得方式。

### 2. 体系解释

德国学者施塔姆勒曾经指出,"一旦有人适用一部法典的一个条文,他就是在适用整个法典"。[①] 有鉴于此,为了更好地理解"不得据为己有"原则的含义,有必要将其放入《外空条约》的整体之中加以考察,进行体系解释。而法律的体系解释要求以法律体系的一致性及融贯性作为解释目标,主张解释者在法律条文的意义脉络中解释法律。[②]

主张在国际空间法中"禁止私人财产所有权"的学者指出,"这一原则无需《外空条约》以条文明示,因为它属于'不得据为己有'原则之下的子原则。"[③]笔者认为,某一法律的文本存在着部分与整体的关系,一个概念或原则不可能孤立于其他条款而存在。如果上述观点成立,那么《外空条约》其他章节一定还会涉及"私人财产所有权"。就此,我们可以从体系解释的标准即"维持法律体系的一致性及融贯性"出发,来判断私人财产权利在《外空条约》中受到何种程度的限制。

总体看来,在《外空条约》的前言和正文中,唯一提及非政府实体(Non-governmental Entities)的是正文第6条。该条要求非政府实体的外空活动必须经缔约国依法授权。除此之外,《外空条约》中再无有关"私主体"和"私人活动"的明确表述,遑论有关"私人财产所有权"的内容。有学者指出,"根据现有的法律,个人可以代表自己或他

---

① 王夏昊:《法学方法论的概念及其地位》,《清华法学》,2008(2),147~158 页。
② 王彬:《体系解释的反思与重构》,《内蒙古社会科学(汉文版)》,2009(1),62~67 页。
③ See P. M. Sterns & G. Stine & L. Tennen, "Preliminary Jurisprudential Observation concerning Property Rights on the Moon and other Celestial Bodies in the Commercial Space Age", *Colloquium on the Law of Outer Space*, vol. 39, 1996, p. 50.

人、代表私人性组织或国际性组织去占有外空资源".① 这一说法的重要依据就在于《外空条约》在私人财产所有权方面存在着立法空白,参照"法无禁止即自由"的私法原则,私人对外空自然资源的财产权利不应被剥夺。

反观国际空间法中公认的原则,均在《外空条约》中反复出现,且出现的频率与其重要程度是正相关的。比如,"国际合作原则"在前言以及第一、第三、第九和十条均被提及;"和平开发原则"在文本中也出现了不下五次。这在某种意义上也可以佐证"禁止私人财产所有权"并非《外空条约》的一项法律原则。

### 3. 目的解释

目的解释方法关注法律自身及法律体系的目的是什么。② 在《外空条约》的起草阶段,国际社会对"禁止国家侵占"的诉求最为强烈,因为当时处于"冷战"状态,大环境决定了国际空间法最初的立法目的在于防止"军备竞赛"与"古巴核危机"之类的事件延伸至外空,以解决各国对外空争夺战和军事冲突的担忧。③ 进入 20 世纪 80 年代,国际空间法开始转向强调"和平开发"和"共同利益"。比如,《关于从外层空间遥感地球的原则》(1986)④及《关于在外层空间使用核动力源的原则》(1992)⑤分别建立了使用遥感技术和核动力飞行器的国际规则,使各国按照规定的流程尽可能低成本地应用上述科技。各国还通过建立国际空间站加强国际交流和合作。《国际空间站政府间协议》(1998)规定:"空间站为各国的外空科技合作和交流提供良好平台,缔约国应制定短期及长期的合作计划;更好地实现外空的和平

---

① *Id*. See P. M. Sterns& G. Stine& L. Tennen, "Preliminary Jurisprudential Observation concerning Property Rights on the Moon and other Celestial Bodies in the Commercial Space Age", p. 50.

② 龙世发:《适用与限制:法律解释中的目的解释方法》,《政法学刊》,2009(2),14~18 页。

③ *See* M Leach, "property rights in Outer Space", *Scitech Lawyer*, vol. 10, 2014, p. 5.

④ 联合国外层空间事务厅:《联合国关于外层空间的条约和原则、大会有关决议以及其他文件》,http://www.unoosa.org/pdf/publications/st_space_61C.pdf, 2018-03-01。

⑤ 同上。

使用和开发"。①

根据目的解释,当法律规定的价值和主体实践中所追求的价值完全颠倒时,解释者需要"法外求法",寻求法律之所以能支配人们行为的理性基础,对法律进行矫正。② 因此,理解国际空间法中"不得据为己有"原则,应该结合当下国际空间立法的价值取向,即在预防外空侵占和军事冲突的基础上,加强对外空的合作开发,实现人类的共同利益。

按照上述思路和方法,仅从《外空条约》所创设的"不得据为己有"义务来看,不能得出该条约明确禁止私人开发者取得外空自然资源之所有权的结论。

(三) 小结

综上,《竞争力法》第 402 条并不明确违反《外空条约》所规定的"不得据为己有"义务。但不能否认的是,国际空间法在总体上追求人类的共同利益。如《外空条约》强调"探索和利用外层空间(包括月球和其他天体),应为所有国家谋福利和利益";③《月球协定》强调"月球的探索和利用应是全体人类的事情并应为一切国家谋福利";④《各国探索和利用外层空间活动的法律原则宣言》强调"探索和利用外层空间,必须为全人类谋福利和利益";⑤《关于开展探索和利用外层空间的国际合作,促进所有国家的福利和利益,并特别考虑发展中国家的需要的宣言》强调"各国应开展为和平目的探索和利用外层空间的国际合作,并促进所有国家的福利和利益";等等⑥。

因此,《竞争力法》第 402 条有关自然资源之私人所有权的规定,

---

① Committee on the Peaceful Uses of Outer Space, "Legal Framework for the International Space Station", http://www.unoosa.org/pdf/pres/lsc2013/tech-05E.pdf, 2018-04-13。

② 谢晖:《论理解释与法律模糊的释明》,《法律科学》,2008(6),25~31 页。

③ 《外空条约》第 1 条第 1 款。

④ 《月球协定》第 4 条第 1 款。

⑤ 《各国探索和利用外层空间活动的法律原则宣言》第 1 条。

⑥ 〈U. S Commercial Space Launch Competitiveness Act〉, Sec. 402。

完全系出于本国利益的需要,而忽视了其他国家和全人类的共同利益,即使不违背条约法上的法律义务,也可能会因为违反道义上的义务而对国际空间法的整体制度框架和实践造成冲击,并因此遭受国际社会的道德非难。

## 二、外空自然资源权属之立法模式探析

外空通常被界定为"全球公域"。[①] 而主权国家和它们控制下的非政府实体及自然人是外空活动最重要的主体,主权国家需要通过国内立法批准并监督相关非政府实体及自然人的外空活动。[②] 因此,在空间法体系中,国际法与国内法均是重要的组成部分,它们往往共同调整由人类开发外空自然资源而产生的法律关系。

### (一)国内法主导的外空自然资源立法模式

根据《月球协定》,私人开发者不能获得月球或其他星体上的自然资源,但《外空条约》未对外空自然资源权属问题做出明确规定,更没有对缔约国通过其国内法规制外空自然资源权属的方式提出具体要求或设立可参照的标准。因此,对于《外空条约》的缔约国而言,在遵守条约义务以及"和平开发"等基本原则的前提下,各国享有高度的国内立法自主权,可以结合本国的实际情况来确定外空自然资源的取得方式、行政许可规则和监管措施。如美国《竞争力法》就对本国公民取得外空自然资源开发的许可条件以及相应的自然资源权属等做出了明确规定。

在处理国内法与国际法的关系时,《竞争力法》规定美国公民在

---

① 韩雪晴、王义桅:《全球公域:思想渊源、概念谱系与学术反思》,载《中国社会科学》2014(6),188～205页。

② 《外空协定》第6条规定:"本条约各缔约国在外层空间,包括月球与其他天体在内的活动应负国际责任,不论这类活动是由政府机构或是由非政府团体进行的。它并应负国际责任保证本国的活动符合本条约的规定。非政府社团在外层空间,包括月球与其他天体之活动,应经由本条约有关当事国许可并不断施以监督。一个国际组织在外层空间,包括月球与其他天体在内进行活动时,遵守本条约的责任应由该国际组织和参加该国际组织的本条约各缔约国共同承担。"

"不违反国际法规定的前提下,享有对该资源的占有、所有、运输、使用和交易的一切权利。"①此处所指的"国际法规定"之义务,仅限于美国已经加入的国际条约,特别是《外空条约》中明示的义务,而不包括道义上的义务和来源于软法的义务,更不包括美国未加入的国际条约(如《月球协定》)中的义务。

《外空条约》具有基础性、概括性和原则性等特点,许多具体法律制度缺位,有关外空自然资源权属的规定也比较薄弱。像美国《竞争力法》这样,仅满足相应国际空间法明确规定的基本义务,并在国际上尚未形成调整外空自然资源权属之通行机制前,先行制定国内法,承认和保护私人开发者对外空自然资源的所有权,规范和促进相关的商业与管理实践,这实际上是"国内法主导的外空自然资源立法模式"。

外空开发作为"襁褓中的产业",对科技、资金、管理等的要求极高,如果不能确认和保护非政府实体及私人对外空自然资源的所有权,就不利于激励开发者进行投入。因此,调整外空自然资源权属的制度设计,需要平衡公平与效率两种价值。而"国内法主导的外空自然资源立法模式",其最突出的优势就在于经济效率较高。不同于传统的管理型法律,《竞争力法》属于促进型法律,其提升经济效率的手段主要包括以下两个方面:第一,以法律形式最大限度地保护私主体对外空自然资源的财产性权利,鼓励其进行商业开发,从而为外空自然资源市场的建构奠定了基础;第二,以规定政府部门职责分工的形式,确保联邦政府向外空自然资源的私人开发者提供良好服务,以推动外空商业的发展。参与外空商业管理的联邦政府职能部门主要包括交通部、国防部、国家航空航天局以及商务部等,它们分别承担行政许可审批、国家安全保护、科学技术支持及外空商业政策制定等职能,通过部门协调与合作,确保政府以服务者的身份帮助非政府实体及自然人提高外空开发之竞争能力。

"国内法主导的外空自然资源立法模式"虽有利于提高经济效

① 《竞争力法》第402条。

率,却往往难以保障公平:如《竞争力法》的严重缺陷就在于没有体现出"外空开发必须为全人类谋福利和利益"这一精神。

《外空条约》未明确外空自然资源在最初状态下由谁所有。《月球协定》将外空自然资源界定成"人类共同遗产",其所有权人是作为集合体存在的"人类全体",但这一定位却未能得到国际社会的普遍接受。在外空自然资源的法律地位尚未明确时,国际社会也就无法就其所适用的财产权取得规则达成一致。尽管如此,国内法仍不可无视"探索和利用外层空间(包括月球和其他天体)应为所有国家谋福利和利益"这一外空开发的基本理念。

《外空条约》明确要求,一国在拟开展可能损害或干扰他国的外层空间科研及使用活动时,应先行进行国际磋商,[1]反对任何国家不顾他国利益而单独行动。在理论上,外空自然资源不同于被界定为"共有物"的公海渔业资源等传统自然资源。[2] 人类的科技水平决定了现阶段能够开采的外空自然资源的数量有限且开采难度极高,私人开发者对外空自然资源的占有,事实上会减损其他国家或私人开发者获得相应资源的机会,理应按照公平合理的标准对他们提供适当补偿。申言之,从具有"公共性"、"整体性"和"开放性"等特征的外空中获取自然资源,本质上是外空自然资源私有化的过程,若要使其具备正当性,必须与其他国家分享收益,以实现全人类的共同利益。

因此,在国内法主导的外空自然资源立法模式下,为了兼顾效率与公平,可以考虑建立针对外空自然资源的收益分享基金,将其分配给其他国家或用以支持外空科技等。

### (二)国际法主导的外空自然资源立法模式

《月球协定》否定私人开发者获得外空自然资源所有权,《外空条

---

① 《外空协定》第九条规定:"若缔约国有理由相信,该国或其国民在外层空间(包括月球和其他天体)计划进行的活动或实验,会对本条约其他缔约国和平探索和利用外层空间(包括月球和其他天体)的活动造成潜在的有害干扰,该国应保证于实施这种活动或实验前,进行适当地国际磋商。"

② 施文真:《"人类共同遗产"原则与"共有资源"管理——概念定位与制度要素之比较研究》,《科技法学评论》,2010(1),55~118页。

约》则缺乏有关外空自然资源的明确规定。但是,外空商业的发展已经进入自然资源的勘探与开采阶段,为了应对这一无法回避的现实问题,国际空间法必须针对外空自然资源权属问题进行制度和机制的改革与创新。总体看来,以条约为主要渊源的国际空间法较为强调财产利益在各参与国间的公平分配,体现出"利益共享"的基调。若未来的国际空间法能发展出一套规制外空自然资源权属的新机制,以其作为框架和基础,由各缔约国在该机制的约束下,结合本国实际情况,再行制定兼顾外空自然资源开发效率与公平的国内法,从而实现以国际法与相关的配套国内法对外空自然资源权属的"双轨"调整,则这种立法模式可以被称为"国际法主导的外空自然资源立法模式"。

"全球公域"在地理意义上的公共性与其在自然资源意义上的公共性紧密关联。国际法对同样属于"全球公域"的国际海底矿产资源的规制,为未来的外空自然资源权属之法律提供了可资借鉴的机制:《联合国海洋法公约》创设了国际海底管理局,由管理局代表全人类管理国际海底的矿产资源勘探开发活动。[①] 管理局内设的企业部以及《联合国海洋法公约》的缔约国、缔约国的国有企业或该国的自然人、法人,都可以通过与国际海底管理局签订勘探开发合同的方式获得在某一区域范围内对于某一种类矿产资源的专属性勘探开发权利。[②] 勘探开发者需要承担管理局因此实际发生的相应行政费用,[③]向管理局缴纳矿场权利金,并分摊环境保护费用、公共信托基金等费用。管理局则需将此类收入以合理方式在缔约国之间进行二次分配,以此实现"全球公域"内自然资源的公共性与共惠性。[④]

建立超国家的外空管理机构,由其负责对外空自然资源的管理,可以更好地从整体上规划和管理外空自然资源的开发,制定外空自

---

① 《联合国海洋法公约》第 153 条。
② 同上。
③ 同上书,第 160 条。
④ 同上。

然资源开发许可的统一标准和程序,确立收费标准,防范环境污染以及其他损害或风险,避免各国通过国内立法在外空自然资源领域"自行其是"以及由此导致的"公地悲剧"现象。应当说,"国际法主导的外空自然资源立法模式"有利于较好地兼顾外空自然资源开发中的效率与公平,但该种模式面临的重大障碍在于各国利益难以协调,国际社会很难在短期内普遍接受该模式,特别是其中类似于"国际海底管理局"的外空管理机制。

## 三、空间法的发展态势及我国有关外空自然资源权属的立法 选择

"冷战"结束之后,超级大国对于和平开发外空和参与相关国际法律规则制定的热情有所减弱,国际性的外空条约法并未出现大规模的新设或修订。这一阶段的主要立法态势,是以联合国大会决议的形式对国际空间法的主要概念进行重新定义。但是联合国大会不具备立法权,其决议并无法律拘束力。[①] 由此,国际空间立法进入了以软法调整为主的新阶段。此外,20多个国家或地区已经制定了或正在制定各自的国内空间立法,国内空间法对外空事务的影响逐渐凸显出来。[②]

我国仅制定了少数有关外空商业活动的行政规章[③],如2002年原国防科工委发布《民用航天发射项目许可证管理暂行办法》,规定对在中国境内发射非军用外空运载器实行许可制度。[④] 与美国相比,

---

① [德]史蒂芬·霍伯:《国际空间法的50年》,赵海峰译,《环球法律评论》,2008(4),30~36页。

② 同上。

③ 刘宗胜、朱道坤:《我国空间立法的必要性和路径选择》,《西安政治学院学报》,2014(4),104~108页。

④ 《民用航天发射项目许可证管理暂行办法》第三条规定:"民用航天发射项目实行许可证管理制度。凡从事民用航天发射项目的自然人、法人或其他组织,应当依照本办法的规定申请审查批准,经审查合格取得民用航天发射项目许可证(以下简称许可证)后,方可从事民用航天发射项目。"

我国明显欠缺在调整外空商业活动特别是外空自然资源权属方面的立法,尤其缺乏相关的法律和行政法规。在未来的空间立法中,我国应该高度重视私人参与外空商业活动,同时保证私人开发者对外空自然资源的开发不违反国际条约所规定的"不得据为己有"之基本原则。

具体言之,作为发展中国家中享有较大国际话语权的代表,我国应当研究和制定不违背国际空间法之基本价值、原则和明确规定的国内空间法律。同时,应当正视我国的政治、经济实力及日益发展壮大的外空开发能力,不回避我国在外空自然资源开发方面与其他发展中国家存在重大差异。从现阶段来看,一个较为可行的立法思路是:一方面,参考美国空间法特别是《竞争力法》,承认和保护我国的私人开发者对外空自然资源的所有权;另一方面,顾及其他国家以及全人类的共同利益,构建和落实外空自然资源开发收益分享基金制度。由此,尽可能兼顾私益与公益、效率与公平。

## 结语

《竞争力法》首次确认了美国的私人开发者对于外空自然资源享有财产权利,从而引发了该法是否违反国际空间法之"不得据为己有"原则的争议。实际上,《竞争力法》并不明确违反《外空条约》所规定的"不得据为己有"义务,但忽视了其他国家和全人类的共同利益,因而违反了道义上的义务。

"国内法主导的外空自然资源立法模式"有利于提高经济效率,但往往难以保障公平;"国际法主导的外空自然资源立法模式"有利于兼顾外空自然资源开发中的效率与公平,但由于各国利益难以协调,国际社会很难在短期内普遍接受该模式。为了更好地兼顾外空自然资源开发中的私益与公益、效率与公平,我国在制定外空立法时,可以参考美国《竞争力法》,承认和保护我国的私人开发者对外空自然资源的财产权利;同时,应当顾及其他国家以及全人类的共同利益,建立外空自然资源开发收益分享基金制度。

# 印度环境法治：移调与调音

李　翌[*]

## 引言

关于法律移植可能性以及隐喻恰当性的争论始终没有停止。在层出不穷的替代性隐喻中，比较法学者埃辛·奥赫绪（Esin ÖRücü）提出的"特区"（extraodinary places）以及法律"移调"（transposition）概念不失为一种颇具启发意义的探索。

奥赫绪称，"关于特区的比较"在我们所处的特殊时代格外重要。[①] 笔者认为印度就是其中一个富有研究价值的比较法"特区"，这一判断主要与下列因素相关：首先，印度次大陆独特的历史与宗教传统留下了复杂多元的法律制度与社会文化；其次，殖民使得英国普通法传统在印度占据形式上的主导地位，这一过程中移植的法律与本

　*　李翌，清华大学比较法与法文化 2017 级法学硕士。本研究得到教育部人文社会科学重点研究基地重大项目印度法系及其与中华法系的比较研究（14JJD820018）项目资助。

　①　［英］埃辛·奥赫绪：《比较法学家与特区》，载［法］皮埃尔·勒格朗、［英］罗德里克·芒迪主编：《比较法研究：传统与转型》，李晓辉译，425 页，北京，北京大学出版社，2011。一个特区可能是传统比较法不涉及的区域，不寻常之事发生的区域，抑或是不同法律体系之间发生法律移植的区域（以法律与社会文化的多样性为特征）。

土传统之间的对抗引人注目，其影响亦遗留至今；再次，印度独立后，通过渗透、模仿等方法继续接受"一般区域"的影响，同时还需处理自身的种姓、民族、宗教、阶级、性别平等等社会问题。上述三方面因素的作用，使得印度成为一个名副其实的"特区"。

奥赫绪强调，在特区中发生的法律"移调"要想成功，"调音"(tuning)不可或缺①。正如"调音"的隐喻所暗示的，当陌生的法律元素迁移到系统中，法律如同音乐，需要在"移调"中调整音值的高度（在复杂的移调中甚至是速度、结构），但保留某些基本的旋律单元，使之发挥功能并适宜于新表演者的音域、音色和风格。除非得到良好的"调音"，否则法律文本的"移调"无法适应特定的社会法律、文化需要，②而这一动态过程往往依赖法院作为"调音师"③所发挥的作用。

在法律全球化背景下，印度这一特区中的环境法律"移调"是如何发生的呢？ 最高法院如何成为环境法律的"调音师"，又进行了何种动态调整呢？ 本文将对该过程进行描述和阐释。

## 一、环境法律的移调及其困境

### （一）环境法治的发展背景

印度人自古就有独特的生态观念和朴素的环境保护传统。印度传统的宗教和文化令这片土地上的人们注重维持宇宙及物序的平衡，④在他们的世界中，动植物常常被认为是神圣和有灵的。⑤

---

① ［英］埃辛·奥赫绪：《比较法学家与特区》，载［法］皮埃尔·勒格朗、［英］罗德里克·芒迪主编：《比较法研究：传统与转型》，李晓辉译，428 页，北京，北京大学出版社，2011。

② 同上。

③ ［英］埃辛·奥赫绪：《实践中的比较法：法院与立法者》，马剑银译，载［英］埃辛·奥赫绪、［意］戴维·奈尔肯：《比较法新论》，马剑银、鲁楠等译，484 页，北京，清华大学出版社，2012。"法官是法律的'调音师'。当他们改善法律以适应社会发展，并且为法律与他们生活的社会中的价值之间架起桥梁时，他们也会在本土社会与其他社会以及依靠比较主义的普遍价值之间架起桥梁。"

④ 高鸿钧：《古代印度法的主要内容与特征——以〈摩奴法论〉为视角》，《法律科学》，2013(5)，29~42 页。

⑤ Nanditha Krishna & M. Amirthalingam, *Sacred Plants of India*, Penguin Books India Pvt. Ltd., 2016。

不过,英国殖民者的到来似乎是无可挽回地破坏了印度社会的生态和文化结构,早期的法律移调在殖民时期就已发生。[1] 作为英国殖民者带来的"法治"的一部分,环境保护法律的移调被双方不对等的关系所主导,并没有在当地良好运转。

以森林管理为例,为开发和攫取资源,新的殖民秩序对印度村民日常生活的干涉是史无前例的,殖民者从根本上重新定义了关于自然资源的财产权利,对森林强加一种管理和控制体系。虽然殖民者内部也存在一些争论,但是总体上看,殖民政策要求将移植的环境法置于优先地位,清除早期地方性的传统与习惯。不过,这一尝试从未真正成功,印度村民的反抗直接针对政府垄断,他们高喊——"自古以来,森林就属于我们"。当非暴力的准合法方式未能奏效时,盗窃木材甚至纵火等个人或集体性犯罪成为一种典型的抗争模式;而针对司法诉讼程序,拒绝作证或给出误导性信息的"合谋"十分普遍。[2]

殖民对于印度环境的影响具有两面性:一方面,率先意识到城市工业污染严重性的英国殖民者仿照其在本国的做法,确实将现代环境法的概念和制度引入了印度;另一方面,殖民经济冲击了印度长久以来的生产生活方式以及环境观念,殖民者带来的法律服务于殖民者自身的资源开采和工业建设需求,新生的环境法并未有效阻止环境的恶化。[3]

在独立后,印度民族主义精英热忱地投身于殖民者未完成的工业化事业,因而在结果上加剧了殖民阶段发生的生态和社会紊乱。直至 20 世纪 70 年代,印度政府一直未对环境法律进行实质更新,仅延续了旧有秩序。还是以上文提及的森林管理为例,印度政府基本继承了殖民者的森林管理制度和立法架构,森林工业部门继续快速

---

① ［印］马德拉夫·加吉尔、［印］拉马钱德拉·古哈:《这片开裂的土地》,滕海键译,152 页,北京,中国环境科学出版社,2012。

② 同上书,102～113 页。

③ Shyam Divan & Armin Rosencranz, *Environmental Law and Policy In India Cases, Materials and Statutes* (*Second edition*), Oxford University Press, 2011, p. 31.

扩张，民众的抵抗也在继续。①

不过，改变的契机逐渐临近。19 世纪 70 年代，随着世界范围内环境保护意识的觉醒，印度环境法律也迎来了新的变化。以斯德哥尔摩会议为标志性界碑，印度国内法律文本的改变已经悄然发生。为了应对现实环境问题，也为了履行国际责任，印度环境立法渐渐贴近国际环境法原则以及其他先进国家的制度设计。从这一时期开始，《野生动物保护法》(1972)，《水污染防控法》(1974)等专项立法陆续通过。②

不仅如此，宪法第 42 修正案(1976)规定了国家与公民都具有"保护和改善环境"的义务③，并对印度联邦政府与各个邦之间在环境保护立法方面的权力进行了重新划分，为中央政府进行全国范围内的法律移调提供了权限④。该法案增加了联邦权力清单条目 13 (Entry13)，扩充了宪法中中央与各邦的"共同权力清单"，结合条目 13 以及宪法第 253 条("外部事务"条款)，联邦政府议会可直接运用该权力将环境保护的国际责任转化为国内立法。⑤《森林保育法》(1980)，《空气污染防控法》(1981)都是这一时期的立法成果。1986 年的博帕尔事件则进一步促使印度提高国内环境保护标准，随着 1986 年环境保护法案的通过，印度迎来了这一波法律迁移在立法领域的高潮。

不过，环境法律的伞状结构虽然初步形成，印度环境立法本身碎片化的问题仍然十分显著。以印度森林法为例，涉及森林保护的相

---

① ［印］马德拉夫·加吉尔、［印］拉马钱德拉·古哈：《这片开裂的土地》，滕海键译，149~155 页，北京，中国环境科学出版社，2012。

② 吴卫星：《印度环境公益诉讼制度及其启示》，《华东政法大学学报》，2010(5)，66~74 页。

③ 该修正案第 48 条 A 款宣告了"国家应当致力于保护和改善环境，并且守护国家的森林和野生动物"，而 51 条 A 款 g 项也在新章节中规定公民"负有保护环境和改善自然环境，包括森林、湖河流、野生动物并且对于生物具有同情心……"。

④ 宪法 252 条规定若两个及以上的邦提出要求，则议会对地方事务有立法权限。

⑤ 1981 年的《空气污染防控法》和 1986 年的《环境保护法案》即是使用宪法中 253 条与条目 13，将国际会议的要求内化为法律的例证。

关立法包括印度森林法案,1972 年野生动物保护法,1980 年森林保育法,1986 年环境保护法案等,这些法案指定不同的政府主管机构或创设不同的委员会监管执行,反而容易造成机构职能划分的重叠和不明确,增加权责不明的风险。[①] 另外,环境法中普遍存在宣誓性条款多而程序性条款少的情况,不足以提供有效的法律救济。

综上所述,由于移植的法律模式与接受者之间存在的根本性不匹配[②]以及调音的缺乏,殖民时期的环境法律移调遗留了大量社会冲突和法律问题。独立后的印度虽然在立法层面逐渐建构了一个体系化的环境法律框架,但是"书本之法"并不能无条件地转化为行动,法律虽然发生了新的"移调",固有的问题却尚未得到针对性地解决。

### (二)司法救济的局限

的确,即便有新的立法,受到环境问题影响的印度公民对危害环境的行为进行诉讼并得到法律救济仍是困难的。尽管印度已经有多种为环境问题提供司法决断和救济的制度,主要包括对公共有害物的刑事诉讼、普通法的侵权之诉和令状请求之诉等,但这些传统渠道却有着各自的局限。

首先,尽管 1860 年印度刑法典第 268 条即对公共有害物作出了规定[③],但由于违反具体环境法律的刑事诉讼仅能由政府提起并在刑事法庭处理,该规定在很长时间内犹如一纸空文。事实上,即便在宪法第 42 修正案规定"保护的责任"之后,行政部门怠于执行这一条款的情况依旧普遍。

其次,侵权之诉运用在环境保护上也显得力不从心。普通法下的侵权之诉在印度英治时期传入,起初是在加尔各答、马德拉斯(现

---

① Dhvani Mehta, *The Environmental Rule of Law in India*, Magdalen College Oxiford University, 2017, pp. 74~79.

② [英]埃辛·奥赫绪:《比较法学家与特区》,[法]皮埃尔·勒格朗、[英]罗德里克·芒迪主编:《比较法研究:传统与转型》,李晓辉译,435 页,北京,北京大学出版社,2011。

③ P. Leelakrishnan, *Environmental Law Case Book (Second edition)*, LexisNexis, 2013, pp. 19~21.

在的金奈)以及孟买等地,随后扩展到全境;而宪法 372 条的存在使得侵权之诉得以运作至今。在侵权之诉中,原告可以要求损害赔偿和/或申请强制令。不过,损害赔偿在数额上往往较低,再加上漫长的诉讼时长与严重的通货膨胀,使得判决结果远不足以威慑行为人和补偿原告。强制令有临时和永久之分,临时禁令的依据是印度民事程序法 94 条、95 条、命令第 39 条(Order 39);永久禁令的依据则是印度民事程序法 37 条、42 条以及 1963 年特别免除法案(Specific Relief Act of 1963)。侵权之诉中常见的策略是先向法庭寻求临时禁令,再诉请永久禁令,这种方式通常会比请求损害赔偿起到更及时的效果。即便如此,由于侵权之诉在传统上对于主体资格的严格限制,对于环境诉讼这种具有特殊性的诉讼类型来说,侵权之诉并没有起到很好的效果。[①]

再次,传统的令状制度也很难提供充分的救济。同侵权之诉一样,令状制度在印度也被沿用下来。假如政府侵犯基本权利,公民可依据宪法第 32 条直接诉至最高法院或高等法院,否则则可在穷尽其他救济手段的前提下依据第 226 条诉至高等法院。但是由于令状诉讼自身的历史渊源和特质,该制度对于诉讼主体资格同样有着较为严格的限制,且令状诉讼提供的救济一般不涉及经济补偿[②],这些都使得传统意义上的令状制度尚不能成为解锁法律文本的钥匙。

通过本章的回顾可以发现,印度环境法治有着非常紧迫且复杂的调音需求。

一方面,印度面临的环境问题或许也是困扰世界上大部分国家的问题,其共同根源正是环境作为公共物品的特殊性。从经济学理论分析,环境问题源于"负外部性",要解决环境问题就要使其"内部化"。但是由于环境问题的负外部性分散地影响社会,个体的损害以及相应的赔偿很可能不足以令当事人有足够的激励孤军奋战、采取

---

① P. B. Sahasranaman, *Handbook of Environmental Law*, Oxfrod University Press, pp. 62~79.

② 同上。

法律行动,此时市场失灵就很可能会持续下去,并对社会的总体福利产生威胁。随着一系列立法的通过,印度环境法律体系已经渐渐完善,但如果无法采取某种方式唤醒这些沉睡的法律文本,法律应然与实然的沟壑就无从弥合,负外部性的内部化也就无从谈起。

另一方面,印度环境法治面临着更为复杂的挑战,作为发展中国家的印度拥有大量的农业人口、贫困人口、部落民和其它弱势群体。对于印度而言,环境运动的核心利益不同于西方中产阶级对"荒野"和优美风景的诉求,而是古哈所说的"生态难民"和"环境中的人"为生计和生存进行的抵抗[1],社会内在的冲突和矛盾令最高法院的任务愈发艰巨。

那么,究竟应当如何在实践中进行"调音"? 谁又能挽救古哈笔下那片"开裂的土地"呢?

## 二、印度环境公益诉讼

"唤醒"印度环境法文本的是司法实践。与 70 年代开始兴起的美国环境公益诉讼的思路略有相似[2],印度最高法院对持续影响印度至今的英国普通法诉讼的程序至上和个人主义传统展开了反思,依托环境公益诉讼对移调后的法律系统进行整合。将追溯环境公益诉讼制度在印度的发展过程,这一实践开启了印度环境法目前经历的最重要的调音过程,对于印度环境法治具有持续而深远的影响。

### (一)宪法公益诉讼:一份"总谱"

从性质上看,印度环境公益诉讼是宪法公益诉讼中的一类,其兴起也与印度法院对基本权利的扩张解释以及宪法保护密不可分。要

---

[1] Ramachandra Guha, Rukun Advani: *How Much Should a Person Consume?*: *Environmentalism in India and the United States*, University of California Press, 2006, pp. 1~12.

[2] [美]约瑟夫·L. 萨克斯:《保卫环境:公民诉讼战略》,王小钢译,北京,中国政法大学出版社,2011。国是最早建立环境公益诉讼制度的国家,对传统普通法公共信托原则近适用于水体的扩张理解,使得其环境公民诉讼蓬勃开展。萨克斯教授等法学研究者对环境公民诉讼的介绍和推广,在其中也起到十分重要的作用。

读懂印度环境法的"调音"，需要先读一读印度法院对基本权利进行保护的"总谱"。

印度建国之初接近一党制国家，但随着国大党控制力的下降，法院与立法机关的关系呈现出新的面貌。1967 年起到 1972 年，法院曾经历与议会的漫长抗争，双方对于宪法的最终解释权归属争执不下。[1] 不过由于议会的强势，在这一时期最高法院并未占据上风，双方最终走向妥协。

第三次印巴战争后，政治局势动荡不安。英拉的上台受到反对党质疑，在最高院判决选举违法后，时任总统艾哈迈德宣布国家进入紧急状态。军队开始武装镇压，新闻媒体受控，反对者被逮捕，部分持反对意见的法官也被调往偏远地区。紧急状态结束后，最高法院法官克里希那·艾耶(V. R. Krishna lyer)与巴格瓦蒂(Bhagwati)在这一重要历史时刻提出建立宪法公益诉讼制度的构想，希望以此重树最高法院权威，保护基本权利。[2] 这一制度在 20 世纪 70 年代的诞生与法官在紧急状态期间对基本权利缺乏保障的个人体验可能存在密切联系[3]，也与当时民众对政府缺少信心，因此迫切希望能有更有效的方式监督政府和官员、捍卫自身权利的强烈社会诉求有关。[4]

根据巴格瓦蒂法官自己的叙述，新生的公益诉讼的产生，源于当时社会背景下印度最高法院对盎格鲁-撒克逊法不足之处的洞察；法

①　一方面，法院通过违宪审查积极地展开了对宪法基本权利的解释，将第四编中原本规定不可诉的权利也纳入进来；另一方面，以宪法裁决的判例有许多被议会推翻，议会还试图以修改宪法的方式制止法院的挑衅——这一尝试当然也被法院宣布违宪，其理由是议会对宪法的修改不能改变宪法的结构，议会的修宪权利是有限的。参见蒋骜：《制宪、释宪、修宪——比较宪法视域下的印度宪法研究》，清华大学，2017。

②　Jamie Cassels, "Judicial Activism and Public Interest Litigation in India: Attempting the Impossible", *The American Journal of Comparative Law*, vol. 37, no. 3, 1989, pp. 495~519。

③　Oliver Mendelsohn, *Law and Social Transformation In India*, Oxford Press, 2014, p. 251。

④　Manoj Mate, "The Origins of Due Process in India: The Role of Borrowing in Personal Liberty and Preventive Detention Cases", *Berkeley Journal of International Law*, 2010, p. 216, pp. 243~245。

官通过判例创制新的诉讼模式，其主要目的在于扩大利用司法的途径。①

为何殖民时期继受而来的普通法传统不适宜于当时的印度呢？巴格瓦蒂法官认为印度所继受的盎格鲁—撒克逊法本质上是高度个人主义的，不能有效回应集体权利诉求，不利于社会的变革，因此也并不适宜印度国情。根据普通法传统的诉讼规则，仅有当一个人的合法权利受到已发生或即将发生的特定损害时，才可提起要求补偿的侵权诉讼，这种僵化的程序不足以回应印度面临的严重社会问题。②

凭借宪法第 32 条围绕基本权利保障赋予法官的广泛授权，巴格瓦蒂法官关于宪法公益诉讼的构想主要通过下述两方面的举措达成：

第一方面的举措是降低诉讼门槛。最需要法律保护的人群往往是最难接触法律和最不懂得利用法律的人群，为了改变这一现状，首先，公益诉讼制度允许且仅允许人们出于公心进行诉讼，这与要求诉讼当事人证明利益相关性以获得诉讼主体资格的传统民事诉讼完全不同。③ 其次，法院发展出"书信管辖权"制度④，认为既然公众或社会组织是出于公益提起诉讼，就不应当对起诉的程序要求过高。在实践中，即便只是一封信件，或只是一篇新闻报道，都可能被法院接受从而启动公益诉讼的相关程序。另外，在证据获取的程序上也是如此。由于公益诉讼是公民与国家机关间的诉讼，法院规定了特定问题上的举证责任倒置规则，并在证据获取和认定上也对公益诉讼提起人降低要求⑤。

---

① Bhagwati, "Judicial Activism and Public Interest Litigation", *Colombia Journal of Transnational Law*, vol. 23, no. 3, 1985, pp. 561~577。

② Bhagwati, "Judicial Activism and Public Interest Litigation", pp. 561~577。

③ Ibid. pp. 66~67。

④ Ibid. pp. 63~64。

⑤ 最高法院通过书信管辖权可以启动公益诉讼程序，同时可任命一个由法官、法学专家、律师、专家和记者等组成的调查委员会进行调查，法院可以调查报告内容为依据判决。另外，依据《印度证据法》司法认知规定，法庭对某些特定事项无须当事人证明，可以借助合适的书籍、文书或者参见资料获得。

第二方面的举措是增强对判决结果的执行。为了使得公益诉讼中法院的命令得到有效执行，法院在判决中往往给出十分详尽的命令。同时，法院还视情况任命监督机构，规定其在一定期限内查明法院命令的相关执行情况。比如在保证劳工权益的案例中，最高法院就曾专为案件裁决执行在政府劳工部任命秘书。这种在判决执行阶段的积极介入也是一种新的策略。

**（二）环境权利的宪法保护**

环境权利也是法院关切的对象之一。第一章已经介绍了印度环境立法经历的快速扩张过程，并指出立法在现实中不能充分落实，因此沦为空头支票。下文将指出，随着宪法公益诉讼制度的确立以及环境权利诉求的日益强烈，印度法院开始运用环境公益诉讼进行"调音"，并初步激活了宪法和其他环境法律文本的力量。[①]

尽管印度宪法修正案中有保护环境的"义务"，但在宪法文本的铅字中找不到"环境权利"。在调音中，法院如何定位环境权利是一个关键问题，这决定了环境问题能够得到何种程度的宪法救济。最高法院的选择是通过循序渐进的扩张解释将环境权利纳入宪法第21条所涵盖的基本权利范畴。这样，宪法第32条与都226条就可以为环境诉讼提供程序保障。

1978年，最高法院在"莫妮卡·甘地诉印度联邦案"（*Maneka Gandhi v. Union of India*）中指出，宪法第21条所保障的生命权和个人自由，仅能通过公正合理的程序被剥夺[②]。1985年，最高法院在一起针对北方邦政府进行诉讼的采矿案（*The Rural Litigation and Entitlement Kendra v. State of Uttar Pradesh*）中第一次探讨了生命权是否包括健康和清洁环境的权利。最高法院在该案中依据宪法第32条关闭了部分采矿区域，虽然法院没有明确进行论述，但实际上认

---

① 蒋小红：《通过公益诉讼推动社会变革——印度公益诉讼制度考察》，《环球法律评论》，2006(3)，372~377页。

② *Maneka Gandhi v. Union of India*，1978 2 S. C. R. 621。

同对环境权利的强调已经暗含在宪法第 21 条所指的生命权中。<sup>①</sup> 当最高法院仍在犹豫之时,高等法院提前半步,明确地在"拉奥诉海德拉巴市政公司特别官员案"(*T. Damogher Rao v Special Officer, Municipal Corporation of Hyderabad*)的判决中使用宪法第 21 条来支持环境权利。<sup>②</sup> 而到"梅塔诉卡马尔·纳特"(*MC Mehta v Kamal Nath*)一案,法院终于不再抗拒并明确地援用了宪法第 21 条、将环境权利称之为基本权利:"……任何对于基本环境要素,即空气、水、土壤等对生命必需的要素之侵害,都是宪法第 21 条所指的对生命的损害。"<sup>③</sup>

对宪法权利的扩张解释使得环境权利得到了宪法保护,公民拥有直接向最高法院请愿获取令状这种特殊的救济方式,从而得到灵活的诉讼程序和更为多样的救济手段。相较于普通民事诉讼,这种制度衔接使得环境问题更容易被法律系统涵摄。环境公益诉讼对诉讼当事人的资格要求非常低,只要是为"公益"进行诉讼,即便无法证明是环境问题的直接受害者也可提起,因此只要法院认为当事人不是出于私利考量提起诉讼,任何人都有资格站在最高法院面前。这也意味着,环境公益律师以及环境公益组织在诉讼资格上很少受到限制,也更容易代表弱势群体发声并活跃在诉讼领域。

### (三)环境原则的建构

在巴格瓦蒂法官最初的构想中,解决环境问题并不会是公益诉讼的主要目标<sup>④</sup>。然而,印度环境公益诉讼在 20 世纪 80 年代后成为

---

① 此后的案件中,最高法院面对环境问题实际上一直使用以保障基本权利的宪法第 32 条,但在一段时期内没有明确说明环境权利是否在宪法 21 条所指的基本权利中。关于这一"默认"时期,对生命权利解释的逐步扩张,可以参见印度著名公益诉讼律师梅塔提起的系列案件。比如第一个案件 *MC Mehta v. Union of India*,AIR 1987 SC 1086, p.1099,解释国家有权限制污染企业,以保护人民生活在健康环境中的权利。第三个案件 *MC Mehta v. Union of India*,AIR 1987 SC 982,就进一步解释根据 32 条应当保障受害者获得经济赔偿的权利。

② 具有标志性意义的案件是 *T. Damogher Rao v. Special Officer, Municipal Corporation of Hyderabad*,AIR 1987 AP171。

③ 参见 *MC Mehta v. Kamal Nath*,AIR 2000 SC 1997, pp.2000~2003。

④ Bhagwati, "Judicial Activism and Public Interest Litigation", pp.561~577。

公益诉讼中最活跃、影响力最大的类型。由于这一次"调音"鼓励和形塑了公众参与,印度法院对社会进行了深层次的动员。社会纠纷和矛盾能够在司法系统中通过法律语言被人们进行充分讨论,环境的认知性开放使得法律系统维持高频率的运作,因此社会冲突在另一角度看反而会成为系统自我完善的契机。在环境公益诉讼的推动下,公共信托原则、绝对责任原则、预防原则、污染者支付原则、代际公平原则等基本环境法律原则都在印度得到了运用,而这些原则又为之后的案例裁判提供了支持。

从法律移植的角度看,印度最高法院在调音中对公共信托原则的阐释值得关注。公共信托原则最早源自罗马法,它指出政府是公众对一些公共财产——比如河流、海岸、森林和空气的信托人①。普通法继承了罗马法的这一遗产,1215 年的英国大宪章是第一个保护捕鱼、通航等公共权利的法律文件,而这一制度曾在历史上影响了包括印度和美国在内的许多殖民地。②原本普通法的公共信托原则只限于水体。举例而言,在"伊利诺伊中央铁路公司诉伊利诺伊州"(Illinois Central Railroad Co. v. Illinois)案中,美国最高法院裁定,伊利诺伊州中央铁路公司所诉争的密歇根湖可航行水域底土的所有权,对于该州人民来说有十分重要的价值,伊利诺伊州政府是公民信托的持有人,水域底土所有权不能彻底转让,否则将妨碍公民对于航运、贸易、捕鱼等权利的使用。但是到了 19 世纪 70 年代,美国的萨克斯教授已经系统性地论述了公共信托原则在环境保护领域的应用潜力,指出某些环境资源对于全体公民来说十分重要,以至于不能私有,而应当提供给公民自由使用;政府作为公共信托的受托人,不能任意处分公共环境资源以服务私利,而必须为增加全体公民(甚至未

① 徐国栋:《优士丁尼法学阶梯评注》,167 页,北京,北京大学出版社,2011。印度法院对这一原则历史渊源的阐述,参见 MC Mehta v. Kamal Nath,(1997)1 SCC388,1996 (9)Scale 141,JT1996 (II)SC467,32。

② P. B. Sahasranaman, *Handbook of Environmental Law (second edition)*, Oxford University Press,2012,pp. 34~35。

来的公民）的利益实施行为。①

印度法院同样对普通法传统下的公共信托原则进行了改造,但最初印度最高法院的理解与美国法院有微妙的不同。在一系列案件中,最高法院都反复引用了印度最高法院法官克里希那·艾耶的观点,认为"法官是人类财产和世界伟大遗产的受托人"②,而没有直接将这一"宝座"让与立法或行政机关。③

印度环境法在晚近发生的调音不仅仅要应对新的立法变化,更需要结合对未来的想象以及对当下的理解,把过去发生的移调重新阐释。环境公益诉讼中,法院首先对基本权利进行了扩张解释,把环境权利作为生命权的自然延伸,进而通过宪法的请愿程序放宽诉讼资格、发挥令状制度的灵活性,希望运用法律将分层的社会结构中长期被忽视的群体重新联结起来。

在印度环境法领域,美国法的影响似乎无处不在,却又只是若隐若现。运用美国模式改造英国殖民者遗留的体系似乎是一条捷径,但是作为"调音师",印度最高法院从创设宪法公益诉讼之初就十分强调该制度的特殊性,在改造传统普通法遗产的过程中频频否认美国式司法能动主义的影响。

印度的法律文化和社会文化有归化的一面,因此在根据本土环境和需要继续进行移调和调音时仍需参照外来的"法律渊源"。但是,印度最高法院法官在初任"调音师"时就已经为自己设定了令人惊异的远大抱负——保护穷人的权益,实践社会能动主义。为达成这一目标,法院大胆变革法律程序使自身成为"熔炉"。在个案的裁判中,法院试图充当环境的保护者,希求守护弱势人群的基本权利、实现环境正义。虽然印度逐步形成的环境公益诉讼与美国的环境公

---

① 吴卫星:《论自然资源公共信托原则及其启示》,载《南京社会科学学报》,2013(8),112 页。

② P. B. Sahasranaman, *Handbook of Environmental Law (second edition)*, p. 35。

③ 一直到 *MC Mehta v Kamal Nath* 一案中,印度法院才引用伊利诺伊州中央铁路公司案,认为美国的实践提供了比原本普通法中公共信托原则更宽泛的理解。

益诉讼有很多相似之处,但是这一制度在印度却显示出与众不同的活跃性。相较于"一般区域",印度面对更为复杂的环境问题,这里的环境主义者也构想着更为多元、有时与西方模式完全不同的解决方案。① 在环境法律的世界体系中,印度不可避免地受到中心国家的影响,却也产生了独一无二的理念、制度与实践,由此将自身的影响力辐射到其他国家。在不断变化的调音中,移调也在持续发生,且并非总是单向的。

### 三、环境法治的现实图景

印度环境法治在移调和调音中何以呈现出与西方不同的特质?上文中,印度最高法院法官的判决书与著述为我们提供了来自"调音师"本人的自我期许和自我描述,某种程度上从内行法律文化视角给出了部分的解答;而要想进一步加深对这一问题的理解,或许需要将目光转向调音过程的其他参与者,进一步揭示印度社会环境法治观念的特殊性,理解对法律施加压力以创造社会变化的个人或团体的行动。环境法律调音的其他参与者在多大程度上同意法院的理想叙事?他们与法院的真实互动又呈现出何种样态?下面将截取印度环境法治现实图景的几个片段,探讨印度社会独特的环境正义观与环境运动形态,并借助案例分析进一步阐释印度法院在中必须应对的社会内在张力。

#### (一)环境正义与社会动员

自然是什么?如果我们不愿相信透过"科学之眼"进行凝视的绝对客观性与中立性②,那么我们就会意识到,对自然的想象也存在着各种"杂音"。进一步的追问随之成为必要:既然"自然"与其它事物一样在话语之中被建构,那么当我们谈论人类应当保护自然之时,我们在谈论些什么?谁又掌握着压制性的"权力"?

---

① [英]埃辛·奥赫绪:《比较法学家与特区》,[法]皮埃尔·勒格朗,[英]罗德里克·芒迪主编:《比较法研究:传统与转型》,李晓辉译,434 页,北京,北京大学出版社,2011。
② [法]米歇尔·福柯:《临床医学的诞生》,刘北成译,21 页,江苏,译林出版社,2011。

在近代生态伦理发展的过程中,西方的环境中心主义者在浪漫主义的文化传统和二元论的世界观影响下,往往将自然与工业文明相对立。特别是在美国,自认为是拓荒者后代的白人中产阶级产生了对于自然的一种独特想象 ——无人的荒野。①

正是"环境正义"的支持者敏锐地察觉到,环境伦理以现代生态学知识中无人的"自然"概念作为基础,实际上通过对自然的"建构"压制了其他群体对自然的想象。② 针对这一问题的反思在世界范围内都广泛存在,但印度的环境正义理论与实践显得格外活跃。

著名印度生态史学者古哈将印度社会中的人分为三类,他们分别是:居住在城市中、无节制消费的"无所不吃的人";居住在乡村与自然共存的"环境中的人";以及丧失生存环境的"生态难民"。在 20世纪后半叶兴起的印度环境保护实践中,部落民、森林居民、农民、渔民以及女性等弱势群体才是主体力量。正因为环境运动的主体由古哈所说的"生态中的人"或某种意义上的"生态难民"组成,印度环境运动对环境正义的关切是不同寻常的。

以印度最著名的环境运动"抱树运动"为例,该环境运动的起因并非为了保护"荒野",而是为了维持与环境密切相关的"生计"。由于当地妇女的生计依赖原始森林获取,原始森林被大量砍伐使得她们面临成为"生态难民"的威胁。1964 年,在喜马拉雅山区的高帕什渥(Gopeshwar)镇,当地女性自发组织起来,她们以甘地式的非暴力斗争方式组织运动,围抱住大树以阻拦商业砍伐③。到 20 世纪 80 年代,抱树运动逐渐发展出上百个村民自治基层社会网络,参与者以妇女为主。④ 抱树运动使得政府同意对森林的减少进行国家补偿,英迪

---

① 程虹:《寻归荒野》,191 页,北京,生活·读书·新知三联书店出版社,2011。

② 王韬洋:《有差异的主体与不一样的环境"想象"——"环境正义"视角中的环境伦理命题分析》,《哲学研究》,2003(3),32 页。

③ [印]帕麦拉·菲利普:《印度妇女的抱树运动》,吴蓓译,《森林与人类》,2002(2),25~26 页。

④ 张淑兰:《印度的环境主义研究》,《南亚研究》,2009(3),121~130 页。

拉·甘地政府还为此颁布长达 15 年的伐木禁令，喜马拉雅山区周围约 5000 平方米的森林因此得到了拯救。[①]抱树运动被认为是印度最成功的环境运动之一，它保护了"自然"，更保护了与自然共处的"人"。

在印度，政府的生态政治立场接近尼赫鲁主义，学者多接受生态马克思主义，以甘地主义为旗帜的草根阶级环境保护主义者则认为殖民者的发展模式和消费观带来了环境的破坏，在相当长的时间里，他们并不热衷于运用法律，甚至不热心于政治，而希望通过非暴力方式进行社会运动。不过，即便是印度保守的环保主义者通常也不同于西方典型的"荒野保护主义"，他们希望回到甘地描绘的印度传统村社，而非制造一个与人类社会割裂的荒野。[②]

或许也正是这种特殊的环境想象与环境正义观，使得在全球性兜售[③]中普遍得到青睐的美国模式在印度遭到顽强的抵抗，相似的制度在印度的环境法律文化中渐渐生长出特殊性，也引发了"一般区域"中难以想象的社会性动员。

（二）从环境运动到疑难案件

随着印度环境法治的发展，越来越多的环境运动开始在法律中寻求"正义"，一些行动者甚至选择直接借助司法系统来达成权利诉求。但是不可忽视的是，正如古哈的分类已经提示的那样，处于不同生态位的人们拥有不同的文化、传统与习惯，自然对于他们意味着不同的东西，甚至可能指向难以共存之物。"调音师"是否应当对此做出选择？还是说选择本身不可避免？在移调和调音中逐渐发展的环境法治对于这些群体来说究竟意味着什么？本文尚不能给出充分地解答，但是通过观察下文的两个案例，或许有助于理解社会现实中环

---

① Ramachandra Guha, *The Unquiet Woods：Ecological Change And Peasant Resistance In The Himalaya*, University of California Press，2000。

② 张淑兰：《印度的环境主义》，《马克思主义与现实》，2008(5)，100～103 页。

③ 一般地区的法律模式竞相向特区输出的现象非常普遍，参见［英］埃辛·奥赫绪：《比较法学家与特区》；［法］皮埃尔·勒格朗、［英］罗德里克·芒迪主编：《比较法研究：传统与转型》，李晓辉译，442 页，北京，北京大学出版社，2011。

境运动与司法判决的互动,而印度法院在调音中面对的社会内在张力与环境问题的复杂性也将得到部分的展现。

1. 市政固体废弃物案

1996年,环境运动组织者帕特尔(A. Patel)向法院提交请愿书[1],指出"错误和不充分"的垃圾回收处理方式正流行于全国范围内的各个城市。诉讼当事人认为相关政府部门忽视了宪法义务和法律责任,没有妥善地处理这些固体垃圾,因此违反宪法第21条所保护的享有生命和健康环境的权利。[2]

法院、上诉人以及印度联邦法律顾问达成了成立委员会的共识,法院特别指出"城市发展部"以及"环境与森林部"应当被纳入委员会中。上诉人和印度联邦法律顾问一起起草了市政委员会的成员名单。该委员共花费6个月时间准备其内部报告,并且为400多个城市的政府官员举行研讨会,各城市官员的评论也被纳入1999年提交的最终报告中。法院随后要求5个大城市的官员对委员会报告中的建议进行应对。

经过最终审理,法院通过一系列命令拟定了全新的固体废物管理规则,要求每个市政当局都必须在自己管辖的范围内建设对废弃物进行处置的基础设施,固体废物必须按照法院规定的程序来处置,废物处理的场所和设施必须符合法定标准,垃圾填埋场的选址必须谨慎,不得损害周围的自然环境。

这一案件是环境运动进入司法系统的一个典型例证,帕特尔在提起诉讼前就已经是颇具社会影响力的环境活动家,曾多次针对固体垃圾回收问题组织环境运动。在本案中,最高法院又一次扮演了强有力

---

[1] *Rampal v. State of Rajasthan*, A. I. R. 1981 R. A. J. 121。

[2] Lavanya R.: "Public interest environmental litigation in India: exploring issues of access, participation, equity, effectiveness and sustainability", *Journal of Environmental Law*, 2007, vol. 19, no. 3, pp. 293~321. 请愿书中指出,20%到80%不等比例的垃圾没有被回收,而即便垃圾已经被回收,也有至少10万吨以上的垃圾被丢弃在城市周边的道路、水道以及湿地中。

的环境保护者角色，将环境运动的目标通过判决的方式加以实现。

但来自环境组织的许多批评也指出，在市政固体垃圾案中，分别在四个区域举行的研讨会仅邀请了市政官员，而非政府组织则未被邀请，其中一名非政府组织的观察员表示她不得不"强行参与"，另一名则指出他不得不主动寻求委员会的"邀请"。除了研讨会之外，由于委员会的起草程序主要围绕科学技术这一中心，而较少关注将受判决影响的民众的意见，政府的技术专家占据了主导，而与当地社区联系紧密的非政府组织的声音反而被孤立在"外围"。[①]

法官在 2000 年 2 月 15 日的法院命令中还强调了贫民窟与固体废弃物的关联性，再一次引起了争议。贫民窟的确人口密度大，因此在整体上产生了数量可观的固体废弃物，但贫民窟的人均生态足迹极低；[②]与此同时，贫民窟实际上存在活跃的、组织有序的商业活动，也是印度城市中少有的穷人栖居地。法院对贫民窟的一味指责，被批评是中产阶级偏好的体现——更少的贫民窟，更清洁的空气，更少垃圾的街道，而这一切建立在穷人单方面的利益损失之上。

法院在 1970 年开始扩张诉讼资格时，曾指出印度的公益诉讼要应对"穷人的问题"，实现对印度社会的整体动员。但是从对本案的批评也可以看出，在现实之中边缘人群难以接近法院并充分表达诉求的情况仍然存在，法院建立委员会本是为了更好地调查或监督执行，但随之而来的程序指定与参与人员范围的限定在解决问题的同时却也留下了新的问题，不得不说是一种吊诡。

2. 讷尔默达河大坝案

讷尔默达（Narmada）河是印度第五大河流也是印度最后一条筑坝的主要河流，跨越了古吉拉特邦、马哈拉施特拉邦和中央邦三个邦

---

① Faure, Michael G., &A. V. Raja. "Effectiveness of Environmental Public Interest Litigation in India: Determining the Key Variables." *Fordham Environmental Law Review*, vol. 21, no. 2, 2010, p. 271.

② 王雪麟：《司法能动主义语境下的印度环境公益诉讼演进》，27～28 页，长春，吉林大学出版社，2014。

界。1940 年左右,在讷尔默大河上修建水坝的计划就已经进入了印度政府的议程。但河流途经的三个邦就成本和利益分配问题争执不下,难以达成共识,故而方案一再拖延。与此同时,关于修建水坝的争议逐渐升温,反对大坝修建的"河谷运动"也开始兴起。

讷尔默达河大坝的抵抗运动在初期就得到了相当广泛的国际支持,世界银行为此重新考虑和评估了大坝的修建计划,并于 1993 年中断了对大坝的资金支持。在世界银行退出后,讷尔默达河谷运动的国际性斗争开始减弱,但国内问题仍待解决。

关于是否通过法律诉讼解决国内问题,拯救讷尔默达运动组织(Narmada Bachao Andolan,以下简称 NBA)内部曾有过大量争论。很多河谷运动者认为法院是社会精英分子的机构,审判结果不会对河谷斗争有利。不过,NBA 在综合考虑局势后最终转向印度最高法院寻求机会。1994 年的诉讼中,NBA 指出讷尔默达大坝项目存在许多潜在的负面环境后果以及严重的人权问题,因而要求在判决中重新对项目作综合性评估,并请求法院命令暂时中止大坝的一切施工。①

印度最高法院在接受诉讼之初,对于河谷运动表现出了友善的态度。1994 年 7 月,法院公开了一份 5 人专家组作出的报告,认为讷尔默达河流的水文状况目前尚不清楚,并以此为由开启了审判。印度最高法院随后发布暂缓令确认讷尔默达控制机构(Narmada Control Authority)关于终止河床施工的决定。直到 1996 年的 8 月,法官仍然支持河谷运动者的诉求,拒绝撤销暂缓施工的禁令。但是到了 1998 年,审判的形式却急转直下——最高法院不仅拒绝进行此前要求各邦准备的、水坝项目相关的问题辩论,还在 1999 年年初颁布了暂时命令,允许水坝继续修建。② 不仅如此,NBA 的非暴力抵抗更被

① 张淑兰:《印度的环境非政府组织——拯救纳尔默达运动》,《南亚研究季刊》,2007(3),80~84、98 页。

② 这一剧烈的转变或许与法院内部的人事变动有关,在河谷运动者提起诉讼时,接受诉状的温卡塔奇莱(Venkatachalliah)和沃玛(Verma)法官对 NBA 较为友善。但由于印度法律规定最高法院法官在 65 岁时自动退休,河谷运动在审判庭中的支持者陆续离开。

认定为对法院的藐视。① 2000 年 10 月 18 日，最高法院下达了最终命令，大坝的修建被认为是有利于发展的工程，而对于此类工程，最终决策权属于政治机关而非法院。

在河谷运动的判决中，法院在论证中引用美国的河鲈科小鱼案的判决词，同时又这样写道："公益诉讼膨胀并企图完成其实现社会生活公正的野心……但公益诉讼的气球不应当膨胀过大以至于使自身破裂……仅有当任何规范性文件没有被遵守、当作为或不作为触犯了法律，法院才应当介入。在本案中，没有任何指令与现行法律冲突。"

以讷尔默达河案为代表，法院区分"发展"与"污染"案件，默认所有经由政府主持程序通过的发展计划从根本上是善意和无害的。②在调音过程中确立的预防原则并没有得到援用，在讷尔默达河案件之后，大型工程的建设几乎无一例外地得到了法院支持。③ 法院对特定案件采取"不插手的原则"（Hands-Off Principle），实际上声援了所有发展项目的合法性，而忽视了印度社会对"发展"这一概念多元化、差异化的理解。

在讷尔默达河大坝问题进入法律程序后，河谷斗争相关的直接政治行动已经越来越少。运动背后的社会抗争动力慢慢消退下来。④印度最高法院的裁决更是从根本上否认了河谷斗争的合法性。在判

---

① Balakrishnan Rajagopal, "Social Movements of Misplaced People and their Use of Law as a Tool of Resistance: Lessons from the Narmada Valley Dam Projects in India", in *Law and Globalization from the Below: Towards Cosmopolitan Legality*, Cambridge University Press, 2005.

② 这一观点不仅体现在讷尔默达河大坝问题上，早在 1987 年的寂静谷案中，最高法院就已经指出其对"此类政策"不适宜进行判断，因此在判决中没有考虑环保组织关于寂静谷中的森林植被、环境多样性可能因为工程遭到破坏的论点。在加尔各答泰姬酒店案中也涉及类似问题，该案中原告指出建设五星级酒店选址于动物园附近，其特殊位置计划可能危害周边环境，但最高法院拒绝依据宪法对政府的政策作出实质判断，对政策表示尊重。

③ 在 *ND Jayal v. Union of India*, AIR 2004 SC (Supp) (1) 867. 中，法院再次通过讷尔默达河的判例论述了水坝的无害性，拒绝使用预防原则。

④ 张淑兰：《印度的环境非政府组织——拯救讷尔默达运动》，80～84 页。

决被作出后,中央邦曾向法院提交请愿书,公益组织也继续尝试诉讼及其他手段寻找阻止大坝修建的方式。NBA 的领导者之一帕特卡尔表示:"我们过去一直与政府作战,现在,我们将与法院的判决作战。"在裁判之后,不满的 NBA 重新参与到社会运动之中,尤其是投身到对水坝高度有重大影响的选举政治之中,河谷运动不仅仅为环境以及移民所失去的生活而战,这一运动也将与印度的发展政策作持续斗争。①

正如奥赫绪所言,法律移调的影响不仅存在于法律体系之间,而且存在于社会文化与法律体系之间②,因此对于法律文化的研究也十分重要。通过初步考察能够发现,当印度环境运动的行动者进入到法律系统中,法律语言主导了这一阶段的讨论,社会运动或多或少被司法程序稀释或延缓,这一点在河谷运动中尤为明显。但是,面对复杂的社会冲突和多元的环境想象,印度法院是否能够通过调音使得环境法治的"移调"成功? 在其他参与者看来,法院最初承诺的"正义"是否能够实现? 这些问题都有待进一步分析和研究。

## 结论

如何定义成功的"移调"和成功的"调音"? 如果我们同意勒格朗的观点,那么"移调"本身就是不可能的,更不必提成功与否的标准;而即便我们接受这一隐喻,确定成功的标准与寻求德沃金所说的最佳解释一样,是一个十分复杂难解的问题。

回顾印度环境法近半世纪来的变化,印度最高法院的调音依托于公益诉讼制度,通过大量的判决解释环境权利的宪法性,在系统的运作中逐步建立起独具印度特色的环境法治体系。不过,对印度社会环境法治观的分析以及对环境运动司法化的讨论提醒我们,印度

---

① MK Prasad, "Silent Valley Case: An ecological assessment", in P Leelakrishnan (eds), *Law and Environment*, Eastern Book Company, 1991, p.116。

② [英]埃辛·奥赫绪:《比较法学家与特区》;[法]皮埃尔·勒格朗、[英]罗德里克·芒迪主编:《比较法研究:传统与转型》,李晓辉译,427 页,北京,北京大学出版社,2011。

法院的调音仍然面临不少理论与现实难题。

　　法院的调音同时显现出两种略显矛盾的特质。一方面，以巴格瓦蒂为代表的最高法院法官希望发展具有印度特色的观念与制度，突破普通法强烈的个人主义和严格程序的束缚，为所有公民，尤其是边缘人群提供触手可及的救济；另一方面，印度法院似乎也认为到法律系统仅仅是社会子系统的一部分，越来越强调在部分案件中采取司法遵从的立场，希望将法院从复杂的政治判断中解救出来。[①] 然而，法院对调音的道德期许留下了滥诉风险以及对权力分立原则的动摇，司法遵从在尝试"折中"的同时又不可避免地割裂了对基本原则的适用。在 2008 年的印度全国环境法司法趋势咨询批评会议上，关于印度法院抛弃环境的尖锐质疑已经出现。[②]

　　印度最高法院对于自身的局限有所察觉，最新的变化趋势主要是提升专业技术知识和案件处理效率。在恒河污染案[③]，纳尤杜案[④]以及"印度环境法律行动委员会诉印度联邦政府"[⑤]三个案件中，最高法院都指出需要设立专门的环境法庭，以此缓解审理中出现的技术知识不足和时间压力问题。印度的国家绿色审判庭（National Green Tribunal）构想已经通过立法得到实现[⑥]，机构于 2010 年开始了运作。国家绿色审判庭实际上是在地方各省层面的专门环境法庭，其审判过程的一个独特之处在于，环境知识的科学专家与法官是具有同等地位的联合决策者。2012 年，印度最高法院将所有环境公益诉讼案

---

① 印度公益诉讼近年来在部分案件继续采取环境保护者姿态，而在某一类案件上采取"司法遵从"的立场，但两者的区分标准令很多环境保护者难以接受，有学者将这一现象描述为判决的"非对称性"。Manoj Mate, "Globalization, Rights, and Judicial Review in the Supreme Court of India", *Washington International Law Journal*, vol. 25, 2016, p. 643.

② Vipin Mathew Benjamin, *Has the Judiciary Abandoned the Environment?.*, Human Rights Law Network, 2010, pp. 1~38。

③ *M. C. Mehta v. Union of India*, AIR 1987 SC 965.

④ *A. P Pollution Control Board v M. V Nayudu*, 1999(2) SCC 718 and 2001(2) SCC 62.

⑤ *Indian Council for Enviro-Legal Action v. Union of India*, 1996(3) SCC 212。

⑥ The National Green Tribunal Act 2010.

件转交给国家绿色审判庭,实际上使得国家绿色审判庭取代了高等法院,成为环境公益诉讼的初审法庭。国家绿色审判庭保留了此前环境公益诉讼制度的特征,但新的变化使得司法治理的专业性和科学性进一步加强。[①] 通过设立功能专业化的国家绿色审判庭,印度最高法院似乎希望通过进一步增加司法系统自身的复杂性以应对环境问题的复杂性。

印度环境法律是否已经在调音师的引领下经历新一轮的"调音"? 如果是,调音的其他参与者会又给出怎样的回应? 让我们拭目以待。

---

① Gitanjali Nain Gill, "The National Green Tribunal of India: A Sustainable Future through the Principles of International Environmental Law", *Environmental Law Review*, vol. 16, no. 3, 2014, pp. 185~189。

# 艺术品拍卖中的拍卖人对委托人责任研究
## ——以瑞士法为例

郑　臻<sup>*</sup>

### 一、问题的提出

　　拍卖活动缘起于古巴比伦的"新娘买卖",历经千年风霜洗礼而依旧不减其在国际交易中的风采,甚至从某种意义上说,针对交易稀有、极高价值的物品而言,拍卖成了无可替代的存在。竞拍者们往复报价,拍品价格以非理性的速度与层级攀升,这是拍卖的本质与魅力所在,同时也是其必须被规制的原因所在。通过法律,我们试图规范拍卖三方的权利义务,从而控制这种暴利所带来的交易秩序的甚至人心上的"恶欲"及其所带来的种种表现。但长久以来,拍卖人对委托人的义务承担问题似乎被学界忽视,尽管这也是规范拍卖行为的很重要的一环。

　　试举一例,在 2014 年 9 月 18 日宣判的陈超与上海宣化展览服务有限公司委托合同纠纷案中,被告上海宣化公司称原告陈超持有的"千叶岩宝石"价值连城,并与之签订委托合同,同时收取前期服务费

---

＊　郑臻,中国人民大学法学院,法学博士,博士后。

用 1 万元,随后被告委托在案外人上海金堂拍卖有限公司在拍卖会上展出该石,最后因拍品流拍而拒绝退还原告服务费。[①] 在原被告所提供的证据中,我们发现,原告提供了上海中宝宝玉石鉴定所的鉴定报告,称这是一颗主要成分为碳酸岩的普通玉石,没什么价值;被告提供了委托拍卖合同,称客户(指原告)自报底价为 180 万元;同时提供了案外人拍卖会的宣传图册,图册上显示该拍品的底价也是 180 万元。[②]

如果不考虑证明材料真伪情况,根据上述材料我们可以有两点假设,其一为拍卖人没有对拍品进行鉴定,直接采用了顾客报价;其二为拍卖人故意或者过失的错误鉴定了拍品,导致认同了顾客的报价。无论是哪一点的假设,其实都可以归结为拍卖人没有或者没有适当对委托人的拍品进行鉴定。那么对委托人而言,拍卖人应当承担鉴定义务吗? 没有或者没有适当履行鉴定义务又该如何处理便成了一个需要研究与讨论的问题了。

## 二、我国有关规定的综述与分析

拍卖人对委托人承担的义务内容,主要由双方签订的委托拍卖合同承载。就委托拍卖合同的性质而言,可以将其归结为委托合同的一种,受到《合同法》的约束,同时就拍卖部分也受到《拍卖法》与其他有关法律法规的约束。[③]

---

① (2014)松民一(民)初字第 7176 号判决,详见网址:https://www.itslaw.com/detail?judgementId=77fe8578-f8aa-4dea-9e1a-6ed1d1733f86&area=1&index=20&sortType=1&count=21&conditions=searchWord%2B%E4%B8%8A%E6%B5%B7%E5%AE%A3%E5%8C%96%2B1%2B%E4%B8%8A%E6%B5%B7%E5%AE%A3%E5%8C%96&conditions=trialRound%2B1%2B8%2B%E4%B8%80%E5%AE%A1,浏览于 2017 年 11 月 7 日。

② 同上。

③ 我国《合同法》的委托合同一章规定了拍卖人对委托人的四条义务,分别为服从指示义务(第 399 条)、亲自处理义务(第 400 条)、告知义务(第 401 条)与财产交付义务(第 404 条)。《拍卖法》也规定了拍卖人四条义务,分别是保管义务(第 19 条),亲自处理义务(第 20 条),保密义务(第 21 条),禁止自拍自买义务(第 22-23 条)。

基于委托人对拍卖人专业知识与技能的信赖,辅之以拍卖市场拍品质量良莠不齐的现状,势必会要求拍卖人承担的义务更为精细化,专业化。但是在我国法律关于拍卖人(受托人)义务的表述中,我们可以发现,鉴定或者与之相关的义务,法律并未详加阐述。另外,对于没有鉴定或者鉴定错误的情形,或可以依照《合同法》第 406 条来处理。但是其中"过错"一词的表述更多形容对注意义务的违反。[①]因此,鉴定与注意义务的关系仍需理清。根据域外的理论与实践,注意义务的程度又分为三种,一是正常情况下一般人即可尽到的注意程度;二是平日处理自己事务所用到的注意程度;三是"善良管理人"的程度,[②]鉴定又是处于注意义务的何种程度? 另外,在因拍卖人雇员过失或者拍卖人委托了第三方专家的情况下,没有鉴定或者错误鉴定的责任又应当如何承担? 最后,作为一种约定义务,鉴定责任是否可以免除? 又应当怎么免除? 凡此种种,无一不是需要认真对待的问题。

### 三、瑞士法的规定

在没有鉴定或者错误鉴定的背景下,瑞士法对于拍卖人所承担的义务规则有着比较详尽的规定,其主要法律渊源来自于《瑞士债务法》总则部分以及分则的买卖合同一章。根据该法,拍卖人对委托人承担义务的规则主要由两个部分构成,一是拍卖人所承担义务的分类;二是对这些义务的免责规定。即使委托人仅仅要求拍卖行简单的评估和鉴定一件艺术品,而不考虑服务的酬劳,瑞士法律也可以迅速将这一要求描述为代理关系。提出评估和鉴定意见的专家通常受合同约束,除非其明确表示无意向成为该合同的当事人。

在 Emile Gallé 台灯案中[③],苏富比(苏黎世)拍卖行被委托人要求鉴定 Emile Gallé 的灯并向其提供的报价。联邦法庭调查后认为,

---

① 屈茂辉:《论民法上的注意义务》,载《北方法学》,2007(1),22～34 页。

② 杨立新:《侵权法论》(上册),144～146 页,北京,人民法院出版社,2013。

③ Federal Court Ruling 112 II 347。

由于苏富比(苏黎世)拍卖行向伦敦专家发送了一张灯的照片,此行为表示拍卖行已经在认真分析他们将得到的利益。此外,苏富比(苏黎世)拍卖行已经可以称为接收了该灯,因为在第一次评估过程中,苏富比(苏黎世)拍卖行已经传达给原告某些信息,表示这件拍卖品会获利并要求佣金。因此,联邦法庭认为,拍卖行提供鉴定的目的是为了促进拍卖,并且希望这个潜在的拍卖可以进行,进而认为,拍卖行已经进入了与原告的合同关系。苏富比(苏黎世)拍卖行辩称他们只是向伦敦的公司请求专家意见,并没有承诺的意思表示。但是联邦法院认为,苏富比(苏黎世)拍卖行已经让原告相信是他们而不是伦敦公司负责鉴定。[1]

当拍卖行的首次鉴定或者评估时,如果专业服务是免费提供的,有可能会缩小拍卖人的责任范围。另外,根据《瑞士债务法》第 99 条第 2 款规定,[2]如果鉴定过的拍品流拍,因此导致拍卖人从委托合同中没有获得任何利益,那么,拍卖人的责任将会更加轻微。最后,即使拍卖人和委托人之间的合同无效,或者合同不存在,拍卖人仍有义务以适当的技巧和谨慎态度对艺术品进行鉴定和估价。联邦法院曾有一个规则:在其领域内掌握某些特殊技能或信息的任何人,如果他决定提出建议,那么建议必须是真实的。[3]如果请求人要求的信息是非常容易识别的,那么被请求人不能隐瞒或者提供虚假信息。在没有任何合同的情况下,拍卖人在明知信息对请求者来说非常重要时,仍向请求者提供错误信息,或者拒绝提供基本信息,可以要求拍卖人承担侵权责任。这种责任是否可以被拍卖人在合同中的免责条款排除,目前仍有争议。

如前所述,如果拍卖人与委托人之间存在代理关系,那么他需要承担相对应的法定义务,这种义务在《瑞士债务法》中主要分成两个

---

① Federal Court Ruling 112 II 347,351。

② 《瑞士债务法》,戴永盛译,54 页,北京,中国政法大学出版社,2016。

③ Federal Court Ruling 111 II 747,同时可以参考 Luc Thévenoz, "The Responsibility of the Expert in Art Objects according to Swiss Law", *Art Law*, vol. 1, 1999, p. 47。

部分,勤勉义务与忠实义务。

### (一) 勤勉义务

《瑞士债务法》第 398 条第 2 款规定,拍卖人应对其鉴定工作勤勉尽责。无论是拍卖行的专家抑或是第三方专家,其勤勉义务程度主要是通过分析各个当事人已经明示或者暗示同意的方式来确定的。[①]例如根据双方合意,只要求专家查阅特定的档案,而不进行科学鉴定,或者只调查依赖特定艺术家的作品目录中的条目,而不对其他可能的条目进行调查。如果当事人对勤勉义务没有做出约定,那么勤勉履行的义务就要根据客观标准界定,也就是在相同的情况下,一个具备专业知识人员应该有的勤勉程度。勤勉义务的责任标准则需要具体问题具体分析,考虑包括艺术品鉴定难度,鉴定所必需的合理时限以及艺术品的重要性等因素来综合决定。如果专家因其声誉而使委托人产生合理期待并为此付款的话,那么他的勤勉义务就会更高。一些法律学者相信,对于一位艺术家或者专门研究某一时期或时代艺术品的知名专家,当事人可能会期望这些具有特殊技能和知识的鉴定人提供符合其身份从而高出一般鉴定人的鉴定意见。同时这些专家还会承担一般专家可能被免除的过失责任。

也存在这么一种情况,即对某件艺术品的鉴定超过了拍卖行所掌握的知识的范畴,例如这件艺术品缺少作者信息,或者拍卖行缺少这件艺术品所在时代或时期的必要鉴赏力。在这种情况下,拍卖行可以咨询第三方专家或者不接受该委托。总的来说,除非负责鉴定的专家根据目前科学知识,即使经过仔细认真的检查,也不可能鉴定出来真伪外,其不能因为自身技能、经验或者知识的缺失而成功主张免除责任。[②] 同时拍卖行也不能因自身原因主张过失的免除。

勤勉义务旨在确定专家是否认真进行鉴定,或者说在鉴定的过程中是否遗漏了某些重要的要素或者信息,而非确定专家鉴定意见

---

① 《瑞士债务法》,戴永盛译,179 页。

② Christine Chappuis, "Authentication of Works of Art: Responsibility of the Expert and Qualification of the Contract in Swiss Law". *Art Law*, vol. 19, 2007, p. 56。

是否准确。这一目的也适用于在拍卖开始前进行拍品鉴定与估价的拍卖人。即当进行鉴定与估价的拍卖人在考虑某些事实,执行特定的鉴定技术,或者采取了不同的鉴定策略时,可以预见到他将要承担何种的勤勉义务。

同样的规则可以适用于拍卖行错误鉴定拍品的案件上。如果拍卖行能够证明它的鉴定过程是与同等条件下其他拍卖行的预期与勤勉程度相一致,并且直至拍卖当日,该种程度的预期与勤勉程度仍为大家普遍接受的话,那么即便出现了鉴定错误的结论,该结论也不会对拍卖行不利。[①] 相反,如果拍卖行被证明未尽职责,那么它将承担违反委托代理义务的责任,这相当于拍卖行违反了代理合同。法院也将根据具体情况甄别拍卖行是否在鉴定过程中忽略了某些足以引起关于鉴定准确性的怀疑的因素或指标。总的说来,确定必要的勤勉义务在拍卖人的责任认定中起着至关重要的作用。[②] 因此那些掌握或声称自己掌握较高专业知识的大型拍卖行应该要承担与其专业知识相称的勤勉义务。

然而,拍卖行可能会声称,他们收到的大量货物使得对每一个寄售的拍品进行彻底的研究是困难的,甚至是不可能的。同时根据委托合同和对委托人有约束力的商业条款,委托人必须向拍卖人保证,所有提供的财产信息,包括任何与鉴定有关的信息都是准确的。但是就错误鉴定的情况而言,委托人通常对自己所有的艺术品的真伪与估值问题了解很少,甚至完全不了解。[③] 他们完全需要依靠拍卖人或者鉴定人的专业知识来鉴定和估价委托财产。而根据勤勉义务的要求,在艺术品拍卖开始之前,拍卖人应该给与他们的委托人一些审查的标准。因此,拍卖人不能单纯依靠委托人提供的信息,而是应该依照拍卖行的审查标准,对委托人的合理预期进行验证。

---

① Federal Court Ruling 93 II 19, 21。

② Federal Court Ruling 127 III 328, 331。

③ Ibid。

### （二）忠实义务

同样是根据《瑞士债务法》第 398 条第 2 款的规定，作为委托人的代理人，拍卖人有义务忠实履行委托合同，从而产生了两项义务，一是以委托人利益行事的义务，二是告知义务。

#### 1. 以委托人利益行事的义务

原则上来说，拍卖人必须维护委托人的利益，并将其置于任何其他利益之上。但是实际情况是，拍卖人更加关心拍卖的具体执行，因为拍卖人的佣金是根据拍卖最终的销售额来确定的。忠实义务要求拍卖师采取一切必要的措施以保证代理的成功，并避免采取任何可能与委托人利益相冲突的行为。因此，根据《瑞士债务法》第 397 条第 1 款，拍卖人必须遵照委托人的指示，在与委托人共同商定的范围行事，除非有《瑞士债务法》第 397 条第 1 款后半句规定的原因，否则拍卖人不能忽视委托人的指示。例如，如果委托人不想咨询某个机构，即使这个机构可能带来正确的结果，拍卖人也不能擅自咨询。对于委托财产鉴定的研究范围，通常的委托人一般不会给出任何指示，因此几乎完全由拍卖人自行决定。[①]

对于被错误鉴定的艺术品而言，其鉴定的过程常常受到拍卖人与委托人利益紧张关系的影响。从效率层面来说，由于拍卖人并非只针对某一件艺术品进行鉴定，在没有特别约定的情况下，他们通常会采用较为迅速的方式处理；而委托人的情况则刚好相反，作为委托财产的艺术品，对于委托人来说是唯一的，他们通常会期待拍卖人进行全面的鉴定。从成本角度出发，拍卖行具有盈利性，因此期望整个拍卖的成本降到最低；而委托人——作为一个理性的自然人，当然希望尽可能的避免费用。[②] 理论上，拍卖人应该把委托人利益放在自己的利益之上。但是实践中这一点则经常被忽略。

拍卖人有义务以委托人最佳利益行事的另一方面是在拍卖物品

---

① Luc Thévenoz & Franz Werro(eds)，*Comment Romand*，*Code of Obligations* 529 CO，2003.

② Rolf H. Weber，*Basler Kommentar*，*Obligationenrecht I*，Art. 398，n. 27.

时获得最高的拍卖价格。在错误鉴定的情况，假如艺术品的价格被低估，就意味着拍卖人通常没有遵守这项义务。但是如果价格被高估，那么从某种程度上来说，拍卖人非常"完美"地完成了这项义务。

因此，当拍卖行未能准确鉴定艺术品时，委托人的最佳利益责任的两个方面通常受到影响：拍卖行在拍卖准备过程中优先考虑自己的利益，同时艺术品的价格有可能被低估。总而言之拍卖行在准备拍卖时的优先顺序，引起了利益冲突。

2. 告知义务

告知义务是指拍卖人应该如实告知委托人，他们勤勉地履行服务代理行为状况的一种义务。这可能是一种合同义务也可能是一种前合同义务，有学者认为，这一义务来源于诚实信用原则，同时也有学者高度赞扬其在艺术品拍卖领域的适用。[①] 这一义务的范围主要取决于各方的知识程度、专业化程度以及获取信息的程度。根据这项义务，拍卖人必须不断告知委托人艺术品潜在的分析方法、销售成本、预期鉴定程度等等。具体而言，即使结果不尽如人意，例如艺术品有可能是伪造的，或其来源存在瑕疵导致影响贬损成交价格，拍卖人也必须如实地通知委托人在鉴定过程中遇到的艺术品鉴定中的任何疑虑。但是，并非所有重要事实，拍卖人都需如实告知委托人。如果拍卖人未告知的事实是委托人知道或者应该知道的，那么这样的责任可以免除。[②]

在错误鉴定的背景下，告知义务意味着拍卖人需要告诉他们的委托人，在什么程度上进行了鉴定，以及他们采用了什么样的分析方法来鉴定艺术品和确定估价范围。简而言之，委托人必须了解其代理人正在进行的项目的一般性分析。[③] 此外，如果拍卖人对已经做出

---

① Luc Thévenoz, "The Responsibility of the Expert in Art Objects according to Swiss Law", p. 36。

② Federal Court Ruling 93 II 19, 21。

③ Joëlle Becker, "Auction of Works of Art in Swiss Private Law: representation, contractual relations and liability", *Art Law*, vol. 21, 2011, p. 130。

的鉴定结论的准确性有一定的怀疑,无论是艺术品作者、年代或者出处,可能比原有的鉴定结论更有价值或者更没价值,拍卖人应该将这些信息准确地传递给委托人。鉴于拍卖人和委托人之间鉴赏力的不平等,遵守告知义务尤其重要。因为在大多数情况下,委托人的重大决策需要拍卖人自身的专业知识与提供的信息。

### (三) 免责条款

瑞士法律规定了相当广泛的合同自由,对于拍卖有关的合同限制很少。大部分合同条款在当事人没有约定时仅一般适用,与合同有关的特殊条款通常不具有约束力。但是委托拍卖合同中的拍卖人却可以回避承担错误鉴定与估价的责任,因为免责条款的适用可以让拍卖目录上的描述免于受到合同有关法律的追究。

需要指出的是,一旦当事人选择了包含免责条款的合同,那么该免责条款就要受到某些法定限制,在瑞士法中,这种限制一方面来说根据做出鉴定的人的不同而不同;另一方面拍卖行拍卖规则也会同样受到限制。同时,消费者法可能会使得包含于拍卖行拍卖规则中的误导性免责条款失效。

### 1. 过失免除责任的法定范围

《瑞士债务法》有一套独特的责任免除规则,就拍卖中的鉴定错误责任,依照实施鉴定行为的主体的不同而有着不同的规定。从主体的分类上说可以分成三个层次,分别是《瑞士债务法》第 100 条规定的拍卖行免责规则、第 101 条规定的拍卖行中辅助人免责规则与第 398 条第 3 款规定的第三方专家免责归责。

要注意的是,根据《瑞士民法典》第 55 条的规定,如果鉴定专家想要适用《瑞士债务法》第 100 条的免责规则,那么他必须要"通过交易和其他行动来约束公司",例如专家在拍卖行内担任领导职务,或拥有法人实体公司章程下的决策权。如果专家仅仅是在鉴定中处于收取鉴定费用或者促进拍卖进行的地位,而无法约束拍卖行的话,那么他将仅仅适用第 101 条的规定。

(1) 拍卖行的免责规则

根据《瑞士债务法》第 100 条第 1 款的规定："预先排除故意或者重大过失的约定无效。"该规则是建立在缔约方之间存在的自然信任的基础上的，也是对有意影响合同履行的当事人的一种法定限制。[①] 然而，关于这些免责条款失效以后的后果，学者们有不同看法。大多数学者认为，免责条款并不像前文所说的那样没有法律效力，但是免责条款对责任的限制被降至最低限度。[②] 专家严重违背一个善良人在同样职位、同样状况下理应注意到的勤勉义务，致使其鉴定行为出现重大过失。例如，一位专家肆意罔顾重要事实，或者不披露对作品真实性的质疑导致对艺术品的鉴定出现了重大过失。在这种情况下，当由于严重疏忽而发生错误时，拍卖人对于错误鉴定的免责条款将不适用。

《瑞士债务法》第 100 条对保护被低估艺术品的作用不太大。因为拍卖人往往对更有价值的鉴定结论抱有很大兴趣，通常不会有意或无意忽略那些使得艺术品升值的重要事实或者信息，不论这些事实或信息是否容易发现。[③] 实践中，除非拍卖人忽略了那些最本质最基础的或者足以引起对艺术品鉴定结论进一步调查的事实，否则这一条款通常处于沉默状态。

被瑞士法律允许的限制或免除责任的疏忽程度由有关轻过失的法律规定，因此，当事人可以提前免除拍卖行在执业时轻微疏忽的责任。专家的勤勉实际上并不受到当事人的合同自治的约束，因为专家有自己的勤勉义务；[④]相反，通过免责声明，双方可以将专家的责任程度仅限制在执行代理中。例如大多数拍卖行在其委托协议中规

---

① 《瑞士债务法》，戴永盛译，34 页。

② Alexander Jolles, and Isabelle Roesle. "Design of the Expert Contract in Swiss Law", *Art and Law*, vol. 2, 2013, p. 40。

③ Ibid。

④ Ernst Wolfgang, "Legal Foundations and Contractual Relationships-Legal Issues of the Art Auction." paper presented at University of Zurich April 13, 2011, p. 6。

定,他们对支付费用的委托人财产的损失或损害负有相当的责任,有一些拍卖行还规定,如果确实需要承担责任,他们必须赔偿买受人或者委托人的损失或者损害。但是这些拍卖行同时规定了这种责任的金额上限,考虑到艺术品在错误鉴定前后的价值有着巨大的差异,对于拍卖行而言,赔偿金额上限的限制与拍卖行的鉴定行为息息相关,因此,赔偿金额上限的限制也必须符合第 100 条第 1 款的规定,只适用于轻微的疏忽。

有学者也认为,对于服务行业的合同关系,不允许免除对于轻过失的责任,因为此类合同的特点是服务提供者(例如拍卖中的拍卖人)有意对服务接受者施加勤勉义务。这种说法的原因在于,对于特定的服务行业来说,谨慎执行合同就是这些行业的基本特征。如果服务提供者可以在谨慎执行合同的同时免除执行中的轻微过失,那么合同义务就会受到损害。① 根据这一观点,艺术品遭到错误鉴定的委托人将有机会成功地向拍卖行提出过失鉴定赔偿的主张。拍卖行不仅要对故意忽略某些事实而导致的错误鉴定负责,而且在履行勤勉义务时所犯的简单失误也需要在考量同等情况下一般专业人员的勤勉程度与拍卖人的特殊技能和知识后承担责任。因此,拍卖人将对鉴定过程中的任何其他拍卖人不会造成任何轻微的失误从或因粗心大意而误解负责。

尽管如此,限制免责条款的扩大解释,寻求真正有利于艺术品遭到错误鉴定当事人方面面临着两大障碍。第一是瑞士联邦法庭和大多数法律学者严格将第 100 条第 1 款适用于代理关系,从而允许拍卖人对轻微的疏忽不承担责任。理由在于,勤勉在代理关系中体现出来的是两个方面,一是对主体勤勉,即像一个正常的谨慎之人在类似的处境下应有的谨慎那样去履行职责;二是过失程度,即代理人有理由相信他的执行是符合被代理人利益的最佳方式。勤勉的第一种体现通常是无法弱化的,拍卖人必须认真履行合同义务。而第二种体

---

① Federal Court Ruling 115 II 474,479。

现却可以被免责条款影响，即规定了拍卖人不需要避免的过失程度（例如轻微的疏忽）。这意味着拍卖人免受某些损害，其风险由委托人承担。第二是即使禁止免除轻微过失责任会使委托人有能力无视与拍卖人在合同中免责条款。但是委托人还是不得不继续寻找有资质的鉴定人来确定艺术品的价值或进行进一步的研究。这将大大增加了艺术品鉴定的成本与难度。[①]

此外，《瑞士债务法》第100条第2款规定了一项特殊的条款，可能会给予委托人更大保护，该条规定"预先放弃向他方主张轻过失责任的表示……其责任系因特许经营业而发生者，法院得依其衡量，认定其无效"。但是有学者主张拍卖并不在这一条的范围之内，原因在于，即便拍卖行业受到当地或者国家行政机关的管理与监督，但是不能因此而确定拍卖属于"特许经营"。[②] 而且第100条第2款旨在保护交易中没有议价能力的当事人，因为他们正在和具有垄断地位的另一方当事人签订合同。而拍卖中的委托人可以选择将自己的财产托付给任何拍卖行，同时在与拍卖人的磋商中，他们也具备一定的议价能力，因此拍卖中的委托人不宜适用该条保护。但是从前文所述的拍卖人与委托人的比较中，我们可以发现，就对艺术品的鉴赏力与掌握艺术品的专业知识的程度观之，一般来说，委托人与拍卖人还有比较大的差距，而在实践中，有关艺术品的拍卖仍然由拍卖人居于主导地位，相较于拍卖人，委托人尽管拥有议价能力，但是其"弱势群体"的地位还是显而易见的。但是不幸的是，相较于其他国家特许经营行业而言，拍卖行业的特许经营性体现的不够明显，因此拍卖不太可能受到第100条第2款的特别保护。

总而言之，除非存在故意或者重大过失的情况，否则作为拍卖人的拍卖行可以有效免除其应当承担的责任。

---

① Federal Court Ruling 123 III 165，170。

② Joëlle Becker，"Auction of Works of Art in Swiss Private Law：representation，contractual relations and liability"，p. 127。

(2) 辅助人的免责规则

《瑞士债务法》针对拍卖中的辅助人提供了不同于拍卖行的免责规则。根据《瑞士债务法》第 101 条第 1 款的规定："由与其有法律关系的辅助人…或者雇员以合法的方式履行其义务或实施其权利的人,应当对其辅助人履行其职责过程中对第三人造成的损害承担赔偿责任。"合同的各方当事人也可能根据《瑞士债务法》第 101 条第 2 款的规定,限制或者免除此一责任,范围限于故意或者重大过失。① 负责鉴定的拍卖行专家属于例外的情况,并可以从中获益。

《瑞士债务法》第 234 条第 3 款明确规定并允许除故意欺诈外,在公开拍卖中免除拍卖人的瑕疵担保责任。如果发生故意欺诈,那么买受人有权根据瑕疵担保获得赔偿。拍卖中的瑕疵担保免除条款适用于买卖合同的关系,也就意味着,在大多数的间接代理的拍卖中,拍卖人以卖方的身份与买受人交易。而该条款并不涉及委托人,即便拍卖人有意欺诈委托人,委托人也可以根据《瑞士债务法》第 28 条第 1 款有关故意欺诈的规定主张合同无效。据此,欺骗方必须以直接故意(dolus directus)或间接故意(dolus eventualis)行事。② 艺术品鉴定错误要适用这个规则,拍卖人必须诱使委托人同意在不利条件下,以虚假承诺的方式出售其财产。拍卖人必须准确认识到他做出了虚假承诺,或者有意避免查明该主张是否精确,并且在其表现出精确状态时抓住其其实是错误的机会。拍卖人有坚定意图去欺骗合同当事人,因为即使知道结论一定错误,但也不会因此而阻止他缔结合同,例如拍卖人可以在对艺术品作者一无所知的情况下,就对艺术品的真伪做出明确声明。这样做的法律后果是,委托协议对委托人不具约束力。

如前所述,拍卖人会通过获得最高价格的方式保持其经济利益。一旦拍卖人在拍卖开始前意识到错误的鉴定会对预期的最高价格产

---

① 《瑞士债务法》,戴永盛译,34 页。
② Federal Court Ruling 123 III 165,168。

生不利影响,那么他定会认真地对待,并进一步调查委托财产。因此,把一个艺术品的错误鉴定归咎于拍卖人的故意欺骗似乎是不可思议的。

无论如何,第 28 条第 1 款是强制性的,不得通过当事人合意放弃。因此,为确定对委托人具有约束力的拍卖人的免责范围,第 28 条需要与第 101 条一并阅读。

对于拍卖的辅助人责任而言,很重要的一点是,拍卖人要对其辅助人的选择、指导和监督承担责任,虽然《瑞士债务法》第 100 条第 1 款规定的拍卖免责条件比较严格,即仅在轻过失程度可以免责,但是瑞士成文法与判例中,对拍卖准备期间内拍卖人选择、指导和监督辅助人的责任却规定得比较模糊。例如下列情形可以被视为重大过失:负责拍卖准备工作的雇员,在他被要求制作拍卖目录时,对艺术品的时代或者种类不了解,同时也没有其他工作人员在目录公开前检验目录中内容的真实性。另外一个例子也可以被视为重大过失,一位雇员指示另外一位雇员制作拍卖目录中的某个条目,但是没有将他所知道的关于条目中艺术品鉴定结论的重大瑕疵告知该雇员。[1]

确立拍卖人选择、指导和监督其辅助人的勤勉程度十分必要。由于拍卖行免责的法定范围比较狭窄,而确立这样的制度可以使拍卖人不能仅把鉴定错误的责任推给辅助人,从而逃避拍卖行本身应承担的责任。但是在实践中,委托人是否可以向法院提出诉讼,主张拍卖行在辅助人的选择、指导和监督义务履行方面不够勤勉,或者存在重大过失,进而提出赔偿,这一点还有待观察。[2]

基于以上的分析,我们可以看出,瑞士法允许拍卖人免除除辅助人故意欺诈以外的一切责任,另外,拍卖人在对辅助人选择、指导和监督存在故意或者重大过失时,理论上应向委托人承担责任。

---

[1] Bruno Schmidlin, "Defects of the contract", *Bernese comment Bd.* VI/1/2/1b, 2013, p. 23

[2] Luc Thévenoz, "The Responsibility of the Expert in Art Objects according to Swiss Law", p. 35.

（3）第三方专家的免责规则

一般而言,委托财产的拍卖准备与鉴定通常是由拍卖人本身或者拍卖人的辅助人来完成的。也存在一种情况,拍卖人指定第三方完成拍卖人的部分义务,即艺术品的鉴定和估值。与辅助人不同,第三方代替拍卖人独立履行全部或部分义务,而辅助人则是协助拍卖人,以拍卖人的名义履行行为。虽然第三方可以根据《瑞士债务法》第 398 条第 3 款代替拍卖人履行义务,但是其承担何种责任,根据法条,受到委托人是否同意这一条件的区分。如果委托人不同意拍卖人指定第三方完成拍卖人的义务,那么根据《瑞士债务法》第 399 条第 1 款,拍卖人对"该第三人的行为,如同自己的行为,承担责任"。如果委托人同意拍卖人指定第三方完成拍卖人的义务,那么根据《瑞士债务法》第 399 条第 2 款,拍卖人"仅就对第三人的选任和对第三人的指示,承担责任"。

因此,在履行合同义务时,拍卖人为"授权"第三方所承担的责任,相较于辅助人和"未授权"的第三方而言,是较低的。同样的,拍卖人与委托人签订第三方合同时,处于更有利的法律地位,即使第三方完全是为了拍卖人的利益而行事。[1] 例如,为了体现拍卖行的盈利能力或者业务水平,拍卖行可以将工作量分担到多个第三方身上,而不是自己的常驻员工身上。

在之前提到的 Emile Gallé 台灯案中,联邦法院裁定,因为在苏黎世缺乏鉴定这一类灯具的专家,苏富比（苏黎世）拍卖行将灯具的鉴定委托给了伦敦的母公司。当地子公司与母公司的这种联系是相当频繁的,因为当地子公司是承担与有意愿委托拍卖自己财产的客户联络的第一站。在庭审中,苏富比（苏黎世）拍卖行只处理与拍卖非常具体的物品类型,如瑞士艺术品或珠宝,他们通常会把其他的委托转交给母公司。通过这种组织结构,拍卖行可以以尽量少的成本与

---

[1] Ernst Wolfgang, "Legal Foundations and Contractual Relationships-Legal Issues of the Art Auction", p. 34。

付出维持经营并获得尽可能多的客户。瑞士联邦法院认为,公司之间的这种紧密关系导致其经常在服务的执行中互相帮助,即便委托人同意由母公司履行义务,但依旧不能认为当地子公司,依照《瑞士债务法》第399条第2款,所需承担的责任缩小了。相反,瑞士子公司需要依照《瑞士债务法》第101条,对伦敦母公司的专业知识承担辅助人责任。

从这个判决可以看出,把自身的利益引向对第三方的评估或鉴定的拍卖人,必须按照类似辅助人的规则来承担责任。当然,根据《瑞士债务法》第44条与第99条第2款,法院也可以根据特殊情况,在给予受害方赔偿时酌情调整。

针对第三方免责的规则,有学者提出批评,认为区分第三方免责与辅助人免责,尤其是区分二者的免责范围是不合理的。① 原因在于,联合国国际货物销售合同公约(the United Nations Convention on Contracts for the International Sale of Goods,简称 CISG)②、国际商事合同通则(Principles of International Commercial Contracts,简称 PICC)③还有欧盟合同法原则(Principles of European Contract Law)④并没有对二者做出区分,并将同样的规则适用于辅助人和第三方的合同履行。因此他们主张,在委托人同意的情况下,拍卖人不仅要对第三方专家的选任与指导负责,同时在免责条款的约束下,为第三方造成委托人的损害承担责任。

总而言之,如果拍卖人将鉴定和评估的任务委托给第三方专家,那么他承担责任的范围受委托人同意与否影响。在委托人同意的情况下,瑞士联邦法院的判决进一步区分了拍卖人能够节省鉴定过程

---

① Luc Thévenoz, "The Responsibility of the Expert in Art Objects according to Swiss Law", p. 39。

② United Nations Convention on Contracts for the International Sale of Goods (CISG), Article 79。

③ Principles of International Commercial Contracts, Articles 7.1.6 and 7.1.7。

④ The Principles of European Contract Law, Article 8:107。

中所付出的努力和费用的情况。在这种情况下,拍卖人对第三方承担的责任与对辅助人承担的责任类似。关于成文法与判例规定的,区分拍卖人对第三方与对辅助人承担责任的观点,受到了学者们的批评,他们认为应该完全消除两者在法律上的区别。

2. 免责条款的限制

如果免责条款包含在拍卖人的格式合同或者拍卖行制定的拍卖规则中,那么免责条款必须要遵守有关免责条款的法律法规,主要体现在以下三个方面,其一,委托合同中免责条款的订入需要符合法定条件;其二,免责条款的解释需要符合法定条件;其三,免责条款的后果需要符合法定条件。[①]

(1) 免责条款的订入

依照《瑞士债务法》第 234 条第 3 款,拍卖行若想适用免责条款免除某些责任,就必须在其拍卖规则中明确规定并公之于众。拍卖行一般会将自己的拍卖规则打印出来,或附于拍卖目录或委托合同之中,以便满足法律的要求。即便有些拍卖行没有将拍卖规则附于委托合同之中,但是这些合同中都会有类似"印刷在目录中的拍卖规则构成了该协议的一部分"的表述。因此,关于错误鉴定免责的条款就这样被订入了委托合同之中,而委托人通过签署合同,承认他已经阅读并理解了拍卖规则的适用。

免责条款不能免除拍卖行明确保证的某些责任。此外一些不常见的条款,即偏离了一般代理关系中委托人合理预期的条款,也不能订入免责条款中。[②] 例如,拍卖人要求委托人不论拍卖结果如何都必须单独支付一笔费用,这样的条款就属于不常见的。这种不常见的条款只有在拍卖人引起委托人注意的情况下才有效,例如醒目的标示出来或者各方曾经讨论该条款。

---

① Christine Chappuis, "Authentication of Works of Art: Responsibility of the Expert and Qualification of the Contract in Swiss Law", p. 63.

② Marc-André Renold, "Contractual Relations in the World of Visual Arts and Museums" *Semaine Judiciaire*, vol. 2, 2012, p. 36.

Emile Gallé 台灯案也同样涉及免责条款的订入问题。在审判中,被瑞士联邦法院要求最终承担责任苏富比(苏黎世)拍卖行曾诚恳的主张,拍卖行与其他鉴定人员通常不对鉴定的正确性负担任何责任,另外鉴定是通过电话告知原告的,这也就意味着原告默示接受了拍卖行的免责条款。法院最终驳回了拍卖人的主张,原因在于,法院不能从拍卖人的行为中推断出拍卖人可以免除这种责任。但是考虑到鉴定结论的做出是依据照片而非实物、鉴定的过程并没有收取任何费用以及给予鉴定的时间非常仓促,因此可以构成"隐性的责任限制"(tacit limitation of liability),据此,瑞士联邦法院最终还是酌情减轻了拍卖行的赔偿金额。①

总之,各大拍卖行为了符合免责条款订入的法定条件,一般会采用将免责条款纳入委托合同的方式来满足瑞士成文法与判例的条件。

（2）免责条款的解释

排除或限制拍卖人责任的条款的范围必须考虑与委托人签订的委托协议和有效的拍卖规则。当当事人表意不明时,法官通常会根据《瑞士债务法》第18条第1款规定的合同解释原则来进行解释。根据这个原则,从整体上来看,表意不明的条款应该从"正如其本来应该被善意的人所理解的"角度进行解释。当一个免责条款含糊不清的时候,其总是被限缩解释,即以不利于起草方的角度去解释。

① 明确免除鉴定和估价责任条款

拍卖行通常不会对委托人财产的鉴定与估价承担任何责任。为了实现这一目的,他们主要会通过以下两个方式,第一是在委托合同中加入免责条款,第二是将包含免责条款的拍卖规则订入委托关系。

苏富比拍卖行采用了宽泛的表述来排除鉴定与估价责任,根据苏富比的拍卖规则,苏富比将"不对提供给竞拍者的任何拍品信息负责,信息包括但不限于任何书面或者口头的估价以及任何拍卖目录,

---

① Federal Court Ruling 112 II 347，353。

拍卖规则以及其他报告中所体现的信息。"这其中当然也隐含了鉴定。① 费舍尔拍卖行的拍卖规则明确指出不对鉴定拍品的任何方面承担责任,这里的任何方面包括不限于作品的真实性、作者、年代、时期、出处。② 相比之下科勒拍卖行与佳士得拍卖行并没有明确放弃承担对鉴定拍品的任何责任,但是他们放弃承担对拍卖目录中的错误或者遗漏信息的责任。由此可以看出,拍卖行对委托物的鉴定并非一种专业的服务,而是仅仅在拍卖目录上的一种描述,这样的处理方式可能是一种符合拍卖合同惯例的一种体现。③

此外,一些主要的拍卖行一般明确表示不承担对拍品估价的责任。他们会在委托合同或者拍卖规则中加入一个条款,拍卖行做出的估价表示仅供参考。这个条款原本的功能是防止落槌价低于拍品实际价格,同时也可以有效防止拍品的价值被显著隐藏。但是事实上委托人被这些条款警告,他们不能通过评估价格预判落槌价以及市场价格。

目前有几个法院的判决对拍卖人在拍卖目录中主张的免责声明的适用性进行了审查。特别是,判决分析了免责声明中所述的"拍卖人尽其所知,尽其所信做出了鉴定意见"。另外判决也考虑了拍卖人的客观立场,即基于对数量庞大,种类繁多的委托拍品难以一一鉴别,因此拍卖人才是设置免责条款这一手段。④

### I. 表达意见和信任条款

在拍卖规则中,关于意见与信任的声明是订入委托合同中的,例如,科勒、苏富比和佳士得拍卖行明确表示任何关于任何拍品的陈述,包括其鉴定,只是表达意见或信任。根据瑞士法律,不清楚的意见或信赖的声明都必须予以解释。⑤ 根据一般的解释规则,必须根据

① Sotheby's Conditions of Sale, para. 3 (d)。
② Fischer Auction Conditions (Fine Art & Antiques Auction Sales), para. 10。
③ Christie's Conditions of Sale, para. A.5。
④ Federal Court Rulings 73 II 220, 223。
⑤ Joëlle Becker, "Auction of Works of Art in Swiss Private Law: representation, contractual relations and liability", p. 130。

每个合同的情况逐案解释具体的声明，并根据成文法解释拍卖人的免责条款（特别是第 100 条第 1 款和第 101 条第 2 款）。

在两个判决中，瑞士联邦法院分析了拍卖人对买受人的鉴定免责条款，即拍卖人是否可以因拍卖目录中的"尽其所知，尽其所信"（to the best of our knowledge and belief）而免于对买受人承担责任。对于这两个判决，法院认为拍卖行的"尽其所知，尽其所信"声明（to the best of our knowledge and belief）已经明确表示放弃自己的责任，同时也载明竞买人不能以拍卖目录的表述作为判断的依据，这就意味着，拍卖人在这两个案例中不需承担对买受人的责任。同时这也意味，拍卖目录中有关鉴定意见的描述也成了拍卖人免责声明的一种。[①]

Ⅱ. 拍品数量与多样性条款

在一个判决中，瑞士联邦法院在考虑到拍卖人受理了数量庞大并且种类多样的委托财产。在这种情况下减少了拍卖人对买受人的责任。联邦法院在后来的案件中确认了这个判决。[②] 因此，竞买人不能期望拍卖人仔细审查过所有拍品，并保证在其拍卖目录中的鉴定描述是准确的。相反，这样的描述仅仅为了说明拍卖的对象，并且帮助竞买人决定他们是否愿意并且以什么价格竞标该对象。此外，联邦法院还认为，拍卖准备中的估价与现实买卖中的售价有很大不同，前者取决于竞买人的出价，后者取决于出卖人（拍卖人）的意志。给予竞买人的拍卖目录有可能含有其他类型的信息，这些信息可能不仅仅被竞买人看作是对拍品的简单描述。鉴于这些信息的特殊性，联邦法院进一步认为，这些信息可能被善意地认为是目录内容，因此这些信息也可能被免责条款涵盖。该条款还同时免除了关于目录中提到的艺术品专业报告的责任，原因在于，该报告并没有资格作为拍品的真实性证明，而只是表明存在这样的一份报告。[③]

---

① Federal Court Rulings 123 III 165，168。

② Federal Court Rulings 123 III 165，169。

③ Federal Court Rulings 109 II 24。

② 对委托人免责条款的解释

瑞士联邦法院在审理委托人诉拍卖人的案件中,法院根据买受人因买卖合同纠纷诉拍卖人的案件,将拍卖人在买卖合同中的免责条款解释方法类推适用到委托人诉拍卖人的案件中。由于委托合同与买卖合同一样,都受到拍卖人拍卖规则的约束。因此委托人既不能依赖拍卖目录中的内容,也不能依赖拍卖人对财产真实性做出的表述。相反,如果拍卖人已经"尽其所知,尽其所信",那么委托人必须去相信与理解拍卖人对拍品鉴定与估价做出的免责条款,即使其目的是为了免除拍卖人在拍卖目录中的责任。

另外,在售卖的条件下,拍卖人会提醒竞拍人艺术品的风险,并鼓励他们从自己的独立专业顾问那里寻求建议,特别是对具有重要价值的艺术品而言尤其如此。① 而买卖合同的一个前提条件是已经尽量检查了委托人的委托拍品,虽然拍卖人对委托人有勤勉尽责的义务,但是拍卖行对委托人通常不会做出明显的警告。尽管如此,委托人依然受到拍卖行免责声明的约束。

总而言之,基于对委托合同的审查,联邦法院的判例认为,拍卖行明确规定的对委托财产的鉴定和估价不承担任何责任是合理的。

(3) 免责条款的法律后果

某些法律学者认为,如果法院宣布拍卖人的责任免除条款是有效的,那它不仅适用于合同法分则的索赔,而且适用于其他索赔,例如基于侵权法的索赔(《瑞士债务法》第 41 条以下)和来自以错误制度为代表的合同法总则的索赔。法院对于这免责声明是否扩大到侵权法中的赔偿问题尚未有定论。一些专家认为,基于侵权法免责声明应仅限于与合同索赔相同的情况适用。

在 Emile Gallé 台灯案中,联邦法院在原告的错误求偿中确认了免责条款的有效性。这个台灯的上半部分已经被切断并人为的隐藏裂缝。由于这个情况被拍卖行发现,在 1984 年佳士得拍卖行将这个

---

① Federal Court Ruling 123 III 165, 170.

台灯从拍卖目录中撤下,但 1991 年这个台灯重新出现在市场上,由一家忽视了修复工作的画廊销售给原告。画廊的销售合同排除"以前的损失或赔偿",法院解释为是指任何时间画廊占有了台灯之前的任何责任。最重要的是,该判决提到一个先例,根据该例,责任免除条款也适用于原告援引自合同法总则中有关错误制度的赔偿。①

总的说来,拍卖人对免责条款的解释有深远影响。在法律允许的范围内,拍卖人不管是在委托合同中还是拍卖目录中,都可以有效排除他们对错误鉴定和估价的责任,同时防止委托人通过合同法总则或者分则提出索赔主张。

3. 当事人的消费者法保护

根据瑞士法,当事人能否具备消费者的资格首先取决于消费者概念的法律规定与法学专家的解释,其次取决于法规的适用范围。消费者保护的内容散见于瑞士的各种法律中。除了合同法规定的要求之外,免责条款也受竞争法的约束。例如,《瑞士联邦反不正当法》(*The Swiss Federal Law on Unfair Competition*)对经销商与消费者之间达成的误导性条款和条件提出了新的限制。根据该法第 8 条,经营者制定的一般条款和条件如果不利或误导消费者,或者如果企图以重大的不公正的方式规定双方的权利与义务,这样的条款和条件将被认定为不公正的。这样的条款或者条件将被排除适用。

事实上,瑞士联邦法律或者联邦法律信息委员会并没有规定《瑞士联邦反不正当法》中的消费者概念。对此,学界有两种争论。一些学者主张,应依照《瑞士联邦民事诉讼法典》(*The Swiss Federal Code of Civil Procedure*)第 32 条的规定,消费者仅适用于在合同中"接受普通服务";②另一些学者主张,因此主张适用 1993 年 4 月欧洲经济共同体理事会公布的第 13 号指令(Council Directive 93/13/EEC, "on unfair terms in consumer contracts")。该指令第 2 条 b 款将消

---

① Federal Court Ruling 112 II 347, 353。

② Ahmet Kut & Demian Stauber, *Hand commentary on Swiss private law*, Art. 32 n. 40.

费者定义为"以其行业,商业或专业之外的目的行事的任何自然人",并不以接受服务为限。① 《卢加诺公约》(*Lugano convention*)采用了第二种定义,也关注消费者合同的目的。另外,瑞士联邦法院曾多次声明,瑞士法律必须按照欧洲法院(European Court of Justice)的判例进行解释。这从侧面说明,瑞士联邦法院可能也比较倾向第二种定义。② 然而瑞士国际私法赞成第一种定义,《瑞士联邦国际私法》(*Federal Law on Private International Law*)第 120 条并没有将消费者与消费合同目的相关联,反而将其与普通商品和服务的规定联系在一起。

在艺术品销售方面,法律学者 Joëlle Becker 驳斥了艺术品拍卖人的履行行为是"提供普通服务"。Becker 认为提供普通服务的核心要素是,该服务仅具备供消费者个人使用的功能性特征,而艺术品与古董具备的是美学享受,而不具备功能性,因此 Becker 认为,委托人在签订合同以后,绝不仅仅只享受了"普通服务"。

在一起相关案件中,争议焦点在于是否将原告作为购买豪华车的消费者,这辆车的销售价格为 19 万瑞士法郎。法院在判决中剥夺了购买者的消费者保护权,理由是该车不是普通消费的对象。③ 据此,在判决中,法院对消费者的定义采用的是更狭窄的第一个定义,这使得艺术品拍卖的委托人或购买人很难获得消费者保护的资格。特别是针对遭到错误鉴定的艺术品拥有者而言,假如艺术品的价值被低估,那么它原本应是一件价值不菲的物品,因此不会属普通消费的对象;假如艺术品的价值被高估,那么它在拍卖时已经变成是一件价值不菲的物品,因此也不会属普通消费的对象。另外,艺术品拍卖并不是一件简单的事情,其要求拍卖行进行"量身定制",准确地鉴定

---

① Vivian Miessen, "Boulle furniture throughout the ages", *Memories-The Monthly Letter: Techniques and Styles*, http://www. art-memoires. com/lmter/l4345/43vmboulle. htm.

② Joëlle Becker, "Auction of Works of Art in Swiss Private Law: representation, contractual relations and liability", p. 202.

③ Federal Court Ruling 4A_432/2007 of February 8, 2008, para. 4. 2. 3.

委托财产并安排拍卖。据此,接受委托的拍卖行对委托人提供的也不可能是一种"普通的服务"。

另外,《瑞士价格披露管理条例》(*Swiss Regulation on Price Disclosure*)采用了比第二种定义更宽泛的解释。该条例将消费者仅限于购买为目的,也有是说,既不用考虑合同的目的也不用考虑合同的普遍性。有趣的是,就拍卖而言,这个法律规定针对的是价格披露义务,而不是消费者资格认定。

第二个定义可能更好的适用于艺术品的委托人和买受人,在瑞士拍卖行和英国邮票委托人多次发生争议时,瑞士联邦法院根据《卢加诺公约》的定义将消费者与合同目的连接,在本案中,拍卖行同意在标的物卖出前支付委托人一笔费用。法院在判决中认为,此事件是结合了代理合同与借贷合同,使得该争议适用消费者纠纷的案由。但是法院明确认定,这一起将拍卖诉讼作为消费者纠纷审理的案件是一种例外,不适用于其他普通的委托拍卖合同。①

在拍卖会上,一些委托人和买受人是以投机或纯粹投资的目的交易艺术品。无论交易金额如何,私人投资者仍然包含于消费者概念之中,因为,消费者可以获利并仍然受益于消费者保护。但是,如果金额巨大,根据消费者的第一个定义,交易将不可能"普通"。根据第二个定义则需要结合影响交易的因素做出判断,例如交易的风险性高低、是否使用经济杠杆、是否是周期性、长期性、大量性的交易以及委托人或买受人的专业性等等。②

拥有遭到错误鉴定艺术品的当事人,无论是委托人还是买受人,至少难以证明他们的代理或者买卖行为是以行业、商业或专业的目的行事。那么依照第 13 号指令等法律文件,他们属于消费者的范畴,也应该予以消费者保护。即便如此,虽然可以有说服力地认为,艺术品拍卖属于第二种定义下的消费者保护范围(只要当事人以商业或

---

① Federal Court Ruling 121 III 336,343。

② Susanna Gut, "Arbitration: a Dispute Resolution Method for Investor Disputes", in *Swiss Fonts Financial Market Law Volume*, Zurich: Schulthess, 2014, p. 67。

专业以外的理由出售艺术品),但是法律的明文规定则可以将其排除在外。委托人很可能满足消费者的定义,但是如果拍卖并不在法律的明确规定内,那么可能导致消费者保护制度的难以适用,就像上文提及的《瑞士价格披露管理条例》一样。虽然《瑞士联邦反不正当法》在适用上并没有排除拍卖,但是只要该法中的消费者概念仍不明确,那么赋予艺术品拍卖委托人保护的可能性仍然存在争议。假如拍卖合同的条款,依照《瑞士联邦反不正当法》第 8 条被认定为不公正条款,那么该条款就不会对消费者有拘束力。那么如何解释《瑞士联邦反不正当法》第 8 条中的"不利或误导"呢? 这涉及判别拍卖条款公正性的问题,瑞士法律、判决也没有很好地回答这个问题。

综上所述,瑞士法律赞成拍卖人通过免责条款的方式,在除却拍卖行故意或者重大过失,辅助人与第三方专家的欺诈的情况下,放弃承担对委托财产鉴定和估价的责任。如果错误鉴定和估价来自第三方专家或者辅助人,拍卖人在理论上还需承担选任、指导与监督不力的责任。

瑞士成文法和判例以两种方式定义消费者:一是接受普通的商品服务,二是不以行业、商业或者专业目的参与交易。拍卖中的委托人与买受人并不属于第一种定义。又因其不会在从事错误鉴定的拍卖中,以行业、商业或者专业目的参与交易,所以应属于第二种定义。委托人与买受人在争取消费者法的保护时面临的另一个障碍是来自法律规范的适用范围。如本节所述,提供服务和商品的法律在面对拍卖当事人是否可以纳入这些法律中有关消费者保护条款的问题时,这些法律的规定是模糊的,而且也无法推知导致立法模糊的原因是由于消费者定义的分歧。因此,消费者的概念必须根据瑞士法律的立法趋势来解释,并且根据艺术品拍卖行业的变化而变化。

### 四、瑞士法的分析和对我国的启示

瑞士法就错误鉴定与没有鉴定的背景下,拍卖人对委托人义务的种类和法定承担责任的范围采用了封闭式表述,而对义务的免除则规定得较为宽泛。学界虽然有诸多争论,但是其重点不外乎是免责规定是否还需更严格一些。对此,笔者认为,就当下瑞士法的规定来看,除却完整性,注重效率是非常显著的特征,也是值得我们国家学习的地方。

我国对"注意义务"的关注与研究从刑法学界介入并逐渐深化。[①]具体到本文其实就是过失认定问题,从过失优先的角度出发,我们将过失界定为"应当预见而没有预见"或者"已经预见而轻信可以避免",然后再去分类讨论拍卖人在这两种情况下所承担的义务以及是否履行了该义务。但是在没有鉴定与错误鉴定的背景下,委托人往往会主张拍卖人没有履行或者没有适当履行义务,并且由委托人或者法院提交一份证明材料,通常是其他鉴定机构的鉴定报告,来证明拍卖人没有或者没有适当履行。在默认鉴定报告真实性的基础上,获得这份报告所付出的代价,无论是个人资源还是司法资源,却是高昂的。

但是瑞士债务法关于拍卖人的过失与义务的承担则采用了义务优先的设计。换言之,把拍卖人的注意看作是为避免事故发生而需要支付的一种成本,把过失界定的问题就转化为:这种成本需要追加到何种程度才不被视为"欠缺"。[②] 对于程度的把握,一小部分来源于法律的规定,即法定不能免责的事项;绝大部分则由当事人双方主要是拍卖人来约定,这样做的原因一是出于委托人对拍卖人的信赖,二是因为拍卖人掌握了专业的技术与知识。如果当事人已经认为需要过大的成本才能避免过失,再去苛责他们避免过失,似乎对法律的价值有所偏离。

并非所有的过失都应该被预防,如果避免过失的成本大于过失

---

① 屈茂辉:《论民法上的注意义务》。

② 桑本谦:《过错责任背后的经济—伦理问题——对一起医疗事故赔偿纠纷案的分析》,《法学》,2003(8),124~128。

损害,放任这种过失往往也是效率的体现。即:拍卖人是否构成过失的标准是拍卖人是否需要为避免事故支付高于事故预期损失的成本。[①] 汉德公式恰好为过失判定划定了一个经济学意义上的界限。这是一种对效率的追求,而效率既是法律的独立价值,也是合同的基本原则。

---

[①] 桑本谦:《过错责任背后的经济—伦理问题——对一起医疗事故赔偿纠纷案的分析》,载《法学》,2003(8),124~128。

# 美国宪法中的"二元革命"

## ——评伯尔曼的《启蒙运动对美国宪法的影响》

韩成芳[*]

哈罗德·J.伯尔曼是美国著名比较法学家与法史学家,《启蒙运动对美国宪法的影响》一文没有采用过去只关注思想史或者制度史的研究方法,而是从思想史和制度史两个维度探究了美国宪法中两种思想体系之间的张力。伯尔曼认为脱离背景谈思想是危险的,情境化有助于我们更好地理解思想。[①]"启蒙运动"一词的含义太过广泛,使其包含并模糊了两种根本对立的思想体系,[②]即体现在 17 世纪英国革命的清教主义、传统主义、法团主义与 18 世纪法国大革命中的自然神论、理性主义和个人主义。与此相类似的是"共和"一词,在"共和"较为宽泛的含义上,以上两种思想体系之间的冲突淹没在反对君主政体的共同理想中。[③]《启蒙运动对美国宪法的影响》首先揭

* 韩成芳,清华大学 2018 级比较法专业博士研究生。

① Harold J. Berman, "Impact of the Enlightenment on American Constitutional Law", *Yale Journal of Law & the Humanities*, 1992, p. 333。

② Ibid。

③ Ibid. , p. 330。

示了"启蒙运动"一词所掩盖的两种思想与信仰体系之间的紧张关系,然后指出了美国宪法的两个面相,结合并调和了英国革命与法国革命的信仰体系与法律体系的特征,[①]此外,美国宪法还体现了一些前所未有的原则,例如联邦制与大陆主义等。[②]

## 一、美国宪法的背景:法国与英国革命

传统上认为,美国革命的爆发与资本主义经济的发展密切相关,然而伯尔曼指出法国与英国的政治与法律体系及其思想深刻影响了美国革命及美国宪法。伯尔曼反对马克思仅仅将思想意识当成是物质基础的上层建筑,他指出,在物质和意识形态的关系中,一个因素并不仅仅是另一个因素的"起因"或者"结果",而是物质与思想之间的互动和相互作用。[③] 在他看来,法国与英国革命的宗教和哲学原则与其政治和法律体系有密切联系。具体说来,英国与法国的信仰体系差异主要反映在 17 世纪英国革命和 18 世纪法国革命之后形成的政治和法律体系内,具体则为英国 1689 年《权利法案》和 1789 年法国《人权宣言》的对比。[④]

法国启蒙思想家谴责了传统基督教的迷信和教条,并用至高无上的自然神的理性学说(即自然神论思想)将其取代。这些思想家援引"自然之光"或者"光"来谴责贵族制下世俗的和教会的特权与偏见;认为所有人的理性自然平等的笛卡尔学说变成了权利普遍平等、个人主义和基于公意的政府这种新思想的基础;国家建立在人性本善的原则上;基于地产或圣职的传统等级制度被代议制民主的理性制度所取代。[⑤] 与法国革命形成鲜明对比的是英国革命,其支持贵族

---

① Harold J. Berman, "Impact of the Enlightenment on American Constitutional Law", *Yale Journal of Law & the Humanities*, 1992, p. 322。

② Ibid., p. 329。

③ Ibid., p. 313。

④ Ibid., p. 319。

⑤ Ibid., pp. 314~315。

的特权,而且并没有废除地产或圣职的等级制度,相反保留了下议院至上原则中的等级制度,另外议会不像法国国民大会或之后的法国立法机关,并不宣称代表公意。① 简言之,法国革命体现了民主的观念,英国革命反映的是贵族式观念。

伯尔曼认为,17世纪英国的宗教和哲学思想与18世纪法国大革命的宗教和哲学思想有明显不同。首先,英国思想受加尔文主义神学的深刻影响。其次,英国的清教徒相信上帝愿意去实现弥尔顿等人所谓的"世界的变革"。再次,清教徒转变世界的观念与强调法律作为这种转变的一种手段密切相关。又次,英国革命强调基督教团体的法团属性。最后,加尔文主义政治理论认为最好的政府形式是"贵族制或者贵族制和民主制的结合",即英国革命的底色是精英治国。然而,法国《人权宣言》体现了非常不同的原则。它不由"国会两院"制定而是由"法国人民的代表"制定。它提出的不是"英国人古老的权利和自由"而是"人的自然、不可剥夺的神圣权利",它没有提及过去。相反,它提出了人的17个自然和不可剥夺的权利。通过以上对比我们不难看出,法国的人权思想体现了理性主义与个人主义,而英国的权利思想受到了清教徒的信仰和英国普通法传统的影响。②

伯尔曼强调,17世纪英国革命及18世纪法国革命的宗教及哲学思想塑造了美国宪法,具体说来,美国宪法有两个面相。其一,美国革命的目的是从英国的殖民统治下解放,获得与母国英国公民一样的权利,此即英国因素。另一方面,美国宪法受到了法国革命理性主义和个人主义的影响。1776年《独立宣言》既体现了法国的自然神论思想,又很大程度上模仿了1689年英国的《权利法案》。另外,1787年的美国宪法吸收了17世纪贵族式的、保守的英国思想,两院制立法机构就是一个例子。长期以来,美国参议院的成员由州立法机关选出,就像下议院的成员代表整个国家一样,而众议院的成员,像法国

---

① Harold J. Berman, "Impact of the Enlightenment on American Constitutional Law", *Yale Journal of Law & the Humanities*, 1992, pp. 315~316。

② Ibid. , pp. 316~321。

三级会议的成员,代表他们的特定选民。最高法院是另一个例子,事实上,它是一种上议院,也是英国最高的司法机构。① 除了将英国的传统发扬光大,威尔逊和麦迪逊等人还以改良的形式将法国革命中的民主和自由思想引入了美国宪法,例如成文宪法的构想,修改后的三权分立学说,以及对选民意见直接负责的政府理论,还有对宗教、言论、新闻和集会自由的保障。在伯尔曼看来,美国的联邦宪法和州宪法不仅结合了英国与法国革命的思想体系与相应的法律体系,而且还具有一些原创性特征,例如联邦制、大陆主义原则及立法合宪性的司法审查制度等。②

## 二、美国宪法中法律与宗教的互动

《启蒙运动对美国宪法的影响》一文生动地展示了美国宪法中法律与宗教之间的相互关系,集中体现了对英国革命与法国革命中宗教与法律体系的综合。伯尔曼多次强调,宗教信仰的变化会相应地带来政治法律体系的变迁。因为宗教本身包含了对世界和人性的基本看法,而世界观会直接影响政治法律制度的构建与实施。美国著名法理学家德沃金也认为,宗教是一种博大精深的世界观,信仰神只是这种宗教的一种可能表现形式。③ 正如《联邦党人文集》第 51 篇所言:"如果人都是天使,就不需要任何政府了。如果是天使统治人,就不需要对政府有任何外来的或内在的控制了。"④17 世纪英国革命受到加尔文主义及清教主义的深刻影响,清教徒是法国宗教改革家加尔文在英国的追随者。⑤ 英国的加尔文宗清教教义有以下几个重要

---

① Harold J. Berman, "Impact of the Enlightenment on American Constitutional Law", p. 328。

② Ibid., pp. 329~330。

③ [美]罗纳德·M. 德沃金:《没有上帝的宗教》,於兴中译,1 页,北京,中国民主法制出版社,2015。

④ [美]汉密尔顿等:《联邦党人文集》,程逢如等译,305 页,北京,商务印书馆,2015。

⑤ [美]哈罗德·J. 伯尔曼:《信仰与秩序——法律与宗教的复合》,姚剑波译,98 页,北京,中央编译出版社,2011。

特征:第一,尽管英国的清教徒分支及派系众多,但却有着共同的信仰,即人类历史在神的天佑之中,历史不是人类实现自身目标的过程,而是要去实现神寄予人类的使命。因此英国清教徒相信自己是上帝的选民,重视"世界的改造",并将法律作为重要的改造世界的手段。[①] 第二,加尔文宗的清教信仰强调法律的作用是帮助个体基督徒做正直的人,并由此建立正直的基督教社群,更多关注基督教共同体的团体属性。[②] 第三,加尔文宗强调清教伦理,即勤劳、朴素、节俭、纪律、自我修养,个人要致力于改善自我、他人及社会,例如公共精神及社区服务等。[③] 第四,加尔文主义认为最好的政府形式是贵族制,本质上,贵族议会的权力高于国王和教会。加尔文宗在教会治理方面采取长老制和公理制,即由地方长老治理教会,各个教会实行自治。[④] 17 世纪,王室权力至上的观念受到了攻击,例如加尔文主义主张贵族式而不是君主制的政府体制,1640—1689 年的英国革命确立了议会超越于王权的地位。[⑤] 但是这里需要强调,议会至上原则并不等同于民主原则,因为国民中只有 2% 或 3% 的成年男子享有选举权,本质上是一种贵族式的统治方式。另外光荣革命后英国确立了司法独立和法官终身任职的原则。由此可见,17 世纪英国的加尔文宗清教思想为英国革命及其后的法律变革提供了理论的支持。

18 世纪法国革命主要与自然神论及启蒙运动有关,核心思想是民主及通过民选议会进行公意统治。[⑥] 自然神论是启蒙运动的组成部分,而且主要在非基督徒之间传播,这些人公开反对基督教,因为自然神论和基督教在很多神学观点上互不相容,自然神论否认上帝

① [美]哈罗德·J.伯尔曼:《法律与革命》(第二卷),袁瑜珺、苗文龙译,14 页,北京,法律出版社,2018。

② 同上。

③ 同上。

④ [美]约翰·艾兹摩尔:《美国宪法的基督教背景——开国先父的信仰和选择》,李婉玲等译,12 页,北京,中央编译出版社,2011。

⑤ [美]哈罗德·J.伯尔曼:《法律与革命》(第二卷),12~13 页。

⑥ [美]哈罗德·J.伯尔曼:《信仰与秩序——法律与宗教的复合》,77 页。

直接干预人类世界,认为上帝的作用仅仅在于第一次创造,而且认为人类可以通过理性来认识上帝。[①] 理性源于每个人的智力,人应当运用理性行善弃恶。自然神论认为人类生而自由平等,并且可以运用理性获得知识及实现幸福,这一思想直接挑战了加尔文宗所强调的信仰的团体属性。18 世纪法国革命通过民族国家和公意将自然神论(人类的可完善性等)与世俗世界观(理性主义、个人主义、功利主义、自然权利、机会平等及意志自由)紧密联系在了一起。[②] 民族国家的法律应当由公意决定,法律正当化的主要衡量标准是发展进步与幸福的实现。18 世纪这一包含宗教色彩的哲学思想在 19 世纪被称为"启蒙"。[③] 18 世纪的启蒙思想家主要包括孟德斯鸠、伏尔泰、狄德罗与卢梭等,他们相信贵族特权的存在没有依据,因此,受到启蒙思想影响的法国革命不仅是推翻君主专制统治的革命,更是消灭法国贵族不公正特权的革命。与此相对应,法国的政治法律制度也突出了主权在民,最高权力被赋予民选的立法机构,而且成文宪法确立了权力分立原则,行政权力和司法权力只能运用或执行立法机关所创制的法律。与英国法律的遵循先例不同,法国人重视立法的重要作用,司法先例从属于立法原则,典型的体现是 1804 年的《法国民法典》。另外,启蒙运动所宣扬的个人主义和理性主义强调为社会中大多数人的利益改革现状,这就突出了其功利主义色彩。拿破仑 1810 年《刑法典》建立在功利主义思想之上,认为犯罪有害于社会秩序,对犯罪的惩罚可以阻止刑事犯罪。[④]

美国革命使得美国宪法结合了相互冲突的两种信仰体系,即 17 世纪英国的清教主义、传统主义和共同体主义与 18 世纪法国的自然神论、理性主义和个人主义,对应于政治法律制度,即结合了以公益

---

① [美]约翰·艾兹摩尔:《美国宪法的基督教背景——开国先父的信仰和选择》,26~27 页。

② [美]哈罗德·J.伯尔曼:《信仰与秩序——法律与宗教的复合》,131 页。

③ [美]哈罗德·J.伯尔曼:《法律与革命》(第二卷),15 页。

④ 同上书,17 页。

精神为特征的贵族政体与以公意为基础的民主政体。① 美国宪法的制定者之一杰斐逊在 1801 年写道："人民的自由乃上帝的恩赐,这个深入人心的信念是自由唯一坚实的根基。若没有这个共同的精神内核,一个国家的自由就不会有稳固的基础。"②美国宪法的制定者们坚信法律制度的生命力取决于宗教信仰的根基。③ 对宗教的关注主要体现在美国的州宪法,19 世纪上半叶很多州都或多或少规定了基督教新教在法律中的地位,一些州的最高法院在判决中再次确认了宗教的作用。尽管自然神论和加尔文宗清教很多基本神学观点不同,但是关于法律,两种思想体系都认可自然法和自然权利。《权利法案》所列举的"权利"和"自由",除了信仰自由和携带枪支的自由,其他的权利(包括言论自由、人身和财产不受侵犯等)都来自英国革命,尤其是英国普通法积累的英国臣民的基本权利。④《独立宣言》的开头在宣布美国独立的原因时引用了"自然法则和上帝的意旨",这反映了美国的国父们对更高层次的自然法和神法的遵从。美国宪法第五修正案中的"生命、自由和财产"来自启蒙思想家洛克的天赋人权学说,《独立宣言》将启蒙运动提倡的天赋人权和社会契约思想从抽象的理论转变成了美国现实政治的原则。⑤ 另外,《独立宣言》宣称政府应当经被统治者的同意而产生,且政府权力不能超出宪法授权,这一原则来自洛克的社会契约论,更进一步我们可以追溯到加尔文宗"约"的概念或者加尔文宗的基本人性观,即人性完全堕落,政府权力需要制约与平衡,从而更好地服务于公众。与此同时,孟德斯鸠的三权分立学说也为美国国父们所采纳。此外,美国宪法上的权力制衡思想也受到了英国光荣革命的影响,革命确立的议会至上原则使得

---

① 〔美〕哈罗德·J.伯尔曼:《法律与革命》(第二卷),22 页。
② 〔美〕哈罗德·J.伯尔曼:《信仰与秩序——法律与宗教的复合》,199 页。
③ 同上书,199 页。
④ 王希:《原则与妥协——美国宪法的精神与实践》(第 3 版),36 页,北京,北京大学出版社,2014。
⑤ 同上书,55 页。

议会的地位远远高于国王,但是议会的权力并非没有任何限制,其内部的两院制是权力制衡的重要制度设计。上院主要由贵族组成,下院更多代表了普通民众的利益。上院可以防止议会变成暴民的统治,下院可以限制贵族的为所欲为,在两院的斗争中,王室一定程度上起到了平衡作用。[①]

美国宪法第一修正案确立了"两个王国"的原则:"议会不能制定法律干涉宗教的建立,或禁止其自由地行使。""上帝的归上帝,凯撒的归凯撒"这一神圣与凡俗二分的思想起源于 11 世纪末 12 世纪初的教皇革命,即格列高利改革或授职权之争,其将教会从屈服于国王的附庸地位中解放了出来,形成了教会管辖权与世俗管辖权两种互不相同的司法管辖权,并建立了一套等级化的教会专门法庭来解决纠纷并贯彻教皇的立法。为了保持教会法体系与世俗法体系之间复杂的平衡,需要使法律系统化。伯尔曼认为,格拉提安于 1140 年整理而成的《教会法整理汇编》是第一部关于法律体系的现代化著作,以至于世俗法律的形成部分是对教会法的模仿。[②] 简言之,在教会与国王争夺管辖权的过程中,任何一方都无法完全取得绝对的优势地位,法律作为平衡两种力量的手段最后得以胜出。教会的管辖权本质上是法律的,这就同时意味着其权力的行使受到法律的制约,[③]人们普遍认为无论是教皇还是宗教会议都得遵循教会教义,不得随意引入新的教条。[④] 这也意味着在整个西方法律传统中,教会与世俗国王之间权力的争夺有助于法律脱离世俗政治与宗教独立和有机地发展。虽然法律受到宗教、政治或道德的强烈影响,但是法律可以与它们区别开来,具有某种程度的相对自治。[⑤] 美国宪政的主要含义是通过法律

---

① 王希:《原则与妥协——美国宪法的精神与实践》(第 3 版),30~31 页,北京,北京大学出版社,2014。

② [美]哈罗德·J.伯尔曼:《法律与革命——西方法律传统的形成》,贺卫方等译,331~332 页,北京,中国大百科全书出版社,1993。

③ 同上书,252 页。

④ 同上书,258 页。

⑤ 同上书,9 页。

对国家的权力进行制约,可以说这与教皇革命带来的法律高于政治的思想①一脉相承。另外,教会法体系的宪法性基础本身也为美国宪政提供了某种程度的启示。在格列高利改革尤其是1075年格列高利的《教令集》之后,到了12世纪晚期和13世纪,教会内部的最高统治权集中于教皇,教皇有完整的权威和权力,但是教皇的统治受到了官僚体系的职能划分以及教会内部等级制的限制。换句话说,教会政府的宪政主要是对教会权威范围本身的限制,这种限制主要来自两个方面,其一是宗教权威与世俗权威二元对立的理论,其二是世俗权威反对教会滥用权力。② 此外,教皇权威还受到自然法和神法两方面的限制。格拉提安明确写道,只有当教皇背弃信仰时才可以推翻或否决教皇的法令。③ 这与美国宪法第十修正案体现的有限政府原则一致,"宪法没有赋予国家的权利,或宪法没有禁止的州的权利,归州或人民所有",统治者的权力被严格限定在了宪法的范围内。

### 三、伯尔曼法律与宗教思想的启示

与通常将法律与宗教完全割裂开来的认识非常不同,伯尔曼认为一个社会的法律秩序与宗教信仰密切相关,具体说来,调整社会秩序的法律制度与对生命根本意义及历史终极目的的基本信仰相辅相成,任何一方保持生命力都需依赖另一方的存在。④ 11世纪末12世纪初教皇革命以来形成的神圣与凡俗的二元界分理念,即教会"精神之剑"与国王"世俗之剑"的辩证妥协使得西方法律传统主要呈现出了以下特征:第一,尽管受到了宗教或政治等的影响,但是法律逐渐独立发展,日益专门化和职业化;第二,法律是一个有机发展的整体,有着内在演化的机制,变化并非是随机发生的,而是通过对过去的不

---

① [美]哈罗德·J.伯尔曼:《法律与革命——西方法律传统的形成》,贺卫方等译,11页,北京,中国大百科全书出版社,1993。

② 同上书,257页。

③ 同上书,258页。

④ [美]哈罗德·J.伯尔曼:《信仰与秩序——法律与宗教的复合》,1页。

断重新解释;第三,同一社会内部多种法律体系及司法管辖权的共存和竞争孕育了法律高于政治的理念。① 正如 13 世纪布拉克顿的名言:"国王不在任何人之下,但必须在上帝和法律之下,因为法律创造了国王。"②14 世纪末和 15 世纪,西方的精神统治领域和世俗统治领域都经历了一系列的改革,路德宗将教皇革命的"双剑论"换成了"两个王国"理论,即看不见的教会属于天上的王国,世俗王国是与"此世"的王国。③ 16 世纪和 17 世纪加尔文宗在批判性接受路德宗思想的基础上,发展出了自己的宗教体系并得到了极大的传播。加尔文主义反对君主专制,受其影响的 17 世纪英国革命确立了议会高于王权及司法独立的原则。18 世纪法国革命受到自然神论理性主义的影响发展出了主权在民思想。随后的美国革命综合并超越了英国革命与法国革命留下的思想遗产,最终形成了美国的宪政理论。

对西方法律历史的回顾有助于我们看到西方传统中法律与宗教之间的互动。这里,法律不仅仅是指社会现象,还涉及心理现象,法律不只是社会的集体规范制度,还包括社会成员的秩序与正义观念,与此同时,宗教不仅是个人信仰的心理现象,还包括社会对超验价值的集体关切。④ 法律提供了维系社会稳定的结构和制度,宗教带来对社会演进终极目的的信仰。法律失去信仰,会沦为教条;信仰失去法律,会陷入狂热,⑤两者尽管存在张力,但是又相互依赖。单纯的实证主义法律要想完全实现其功效,有赖于信仰体系的支持。具体而言,法律与宗教共享以下四个概念:仪式、传统、权威与普遍性。⑥ 以上的四个要素从心理层面赋予法律价值以神圣性,有助于法律信仰的增强及人们法律情感的培养。首先,法律仪式与宗教仪式都通过一定

---

① [美]哈罗德·J.伯尔曼:《法律与革命——西方法律传统的形成》,9~11 页。

② [美]哈罗德·J.伯尔曼:《法律与革命》(第二卷),7 页。

③ 同上书,9 页。

④ [美]哈罗德·J.伯尔曼:《信仰与秩序——法律与宗教的复合》,3 页。

⑤ 同上书,19 页。

⑥ 同上书,4 页。

的程序来体现内在于仪式中的信仰和价值,法律正义的理念不仅需要在书面的法律文本中体现,也需要唤起共同责任感的仪式。其次,法律与宗教尽管不能永恒不变,但是即使革命这样的剧烈变化,也都是借助于对过去传统的重新解释来实现的,法律与宗教都具有连续性。历史上没有哪一次革命第一天废除了旧的政治法律制度,第二天就建立了全新的政治法律秩序。再次,正像宗教通过上帝具有权威性一样,法律通过一系列不同层级的制定法来彰显权威,普通制定法受到宪法的约束,而宪法本身也不得违反人的普遍理性。最后,法律通过宗教普适的正义感获得了普遍性。然而这并不意味着我们需要通过宗教手段来找寻法律制度的正当性。① 相反,承认法律与宗教两者之间的关系,有助于我们在完全功利化、实证化的法律世界中找到历史前进的方向感。具体说来,西方社会在文艺复兴以后逐步世俗化,西方法律经历了法的神圣化、理性化及世俗化的转变。② 这些变化的实质是科学和法律代替了宗教,世俗代替了神圣,这些都是现代性的主要内容,然而,法律完全世俗化的结果是它丧失了对人性更深层次的关怀。③ 因此,德沃金在分析美国宪法上的疑难案件时指出,法官除了依赖宪法,还需要遵循人们对特定问题的普遍、既定的理解,换句话说,法官对宪法中道德原则的解读应该符合美国的历史背景和文化传统。④

我们之所以要重视历史上法律与宗教之间的互动,是因为没有对历史的记忆就不会有对将来发展的信任。当今的法律或多或少继承了宗教的遗产,如果不了解过去,就不会懂得现在,更不会去关注过去带给未来的启示。我们现有的法律制度不同程度地扎根于宗教信仰中,然而面对 20 世纪和 21 世纪层出不穷的问题,例如种族冲突、

---

① [美]哈罗德·J. 伯尔曼:《信仰与秩序——法律与宗教的复合》,8~14 页。

② [美]罗纳德·M. 德沃金:《没有上帝的宗教》,16 页。

③ 同上书,3 页。

④ [美]罗纳德·M. 德沃金:《自由的法:对美国宪法的道德解读》,刘丽君译,林燕萍校,10 页,上海,上海人民出版社,2017。

犯罪、污染及国际冲突等,这一意识早已被遗忘。当今刑法体系已经相当完善,并且由国家暴力机关负责对犯罪的惩罚与执行,但是,城市的犯罪行为并没有因之减少,反而呈现出愈演愈烈的趋势。因此,在全球化的时代,对西方共同精神资源与法律制度关系的探寻将促进各国之间的对话与合作,这或许能为走出困境指明方向。①

进入 20 世纪,自教皇革命以来形成的西方法律传统正受到前所未有的挑战。在内部,西方社会的政治、经济和法律制度转型使得西方的法律与信仰传统分崩离析。② 从外部来看,之前认为的西方"普适"信仰与法律体系并不被所有的非西方国家所认可,国家之间的冲突和对抗时有发生。尽管法律仍然是独立自治的系统,但是法律不再被当成是一个有机发展的整体,更多地被视为是由法律技术及法律规定和判决组成的大杂烩,法律正变得碎片化,缺少连续性。法律发展自对过去的重新解释这一观点也不再被重视,法律失去了其精神向度的含义,仅仅被当作是国家的工具,成为应对外部压力或实现特定政治目的的手段之一。西方法律传统中各种并行的管辖权如今都屈服于统一的中央立法。③ 在今天的美国,人们失去了对扎根于宗教信仰中的西方法律传统的信心,取而代之的是自我崇拜和社会崇拜。自我崇拜使得社会中的个人缺少共同的连接纽带,对国家和社会缺少共同的关切。社会崇拜使得全社会都被卷入了狂热的民族主义和爱国主义。④

法律与宗教制度上的彻底分离并不意味着两者在价值观上也彻底分离,法律无需完全世俗化,两者在价值上的互动有助于法律实现正义等目标,也能使宗教坚持其社会责任,防止走向个人宗教。⑤例如18 世纪末和 19 世纪初,宗教在美国社会中发挥了非常重要的作用。

① [美]哈罗德·J.伯尔曼:《法律与革命》(第二卷),1~5 页。
② [美]哈罗德·J.伯尔曼:《法律与革命——西方法律传统的形成》,39 页。
③ 同上书,38~47 页。
④ [美]哈罗德·J.伯尔曼:《信仰与秩序——法律与宗教的复合》,207 页。
⑤ 同上。

以家庭为例,阅读圣经极大地提高了公民的文化水平,而且家庭之外的教育主要由教会进行,宗教促进了公民教育。同样,在社会福利领域,教会也定期向生活困难的居民发放钱粮。① 然而20世纪,美国的教育和社会救济等主要由政府负责,宗教几乎完全变成了个人与上帝之间的私事。宗教的公共性日益式微,与此同时,政府的责任在不断扩大。

此外,一定程度上受到西方法律传统中教会与世俗管辖权互相制衡影响的美国式三权分立原则正在被日益膨胀的司法和行政权力破坏。1803年马伯里诉麦迪逊案确立了美国的司法审查制度,最高法院有权判决国会的行为违宪。这本是权力制衡的应有之义,但是现在的法院有超越其权限的嫌疑,主要表现于法院开始制定司法政策。例如,法院根据宪法的平等保护原则推翻种族隔离学校体制是司法审查的体现,但是若法院规定学校必须用校车接送学生则远远超出了其职能范围。另外,当今美国的行政权极度膨胀,总统频繁的行政命令实则在制定法律,这将极大损害立法机关的权力。在外交事务上,总统成了被选举出来的独裁者,而且,尽管宪法上规定只有国会有权宣布战争,但是到了20世纪下半叶,总统可以宣布战争,决定着世界的战争与和平。② 面对社会不断出现的新问题,法律越来越变成了解决问题的技术操作,很难从法律条文中寻得信仰的蛛丝马迹。

流行的法律观也在忽略宗教与法律的密切联系。法律实证主义认为法律本质上是国家制定的规则体系,与道德与宗教信仰无关,即主要考虑法律是什么的问题。一些法社会学家也接受了法律实证主义的观点,马克斯·韦伯的形式理性社会便是实然的法律规则组成的"铁笼"。此外,卢曼在《社会中的法》一书中更是明确主张法律系统运作封闭,具有稳定全社会规范性期待的作用。以上两种法律观

---

① [美]哈罗德·J.伯尔曼:《信仰与秩序——法律与宗教的复合》,211~216页。

② [美]劳伦斯·弗里德曼:《二十世纪美国法律史》,周大伟等译,731~732页,北京,北京大学出版社,2016。

都无视法律与宗教的关系,将宗教的积极因素从法律中剔除,这些观念只会进一步损害人们对法律的信仰。基于以上原因,伯尔曼主张对法律的分析应重视精神与物质、观念与经验之间的互动关系,提倡综合法学,即将法律实证主义、自然法学派和历史法学派这三个传统的法学派加以综合,①三者需要承认彼此之间的相互依存关系。

---

① [美]哈罗德·J.伯尔曼:《法律与革命——西方法律传统的形成》,51页。

# 国际人权史上那伟大的一代人

## ——读《美丽新世界:〈世界人权宣言〉诞生记》

化国宇 *

《世界人权宣言》(以下简称《宣言》)对很多人而言并不陌生。它是国际人权史上第一个世界性人权文本。"人人生而自由,在尊严和权利上一律平等。他们富有理性和良心,并应以兄弟关系的精神相对待。"(《宣言》第1条)读过它那振聋发聩的30项条款的人可能不在少数,然而对《宣言》起草的历史却往往鲜为人知。因此,对这段历史的梳理和解读相当重要。

### 一、葛兰顿的《宣言》起草史研究

《宣言》中的诸多条款被世界各国宪法所吸收。荷兰学者马尔赛文(H. Van Maarseveen)等曾经专门对《宣言》在各国宪法中的影响做了统计,在他们研究的140余部宪法中,有22部明确地涉及了《宣言》,而联合国前秘书长吴丹于1968年在德黑兰国际人权大会上的讲

---

* 化国宇,法学博士,中国人民公安大学法学与犯罪学学院副教授。

话中认为,战后制定的宪法中,不少于43部明显受到《宣言》的影响,并引用了宣言的语句。① 此外,联合国的决议中、各国涉及人权问题的外交活动中,都频繁出现对《宣言》的援引。因此,有学者和政要主张,《宣言》作为国际习惯已构成了具有约束力的法律。② 但《宣言》又不同于法律,由于其制定之初的定位是一份道德协议,因此其用语是尽可能简洁而宽泛的,并且其中没有规定实施机制。这在当时虽然有利于各国达成一致和妥协,但也带来了理解上的诸多问题。要想通过《宣言》中的寥寥数语明晰每个条款的确切意涵,并非易事。于是,从起草者原意出发去解读这一文本,就显得极为重要。这也是为何要重视《宣言》起草史的研究工作。

行文至此,就不得不提及两本重要的《宣言》史研究著作。宾夕法尼亚大学出版社出版的美国学者莫辛克(Jonannes Morsink)的《世界人权宣言:来源、起草和意图》③一书是极为重要的一本。该书对《宣言》起草的过程、主要条款来源及起草中的重要争点做了详细的历史梳理和理论分析,对理解《宣言》条款的意图具有重要参考价值,这种研究殊为难得,非下苦功不可。另外一本则是瑞典学者阿尔弗雷德松(Gudmundur Alfredsson)和挪威学者艾德(Asbjom Eide)合编的《〈世界人权宣言〉:努力实现的共同标准》一书。④ 该书是由多位北欧学者们合作完成,各篇详细地阐述了《宣言》的产生过程并逐条对条文内容进行解读,还提供了很多鲜为人知的历史资料。这两本书都出版于1999年,对正确认识、评价《宣言》的地位和作用提供了重要的参考。

----

① [荷兰]亨利·范·马尔赛文、格尔·范·德·唐:《成文宪法的比较研究》,陈云生译,247页,北京,华夏出版社,1987。

② 参见[瑞典]格德门德尔·阿尔弗雷德松、[挪威]阿斯布佐恩·艾德编:《〈世界人权宣言〉:努力实现的共同标准》,中国人权研究会译,8页,成都,四川人民出版社,1999;[加]约翰·汉弗莱:《国际人权法》,庞森等译,158页,北京,世界知识出版社,1992。

③ 参见 Johannes Morsink, *The Universal Delaration of Human Rights: Origins, Drafting, and Intent*, University of Pennsylvania Press, 1999。

④ 参见 Gudmundur Alfredsson and Asbjom Eide, *The Universal Declaration of Human Rights: A common standard of achievement*, Martinus Nijhoff Publishers, 1999。本书已由中国人权研究会组织翻译为中文并由四川人民出版社于1999年出版。

哈佛大学葛兰顿教授(Mary Ann Glendon)的《造就一个新世界：罗斯福夫人与〈世界人权宣言〉》也是致力于《宣言》起草史研究而产生的杰出成果。葛兰顿是哈佛大学法学院教授,曾任美国驻梵蒂冈大使,是著名的比较法和人权学者。与前面提到的两本著作不同的是,本书是以《宣言》起草的历史过程为线索,以起草委员会里贡献最有力的几位主要人物展开的研究,尤其是对罗斯福总统的遗孀埃利诺·罗斯福(Eleanor Roosevelt)领导《宣言》起草的历史功绩给予了很高的赞誉。该书于2001年在纽约出版之后,受到不少关注。当时有不少新闻媒体对本书发表了评论。《华盛顿时报》给予了毫不吝啬的赞美："引人入胜且极为重要的一本书,葛兰顿用生动细节和叙述手法讲述了这个故事。"《纽约时报》书评对该书的重要性大加肯定："任何关心当今世界人权问题的人都需要阅读并参考本书。"一位罗伯特·F.肯尼迪图书奖的入围者称赞其是具有里程碑意义的叙事史著作,是第一本致力于埃莉诺·罗斯福人生和世界历史这一关键转折点的书。①

这本书之所以在西方世界引起很大反响,是因为它第一次以人物传记的体裁系统还原了《宣言》起草史上几位伟大人物的贡献,资料翔实,语言风趣,虽然是一部学术作品,但普通读者读起来也并非晦涩无味。同时,也如葛兰顿在序言中所说,她在写作过程中援引了很多从未出版的历史材料,即起草者的日记、信件、回忆录、访谈,以及联合国的会议纪要。这其中就包括起草者之一马立克(Charles Habib Malik)的大量日记和文稿、1999年秋解密的苏共中央政治局档案文件等等,这在此前对《宣言》的研究成果中是不多见的。②

---

① 参见 Mary Ann Glendon, *A World Made New : Eleanor Roosevelt and the Universal Declaration of Human Rights*, Random House Trade Paperbacks, 2001, title page。

② 需要说明的是,1999年,美国的萨尼·突维斯(Sumner B. Twiss)在"儒学的人论"国际学术研讨会上发表了《儒学对世界人权宣言的贡献———一种历史与哲学的观点》一文,他通过研究联合国1947—1948年的官方记录并参考已经出版的联合国原人权司司长约翰·汉弗莱出版的日记,确定张彭春层把儒家思想引入到了宣言的起草过程。而格林顿也注意到了这份重要文献,她还进一步从汉弗莱遗稿的保管人、加拿大麦吉尔大学图书馆副馆长霍宾斯(A. J. Hobbins)那里找到了汉弗莱未出版的书信。参见[美]玛丽·安·葛兰顿:《美丽新世界:〈世界人权宣言〉诞生记》,刘轶圣译,293页,北京,中国政法大学出版社,2016。

巧合的是,时任中国人民大学教授的卢建平与分别来自人民大学和哈佛大学的两位研究生于 2003 年在《人权》杂志上发表《中国代表张彭春与〈世界人权宣言〉》一文①,也对这段历史进行了梳理,但限于资料不足,仅仅做了梗概性的介绍。此后,国内对《宣言》起草史和起草参与人张彭春的研究一直沉寂。一直到 2010 年前后,多位学者开始注意到这段重要的历史,有了不少研究成果。② 此后,田雷教授所主持的"雅理译丛"丛书将葛兰顿的这本重要著作收入其中,于2016 年出版了中译本,在学界产生了不小的反响,对中文世界了解《宣言》起草史提供了更多便利。

## 二、谁是《宣言》之父?

葛兰顿教授著作的中译本书名被译为《美丽新世界:〈世界人权宣言〉诞生记》。与原书名《造就一个新世界:罗斯福夫人与〈世界人权宣言〉》相比,副标题改动较大。而事实上,通读全文后会发现,中译本的标题反而更确切。在本书所描绘的《宣言》起草的历史图景里面,葛兰顿教授对其他几位起草者所着的笔墨并不比罗斯福夫人少。整本书全程回顾了《宣言》起草的历史,对起草中的几个重要人物都做了细致地刻画,甚至对于没有发挥太大作用的菲律宾代表和苏联代表也毫不吝啬笔墨。因而这实际上是一部全景式的《宣言》诞生史而非罗斯福夫人的个人传记。从尊重历史的角度出发,作者似乎也意识到,确实不应该过于夸大罗斯福夫人在《宣言》起草中的贡献,因

---

① 参见卢建平、王坚、赵骏:《中国代表张彭春与〈世界人权宣言〉》,《人权》,2003(6),18~24 页。

② 参见祁怀高:《张彭春:国民外交家和人权活动家》,《世界知识》,2009(13),56~57 页;鞠成伟:《儒家思想对世界新人权理论的贡献——从张彭春对〈世界人权宣言〉订立的贡献出发》,《环球法律评论》,2011(1),141~149 页;孙平华:《张彭春——享誉全世界的人权活动家》,《人权》,2011(6),40~45 页;黄建武:《儒家传统与现代人权建设——以张彭春对〈世界人权宣言〉形成的贡献为视角》,载《中山大学学报(社会科学版)》,2012(6),167~176 页;化国宇:《勒内·卡森对〈世界人权宣言〉的贡献》,《人权》,2013(6),44~45 页;化国宇:《〈世界人权宣言〉与中国》,《人权》,2015(1),131~140 页。

为其他几位重要人物——起草委员会副主席张彭春（Peng-chun Chang）、报告员马立克、初稿执笔人勒内·卡森（René Cassin）以及"秘书处大纲"搜集人和整理人约翰·汉弗莱（John P. Humphrey）都做了卓越工作，很难评判谁的贡献更大一些。因此，葛兰顿教授在其书中并没有不适当地夸大罗斯福夫人在《宣言》起草中的作用。

相应的，葛兰顿也对一直以来存在诸多误解的所谓《宣言》作者问题予以了澄清。起草小组刚刚成立之时，受罗斯福夫人、张彭春和马立克三人委托，时任联合国人权司司长的汉弗莱负责起草一份草案初稿。在钻研了各国宪法以及来自于不同政府、组织和个人的法案建议稿之后，起草了408页的"秘书处大纲"，其中就包含了一份有48项权利的"草案"。汉弗莱曾在1947年2月21日给姐姐的信中不无骄傲的写道："我现在正在扮演杰斐逊的角色，负责起草国际权利法案[①]的初稿。"[②]然而他很快就认识到这一定位的错误——被委托起草秘书处初稿的工作只是《宣言》起草工作万里长征的第一步。这份"草案"属于汇编性质，内容繁多而又欠缺一定逻辑性，人权委员会又委托法国代表卡森作为执笔人修订重组了草案初稿。《宣言》最初起草人的纠纷由此产生。卡森曾在七十多岁时的一次演讲中宣称对《宣言》"初稿"负有"全部责任"，却仅仅将汉弗莱的贡献视为"基础性的文件工作"。而汉弗莱则在著作中把卡森的工作评价为在其秘书处草案基础上起草的"一份新的法语译文"，只是当这些文字被转译回英文后，内容已经与秘书处的文件大相径庭了。[③] 但是在联合国纪念《宣言》十周年的活动中，法国政府在联合国总部大厅举办了一次展览，陈列了卡森执笔的法语草案手稿，却并未配上任何解释性的说明，这让很多人产生了误解。而在后世研究者的作品中，有学者误导性的夸大了卡森的作用，进一步加深这一误解。他们对卡森冠以了"世界人权宣言之父"的头衔，并且声称相比与其他起草人，卡森是

---

① 当时尚未确定这部权利法案的性质到底是"宣言"还是"公约"，因此汉弗莱称为国际权利法案。

② ［美］玛丽·安·葛兰顿：《美丽新世界：〈世界人权宣言〉诞生记》，45页。

③ 同上书，63页。

《宣言》"主要的,活生生的灵魂所在"。[1]

对于所谓《宣言》作者的问题,汉弗莱多次表态,并在其著作中予以了澄清:如果说杰斐逊是《独立宣言》之父,那么对于《世界人权宣言》而言则并不存在杰斐逊式的作者,成百上千的人都为最后的文本做出了贡献。[2]莫辛克也在其著作中指出,卡森的草案初稿与汉弗莱提交给起草委员会的"秘书处大纲"并没有太大的差别,除了对语言的重新组织以及条款逻辑顺序方面的改进。完全由卡森提出的只有三个条款,而其余的都是在"秘书处大纲"基础上略作修改。而"秘书处大纲"则是来源于世界各国的宪法及联合国各个组织、各成员国以及非政府组织的各种版本的草案和数不清的建议。因此莫辛克进一步指出,在起草委员会第一届会议之后,《宣言》所有的修改、删除和增加,便不再与单个的任何个人或国家相联系。[3] 到今天,联合国官方也从未公开宣称《宣言》的作者是谁,而这种匿名性恰恰也给了《宣言》更大的权威性。但我们仍然不能否认,在《宣言》起草中有几位出类拔萃的人物。

### 三、为何伟大:起草者们的贡献

葛兰顿教授在字里行间流露出对其他几位起草者的大加赞扬:"在《宣言》所有的创作者中,有四位扮演了关键角色。"[4]除罗斯福夫人以外,其他三位分别是张彭春、卡森和马立克。

中国代表张彭春是《宣言》起草委员会的副主席,对《宣言》的起草和最终顺利通过做出了巨大贡献。[5] 他在戏剧、教育和外交方面都

①　[美]玛丽·安·葛兰顿:《美丽新世界:〈世界人权宣言〉诞生记》,295 页。

②　John P. Humphrey, *Human Rights and the United Nations: A Great Adventure*, Dobbs Ferry, 1984, p. 43。

③　Johannes Morsink, *The Universal Declaration of Human Rights: Origins, Drafting, and Intent*, University of Pennsylvania Press, 1999, p. 9。

④　[美]玛丽·安·葛兰顿:《美丽新世界:〈世界人权宣言〉诞生记》,序言,14 页。

⑤　笔者 2015 年出版的《国际人权事业的中国贡献:张彭春与〈世界人权宣言〉》一书,专门对其贡献进行了研究。参见化国宇:《国际人权事业的中国贡献:张彭春与〈世界人权宣言〉》,北京,中国政法大学出版社,2015。

有很深的造诣。联合国官方网站上称他运用儒家哲学调和不同思想派别,向各国代表解释中国的人权观念,并在辩论过程中创造性地解决了很多僵局。"他以普遍性的名义,坚持删除《世界人权宣言》中所有关于自然和上帝的隐喻。"①

卡森是巴黎大学的法学教授,法国最高行政法院副院长,因其负责执笔《宣言》初稿而闻名。葛兰顿称他是"自由法国的法学天才",他"将《宣言》从一纸简单的权利清单转化为具有体系性和相互关联性的一系列原则"。② 在《宣言》辩论的过程中,卡森通过援引启蒙思想对《宣言》文本施加了影响,张彭春对卡森能够"如此良好的展示 18 世纪的法国人权理论"表示折服。③

马立克则是一位跨越宗教边界的神学家,倡导东正教基督徒、罗马天主教徒和新教徒之间的共通性。他曾担任经济及社会理事会主席,并在 1948 年联合国大会第三委员会针对《宣言》辩论期间,担任第三委员会主席。他是围绕《宣言》关键条款的辩论中的主要力量。

当然,他们的伟大之处并不仅仅是对《宣言》内容的贡献。还在于他们以悲天悯人的情怀和一往无前的执着冲破了巨大阻碍,让一份寄托了普罗大众人权理想的文件得以通过。

实际上,"二战"后通过一份人权宣言并不在美、苏、英三大国主导的国际秩序重建规划之内。在 1945 年"敦巴顿橡树园建议案"(实际上起到了《宪章》草案的作用)中,仅仅规定了"促进对人权和基本自由"的尊重这一在政治和道义上的最高层次的承诺。④ 美、英、苏三国在讨论联合国的组建问题上,更为注重维护战后国际秩序以及各自在联合国的话语权问题。冷战的塑造者乔治·凯南(George F. Ken-

---

① 联合国关于张彭春的介绍,参见联合国官网,访问网址:http://research. un. org/en/undhr/draftingcommittee# s-lg-box-wrapper-3385355(最后访问时间:2020-03-15)。

② [美]玛丽·安·葛兰顿:《美丽新世界:〈世界人权宣言〉诞生记》,序言,14 页。

③ Johannes Morsink, *The Universal Declaration of Human Rights: Origins, Drafting, and Intent, Philadelphia*, University of Pennsylvania Press, 1999, p. 281.

④ 化国宇:《〈世界人权宣言〉与中国》,135 页。

nan)甚至认为苏联只是把联合国作为维护其全球霸权的工具。[1] 凯南基于自己的立场只阐述了一部分事实,他没说出口的是,美国也有类似的意图。因此,在联合国制宪的旧金山会议上,大国们对于人权议题并不十分关心。《宪章》中虽然有几处使用了"人权"的措辞,但基本都是原则性的。因而有国家提出应当在宪章中增加专门的人权法案的内容。但大会指导委员会认为这一提议不适合在本次大会上研究,因而也未能把人权法案的计划列入议程。直到闭幕阶段,美国总统杜鲁门(Harry S. Truman)才在闭幕词中补充道,根据《宪章》,一个能为参会所有国家认可的国际人权法案是可期的。[2] 而这一回应也不过是安抚拉美国家代表和普通民众诉求的外交辞令而已。后续组建《宣言》起草团队的过程,也充分说明了《宣言》的起草最初并不被重视和看好。

首先是罗斯福夫人的任命。在葛兰顿教授看来,杜鲁门当时之所以任命罗斯福夫人,并非是基于对罗斯福夫人外交才能的认可。正相反,他很可能和很多美国政界人士的观点一样,认为这项任命可能会带来潜在的风险。在很多政客和外交人士眼中,罗斯福夫人的政治立场过于自由化,并不会对白宫言听计从,存在失控的可能;而其没有任何参加国际会议的经验也是明显的短板。但这位新上任不久的总统还是出于政治上的考量提名了她,希望借助罗斯福这个崇高的姓氏以增加他在内政和外交方面资本。在罗斯福夫人接受任命之后,赴联合国的美国代表团成员们,甚至包括罗斯福夫人自己,都对她是否有足够的经验而有所疑虑。[3] 而罗斯福夫人之所以被安排到第三委员会(社会、人道与文化委员会)担任代表,也是因为在代表

---

① [美]玛丽·安·葛兰顿:《美丽新世界:〈世界人权宣言〉诞生记》,3页。

② *Yearbook of the United Nations*(1948—1949),United Nations Department of Public Information,New York,1950,p.524.

③ 参见[美]山姆·麦克法兰:《〈世界人权宣言〉的缔造者:埃莉诺·罗斯福,查尔斯·马立克,张彭春,约翰·汉弗莱和勒内·卡森》,化国宇译,载《朝阳法律评论》,2016(1),298页。

团看来，这是联合国七个委员会中最无足轻重的委员会，罗斯福夫人在那不会给美国利益带来什么损失。[①] 有学者也指出这是得到了她丈夫在位时的国务卿，当时已担任美国驻联合国大使的爱德华·斯特蒂纽斯(Edward Stettinius)的授意。[②] 后面事态发展则大大出乎美国政府的预料：罗斯福夫人在国内外的巨大声望，不仅让她当选了人权委员会的主席，而且在《宣言》起草中有了反过来影响美国政府决策的能力。这使得她在人权委员会的工作更加超然，而不必时时作为美国的传声筒。

再看其他几位起草人，他们的立场也是相当独立的。黎巴嫩代表马立克起初在黎巴嫩的贝鲁特美利坚大学教哲学，他的哈佛教育背景被这个新国家的总统看中，被委任黎巴嫩驻美国使节。机缘巧合之下，参加旧金山制宪会议成为他到美国后接到的第一个任务。作为一个刚刚成立的国家，黎巴嫩在联合国没有盟友，更不寄希望于能影响联合国。而马立克也并不打算以一个政客的身份参与到联合国的活动中，他多次在日记中对政治的尔虞我诈表达了厌恶。并且自嘲道，其他政治人物背后都有"追随者、支持者、政党和同志，但我只是个光杆司令"。在参加完旧金山会议之后，他觉得自己在这个国际组织里像个局外人："强权政治与讨价还价让我感到恶心。这氛围充满了尔虞我诈，我根本无法投入其中有所作为。"[③] 他在致信给自己的业师哲学家怀特海时表示，"我还是喜欢教书。我想，在合理地履行了自己的使命后，我马上就会回来的。"[④] 也正是因此，他在联合国反而获得了立场独立的赞誉。人权委员会和起草委员会中另一位重

---

① 参见[美]玛丽·安·葛兰顿：《美丽新世界：〈世界人权宣言〉诞生记》，26 页。

② 参见[美]山姆·麦克法兰：《〈世界人权宣言〉的缔造者：埃莉诺·罗斯福，查尔斯·马立克，张彭春，约翰·汉弗莱和勒内·卡森》，298 页。

③ [美]玛丽·安·葛兰顿：《美丽新世界：〈世界人权宣言〉诞生记》，19 页。

④ 马立克 1945 年 6 月 27 日致怀特海的书信，MalikPapers, Library of Congress, manuscript Division；转引自[美]玛丽·安·葛兰顿：《美丽新世界：〈世界人权宣言〉诞生记》，123 页。

要人物张彭春,一直"声称自己是独立的"。[1] 他在联合国向各国代表展示的是一个典型的东方儒家知识分子的形象,试图让各国去理解中国文化。他针对《宣言》的发言基本上也都是从文明和文化的角度出发,阐明自己对于人权问题的立场。马立克认为张彭春的"很多立场来自于中国古典文化"。[2] 美国国务院在 1947 的一份备忘录中提到了任职于联合国的张彭春,并将他描述为"一个杰出的中国自由主义者……似乎不像一个国民党党员,并且无论如何不是一个积极的政党人士"[3]。法国汉学家魏丕信(Pierre-Etienne Will)教授也根据其掌握的民国政府外交部档案得出结论,国民政府对《宣言》并未足够重视,也不关心其中的讨论细节,而且张彭春发回南京征询意见的信函经常回复延迟或得不到回复。[4] 因而他确信张彭春在联合国的发言和行动享有很大的自由,而没有受到国民政府的限制。[5]同样,在没有任何官方智囊支持的情况下推进《宣言》起草,张彭春的思想压力和工作压力可想而知。他却凭借个人智慧,几乎对所有条款都提出了有益的见解。

很多国际政治玩家对于处理人道、社会和文化事务的联合国第三委员会并不感兴趣,他们也不相信在战后由两个超级大国主宰的世界里,刚刚成立的联合国能在此有所作为。相反,政治与公民委员会、经济与金融委员会、托管委员会才是大国在联合国进行角力的地方。也正是如此,相对其他委员会,第三委员会有更多的女性代表,代表的背景也更多元——有哲学家、教育家、外交官、国会议员还有新闻记者——不像其他委员会都是清一色的政治玩家。《宣言》的主

---

① [美]玛丽·安·葛兰顿:《美丽新世界:〈世界人权宣言〉诞生记》,44 页。

② Malik H C. (ed.). *The Challenge of Human Rights: Charles Malik and the Universal Declaration.* Oxford: Centre for Lebanese Studies,2000,p. 249。

③ Mary Ann Glendon, *A World Made New: Eleanor Roosevelt and the Universal Declaration of Human Rights*, p. 133。

④ See Delmas-Marty, Mireille, and Pierre-Etienne Will(eds.) *China, Democracy, and Law: A Historical and Contemporary Approach*, Brill, 2012, p. 333。

⑤ Ibid. , p. 307。

要起草者们,基本上都不是政客出身。作为各国精英分子而非政治傀儡,起草者们具备高深的专业素养和良好的个人修养,怀着庄严的使命感参与《宣言》起草,更倾向于站在公正立场上表达意见。在他们的主导下,人权委员会和第三委员会关于《宣言》条款的辩论才没有被国际政治和政府意志所主导。良心、责任和神圣使命让起草者们仅仅用了两年时间起草完成这份影响至今的伟大文本,并提交给联合国大会表决。这在今天看来几乎是不可思议的。汉弗莱认为《宣言》能够在 1948 年的联合国大会进行讨论,可谓是一个奇迹。

奇迹的产生,得益于罗斯福夫人的卓越声望和信誉。"她的巨大影响是人权委员会在最初一些年中主要财富之一"。[①] 在东西方紧张时刻,她斡旋于美苏之间,扼制人权委员会中的意识形态冲突,让两个超级大国都留在了《宣言》的谈判桌上,保证了《宣言》起草计划的顺利进行。除她之外的任何人恐怕都是无法做到这一点的。这得益于勒内·卡森作为法学家的缜密逻辑以及高效工作。这位巴黎大学法学教授出身的犹太人,仅用一个周末便在秘书处工作基础上修订完成了草案初稿。这也得益于"协调艺术大师"[②]张彭春"善于跨越文化鸿沟"的能力[③]和妥协折中的策略,通过调解争端、缓和矛盾,避免了讨论陷入僵局,为《宣言》起草节省了大量的时间。这还得益于小国代表马立克果断的领导和组织才能,他憎恶政治却意外成为那个时期联合国最炙手可热的外交家,兼任卡住《宣言》咽喉的两大机构(经社理事会和第三委员会)的掌舵人,引导着《宣言》审议的节奏,一路护送其过关,赶上了联大的表决……

---

①　[瑞典]格德门德尔·阿尔弗雷德松,[挪威]阿斯布佐恩·艾德编:《〈世界人权宣言〉:努力实现的共同标准》,5 页。

②　John P. Humphrey, "The Memoirs of John P. Humphrey, the First Director of the United Nations Division of Human Rights", *Human Rights Quarterly*, vol. 5, no. 4, 1983, pp. 387~439.

③　Mary Ann Glendon, *A World Made New: Eleanor Roosevelt and the Universal Declaration of Human Rights*, Random House Trade Paperbacks, 2002, preface. xx.

### 四、意料之外:起草者们的遗产

1947 年初,杜鲁门在美国国会发表国情咨文,挑明了对社会主义国家的敌视态度,即所谓的"杜鲁门主义",这标志着美苏冷战的正式开始。卡森在后来的一篇回忆文章中就为《宣言》捏了一把汗:"冷战已经开始并且威胁到《宣言》的妥协和通过。"①也许,所有国家及其联合国代表,包括起草者自己,都未曾想到《宣言》能够在这个特殊时期得以顺利通过。而这却是最后的机会。

1949 年以及以后的任何时间,《宣言》可能都很难依照当前的内容通过了。在《宣言》通过之后不久,联合国在人权领域的政治角逐加剧,高涨的政治运动开始占据联合国的主要议程,美苏冷战的对抗加剧使得人权问题更加敏感和意识形态化,而"二战"血腥味催生的制定国际人权法案的紧迫感却在逐渐淡去。人权委员会原本计划在《宣言》之后马上通过的《经济、社会及文化权利国际公约》和《公民权利和政治权利国际公约》(以下简称"人权两公约")被搁置到了 18 年后(1966 年)才通过并开放签字,就是最好的例证。

起草者们对于《宣言》的通过,感到十分欣慰。但是也并未对《宣言》的作用有过高的期待。毕竟"宣言"而非"公约",意味着这份文件对各国只有道义上的约束力。何况直至《宣言》通过前夕仍有部分国家对其进行了保留乃至批评。南非代表认为,《宣言》只能规定世界各国所公认的基本权利,而它显然超出了这些"普遍权利",他的代表团无法接受"迁徙自由"的人权理论,即一个人不能生活在特定的区域就意味着损害了他的尊严。② 南非代表认为这会破坏南非多种族结构的基础。苏联代表对草案未列举对法西斯的谴责与防范,未界定国内公民对于国家和人民的义务,以及部分条款过于抽象等提出

---

① René Cassin, "*Historique de la déclaration universelle en 1938*", in *La Pensée et l'action*, Editions Lalou, 1972, p. 112。

② 南非代表指的是《世界人权宣言》迁徙自由和选择住所的权利的自由,而南非 1913 年开始实行种族隔离,在 1948 年以法律形式确定了种族隔离制度。

批评,同时指出《宣言》的根本缺漏在于未规定"民族自决权"。如葛兰顿教授指出,8 张弃权票意味着《宣言》的未来之路并不平坦。就连当时最著名的国际法学者劳特派特(Hersch Lauterpacht)也并不看好:"《宣言》本身并非是一项重要成果,它并不具有法律效力,很可能只有一些微不足道的道德权威。"①

然而,《宣言》在后世发挥的作用却远超那个时代所有人的预想。

联合国人权事务高级专员办事处官网显示,《宣言》迄今为止已经被翻译为 400 多种语言和方言版本,成为世界上译本最多(名副其实最"普世")的文件,并且因此获得了"吉尼斯世界纪录"。

《宣言》虽不具有法律效力,但其道德权威所施加给各国政府事实上的约束力,甚至已经超过国际公约。任何国家和个人都不敢公然反对其基本精神及其各条款所设置的基本标准,即使是当初投弃权票的国家。所有政府(包括独裁政府)都极力避免被划入违反《宣言》、侵害人权的国际黑名单之中。

最重要的是,包括联合国在内的全球性和区域性的人权条约和人权机制,都建立在这一文本的基本框架和道德权威之上。人权两公约是对《宣言》的接续,其他重要人权公约中如《废止强迫劳动公约》《妇女政治权利公约》等,在序言中都明确宣布继承了《宣言》精神,《禁止酷刑和其他残忍、不人道或有辱人格的待遇或处罚公约》《减少无国籍状态的公约》《就业政策公约》等,更直接是对其具体条款的扩展和延伸。《欧洲人权公约》《美洲人权公约》《非洲人权和民族权宪章》不仅在序言中提到了《宣言》,而且在许多具体条款中吸收了《宣言》的措辞。② 在这些国际人权文件基础之上,继而又催生出一

---

① Hersch Lauterpacht, *International Law and Human Rights*, Praeger, 1950, p.425;转引自[美]玛丽·安·葛兰顿:《美丽新世界:〈世界人权宣言〉诞生记》,235 页。

② 罗艳华:《〈世界人权宣言〉:全球人权治理的重要基石》,载《中国国际战略评论2018(上)》,212 页,北京,北京大学国际战略研究院,2018。

系列国际人权保护的制度安排①以及一批致力于促进人权的非政府组织。此外，联合国在解释《联合国宪章》时经常会把《宣言》作为依据；在其他国际人权文书和决议中常常引用《宣言》及其条款；联合国秘书长和各国政府在国际和国内场合发表的有关声明会引述《宣言》；许多国家在制定宪法时，都将其视为范本，援引或吸收了部分条款；国际法院和许多国内法院都把《宣言》作为解释依据或者国际习惯来进行判决……

但是，起草者们在达成《宣言》过程中所秉持的理念在后《宣言》时代似乎已被某些国家有意或无意的遗忘了。如同葛兰顿教授所指出的："现今最普遍也是最不幸的误解在于，认为《宣言》旨在推动单一化的权利模式，而不是提供可以通过多样的合理方式适用于不同文化的普遍性标准。"②这是与起草者们的初衷相背离的。张彭春在联合国大会通过《宣言》的时刻，谴责了那些认为可以采取标准化思维或单一生活方式的殖民者观点。起草者们的担忧却又真实地发生了。某些国家否认人权价值的多样性，正在以人权的名义将其价值观不恰当地推广向全球，并采取与《宣言》完全相悖的手段——政治压迫、文化霸权与经济掠夺。因此，回顾那伟大的一代人所做的贡献，有助于我们更好的理解起草者的真实意图：所有国家应当为《宣言》所确立的基本原则寻找符合自身文明的解释，使其在不同的文化中建立起各自的理论结构，③进而使各条款能够在全世界通过丰富多彩的合法方式被赋予生命。由此，《宣言》才能真正实现其订立时的愿景，成为"所有人民和所有国家努力实现的共同标准"。

---

① 参见孙萌：《中国与联合国人权保障制度：以普遍定期审议机制为例》，载《外交评论》，2015(2)，49～64页。

② [美]玛丽·安·葛兰顿：《美丽新世界：〈世界人权宣言〉诞生记》，中文版序，4页。

③ 化国宇：《人权普遍性的仁学基础：从〈世界人权宣言〉第一条出发》，载《西南政法大学学报》，2019(2)，57页。

# 选择共和国的家"春秋"

## ——劳伦斯·弗里德曼《私人生活》导读

赵彩凤*

2019 年,美国众议院拟通过新的平权法案,旨在将性取向和性别认同纳入 1964 年《民权法案》受保护的类别清单。[②] 这一举动引发了美国社会的激烈争论。与鼓掌欢呼的自由主义拥趸者相反,一些虔诚的基督徒认为,该法案带来了美国有史以来对宗教自由的最大威胁,它将加剧保守的基督徒和性少数派之间的文化纠纷,并对美国的道德带来重大冲击。毋庸置疑,这起法案事件表明,美国私人生活赫然偏离了其建国父辈清教徒们的伦理立场,在劳伦斯·弗里德曼(Lawrence Friedman)所谓的"性革命"道路上,走得甚远。

历史上,世界各文明均将婚姻家庭看作社会的基本细胞和文明

* 赵彩凤,法学博士,广西桂林电子科技大学法学院讲师。本文是尚在迻译的劳伦斯·弗里德曼的《私人生活》中译本导读。衷心感谢业师高鸿钧教授的勉励和指导;感谢鲁楠仁兄、姚力博学妹的热诚惠助和中肯建议。当然文责自负。参见 Lawrence M. Friedman, *Private Lives: Families, Individuals, and the Law*, Harvard University Press, 2004。

② Andrew T. Walker, "The Equality Act Accelerates Anti-Christian Bias", https://www.thegospelcoalition.org/article/equality-act-anti-christian/, 2019-03-11。

根基。美国作为清教徒缔建的国家,基督教虽非国教,但其早期文化尤其婚姻家庭伦理深受基督教教义的影响。根据《圣经》,上帝为人类设立的第一项社会制度当是婚姻。上帝创男造女,使二人结为夫妻。伊甸园里的那对人类始祖,最初彼此相爱、完全敞开、同心合一。亚当见到夏娃的第一眼说:"这是我骨中的骨,肉中的肉",①这隐喻了婚姻应当以爱情为基础。婚姻乃上帝赐给人类的普遍恩典;婚姻应当圣洁,淫乱(包括婚外及婚前性行为和意淫)是违背上帝律法的重罪。基于其教义,虔诚的清教徒被世人视为是倾向某种"禁欲主义"的(尽管该观点值得商榷),清教徒建立的法律制度充溢着对亲密关系的严厉规训和惩罚。

如韦伯所说,新教伦理令美国受惠至深,促其资本主义长足发展,②使其在经济、政治、法律与文化各领域跃为世界的领头羊。随着现代化的纵深挺进,美国社会诸方面包括私人领域发生了巨大变迁。20 世纪后半叶以来,一种彰显自我的个人主义、自由主义和多元主义的话语全面弥散,成为抟合形形色色美国人的新意识形态。传统虔信的清教文化已不复为美国主流文化。20 世纪 90 年代初,劳伦斯·弗里德曼教授断言,美国乃至全世界的现代法律文化,日益呈现为一个以表现型个人主义为核心特质的选择共和国。弗里德曼是颇具世界影响力的美国当代法律社会学家,研究领域广泛,著作等身。作为法律文化学的思想先驱,他于 20 世纪 60 年代末提出并阐释了"法律文化"的概念,嗣后数十年建构起关于法律文化的完整理论体系,全面探究了法律文化尤其现代法律文化的若干课题。这部 21 世纪初成书的《私人生活》,再度丰富了弗里德曼的现代法律文化理论。美国法律文化究竟发生了怎样的嬗变?其变化对美国社会乃至全世界产生了什么影响?美国民众对其变迁的态度如何?对于这些问题,该书从私人生活视域给予了颇有洞见的诠释,是了解美国现代婚

---

① 《旧约·创世纪》二:23。

② 参见[德]马克斯·韦伯:《新教伦理与资本主义精神》,康乐、简惠美译,桂林,广西师范大学出版社,2010。

姻家庭法律文化盛衰，乃至管窥全球私人领域法律文化趋向的一扇窗口。

一

弗里德曼在第一章综述了本书的主题和内容要旨，意在通过近一个世纪美国婚姻家庭法变迁史的阐述，考察以家庭衰落与个人兴起为特征的法律文化转型。作者提出了几个关键词——个人、选择、自由和隐私——与一个核心命题：个人选择至上的新型法律文化成为美国现代婚姻家庭私人生活的主导话语。

总体上，美国家庭发生变形，经历了梅因所谓的"从身份到契约"的转变，①作为法律单位的家庭逐步解体，家庭成为原子式个人的集合体，家庭法变作关于个人的法律。个人选择支配着婚姻家庭的诸多方面。其一，婚姻的性质和方式产生巨变。婚姻不再是两个家庭的联结，而是两个独立个体的结合。结婚不再由父母包办或其他外力主宰，而是由个人自主抉择，只关乎"伴侣与爱情"。宗教和法律对婚姻解体的限制门槛日益降低，离婚亦成为个人选择的事情。其二，两性地位有所改变，尽管现实中性别平等仍未兑现。女性在结婚和离婚、性与生育以及孩子监护等事务中，拥有了更多的权利和自由。其三，家庭城堡内的若干私人事务，摆脱了法律和社会的公共干预。婚外或婚前性行为、非婚生育、避孕或堕胎、同性恋等往昔的"罪恶"，逐渐换上"隐私权"的标签，公开登阶于选择王国的殿堂。

关于促使上述变迁的原因，弗里德曼在《选择的共和国》中曾作详解，②本书仅一带而过提及了几项显见因素：西方国家的自由市场制度发展，科技进步，城市化的推进，大众传媒的崛起，法治的实行，以及一个庞大、富裕、有闲的中产阶级的形成。这些因素联结为复杂的因果链条，共同催生了以"个人"为核心的现代法律文化。

---

① ［英］梅因：《古代法》，沈景一译，112 页，北京，商务印书馆，1959。
② 参见［美］弗里德曼：《选择的共和国》，高鸿钧等译，60～69 页，北京，清华大学出版社，2005。

在学术立场上,弗里德曼显然倾向价值中立。他强调本书不应被解读为关于美国家庭的衰落史。家庭并未解体,只是内涵和外延有所改变,变得更富于包容性。对于备受道德论断的性少数派,作者示例主张,社会某种势力对同性婚姻的呼吁,非但不是家庭式微的标志,反而是重视家庭观念、以家庭为理想生活样式的证据。

在研究视角和方法上,一方面,弗里德曼秉持法律社会学范式,指出法律制度包括家庭法作为社会的有机组成,趋于"像手套合手那般"适其社会。当社会变迁时,家庭法并非如一些人想象的那样顽梗拒变——诚然家庭法因其同特定文化情境的亲缘性,不像技术性法律那样容易移植——而是在其社会内部进行有机的演化甚至"旋风般"的变迁。另一方面,作者采取了比较法与法律全球化视域,从广阔的世界背景进行讨论。他主张,美国现象不唯美国特色,美国家庭法的制度、实践与文化变迁,实际反映了步入现代社会的整个西方发达世界的一般情况。

弗里德曼对"选择"的概念致意再三,呼应了他一贯以来关于现代法律文化的思想主线:现代世界在各领域、各层面,均彰显出一个以表现型个人主义为核心的"选择共和国"。私人生活的细节选择只是更广泛的选择权——不受干预、自由做出人生及其基本生活方式选择——的一部分而已。但选择具有相对性,选择至上只是一种趋势,其间会有冲突和顿挫;选择非在真空发生,受到外部环境和文化观念的囿限。后文各章均围绕"选择"这一概念进行了展述。

二

据弗里德曼观察,19 世纪美国的婚姻家庭制度承袭了英格兰的普通法婚姻,同时受到基督教的影响。但与天主教将婚姻当作圣事相反,清教徒将婚姻视为上帝普遍恩典临照下的世俗事务,无需教会和政府授权,只需当事人合意即可成立。该时期普通法婚姻为法院所认可;离婚在文本与实践的夹缝中潜滋暗长,成为立法、司法时常遭遇的实践。

所谓普通法婚姻，也称秘密婚、非正式婚姻，婚姻关系依男女双方协议而缔结，只要一男一女彼此承诺永结同心，婚姻即告成立，无需任何见证人、任何宗教或世俗的仪式。双方权利义务等同于其他任何根据法定要件结合的夫妻，他们的孩子完全是合法子女。从法律性质而言，普通法婚姻实际是一种依双方意思表示而签订的非要式民事契约，当然该契约极为特殊，当事人仅在缔结方面意思自治，具体权利义务、履行期限和解除方式等均由法律强制规定。普通法婚姻之所以在美国长期存续，作者指出了三个层面的原因。其一，19世纪美国若干州神职人员严重短缺，无法满足人们通过教会举行婚礼的需求。其二，婚礼耗资巨大，对于当时平民是不堪承受的负担。无仪式或仪式简单的结婚方式遂成为习惯法。其三，司法实践显示，普通法婚姻具有积极的社会功能。普通法婚姻是解决财产权尤其继承权纠纷的有效机制。美国是世界上中产阶级国家，大量普通人身后遗下资产（农场、土地、房子等），产生了若干继承纠纷。有效的婚姻关系是夫妻及其子女合法继承彼此遗产的逻辑起点，于是认定婚姻效力成为继承诉讼法官的首要职责。法官通常以推定婚姻有效的方式，保护孤儿寡妇的继承利益。同时，普通法婚姻是保护妇女体面声誉的重要机制，也保护其子女免于"私生子"的污名。

普通法婚姻似乎蕴含了"个人选择"的因子。它将婚姻作为一种特殊契约的观念，触及到了某些关于选择的实质内容：婚姻依赖于一对男女个体的合意选择和决定，家庭、国家、教会均是局外旁观者。在自由选择的层面，普通法婚姻不经意间契合了上帝对人类婚姻的理想预设：婚姻的基础是爱，而不是任何其它。

另一方面，离婚法与个人选择的勾连经历了一番艰辛的争战，制度文本和生活实践步调不一，陷入四重悖论之境。第一，世俗民事法与深受宗教律法影响之悖。美国对英格兰婚姻法做了倾向自由化的发展，婚姻的性质乃民事契约，文本法许可公民依法定程序离婚；但离婚法仍受到新教的强烈左右。该时期各州离婚的法律途径有二：经由立法机构审批或向法院起诉；立法者和司法者大多对离婚案件进行实质审查,事实上大部分离婚申请被驳回。第二,男女形式平等与实质不平等之悖。纸面上,男女拥有同等的离婚权利;但实践中女性提出离婚受到更多限制和歧视。如因一方背叛而离婚的情形,妻子只要有通奸行为,丈夫即可提出并获准离婚;妻子若以同类理由申请离婚,必须举证丈夫有"严重的"通奸罪(乱伦、重婚、强奸或鸡奸等)。第三,表面的法定离婚理由与背后的真实原因之悖。19世纪各州均有一份关于离婚的"过错列表",相当于法定离婚理由,通常包括通奸和遗弃,有的州还列入虐待、酗酒、犯重罪或宗教禁欲等。决意分手的夫妻为了快捷摆脱婚姻,呈堂理由往往选择最易获准离婚的"过错"项目,这却未必是分离的真实原因。大量"串通"离婚发生,法律屡禁不止。第四,书本法抑制离婚与活法绕道促成离婚之悖。文本层面,因保守势力抵制任何使离婚宽松化的改革企图,"法律的时空被冻结了",①整个世纪各州离婚法仅略有修补,无甚实质变动。实践层面,离婚需求激增,离婚率持续攀升,大量平民加入了离婚队伍。这些离婚的实现途径,一面有赖于"串通"合谋,另一面得益于部分州为迁徙离婚敞开的方便之门。鉴于宪法要求各州相互"信任"的规定,对允许"宽松"离婚的州所做的有效判决,其他州应予认可。一些州趁机做起"离婚工厂"生意,罗列长串宽松的离婚"理由",准许有短暂居留权的人申请离婚,从而吸引了大批他州居民前来办理有偿闪速离婚,这些州与过客们互惠互利,前者大发横财,后者如愿摆脱了空壳婚姻。这种官方法与活法双重制度各行其道的局面,一直持续到20世纪。

在上述悖论的背后,存在两种对待离婚的观念和社会势力的交锋。保守的社会精英和宗教领袖坚持认为婚姻应当是终生结合,允许宽松离婚是社会窳坏的征兆。自由派则主张,离婚是一种现实需求,允许离婚可避免更大的败坏(如通奸、同居)发生。弗里德曼显然倾向于后者观点。在他看来,离婚需求上升的根源在于婚姻理念的

---

① Lawrence M. Friedman, *Private Lives*, p. 38。

变化。传统婚姻遵循基督教设定的模式,丈夫是家庭的带领者,负责爱、供应和保护妻子儿女;妻子的角色是丈夫的帮助者,主要职责乃相夫教子,尊重和顺服丈夫。这样的婚姻对夫妻职能角色分工明确,双方对婚姻的期待尤精神层面要求很少,故罕有离婚者。但现代复杂化社会婚姻的职能负担发生变更,人们对婚姻的预设和期望日趋繁复,增加了若干情感和心理需求:丈夫不再满足于给他"补袜子"的贤妻良母,妻子也不再满足于挣钱养家的"赚面包者",男女均开始追求一种地位平等、能分享彼此精神生活的伴侣型婚姻。离婚透露了人们对婚姻既往期望的落空和对新期望、新法律身份的渴求。从某种意义上说,离婚非但不是对婚姻的威胁,反而是对婚姻高度珍视的标志,因为离婚的主要法律功能不是结束婚姻,而是为再婚打开门户。这两种势力的较量,实质是两种法律文化的抗衡:重视家庭、义务和道德声誉、讲求私人生活节制的传统法律文化,以及注重自我、权利和个人自由、强调私人生活选择的现代法律文化。

可见,19世纪美国的婚姻家庭制度不只表面有了裂痕,且向着新的方向裂变:婚姻(尤其离婚)日益摆脱传统捆绑,开始成为个人选择的事务。但该时期的选择呈现不完全性:普通法婚姻仅仅显示了结婚自由选择的一面;婚姻解除则不是任由个人决定,须受国家法律的严格限制,由此导致离婚的双重制度和多重悖论之境。这种选择的不完全性表明,美国的表现型现代法律文化尚处黎明。

### 三

到了20世纪,美国的婚姻家庭法律文化变迁更为深远。私人生活领域发生"无声的革命",婚姻家庭法律文化完成了现代转型。

首先,国家以技术官僚、记录者的身份积极介入了婚姻家庭事务。由于以信息载录为特征的科层制发展,没有任何记录的普通法婚姻以其不确定性造成了司法实践的若干难题和"滋扰",从而大大衰落。若干州废除了普通法婚姻,保留的州也无视其存在。领取结婚证、由牧师或政府官员主持的仪式婚成为主要婚姻形式。继而,仪式登记婚为政府管控生育开辟了道路。国家之所以干预生育事务，在于优生学理论、社会堕胎泛滥和白人生育"危机"的影响。其一，社会热议的优生学坚称，"坏种子繁衍其类"，堕落分子、犯罪分子、智障人士和某些类型疾病代代相传，公共政策应当对此予以关注。其二，地下堕胎活动（尤其中产阶级白人妇女堕胎）和公开反堕胎运动如火如荼，冲击了国家立法。其三，与堕胎和避孕相连，中产阶级家庭的白人婴儿出生率下降，加上高生育率贫民移民潮的来袭，婴儿人口血统的比例变化引起白人主导的精英社会的恐慌。于是，若干州对婚姻主体的资格做出法律限定，剥夺了智力缺陷者、精神失常者、"道德和性堕落"犯罪者甚至乞丐、贫民结婚的权利；同时推行绝育法，对大量婚育"不适格"成员实施强制绝育，最高法院亦支持该举，有法官称"三代笨蛋就够受了"；[①]再者强制要求婚前体检，防止性病、癫痫或某些传染病患者结婚生育。此外，一些州对跨种族通婚设置了障碍；刑法上的不确定量刑，也对所谓堕落犯罪者生育起到了抑制作用。这个一向标榜民主、自由、法治、文明，对反法西斯战争起过关键作用的国家，以法律将"纳粹思维方式的错谬"[②]对其国民进行了淋漓尽致的施展。

其次，政府干预私人生活的过程，始终伴随质疑声和反干预运动。第一，普通法婚姻作为社会实践一直未曾消亡。时而仍有诉讼请求确认普通法婚姻的效力，法官往往做出有效推定。第二，生育控制一直受到反对势力的攻讦，司法判决也存在分歧。禁止堕胎被指责剥夺了妇女的自由选择权；限制结婚主体资格涉嫌违反平等保护原则，强制绝育被指斥侵犯人权；禁止跨种族婚姻包藏着炮制新一轮种族歧视的祸心；婚前强制体检亦存在明显的性别歧视。在反对者看来，政府干预的目的与其说是促进社会的"优生净化"，毋宁说是在强权营造白人精英至上的社会等级分化。反干预运动取得了实质效

---

① Lawrence M. Friedman, *Private Lives*, p. 51。

② Lawrence M. Friedman, *Private Lives*, p. 59。

果,20世纪后半叶起,政府权力逐步从私人生活领域撤退。各州禁止癫痫病人、低能儿或贫民等生孩子的规定大都退出了纸面法,或抠除了极具攻击性的字眼。州绝育法大多被废除,最高法院将生育和堕胎纳入宪法保护的基本权利,21世纪初有数位州长还对先前本州的强制绝育进行公开道歉。婚前体检不再是强制程序;婚姻登记处成为仅收费、盖章和发证的机构。与民权运动相应,若干州废除禁止跨种族通婚的法令,联邦最高法院的判决亦确立"任何州不得假以种族主义理想的名义操纵婚姻选择"的原则。经过一个世纪的争战,国家基本放弃了控制生育权的斗争,婚姻和生育真正成为私人事务。

再次,婚姻观和性伦理的变迁,导致背弃婚诺等特殊的诉讼类型消失。背弃婚诺诉讼即男女订婚后,一方如无正当理由擅自解除婚约,另一方有权起诉索赔。其实质是民事订婚违约之诉。这类诉讼旨在保护被始乱终弃的女性,尽管理论上男女均可提出诉讼,但实践中大抵只有妇女起诉,且女性往往胜诉,获得数量不菲的损害赔偿。

对于背弃婚诺诉讼向女性一边倒的伦理依据,社会一直存在异议。在弗里德曼看来,19世纪至20世纪早期,女性往往是真实的受害者,法院的判决倾向合理适应了当时的社会伦理和法律文化。但20世纪30年代起,背弃婚诺诉讼日趋衰落。由于年轻女性傍款起诉勒索的情况增多,此类诉讼时而为性交易丑闻所玷污。法院判决倾向开始转变,女性败诉或被驳回起诉的情形时有发生。若干州废除了背弃婚诺的诉讼理由。于是背诺之诉——连同通奸、诱奸或情感疏离等与性亲密相关的类似诉讼一道——被扔进入了历史的垃圾桶。在此类诉讼衰微的背后,隐含着婚姻关系和性伦理的变化。妇女的主体性增强,在两性中不再被视为单纯被动的弱者,她们对自己的身体、性和婚姻等有了越来越多的自主权;贞节的价值江河日下,婚前甚至婚外性行为日益成为个人(男和女)的自由选择。

复次,离婚法发生一场"无声的革命",确立了无过错离婚原则。这场革命暗度陈仓,经过了几个阶段。第一阶段延续先前双重制度,书本法与行动法的沟壑继续加大,串通离婚司空见惯。各州存在大量近乎克隆版的离婚讼状。某些以通奸为唯一法定离婚理由的州，若干夫妻雇人合演旅馆通奸、捉奸戏，制造离婚"证据"。而在禁止离婚的州，人们则通过申请确认婚姻无效摆脱配偶。司法者虽心知肚明其中诡诈，却不动声色，按照表面理由判决支持离婚。第二阶段法律在一定程度上放宽了离婚理由。一些州将"分居"特定数年、罹患精神病、犯重罪入狱等纳入离婚事由列表。但新的诉由无甚实效，如"分居"事由形同虚设——人们既然能通过串通尽快分手，绝不愿等耗数年。该时期立法、司法者意识到，若干婚姻已名存实亡，法律只是"体面地给这些婚姻一个合宜葬礼，让人们继续其生活"。[①] 第三阶段无过错离婚成为主导原则。20 世纪最后三十余年，各州相继通过无过错离婚法，釜底抽薪地摧毁了双重制度。所谓无过错离婚，纸面陈述是婚姻因双方"不可调和的差异"而导致"无法挽回的破裂"，实际相当于单方离婚，夫妻"任何一方在任何时候均可以任何理由（或毫无理由）"结束婚姻，另一方基本没有辩护权。这场变革之所以被称为"无声"的革命，是因其最终的完成几乎未经论争，技术官僚起草了书面法，一夜间埋葬了空文旧法。变革"就像夜间的贼一样溜进法律，没有作案迹象"。[②] 从立法初衷来说，这些起草法律的专家们从未设想创立无过错离婚制度，更未意图使离婚变成单方任性的事，他们只是想清理"肮脏"的串通欺诈，对运行的活法——合意离婚予以正式确认而已。法律的自创生使离婚实际成为纯粹个人自主的事情。

关于无过错离婚法的影响，一直存在激烈争议。反对者指出，该法律转向使人们对待婚姻变得草率，离婚率激增，婚姻幸福感下降，妇女儿童受到伤害，甚至有瓦解社会凝聚力的危险。他们促使州立法倡议民众缔结"盟约婚姻"，或推行由神职人员进行婚前辅导的"社区婚姻政策"。但支持者认为，无过错离婚并不意味人们对婚姻或离婚更漫不经心，他们仍相信婚姻值得付出痛苦的努力。弗里德曼显

---

① Lawrence M. Friedman, *Private Lives*, p. 71。

② Lawrence M. Friedman, *Private Lives*, p. 73。

然倾向于后一种立场,指出认为无过错离婚使人们对待婚姻弃如敝衣的观点,"是一个神话";将家庭破裂归咎于法律认可的宽松离婚,是倒果为因;至于提倡盟约婚姻等力挽狂澜的真诚努力,或许只是助兴节目,或许是另一个转向,效果尚未可知。如作者所分析,这场无心插柳的离婚法革命意义在于,它反映并以官方法律制度认可了先行生发的现代法律文化。离婚的蔓延展现出一种独特的现代婚姻观:婚姻的主导理念不再是彼此、关系、相爱,不再是配偶双方的福祉,而是追求个人的自我满足和实现。至此,选择至上正式成为婚姻关系和法律的首要原则,结婚和离婚均变成了男女高度个人化的自由选择事务,亦即"表现型婚姻"和"表现型离婚"。

最后,大众传媒推波助澜了一场亲密关系多元化的风潮。在表现型婚姻文化下,传统辅助婚姻缔结的特殊中介行业——媒人——发生变化。新兴大众传媒成为姻缘牵线的新中介。20世纪70年代起,报纸杂志上涌现大量征婚或征友启事。在弗里德曼看来,这些隐名寻觅伴侣的公开启事,是现代法律文化在私人领域的又一展现方式。征友启事背后的普遍文化信念,仍是强调个人的独特性,人人都是独一无二的个体,且人人应然有一个天生绝配的"完美伴侣"。若干启事显示,人们寻求的不是婚姻,毋宁是"浪漫"或"性爱";当然这种寻求大多不是为一时纵欲,而是渴望深刻持久的亲密关系。

大众传媒似乎在向世界宣示,传统婚姻已非亲密关系的唯一合法方式。弗里德曼以同居为例,解析了现代亲密类型的多元化趋势。同居是一种持续的性亲密关系,但不同于婚姻,缺乏永久承诺的程序;同居作为一种普遍化的婚前/婚外性行为,往昔的耻辱已如浴缸污水般被排出,成为男女情侣自由选择的事情;同居不产生夫妻式法定权利义务;但一些法院赋予了同居伴侣部分实体权利;同居还包括同性情侣之间无承诺,或者有承诺但不被婚姻法认可的长期亲密关系。婚姻的生命力仍很强大,但传统婚姻失去了对两性关系的合法垄断地位。

由是,20世纪美国的婚姻法经历了复杂深刻的演变,政府对婚姻事务的介入从积极进行实质性干预到被动予以形式化备案,书本法与活法的鸿沟从巨大分裂到倏然弥合,均见证了婚姻法律文化的剧烈变迁。婚姻、性爱和生育等事务是个人自由选择的观念逐步深入人心,并变为社会现实。

## 四

婚姻、生育法与法律文化的变化带来了收养、监护等围绕亲子关系的家庭法变迁。政府和法律介入了若干涉及儿童利益的私人事务。

首先,收养法从无到有。19世纪50年代前,美国和英格兰一样存在事实领养,但国家法不允许收养。第一部官方收养法于1851年在马萨诸塞州出台。此后若干州通过了收养法。根据法令,收养的性质相当于契约,经由私人民事契约程序进行,同"买卖玉米地"没有实质区别。[①] 20世纪前期法律开始转变,要求收养由法官根据听证决断养父母是否适格;保护孩子的最高福祉逐渐成为收养法的核心宗旨。弗里德曼指出,有两项重要因素促成了收养法的兴盛。其一,收养作为一种法律身份,具有与继承和产权相关的经济意义。那些拥有资产的无子嗣美国中产阶级家庭,具有收养子女承继家业的强烈需求。其二,人口变化是收养发展的关键要素。由于意外、瘟疫、贫穷或婚外生育等,一直存在丧怙失恃或被遗弃、需要有个家的孩子。收养无疑在很大程度上增进了收养者和被收养者双方的福祉。但收养也带来一定的负面问题。一些被收养的孩子受到养父母的虐待,或在养父母生育子女后,受到歧视待遇;出现了一些专事为寻嗣家庭提供幼儿源的儿童贩卖机构,很多婴儿被商品化,甚至因不良护理而夭折;由于婴儿的供不应求,中产阶级白人家庭还一度抢夺印第安部落的孩子。而收养法对这些消极面的规制似乎非常有限。20世纪美国还兴起跨种族、跨国界收养,一度引发了文化同化与多元平等的讨论。最终几部法令、数起判例确立了平等尊重多元文化的法律精神,

---

① Lawrence M. Friedman, *Private Lives*, p. 100。

赋予了不同种族、肤色、信仰的养子女自由抉择身份和生活归属的权利。

收养法对双方权利义务的分配原则,从保护家长的"柠檬法"①和严格保密渐变为孩子的利益至上。早期收养法倾向对养父母的保护,授予养父母在发现孩子被隐瞒的先天隐疾时解除收养的权利;收养记录被官方封存,远离公众和直接关系人以外所有人的窥探,甚至允许养父母为养子女更改出生证明,使被收养者对自己身世一无所知。深入 20 世纪以来,法律转向保护孩子的最大利益,为确保被收养儿童进入一个温暖的家,限定收养家庭的标准,对申请收养者的习惯、收入和婚姻质量等实施调查。记录保密墙也被突破,六七十年代兴发了一场被收养者寻找亲生父母的社会运动。若干收养诉讼中,法院不得不在生身父母隐私权和被收养人知情权的冲突间进行权衡决断。至 20 世纪末,收养在多个层面被打上了个人选择的印记:收养本身即为不育夫妇提供了一种选择;收养对象的范围有了跨越种族、国界的宽广选择;被收养者具备了超越生身父母隐私权的公开身世选择权,并进而选择与哪对父母一起生活、保留哪种身份的权利。那种溯源探求身世的渴望,也强烈反映了选择至上的表现型个人主义文化实质:"寻根"意味着了解自我,探求"我是谁"这一问题的答案,有助于自我定义、理解和实现。

其次,子女监护法发生明显变化。19 世纪前期,与父权家长制家庭模式相应,子女监护的优先权通常属于父亲。母亲唯有在父亲完全不称职的少数情况下才可获得监护权。19 世纪中期以降,监护法表面授予父母同等的监护权,实际向母亲倾斜。新规则的指导原则与收养法类似,是孩子的最大利益。立法、司法者开始认为,母亲的爱和照顾对孩子成长更为有利。于是在离婚和监护诉讼中,越来越多的妇女获得了抚养孩子的权利。一些州还规定不同形式的"共同监护",以促进孩子的福祉。此外,20 世纪数州的监护法开始认可同

---

① 柠檬法通常指称美国消费者权益保护法,弗里德曼借用了其"保护法"之义。

性伴侣收养孩子,只要这些另类家庭是充满爱意、有利于孩子成长的稳定组合。

再次,在选择的共和国,以往被视为家庭耻辱的若干私人生活现象法律地位大大改变。如非婚生子女获得合法认可。非婚生育主要有三类情形:历史上的制度性非婚生,指奴隶制废除前,法律不承认奴隶结婚的权利,所有奴隶所生的孩子均被视为非婚生子女;同居生育子女,是没有法定或约定承诺程序的稳定亲密关系所生子嗣;非稳定亲密关系产生的孩子,即通常意义上的"私生子/女",长期以来烙着蒙羞的记号,在法律资格方面存在若干障碍。20世纪中后期私生子女争取继承权的纠纷频频诉诸法院,促使法律取消了各种权利障碍,赋予他们与合法子女同等的法律地位。同时,出现了一些生物学父母和社会学父母分离并公开争夺子女的新纠纷。由于现代科技的发展,通过精子库人工授精怀孕以及接受捐献卵子并租赁子宫的代孕成为不育夫妇的新希望,同时也产生了新问题,一些贡献精子的生物学父亲或代孕母亲和养育孩子的父母对簿公堂抢夺子女。对于这些新现象的合法性和孩子的归属问题,社会争论激烈,各州立法态度莫衷一是,法院判决也各有不同。但共识是孩子应当归对其成长最为有利的父母,甚至可拥有不止一对父母。

最后,家庭所有方面渐趋于同一个方向:个人选择至上,孩子的利益至上。要不要孩子、要几个,是个人选择;获得孩子的方式——自己生、代孕或收养,可由个人选择;孩子认同谁是父母,可由个人选择,或由国家基于孩子的最大利益代其选择;未成年孩子的教育、成长方式,可以由家长为了孩子的益处自主选择;成年子女与父母(和兄弟姐妹)的相处方式,是个人自由选择。等等。家庭法演变为去家长权威化、尊重个人权利和意志的现代法;教育、宗教、媒体等也日益被要求支持有利于孩子最大利益、个人自由选择的新型法律文化。

## 五

美国现代婚姻家庭领域的选择同另一个法律区域——隐私——

相竞合。隐私作为法律概念约 19 世纪晚期才出现,有两重含义:一是指隐私侵权之诉,即针对"侵入生活中人们有权隐藏之空间的一种诉讼";二是指被赋予宪法权利性质的现代隐私权,即人们可以不受干预地选择有关性爱、避孕、堕胎等亲密事务的权利。这两种隐私都关乎家庭,因为家庭既是私人的安全空间堡垒,又是亲密关系的唯一合法场所。故近百年的隐私叙事是"一个关于家庭生活的故事"。[①]

首先,弗里德曼阐释了第一类隐私——侵犯隐私之诉。19 世纪晚期,一些社会精英惊骇于媒体的放肆披露亲密关系,发起了关于隐私侵权的学术讨论,主张创设一种新的侵权,认可一种新的权利:静默无闻、不受侵扰地生活的权利。由此诞生了弗里德曼称之为"维多利亚式的隐私",旨在保护体面的人们私人生活免受媒体的窥探。该隐私的特点在于,为私人生活的某些领域拉上一道帷幕,使其成为私宅以外的禁忌,远离公共议程。尽管精英呼吁对法律实践的影响并非立竿见影,但各州逐渐出现了隐私侵权诉讼,一些维权者获得了胜诉。20 世纪 30 年代起,由于大众传媒和名人文化的兴起,第一类隐私迅速衰落。所谓"名人"是一个颇为广义的概念,凡受媒体关注(过)的公众人物或新闻人物,无论政坛领袖、文体明星、企业成功人士,还是轰动社会的大案犯罪分子和受害人,甚至任何新闻事件的当事人,均可称为名人。州法院和联邦法院的系列案例表明,名人的隐私很难以侵权之诉或其他条款获得法律保护。在新闻自由、公众知情权和名人隐私权之间,法院始终无法划定一条清晰的界限;唯一清晰的是,媒体自由的领地不断扩展,挤压隐私空间。至 20 世纪末,隐私侵权之诉所保护的隐私几乎丧失了法律生命力。

其次,第二类隐私作为一种宪法性权利的确立,始于 20 世纪 60 年代。其实质是"不受公共干预做出基本生活选择的权利",与家庭生活和性亲密相连。该类隐私权的发展,有赖于现代家庭居住条件的改良,使个人拥有私密空间(并在私人空间亲密)成为可能。其内

---

① Lawrence M. Friedman, *Private Lives*, p. 147。

容要点可分解如下：一是避孕节育的权利。一系列案例（如 1965 年格里斯沃尔德诉康涅狄格州案）使禁止个人避孕的法律归于无效。联邦最高法院提出《权利法案》存在权利的"半影"和"放射"区域的观点，成为宪法性隐私权的法律依据。二是妇女自主堕胎的权利。1973 年罗伊诉韦德一案中，联邦最高法院废除了所有禁止堕胎的法律，宪法性隐私权的范围进一步扩大。三是同性恋的权利。20 世纪最后十几年见证了美国同性恋的合法化运动。各州废止了禁止鸡奸法，同性恋性行为不再是刑事犯罪，最高法院肯定了同性恋者的平等权利，公众对性少数派的态度也大为宽容。若干同性恋者公开恋情，公开伴侣生活，公开收养子女；甚至获得了民事"结婚"权。四是变性人的权利。21 世纪初，有几个州法院开始对变性人的新性别身份和权利给予法律上的认可。变性及其成为隐私权的想法再度证明了选择观念的力量，它以极端化的方式展现了表现型个人主义的边缘景观：可塑性身份的个人选择。

复次，关于隐私权的意义与诟病，弗里德曼给予了中肯的评价。一方面，两类隐私权的演变均显示，美国法院在不断地将表现型个人主义纳入宪法文本，私人生活的选择领域持续扩大。在隐私的护栏下，人们愈益广泛地获得了自由选择个人行为模式和生活方式的权利，包括过去被认为是越轨、耻辱甚至犯罪的模式和方式。另一方面，隐私一直饱受争议。两类隐私——将个人私密生活与世界隔开意义上的"隐私"与公开自由选择生活方式意义上的"隐私"——有些自相矛盾。隐私权的勃兴，加之大众媒体的推波助澜，促发了"性革命"；媒体对名人隐私（尤其亲密关系）的饕口哑嘴膨胀了人们窥探他人隐私的欲望——美国俨然成为"偷窥之国"，同时亦刺激了他们保护自身隐私、实现个人生活选择权的渴求。宗教信仰上的指斥、道德伦理上的批判和科学技术上的两刃效果，会持续困扰隐私权问题。

最后，隐私与选择的关系，是本章主题的落脚点。实质上，隐私本身是选择的内容和表现方式。人们既可选择保守隐私——持守平静无闻的生活,也可选择公开隐私,像名人那样"生活在一种玻璃鱼缸里"。① 由于电视、互联网等传媒的惊人发展和各种窃听、监视技术的入户式侵扰,使第一种隐私日益变得不可能。大众媒体的广告式鼓动,则使越来越多的普通人选择让渡隐私,进入闪光灯聚焦、富有知名度的袒露世界。或许正是窥探的眼睛刺激了人们对第二类隐私权的强烈主张。而两类隐私的一个共同向度是,人们希望隐私成为一种可自由选择的"消费品":由个人选择消费多少、何时消费以及如何消费隐私。在新媒体"老大哥"式的全面在场下,捍卫隐私、力争消费隐私的斗争,或许将成为选择共和国"国民"的持久战。

## 六

纵观美国近百余年的私人生活变迁,经历了从与宗教关联、受政府管控到个人自主的过程;婚姻家庭法相应发生了从密切回应宗教律法、多方位国家干预立法,到尊重和保障个人自由选择的演化。变迁的结果是个人作为法律基本单位的兴起和传统版本家庭的解体。家庭与社会结构趋于扁平化,②家长权威衰落,孩子地位上升;婚姻的缔结和解除、生育和亲子关系等成为完全世俗化、私人化的事务;亲密关系呈现出多元甚至奇怪的新形态,踏入了一个悦纳同居、堕胎、代孕、同性恋、变性、窥私消遣以及其他另类现象的世界。尽管发生了翻天覆地的变化,弗里德曼认为家庭并未解体,社会的黏合剂依旧是"承诺",只不过这是一个更为宽松、由个人自行选择的承诺。

在令保守的道德主义者痛心疾首的私人生活"乱象"背后,弗里德曼再次洞见了自由主义者为之狂欢的那个意象:表现型个人主义的选择共和国——人人"觉得"有权选择自己的生活方式、模式和形式,发展自我的独特个性,创造自我,实现自我。个人自主处理婚姻、生育或其他亲密关系,只不过是表现型选择事务的一部分而已。这

---

① Lawrence M. Friedman, *Private Lives*, p. 182。

② 参看 Lawrence M. Friedman, *The Horizontal Society*, Yale University Press, 1999。

是现代法律文化的普遍特性,它已渗透到官方制度的各个层面,现代法日益在广泛的可能性范围内注重个人的愿望、欲求和选择。这个无形的共和国不止有美利坚一个"民族",私人领域变迁的种种,无论无过错离婚、跨国收养(包括抢夺土著婴儿)和媒体征婚觅友,还是避孕、代孕和堕胎,抑或同居普遍化、非婚生子女合法化和亲密类型多元化,美国的表现型个人都有来自世界各地的"同胞":欧洲、加拿大、澳大利亚等其他西方发达国家,拉美、亚洲等日渐步入现代世界的后发地区。如弗里德曼所断言,选择的共和国正在将它的疆域扩展到人类居住的整个世界。

自变性权利被个别州纳入隐私权迄今不过 20 年,美国对性少数派的特别保护似乎已走向另一极端。弗里德曼特意申明,其阐论并非美国家庭式微的叙事,且毫不谦抑对选择共和国前景的乐观和盛赞。然而笔者对其笔下的这番私人生活光景则有些担忧。美国人首肯的现代法律文化,与其先辈的伦理观念南辕北辙。上帝的律法要求百姓"圣洁",因为上帝是圣洁的;[①]"婚姻,人人都当尊重,床也不可污秽",[②]因为婚姻是基督与教会之美好奥秘的预表。但在自由选择的旗帜下,婚姻的轻易破碎、婚外的苟合行淫,几乎都获得了世俗法律上的正当性。法律人和民众集体无意识地抛弃了新教伦理的婚姻盟约精神。如今的美国及其引领下的整个现代世界,陷入了赤裸裸的"裴多菲主义"和"维纳斯主义"。背弃上帝的律法,在表现型个人主义之路上自行其是的百姓,是否还能得蒙其祖宗那般满溢的恩泽?

当然,笔者绝非以道德主义的倨傲姿态论断他国,更无意幸灾乐祸地隔岸观火。况且没有新教浸润历史的中国在私人生活自由化的道路上,比美国有过之而无不及。新中国的婚姻法几经修改,日益向过错离婚低廉无惩罚化、无过错离婚原则主导化和离婚自由选择至上化的轨道驱驰。与此相应,我国的离婚率、出轨率、婚前同居率多

---

① 参见《旧约·利未记》,十一,44、45 页。

② 《新约·希伯来书》,十三,4 页。

年以来稳居世界前列。这殊非值得自诩的"领先"。相反，当世界为表现型个人主义大唱赞歌之际，我们有必要反思一下：个人选择、自由至上，究竟是离人类的"解放"愿景和终极福祉更近，还是更远了？在法律全球化、人类命运一体相连的今天，期望透过对美国私人生活法律文化变迁的间接观察，见微知著地预测我们自己的命运，有所戒慎，砥砺前行。

# 法律能改变社会观念吗？
## ——读《因为性别》

潘梦琦[*]

  1964 年,美国众议院就《民权法案》议案进行辩论的最后一天,议员霍华德·史密斯提出,在法案第七章"就业机会平等"的条款中,应该在"种族""肤色""宗教"和"民族"之外增加"性别"。这位一向以顽固著称的种族主义者和民权反对者为何会作如此提议? 关于他的动机,人们至今争论不休。无论如何,当《民权法案》在同年 7 月 2 日正式颁布时,"性别"一词得以保留。正因为引入了"性别"二字,《民权法案》成为美国性别平权运动的里程碑,改变了人们对职业女性的认识,也改变了人们对弱势性别的看法。

  在 1964 年的美国,不足半数的美国女性从事有偿工作,仅占全美劳动者的三分之一。大部分职业女性从事的岗位种类稀少,薪酬低廉。[①] 今天,据美国劳工部的数据显示,有 60％的女性在外工作,约占

 * 潘梦琦,译林出版社编辑。

 ① U. S. Department of Labor, Women's Bureau, 1965 Handbook on Women Workers, Bulletin 290, 1965, p. 2, https://fraser. stlouisfed. org/docs/publications/women/b0290_dolwb_1965. pdf。

全美劳动者的一半,70％的职业女性育有子女。[1] 与职业女性数量一同增加的,还有对雇员的种种保护和福利政策,例如休产假、性骚扰内部投诉机制、职业仲裁等。如果没有《民权法案》第七章,女性就不可能通过法律手段来争取职业权利;另一方面,由于第七章的性别条款增加的时间过晚,当时国会并没有举行常规的听证会,也没有委员会报告能对"基于性别"而产生的歧视进行界定,因此对"基于性别"的歧视必须通过一个个案件和判决来界定。在此过程中,那些敢于提起诉讼的当事人,称得上历史进程中的先驱者。

2016 年,美国公民自由联盟高级专职律师吉莉恩·托马斯就以《民权法案》为起点,收集了十个最具代表性的案件,深入调查、采访案件当事人及相关知情者,写成了这本在美国引起热议的《因为性别:改变美国女性职场环境的十个案件》(以下简称《因为性别》)。透过书中记述的十个案件,读者能够了解近五十年来美国反职场性别歧视的历史变迁,理解法律如何从纸面上的文字转化为真正有力的制度,并进一步影响人们的观念。

育有幼儿的母亲遭遇招聘歧视,产假归来的新手妈妈被迫离职,男上司对女下属频频性骚扰,职场"女强人"因"不够有女人味"而升职无望……《因为性别》记录的十位遭遇职场性别歧视的主人公,以《民权法案》第七章作为武器,勇敢地提起诉讼,最终诉至美国联邦最高法院。这十位主人公以及案件背后的律师和法官,一同界定了《民权法案》第七章的范围和影响,让所有美国女性得以寻求曾经仅对男性开放的工作职位,争取平等薪酬,不再因结婚和抚养儿女而失业,不必忍受性骚扰和恶意的工作环境。

尽管书中的十位主人公最终在联邦最高法院取得胜诉,但她们几乎都经历了旷日持久的庭审过程。其中一位主人公,也就是哈里斯诉叉车公司案(*Harris v. Forklift Systems, Inc.*)的当事人特蕾

---

[1] U. S. Department of Labor, Women's Bureau, "Latest Annual Data," 2013, https://www.dol.gov/wb/stats/mother_families.htm。

莎·哈里斯,入职以来一直忍受着上司的言语侮辱和骚扰,从她忍无可忍提起诉讼到联邦最高法院最终判决,这中间长达三年。书中记录了一个细节,哈里斯的上司曾主动表示想达成和解,然而协商结果依旧是不欢而散:

"他告诉我他要在庭上拖垮我,"哈里斯回忆道,"他说我没钱跟他对抗。不出所料,他开始用下流话侮辱我,让我难堪。他说要毁了我。"

哈里斯对自己的回应也颇感惊讶:"我告诉他:'就算我他妈倾家荡产,也不会退缩。'然后,我盯着他说:'我要他妈的一直把你告到最高法院桑德拉·戴·奥康纳大法官那儿去!'"[1]

令哈里斯惊喜的是,最终执笔联邦最高法院对该案的判决意见的大法官正是奥康纳。类似哈里斯的经历也发生在其他主人公身上,在案件审理期间她们或失去了工作,在经济上蒙受巨大损失,或失去了伴侣,家庭遭遇重大危机,她们的生活发生了翻天覆地的变化,但她们都坚持到了最后。

《因为性别》所表达的最重要的一点,就是法律与社会观念之间的对抗:当新的法律出台,与根深蒂固的刻板印象相违背时,人们应该如何应对？在本书的语境中,实施《民权法案》第七章最大的阻碍就是针对女性的刻板印象。一种传统观念认为,女性的首要任务是照顾家庭,相夫教子,这样的观念在东西方文化中都非常盛行。我们只需看一些例子就能明白。20世纪60年代,美国航空公司的空姐面临着最高体重限制、年龄限制(要求她们在35岁之前退休)、禁止怀孕和结婚的规定,而她们的男性同事则不受以上规定的限制。这些政策旨在维持空姐的形象,"使得她们在点燃雪茄、调制曼哈顿鸡尾酒和拍打枕头时,在乘客(大部分为男性)面前保持性感、养眼的状态"。[2]

托马斯在《因为性别》中提到,一些航空公司甚至利用空姐的流

---

① [美]吉莉恩·托马斯:《因为性别:改变美国女性职场环境的十个案件》,李明倩译,215页,南京,译林出版社,2019。

② 同上书,25页。

动性作为营销策略。1965年,一家美国航空公司的广告标题为"我们的空姐屡屡被偷",上面附有一幅漫画,一个男人用手捂住空姐模型的嘴巴,偷偷地带着她逃走。文字如下:"两年时间内,我们绝大部分的空姐会离开我们,转投其他男人的怀抱。这没什么好惊讶的。一个能持续微笑五个半小时的女孩真是打着灯笼也难找,更别提一个能记住124个人想吃何种晚餐的妻子了。"[①]

这样直白的政策让许多美国人愤怒不已。《民权法案》的推动者之一、众议员玛莎·格里菲思在50多年前就大胆地质问过一位美国联合航空公司的管理者,为什么他们只雇用"年轻、苗条、未婚"的女性来担任空乘:"你们到底开的是什么公司,航空公司还是妓院?"[②]

有一些职业对女性的外貌设定了较高的标准,空乘只是其中一例,服务行业在这方面的倾向尤为严重。而另一些职业对则女性的"母亲"身份特别不友好,美国法学家琼·威廉斯甚至创造了"母亲墙"(maternal wall)这个词,来描述人们对职场母亲所怀有的偏见已经影响到她们的日常工作:同事们会认为孕妇或新妈妈们比普通人更善解人意、温柔体贴、无攻击性——也更不适合工作;但如果这些女性保持强硬、冷静、果决的性格,投入工作,人们又会批评她们是不称职的母亲。[③]《因为性别》里记录的第一个案件,菲利普斯诉马丁·玛丽埃塔公司案(*Phillips v. Martin Marietta Corporation*,以下简称菲利普斯案)即是一个对母亲职场歧视案件。1966年,32岁的艾达·菲利普斯想要应聘导弹制造商马丁·玛丽埃塔公司的组装工职位,却被告知由于她育有学龄前儿童,公司不可能接受她的申请。对母亲的歧视属于"基于性别"的歧视吗?因为《民权法案》第七章实在太新了,法律界对这个问题还未仔细考量。初审法院驳回了菲利普

---

① American Airlines advertisement, *DC Magazine*, vol. 1, issue 1, June 12, 1965, p. 2.

② Kathleen Berry, *Femininity in Flight: A History of Flight Attendants*, Duke University Press, 2007, p. 137.

③ Joan C. Williams, "Beyond the Maternal Wall: Relief for Family Caregivers Who Are Discriminated Against on the Job," *Havard Women's Law Journal*, vol. 26, 2003, p. 93.

斯的请求，巡回上诉法院再次驳回，并认为该公司的做法并不违反第七章，因为它没有拒绝所有女性，而只拒绝"有学龄前孩子的女性"。一些法律界人士认为，此种"性别加其他"的论证在当时几乎宣告了《民权法案》名存实亡，雇主只要在雇用政策中加入某些"附加"条件，如低于一定体重的女性或二头肌不够强壮的女性不被雇用，实际上就是拒绝雇用更广泛的女性群体。1971 年，联邦最高法院宣判菲利普斯案，最高法院支持菲利普斯的诉求，称一项只对女性不利的政策，即使并非对所有女性不利，也构成性别歧视，第七章"要求给予具有类似资格的人就业机会，而与性别无涉"。① 换言之，联邦最高法院判定，"性别加其他"政策违反了第七章。

无独有偶，1977 年的多萨德诉罗林森案（Dothard v. Rawlinson，以下简称罗林森案）把"性别加其他"问题再次带到联邦最高法院。22 岁的大学毕业生黛安娜·罗林森想申请成为亚拉巴马州的狱警，该州对申请人的身高与体重设置了最低标准，但这些标准都是普通女性很难达到的。我们必须承认，两性的生物性差别是不容忽视的，问题在于，亚拉巴马州设置的种种限制，对于胜任该职位是必要的吗？

在庭审期间，亚拉巴马州一再强调，身高和体重限制是出于"业务必要性"。具体而言，女性不适合在监狱这样具有危险性的场所中工作。然而，亚拉巴马州却无法拿出证据证明，最低身高和体重是如何测量出来的？达到最低标准的应聘者，他们强壮吗？跑得快吗？身手敏捷吗？有自我防身技能吗？以上数据都没有纳入招聘要求。此外，亚拉巴马州也没有在警官入职后对他们的体能进行持续评估。至于当局为何如此排斥女性成为狱警，该州的官员出庭作证时表示：看见女狱警会"刺激一直困在男性环境中、见不到异性的囚犯们……她只要出现，在我看来……就会引起麻烦，性欲的联想是不言而喻的。她就是一个性对象"。② 初看起来，在该案中亚拉巴马州政府是

---

① ［美］吉莉恩·托马斯：《因为性别：改变美国女性职场环境的十个案件》，34 页。
② 同上书，54 页。

在保护女性的安全,然而他们的所有依据都仅限于传统观念和刻板印象,他们并没有对两性的生物性差异做过科学的研究,也不打算征求公众的意见,大手一挥就把女性排除在外。联邦最高法院的判决意见支持了罗林森的部分诉求,判决亚拉巴马州的身高和体重限制实际上是一种性别歧视,这意味着罗林森有资格在监狱工作。但是,最高法院认可了亚拉巴马州关于女性容易受到囚犯袭击的假设,认为女性雇员会直接影响她提供安保的能力,因此罗林森只能在该州安保级别最低的机构之一担任狱警。

　　一直以来,社会观念似乎远比法律和制度更能决定人们的行为与想法。即便是联邦最高法院的大法官,似乎也难逃性别刻板印象的束缚。那么,如果职业女性成功摆脱了"柔弱""温和""善意"等标签,得以在工作中一展拳脚,她们是否就不会遭遇刻板印象?《因为性别》中就写到了一个相关案件。安·霍普金斯是普华会计师事务所的女咨询师,因业绩优异、能力超强而得到普华合伙人提名。然而,她却因为"过于强势""像个男人""女人味不足"而遭淘汰,作出决定的是一个由八名男性组成的委员会。关心霍普金斯的同事给她提了建议:"走路更有女人味,说话更有女人味,衣着更有女人味,化妆,做发型,佩戴珠宝。"①同事认为,唯有如此,霍普金斯才能在这个男性主导的公司中获得一席之位。

　　最终,普华诉霍普金斯案(*Price Waterhouse v. Hopkins*)诉至联邦最高法院,六位大法官加入多数意见,判决性别刻板印象就是性别歧视。问题在于,女性的工作表现和她的"女性气质"有必然关系吗?在许多情况下,以事业成就为人生导向的女性进退维谷,无论她的言行举止怎么样,对她的事业都是一个不好的兆头。对此,前美国常驻联合国代表珍妮·柯克帕特里克曾吐槽说:"当我就针对美国的批评作出回应的时候(那是我工作中重要的一部分),我被频繁地认为'咄咄逼人'……过了一阵子,我才注意到那些经常发表比我更'咄咄逼

---

① 〔美〕吉莉恩·托马斯:《因为性别:改变美国女性职场环境的十个案件》,159页。

人'的演讲的男同事们，没有一个人被贴上'咄咄逼人'的标签。"①无
论我们是否愿意承认，性别刻板印象已经把女性置于"双重束缚"的
境地。如果她们被视为"女人"，她们往往被剥夺了接近高权力职位
的机会，因为她们被认定的特征导致她们看起来不能胜任，她们的表
现被推定来自能力之外的其他因素；但是，如果她们被视为有工作中
必不可少的"男性化的"行为，她们会被认为是生性粗暴或者不符合
人设。无论怎样，女性似乎总是处于职场下风，因为判断的标准一直
在变动。

　　无论是"性别加其他"歧视，还是对强势女性的非议，上述案例
中，雇主明确地表达了对（某类）女性的排斥。相比之下，职场性骚扰
这个问题似乎更难界定。事实上，自女性走出家门开始工作，职场性
骚扰就存在了。但在 20 世纪 70 年代末，"性骚扰"这个术语才刚刚进
入法律视野。在整个 20 世纪 70 年代，许多美国法官对指控上司性骚
扰的起诉都不加理会。他们认为："你不能因为一个男人尝试挑逗就
指责他。"这些早期案例十分老套：男上司对女下属提出非分之求，女
下属拒绝，男上司解雇女下属。那些勇敢地提起诉讼的女性无法得
到法院的支持，案件通常被法官驳回，理由多半是女下属过于敏感，
或者男上司的行为不过是个人的癖好。一位加利福尼亚的法官驳回
了一位女性原告提起的性骚扰诉讼，并称："女性对于男性的吸引力
以及男性对于女性的吸引力是一种自然的性别现象，这种吸引力在
大多数的个人抉择中至少都发挥了微妙的作用。"②这种逻辑是不是
听起来很熟悉？性骚扰之所以与其他形式的歧视不同，是因为其他
歧视是对某一特定群体表达了明确的憎恶（比如说美国白人对黑人
的歧视），但性骚扰则被许多人视为由吸引力所致——这是一种赞
赏，而非侮辱。

　　著名的女权主义法学家凯瑟琳·麦金农在其里程碑式著作《对

---

①　[美]吉莉恩·托马斯：《因为性别：改变美国女性职场环境的十个案件》，173 页。
②　同上书，104 页。

职业女性的性骚扰》中已经深刻地揭露了这种现象的本质："男女关系的确被认为是私人关系，但这一事实无法掩盖它巩固了女性在工作场所和整个社会中居于附属地位的事实……"①麦金农解释道，法院应该看到，工作环境中不受欢迎的骚扰行为或性行为并不仅是私人的，它直接且负面地影响了女性在工作环境中的条件或待遇。即便骚扰者没有直白地将求欢与工作条件等相挂钩，只要出现不受欢迎的骚扰行为，这都是一种贬低人格的行为。

《因为性别》中就有一个非常典型的案件，美驰联邦储蓄银行诉文森案（*Meritor Savings Bank，FSB v. Vinson*，以下简称文森案）。米歇尔·文森指控其上司悉尼·泰勒多次对自己进行性虐待。在泰勒手下工作近六个月后，有一次他们两人一起吃饭。据文森所言，正是在那儿，泰勒首次向她提出了非分的要求。文森拒绝了，但向泰勒保证她会感激泰勒为自己所做的一切。"我不要你感激，"泰勒告诉她，"我想和你上床……我能给你工作，也能炒你鱿鱼，我能成就你，也能毁掉你，如果你不按我说的去做，我会杀了你。"②自此，文森被迫多次和泰勒发生性关系。她原本以为泰勒一旦得手就会放过自己，但虐待逐步升级，泰勒的行为越来越暴力。此时，文森的身体和精神都开始出现问题，她实在无法忍受了，只能寻求法律的帮助。

在文森案初审时，法院允许被告传唤两名职员出庭作证，值得深思的是，法院却不允许原告传唤己方证人。根据被告方证人的披露，原告文森会在办公室告诉其他职员自己的性幻想，有谈论自己的"性生活和性行为的癖好"，而且原告的着装非常暴露。③

实际上，只要性骚扰受害人公开站出来，围绕其道德水准、生活作风、性格脾气等的评价势必层出不穷，几乎无一例外。2019 年 6 月，女子诉明星社工性骚扰案成为我国第一起以性骚扰为独立案由、

---

① Catharine MacKinnon, *Sexual Harassment of Working Women*, Yale University Press, 1979, pp.89~90。

② ［美］吉莉恩·托马斯：《因为性别：改变美国女性职场环境的十个案件》，100 页。

③ 同上书，111 页。

且获审理的案例。该案一审宣判之后，原告刘丽及其代理律师都谈到庭审中的一个细节：对方律师出示了刘丽微信朋友圈的部分转发与言论，试图以此对她进行道德评价，甚至提交了刘丽与被告刘猛"友好互动"的证据，想以此证明性骚扰不存在。

回到文森案，显然该案的初审法官认为文森是一个轻浮的女性。法官怀疑文森并非被迫与被告发生性关系，而且，为何文森没有把骚扰行为告知过银行的其他人呢？银行的管理层对此并不知情，因此也无须对此负责。值得注意的是，在审理文森案时，美国的民事案件证明规则还未被修改。1994 年，证明规则终于修改，法庭正式限制有关性犯罪受害者的性历史或性行为的证言。

最后，该案一路上诉至联邦最高法院，在听取双方律师的辩论后，最高法院九名大法官作出一致判决，认为泰勒对文森的性骚扰行为对后者造成了情感和心理上的伤害，属于违法行为。对文森来说，这场六年前开始的诉讼终于结束了，而对更多与文森有着相似经历的女性来说，这场战斗才刚刚开始。

我们从小被教导什么是男子汉气概、什么是女性特质，哪些工作适合女性、哪些工作更适合男性，当我们踏入职场，我们就是带着这种社会观念而来的。所以，阅读《因为性别》这本书更像一个自我反省的过程，书中主人公面对的困境何其真实，让人忍不住自省：我是否也曾透过刻板印象的镜片看待自己和别人，我是否默认某些性别歧视是理所应当的，甚至，如果受害者是我，我能下定决心为自己争取合法权利吗？

这本书更发人深省的一点是，它指出由性别刻板印象所导致的性别歧视，实际上不止针对女性，男性也是受害者。比如说，人们普遍认为母亲对孩子的成长更重要，所以一个母亲要求休产假是符合预期的、可以接受的。但如果是一个尽职尽责的父亲呢？他是否有权利要求休产假？又如，"男性化"的女性在职场中显得格格不入，其实"女性化"的男性也会遭到排挤，诸如"娘娘腔"之类的标签、同事的取笑与奚落是否给男性造成了一种恶意的工作环境？刻板印象逼迫每个独一无二的个体,改变自己,勉强地塞进一个既定模板。《因为性别》告诉我们,要改变性别歧视,观念比制度更为重要,而要改变观念,人们必须一次又一次地向它发起挑战,这是一个缓慢推进的痛苦过程。幸运的是,今天在世界各地,旨在保护性别平等的法律正逐步健全,人们有了更多机会,通过法律来作出改变,争取平等。

# 再访"法律与革命"

## ——德国《法律史》杂志"纪念《法律与革命：西方法律传统的形成》初版 30 周年"研讨摘要

王　婧[*]

1983 年，哈罗德·伯尔曼（Harold J. Berman）出版了《法律与革命：西方法律传统的形成》[①]（以下简称《法律与革命》），成为"法律与革命"三卷本中的第一卷。这本书在世界范围内产生了巨大影响，被翻译为德语、法语、中文、日语、俄语、波兰语、葡萄牙语、西班牙语、意大利语以及立陶宛语等多种语言。书中提出的诸多命题——教皇革命是西方现代法律的开端，法律与宗教的关联是西方法律传统的显著特征，革命奠定未来转型的模式等——至今为全世界的学者们关

*　王婧，华东政法大学科学研究院副研究员。本文为国家社会科学基金特别委托项目"中国周边国家对华关系档案文献收集与历史研究"（15@ZH009）阶段性成果。

①　Harold J. Berman, *Law and Revolution*：*The Formation of the Western Legal Tradition*，Harvard University Press, 1983。中译本参见《法律与革命：西方法律传统的形成》，贺卫方、高鸿钧、张志铭等译，北京，中国大百科全书出版社，1993。

注与讨论。与此同时,《法律与革命》也受到了很多质疑,其中,针对伯尔曼在史料运用以及既有研究的援引方面的批评尤甚。①

2013 年《法律与革命》初版 30 周年之际,德国马克斯·普朗克欧洲法律史研究所(Max Planck Institute for European Legal History)的《法律史》(*Rechtsgeschichte*)②杂志组织了专题讨论(Forum)。正如研究所所长托马斯·杜威(Thomas Duve)教授在导言中指出的,"30 年可能给了我们足够的距离去做这样的解读,去思考他(指伯尔曼)在不同领域以及因为翻译成为不同语言而在不同地区的影响。这样的距离或许也使得下列努力成为可能:总结他的作品开启的新视角,探索伯尔曼描绘的图景的不同解释与应用,以及回顾由此产生的学者论辩的结果"③。专题讨论共有来自德国、瑞士、法国、意大利、波兰、中国、芬兰、爱沙尼亚、美国等国家的 14 位学者撰写了文章——再访"法律与革命",追忆 2007 年故去的伯尔曼。

根据讨论文章的主题和内容,下文将主要分两部分进行概述:第一部分概述的文章侧重评价伯尔曼的研究进路与具体观点;第二部分概述的文章着眼于《法律与革命》的传播,尤其是在不同地区产生的影响。

一

德国新教神学家、海德堡大学(Heidelberg University)教授迈克尔·韦尔克(Michael Welker)关注的是伯尔曼 1938 年在达特茅斯学院(Dartmouth College)撰写的学位论文。当时的伯尔曼只有 20 岁。论文虽然名为"公共意见"(public opinion),但伯尔曼更为关注"公共精神"(public spirit)。所谓"公共精神",是指一种深植于内心的、驱

---

① 比如 Edward Peters, "The Origins of the Western Legal Tradition", *Harvard Law Review*, vol. 98, no. 3, 1985, pp. 692~695; James Ross Sweeney's review, *Journal of Law and Religion*, vol. 2, no. 1, 1984, pp. 197~205 等。

② *Rechtsgeschichte*, Rg 21, 2013, pp. 156~227。

③ Thomas Duve, "Law and Revolution-revisited", *Rechtsgeschichte*, Rg 21, 2013, p. 156.

动个人与团体的情感,与个人形成的、随时改变的公共意见相对照。伯尔曼认为,"一战"之后,美国社会的公共意见日益受制于意识形态,公共精神更是不彰。在现代社会媒体日渐发达的背景下,需要法律(普通法)去保障和维系一种强劲且能适应变化的公共精神。最为重要的是,要在不同团体的信念(morale)之间保持平衡,既要在整体上培育公共精神,又要强调个体的人格。在韦尔克教授看来,年轻的伯尔曼尚未充分意识到法西斯独裁的危害,因此其对未来社会的设想不乏危险的图景,但我们依然能够从结论中看到贯穿伯尔曼学术生涯的主旋律:相信法律与宗教所蕴含的精神力量的结合。[1]

德国歌德大学(Johann Wolfgang Goethe-University Frankfurt am Main)法学院的法制史、教会法与民法荣休教授格哈德·迪尔切(Gerhard Dilcher)将伯尔曼与他的老师罗森斯托克·胡絮(Rosenstock-Huessy)的学术进路结合起来分析。在迪尔切教授看来,伯尔曼将胡絮历史研究中的哲学进路发展成为两项以分析进路为基础的结构性研究:一是强调法律在社会变革与结构中的中心地位,这里的法律在中世纪首先指向教会法;二是引入"革命"的概念去理解西方传统——建立在法律之上的西方传统不但是以连续性,而且以革命性变革的内在相互关联为特征。胡絮—伯尔曼的研究进路在后来几十年的史学研究中得以延续,并开启了今天对于法律史研究的全球视角。胡絮之外,伯尔曼深受韦伯(Max Weber)的影响,但伯尔曼的研究从历史的纵深上拓宽了韦伯"西方而且只能是西方"的理性化过程。在这个意义上,《法律与革命》中某些历史材料的过时并不能否定其研究框架在今天的学术价值。[2]

相比迪尔切教授的盛赞,更多的学者对《法律与革命》是肯定和批判兼而有之。瑞士苏黎世大学(University of Zurich)法学院教授

---

① Michael Welker, "The Early Harold Berman On 〈Public Opinion〉", *Rechtsgeschichte*, Rg 21, 2013, pp. 161~163。

② Gerhard Dilcher, "Bermans 〈Law and Revolution〉-eine rechtshistorische Revolution?", *Rechtsgeschichte*, Rg 21, 2013, pp. 164~171。

安德里亚·蒂尔(Andreas Thier)承认伯尔曼描绘的整体历史图景的正确性,认为伯尔曼对于法律演进过程中革命性变革的强调将成为进一步研究的基础。但与此同时,蒂尔教授强烈质疑了书中对某些历史事实与文献的处理,认为在后现代的知识氛围中,伯尔曼采用此种"宏大叙事"的方式描绘现代性的演进显得过时而陈旧。①

和迪尔切教授同样来自德国歌德大学法学院的托马斯·威斯汀(Thomas Vesting)教授,从三个核心概念——"革命"(Revolution)、"宪法"(Constitution)和"基督教"(Christendom)——入手,分析了伯尔曼的理论框架在现代法律史研究中的局限:(1)"革命"概念缺乏足够的复杂性去解释西方18世纪晚期和19世纪早期的革命,革命并非是恢复古老的自由而没有创制任何新的东西。美国和法国资产阶级革命创造的印制宪法(the creation of a printed constitution)表明了现代自由秩序的无根基、开端必要的任意性以及对自由和民主允诺的叙述;(2)与"革命"存在的问题类似,伯尔曼意义上的"宪法"不仅在形式上退回到中世纪的手写(writing)形式,而且在意义上也类似于中世纪制定法的上位法或者城市宪章。在威斯汀教授看来,对于现代宪法概念至关重要的、具有自我反思能力的主体性(self-reflexive subjectivity)和格列高利七世的改革关联很少;(3)在论述"基督教"的形成过程中,伯尔曼忽视了包括犹太教在内的其他宗教对于基督教的影响,并因此忽视了西方法律传统内部的差异。教会法——伯尔曼所谓的第一种现代法律体系——仅仅是西方法律传统的很多范式中的一种。西方法律传统的根本,不在于伯尔曼所言的法律与正义之间的永恒互动,而在于处理传统内部的分歧与不确定性。②

比利时鲁汶大学(Catholic University of Leuven)的罗马法与法

---

① Andreas Thier, "Harold Berman's〈Law and Revolution〉: A Necessary Challenge for Legal History Research", *Rechtsgeschichte*, Rg 21, 2013, pp. 173~175。

② Thomas Vesting, "Die Suche nach einem Zeichen: Anmerkungen zum Gebrauch der Worte Revolution, Verfassung und Christentum bei Harold Berman", *Rechtsgeschichte*, Rg 21, 2013, pp. 176~179。

律史教授维姆·德科克(Wim Decock)研究的是伯尔曼关于现代商业和金融制度的宗教渊源的论述。德科克教授认为,新近的研究对于伯尔曼有关中世纪存在统一商法的论断提出了质疑,相应地,伯尔曼所概括的商法的自我规制性(self-regulated)、习惯性和超国家性也受到了挑战。但是这些质疑与挑战无法抵消伯尔曼整体论述中蕴含的智慧:商法与经济制度并非仅仅依赖经济与政治领域的发展,法律是联系商业活动和灵魂拯救的桥梁,商法理应是教会法的反映而不是否定。这种对于商业、法律和信用体系之间根本性关联的洞见在今天依然准确。①

意大利特伦托大学(University of Trento)法学院的教授迭戈·奎格利奥尼(Diego Quaglioni)讨论的是伯尔曼关于西方法律传统连续性的论断,以及对于法律与宗教关系的概括。在奎格利奥尼教授看来,西方法律传统具有统一性和连续性的特征,即能够在保持基本结构的同时不断演化与进步。这种特征体现在革命的辩证转型中。要理解这种转型,必须具有更宽广的历史视角,即"千禧年视角(millennial perspective)"。在这个意义上,历史在伯尔曼的理论中起到了综合法理学的作用,克服了法律实证主义和新自然法的片面性。奎格利奥尼教授特别关注了在两卷《法律与革命》中间(1993年)出版的论文集 *Faith and Order*②,并将论文集导言中的一句话"社会生活的外在与内在方面('The outer and inner aspects of social life'.)"作为评论的标题。奎格利奥尼教授认为,这句话是解读伯尔曼学术遗产的关键,因为伯尔曼所谓的历史就是法律与宗教两大力量辩证互动形成的社会生活。③

---

① Wim Decock, "Capital Confidence: Updating Harold Berman's Views on Mercantile Law and Belief Systems", *Rechtsgeschichte*, Rg 21, 2013, pp. 180~185。

② Harold J. Berman, *Faith and Order: The Reconciliation of Law and Religion*, William. B. Eerdmans Publishing Co. 1993. 中译本参见《信仰与秩序:法律与宗教的复合》,姚建波译,北京,中央编译出版社,2011。

③ Diego Quaglioni, "The Outer and the Inner Aspects of Social Life", *Rechtsgeschichte*, Rg 21, 2013, pp. 189~191。

美国圣托马斯大学(University of St. Thomas)法学院的教授查尔斯·里德(Charles J. Reid)探讨了伯尔曼对待"传统"(tradition)的态度。作为伯尔曼在埃默里大学(Emory University)法学院执教时的研究助手,里德教授告诉我们,伯尔曼最喜欢的一句话是"传统是对死者的活的信仰,而泥古主义是对生者的死的信仰"①。通过分析《法律与革命》中伯尔曼对于教皇格列高利七世本人及其所领导的变革的评价,里德教授令人信服地表明,伯尔曼能够在忠实于历史和当下的迫切需要之间掌握好平衡。这种对待传统的态度,不仅是职业历史学家应该具备的,而且能让天主教更好地应对当下的转型挑战。②

二

德国歌德大学法德历史与社会科学研究中心主任皮埃尔·莫奈(Pierre Monnet)教授的评论是在法国的学术语境之下展开的:虽然《法律与革命》作为经典著作没有被及时地翻译为法语,但《法律与革命》(包括 2007 年出版的第二卷)依然引发了法国法律史、社会学与人类学学者的关注,并改变了这些学者理解中世纪的方式。莫奈教授认为,伯尔曼对于西方法律传统的整体解释表明,中世纪基督教传统孕育了一种连续演进的现代性,这种现代性常常被简单化的历史分期(中世纪和现代)所忽视。即使伯尔曼有关法律与宗教关系的论述需要进一步的考量,伯尔曼对于法律重要性的强调以及法律与社会关系的论述,依然会成为法国历史学家进一步研究的基础,并且激发历史学家与法律史学家进行更多的学术对话。③

---

① "Traditionis the living faith of the dead, traditionalism is the dead faith of the living",语出自美国天主教神学家雅罗斯拉夫·培利坎(Jaroslav Pelikan)。参见伯尔曼:《法律与信仰》,梁治平译,148 页,北京,中国政法大学出版社,2003。

② Charles J. Reid, "Tradition in Revolution: Harold J. Berman and the Historical Understanding of the Papacy", *Rechtsgeschichte*, Rg 21, 2013, pp. 219~223。

③ Pierre Monnet, "Usages et réceptions médiévistes de Berman: un point de vue français", *Rechtsgeschichte*, Rg 21, 2013, pp. 186~188。

波兰华沙大学(University of Warsaw)法学院院长托马什·杰雅罗(Tomasz Giaro)教授关注的是伯尔曼西方法律传统中的东欧。这不仅是因为杰雅罗教授的东欧法学家身份,更重要的是,自中世纪以来甚至直到今天,很多学者都受制于从私法角度撰写罗马—德国欧洲法律历史的叙事框架,将继受了罗马私法的地区——西欧——等同为欧洲。这其中就包括同样出身东欧的奥地利法学家保罗·柯莎克(Paul Koschaker),他的名著 *Europa und Das Römische Recht* 曾影响过伯尔曼。杰雅罗教授认为,伯尔曼在整体成就上高于柯莎克,因为前者将教会法而不是罗马法视为西方法律传统的主要因素,并且发现了欧洲公法与中世纪教会法的密切关联。因此,伯尔曼能更多地注意到东欧对于西方法律传统的贡献:在《法律与革命》中,伯尔曼将俄罗斯、波兰、匈牙利等东中欧国家纳入到欧洲法律共同体中,虽然依然在柯莎克的影响之下排除了东南欧国家。但杰雅罗教授并不接受伯尔曼关于西方法律传统统一性的结论。在杰雅罗教授看来,对于欧洲化过程的真正研究不应该是追溯罗马法或者教会法首次渗透进中世纪欧洲罗马—日耳曼核心之外区域的过程,而是应该探究欧洲大陆的法律制度何时实现同质化。不幸的是,欧洲在16世纪向现代早期过渡时,伯尔曼意义上的统一法律传统就因为宗教改革而消失了:更多的民族国家立法与习惯法汇编出现,东欧地区直到19世纪才有罗马法知识对于地方习惯的大规模改造,英格兰普通法作为伯尔曼西方法律传统的一部分也展现出了更多的原创性与重要性。[1]

意大利费拉拉大学(University of Ferrara)法学系的比较法教授阿莱桑德罗·索玛(Alessandro Somma)分析了伯尔曼对于比较法学的贡献。首先,伯尔曼意义上的西方法律传统为整合普通法系和大陆法系提供了一种可能。多年以来,比较法学一直在探讨促使普通

---

[1] Alessandro Somma, "The East of the West:Harold J. Berman and Eastern Europe", *Rechtsgeschichte*, Rg 21, 2013, pp.193~197。

法系与大陆法系回归一个母体的可能性,但受到法律实证主义的法律渊源理论的阻碍。伯尔曼不仅从法律技术层面,而且从意识形态层面探讨西方法律传统的基本特征,为两大法系的整合提供了可能。伯尔曼并不否定法律的技术要素,相反,通过对于教皇革命中教会法借鉴罗马法的技术实现法典化的分析,伯尔曼展示了一种新的社会治理技术:法律职业阶层的专业化治理。这种治理模式也为伯尔曼影响比较法的核心议题之一——法律变化——埋下了伏笔。通过分析比较法学家艾伦·沃森(Alan Watson)的法律移植论对于伯尔曼理论的发展,索玛教授指出,孕育于西方法律传统中的法律技术表面上科学中立,但事实上隐含着权力支配关系并成为掩盖这种支配关系的一种话语。在伯尔曼的理论中,法律技术以及掌握这种技术的法律职业阶层出现后,法律与社会的互动关系更加复杂。然而,当主张现代意识形态比较法学家运用伯尔曼的理论时,法律技术发展的结果变成了法律与社会日渐分离,对于不同国家法律的分类变为“中心—边缘”的排序。这种运用的目的是鼓吹西方法律传统的优越性,以为“落后”国家的法律变化标示方向。①

中国华东政法大学的王婧探讨了《法律与革命》在中国的影响。自1993年被翻译为中文以来,《法律与革命》成为近二十年来在中国最有影响力的外国法学著作之一,王婧将其归因于中国自清末开始的现代化转型对于西方经验的渴求。这段历史某种程度上也成为西方法律传统传播过程中所建构的、法律文化等级秩序的一个例证。1978年之后,市场取向的改革与法治意识形态的强化,让探讨西方法律传统起源与发展路径的《法律与革命》迅速引起了中国学者的关注。王婧认为,《法律与革命》对于中国学术的影响主要体现在两个方面:一是填补了中世纪法律史研究的知识性空白,当然伯尔曼在史料和文献运用方面的缺陷也强化了中国学者承继自苏联史学研究的

---

① Alessandro Somma, "Diritto comparato e rivoluzione", *Rechtsgeschichte*, Rg 21, 2013, pp. 198~202。

某些错误;二是展示了有别于马克思和韦伯的法律社会学研究进路。特别是伯尔曼对于法律与宗教关系的论述,引发了中国学者关于"法律信仰"问题的讨论:支持伯尔曼者认为,中国要建设现代法治必须确立公民对于法律的信仰;反对者则认为伯尔曼的法律概念是根植于西方传统的,其关于法律与信仰的论断并不适合中国。王婧认为,相较于法律与宗教的互动,伯尔曼的"历史性(historicity)"概念对于中国的现代化转型可能更富有启发意义。[①]

芬兰赫尔辛基大学(University of Helsinki)法学院比较法律史教授海基·皮赫拉亚梅基(Heikki Pihlajamäki)论述了《法律与革命》在芬兰的影响。在欧洲政治一体化的大背景下,《法律与革命》——出自美国学者而不是擅长中世纪史研究的德国学者的作品——在1990年代第一次将"欧洲法律史"的概念引入了芬兰法史学界。皮赫拉亚梅基教授指出,虽然很多学者对于伯尔曼大量运用英文二手文献诟病不已,但在德语使用日渐减少的芬兰,《法律与革命》成为学生了解中世纪欧洲法律史的重要工具,同时有助于法律史研究的英语化。更为重要的是,《法律与革命》促使芬兰学者开始超越国别法律史,关注欧洲法律史和比较法律史;开始关注法律与宗教的关系,让教会法在芬兰这个新教国家进入法律史教学与研究的视野。《法律与革命》只关注欧洲核心区域而对北欧甚少研究,一定程度上"扭曲"了芬兰学者的观点。确认北欧法律的地位是北欧法律史学者的责任,也是他们过去几十年一直在做的事情。[②]

爱沙尼亚塔图大学(University of Tartu)的克里斯蒂安·奥德(Kristjan Oad)试图用伯尔曼在《法律与革命》中阐发的思想重新解读12世纪晚期到13世纪早期利沃尼亚(Livonia)——在今天爱沙尼亚和拉脱维亚的领土上建立的松散政治邦联——的形成过程。由于爱

---

①　Wang Jing, "Law and Revolution in China: In memory of the 30th anniversary of Law and Revolution's publication", *Rechtsgeschichte*, Rg 21, 2013, pp. 203~210。

②　Heikki Pihlajamäki, "Berman's best pupils? The reception of Law and Revolution in Finland", *Rechtsgeschichte*, Rg 21, 2013, pp. 212~214。

沙尼亚是苏联的加盟共和国,伯尔曼的著作在很长时间内因为体制和意识形态的限制而无法为爱沙尼亚的学者们了解。在奥德看来,伯尔曼至少在三个问题上为理解利沃尼亚的历史提供了较少政治意识形态化的理论框架:如何理解 13 世纪早期在利沃尼亚出现的"基督的律法(*iura Christianitatis*)";如何看待德国贵族到利沃尼亚之后建立的"统治";利沃尼亚的非基督徒统治者为什么被称为"准国王(*quasi rex*)"而不是"国王(*rex*)"。奥德相信,伯尔曼研究会未来还会对爱沙尼亚的学者有更多的启发。[①]

三

讨论的最后一篇文章是由美国埃默里大学法学院教授、法律与宗教研究中心主任约翰·维特(Jr. John Witte)撰写。作为伯尔曼的学术继承人,维特教授在文章中饱含深情地回忆了与恩师交往的点滴,准确凝练地总结了伯尔曼的学术成就。

在维特教授看来,伯尔曼一生都致力于将他的宗教信仰(从犹太教转向天主教)与法律训练结合起来。伯尔曼相信,知识与信仰、希望和爱密切关联。这种信仰与精神上的敏感将伯尔曼从惯常的思维习惯与知识分类中解放出来,在二元主义盛行的时代倡导"综合(integration)"的哲学。这一哲学最终让伯尔曼形成了目的论(teleological)历史观:时间不是循环的而是连续的,世界将从充满罪恶的陷落状态走向完美的终点。《法律与革命》中关于西方法律传统进化与革命的宏大叙事就是建立在这一历史观的基础上:西方法律传统被视为法律思想与制度的连续统一体,但在根本上是由统治者和被统治者的宗教信仰体系决定的。因此,西方法律传统的革命就是人民信仰体系的激烈变革。革命终结了旧的法律秩序,引入新的秩序,并最终归入和适应西方法律传统。目的论的历史观观察长时段的历史,

---

① Kristjan Oad, "Berman and Livonia—Two Prodigious Strangers", *Rechtsgeschichte*, Rg 21, 2013, pp. 215~218。

用维特教授的话说,就是"闪耀着神秘的千年主义色彩"。在新的千年,西方法律传统遭遇了比之前更大更深的危机,但也孕育着新的综合的宗教信仰体系,新的语言与仪式,新的末世学,它们将赋予人类普遍法以凝聚力与方向。这是伯尔曼作为历史学家的论断,也是作为先知的预言。[①]

在撰写评论文章之前,维特教授编辑完成了伯尔曼的另一本书 *Law and Language* [②]。在书的结论章节,伯尔曼提出了这样一个问题"交流能够建立一个世界吗?(Can communication build one world?)"。在全球化与反对全球化的趋势并存的今天,即使我们不同意伯尔曼教授的结论——对话是和解与建设全球共同体的关键——我们依然要承认问题本身的价值。正如专题讨论中很多学者指出的,《法律与革命》尽管受到了很多批评,但是伯尔曼在其中展现的宏大的视野与深刻的历史观依然具有恒久的价值。在这个意义上,专题讨论是一种交流和对话,更是进一步思考的起点而不是终点。

---

[①] Jr. John Witte, "Harold J. Berman as Historian and Prophet", *Rechtsgeschichte*, Rg 21, 2013, pp. 224~227。

[②] Harold J. Berman, *Law and Language: Effective Symbols of Community*, ed. Jr. John Witte, 2013, Cambridge: Cambridge University Press。伯尔曼在 1964 年完成了这本书后遗失了手稿。2007 年伯尔曼去世之后,维特教授在整理遗稿时重新发现了手稿,并将其整理出版。

# 仍待重读的经典
## ——《法律与革命》在中国

王　栋[*]

哈罗德·J.伯尔曼是美国知名法学家,因其对宗教和法律的跨学科研究,被誉为"美国当代法律宗教学之父"。[①] 不过尽管伯尔曼在研究中提出了"超越马克思,超越韦伯"的目标,但时至今日伯尔曼显然无法与这两位社会学的创始者相提并论。此之外,公允而论,相较于伯尔曼对英语世界的影响,其对中国人文社科领域产生了更为广泛和深远的影响。[②] 中国学界对伯尔曼的认识是渐次展开的。90年代是伯尔曼影响产生的关键时期:首先是1988年出版的他主编的《美国法律讲话》,其次是1991年出版的《法律与宗教》,再次是1993年出

---

　*　王栋,法学博士,深圳大学法学院助理教授。本人曾多次参与贺卫方教授关于本书的读书课,部分观点深受老师启发,特此致谢。同时感谢本刊编辑准确深入的修改意见。基金项目:国家建设高水平大学公派研究生项目(201706010193)。

　①　钟瑞华:《哈罗德·J.伯尔曼:美国当代法律宗教学之父》,《比较法研究》,2017(5),182~200页。

　②　类似的情况还有博登海默的《法理学》和罗素的《西方哲学史》。

版的《法律与革命》。① 由此产生了两个让中国学界聚讼纷纷的主题，一者是"法律信仰"，另一者是"宗教与法律的关系（教皇革命产生了西方法律传统）"。2000 年之后虽然有伯尔曼的新出译著以及本人的巡回演讲，②但对比之前的讨论和接受，这些活动不唯没有产生新的命题和思想，也没有产生更大的影响。

概而论之，《法律与革命》是伯尔曼写作时间最长影响最广的著作，实现了法律史和法律理论的密切结合。在书中伯尔曼试图解决西方法律传统的结构性和基础性危机，故而追溯了西方法律传统的产生。他在简要回顾西方民俗法之后，着力论述了教皇革命带来的法律科学、法律职业和法律制度。其中基督教改革被定义为教皇革命，这系统深刻地定义和分析了事件：一方面强调了欧洲的一体化；另一方面强调了教皇革命是综合性的问题，并非教会内部的问题，而是生活的整体。神学理论、修道院改革、大学兴起以及教会法和罗马法的研究，推动了系统化的、独特的以及完整的法学传统的形成。与之伴随的是教权与俗权之争，教会法体系与世俗法体系的斗争。研究者对该书早已有众多讨论，③本文则试图从《法律与革命》译者的讨论出发，尝试对本书的学理传统、研究路径和具体细节进行初步讨论，以为学界更为综合深入之讨论奠定基础。

## 一、各有关怀的译者之思

译者既是英文文本的研究者，也是中文译本的创造者，译者对文本的处理很大程度上形塑了学界对译著的理解。《法律与革命》的成功当然根植于伯尔曼的博学，但在中国的流传与继受很大程度上源

① ［美］哈罗德·伯曼主编：《美国法律讲话》，陈若桓译，北京，三联书店，1988；［美］哈罗德·J. 伯尔曼：《法律与宗教》，梁治平译，北京，三联书店，1991；《法律与革命：西方法律传统的形成》，贺卫方等译，北京，中国大百科全书出版社，1993。

② ［美］哈罗德·J. 伯尔曼：《法律与革命：新教改革对西方法律传统的影响》，袁瑜琤等译，北京，法律出版社，2008；《信仰与秩序：法律与宗教的复合》，姚剑波译，北京，中央编译出版社，2011。

③ 如郭义贵：《西方法律史的一部力作》，《中外法学》，1999(3)，124～127 页。

于翻译的准确典范。《法律与革命》初版的"译后记"简要介绍了该书的内容与相关书评,总体上肯定了该书的法律史写作模式。在翻译上,本书译者力图忠实于作者以及原著,翻译的目的是通过把握西方法律传统,协调中国的法律文化和法律制度。这也符合四位译者共同的研究旨趣,即研究西方法律思想和制度,与中国传统思想和制度作比。《法律与革命》出版之后,为学界广泛援引,最高时是人文社科引用率排名第二名的译著。

本书出版十五年之时,贺卫方、高鸿钧与张志铭三位译者一起回顾了翻译的情景,展现了译者对本书的不同评价,为进一步深入理解本书提供了途径。① 贺卫方介绍了本书的翻译过程。首先本书的出版源于福特基金会赞助的"外国法律文库"的资助。尽管贺卫方 1985 年在写作学位论文时注意到了伯尔曼的系列文章,相关译者也讨论过翻译,但是因为没有出版方搁浅。后来贺卫方担任文库编委,提议翻译此书,本书因而成为文库第一本,贺卫方也因此列为第一译者。20 世纪 90 年代初,四位译者也比较空闲,共同协作完成。其次,译者参考了日语的翻译,但更多的是创造甚至生造词汇。翻译实际上是文化上的创新,即创造合适的名词对译。再次,翻译也促进了译者各自的学术发展。

高鸿钧则更为系统地反思了《法律与革命》的得失。首先是《法律与革命》的"五得五失"。即强调中世纪传统,但忽视现代创新;凸显基督教重要性,但其中有不合实际之处(夸大授职权之争、忽略教会消极影响、忽视世俗法趋势);体系化概括,但预设过强;问题意识,但高估了危机(以及过于强调历史);历史研究和法律理论的结合,但夸大宗教影响比经济影响大。其次是翻译的"两得两失"。即促进法学发展与对本书讨论不够;相关翻译的繁荣与翻译不够准确。第三是本书的"三个负面影响",即强调历史决定论、文化决定论以及宗教

---

① 刘毅:《〈法律与革命〉十五年》,载刘毅:《他山的石头:中国近现代法学译著研究》,185~232 页,北京,中国法制出版社,2012。

决定论,忽略了现代法治是抽象的信用体制。不过高鸿钧总体上肯定了《法律与革命》的正面影响。相较之下张志铭更为保守,认为本书偏重于制度史而非思想史,更多的贡献是填补了当时的学术空白。① 三位译者不同的理解和解释,既展现了《法律与革命》的丰富影响,也反映了学界二十年来的学术进步以及学术旨趣的变迁。

《法律与革命》极大影响了中国法学界的问题意识、研究路径和知识细节。1991 年随着伯尔曼"法律需要被信仰"命题的翻译,法律信仰被认为是源于宗教,继而植入法律场域内,随后获得了独立发展的潜能。《法律与革命》更详细阐述了法律如何产生自教皇革命,进而阐明了法治传统的形成。中国学者受此启发,认为"法律信仰"既是西方法治成功的解释路径,也是中国法治建设的根本方法。法律信仰成为当代中国法学界的一个重要的解释模式,尽管其有效性不断受到质疑,但也不断获得修正。② 《法律与革命》也深刻改变了中国法学界的研究进路。《法律与革命》吸收了马克思和韦伯的理论,其综合研究的理论深刻启发了 20 世纪 90 年代的学术界,对法治产生了更为深刻的理论分析。本书提供了丰富的法律史、中世纪史、政治史和宗教学的细节知识,为一代代研究者不停研习接受。值得注意的是,本书也影响了其他学科的学者,如历史学学者侯建新吸收伯尔曼的史实和论断,③提出了主体权利的观念。④ 政治学学者丛日云受伯尔曼影响,强调政教二元传统和多元法律体系。⑤

---

① 刘毅:《〈法律与革命〉十五年》,199~210 页。
② 王栋:《民主的宪制限度:重建后期宪制及其实施问题》,《行政法论丛》,第 22 辑,2018,35 页。张永和:《法律不能被信仰的理由》,《政法论坛》,2006(3),53~62 页;范进学:《"法律信仰":一个被过度误解的神话》,《政法论坛》,2012(2),161~172 页;郑智:《中国法律信仰的认知困境及其超越》,《法学》,2016(5),121~131 页;俞学明:《"伯尔曼之思":从法律信仰到现代性反思》,《世界宗教文化》,2019(1),7~13 页。
③ 王栋:《"王在法下"抑或"王在法上":中西学术视阈下的王权与法律关系研究》,《史学理论研究》,2018(3),59 页。
④ 侯建新:《社会转型时期的西欧与中国》,131~140 页,北京,高等教育出版社,2005。
⑤ 丛日云:《西方政治法律传统与近代人权学说》,《浙江学刊》,2003(2),59~69 页。

## 二、伯尔曼继受的学理传统

伯尔曼视野宽广,展现了深厚的理论积累。就学术传统和研究路径而言,伯尔曼首先关注法律理论,如他批评法律实证主义的主权命令说,吸收"自然法理论"、"历史法学"以及"社会学法学"(sociological jurisprudence)。其次,伯尔曼回应了史学的意义、方向以及分期,一方面质疑中世纪——近代分期,另一方面强调将英美法律史融入欧洲。当然伯尔曼也借鉴了其他学者的理论,如库恩的范式理论、科恩的"革命的千禧年主义"以及罗森斯托克-胡塞的革命理论。在此基础上,伯尔曼试图综合法律实证主义、自然法理论以及历史法学,采用法律史的编纂方法,分析法律与革命的复杂关系,促进西方法律和非西方法律的融合。概而论之,伯尔曼更多地应被视为社会学法学的一员。考虑到学术积累的差距,我们事实上不易整体把握和超越伯尔曼的研究。不过坦率而言,这问题不大,因为伯尔曼整体判断的说服力已经明显下降了。相较之下,我们可以对伯尔曼的中观理论和具体细节进行梳理。

教会法研究者往往批评伯尔曼没有内在地理解教会法,如彭小瑜早已批评了本书的学术性,即主要依据二手文献和吸收了诸多陈旧观念。他尤其否认了克吕尼修会对格里高利七世的直接支持,还批评了伯尔曼误用教皇文献,主张更为宗教地理解教皇和修道运动。<sup>①</sup> 但实际上也应该从美国中世纪史研究的传统理解伯尔曼,即美国中世纪研究对西方制度和思想的乐观主义精神影响了伯尔曼。20世纪初哈佛大学教授查尔斯·哈斯金斯对诺曼传统进行了梳理,认为诺曼征服带来的封建制度和强大的宗主权影响了美国历史的发展,这开创了美国的中世纪史研究。<sup>②</sup> 同一时期的研究者佩因特在

---

① 彭小瑜:《西方历史误读的东方背景:法律革命、宗教改革与修道生活》,《历史研究》,2006(1),124~135页。

② 王栋:《"王在法下"抑或"王在法上"》,58页。

《中世纪史》一书中强调中世纪文化对西方文明的贡献。[①] 伯尔曼首先受益于哈斯金斯"12世纪文艺复兴"的观念，[②]继而吸收了法国学者马克·布洛赫对12世纪之前开始的复兴的关注。[③]

当然更重要的是哈斯金斯的学生约瑟夫·斯特雷耶的影响。斯特雷耶同导师一样都是威尔逊民主自由主义的信奉者，认为中世纪是理性和秩序的，民主制下产生的精英分子领导了行政和司法体制，奠定了西方文明。[④] 斯特雷耶关注国王的公共权威及其对封建制度的利用，克服了"封建割据模式"。这一时期美国史学界关注中世纪历史与美国历史的渊源，相信理性、合法、有效的国家终将形成。斯特雷耶是美国中世纪政治史的权威，影响一直延续到80年代。[⑤] 仔细梳理伯尔曼和斯特雷耶的著作，可以发现伯尔曼教皇革命的理论很大程度受益于斯特雷耶。斯特雷耶在《论现代国家的中世纪起源》一书中讨论了教会因素对西欧国家建设的复兴。他认为10世纪末教会已经有了许多国家的特征（如持续性的制度），并在发展其他特征（如教会主权的理论）。教士深入到世俗政治，统治者未经他们的建议和帮助难以运行，所以教会的政治理论和行政技巧对世俗政府有直接影响。尽管斯特雷耶强调"教会也教导世俗统治者应给与臣民和平和正义——一种逻辑上要求创设新的司法和行政机构的理论"，不过他也认为此时"教会影响本身不足以产生国家"。[⑥]

到11世纪世俗权威和宗教权威之间的关系成为一个更为根本性的问题。斯特雷耶描述了教会在11世纪的改革。起初教会只是试图

---

① 彭小瑜：《中世纪的现实性与距离感：读蒂尔尼、佩因特合著西欧中世纪史》，《历史教学》，2007(12)，108页。

② Charles Homer Haskins, *The Renaissance of the Twelfth Century*, Harvard University Press, 1955。

③ Marc Bloch, *Feudal Society：The Growth of Ties of Dependence*, trans. by L. A. Manyon, Routledge & Kegan Paul Ltd, 1993, p.103。

④ 彭小瑜：《中世纪的现实性与距离感》，109页。

⑤ 王栋：《"王在法下"抑或"王在法上"》，58页。

⑥ Joseph R. Strayer, *On the Medieval Origins of the Modern State*, Princeton University Press, 1970, pp.15～16。

进行教士改革,但是这意味着教皇领导下的中央集权的教会,而新的教会应当对社会和政治关系的所有问题享有最终权威。最典型的改革方案是格里高利七世提出的,这破坏了欧洲早期的政治结构,产生了持续近半个世纪的授职权之争。教会获得了欧洲社会的领导权,在更深的程度上获得了巨大的自治权。授职权之争未曾预见的成果是,塑造了世俗权威性质的概念。格里高利七世不得不承认,教会不能实施所有的政治功能,世俗统治者是必要的,并有应运作的领域。斯特雷耶最后总结道"简而言之,格里高利关于教会的概念几乎要求了国家概念的发明。这种要求被如此强调以至于现代作家发现极端难以避免将授职权之争描述为国家和教会之争"。① 毫无疑问,伯尔曼深受美国中世纪史研究传统的影响,吸收了斯特雷耶的现代国家起源思路,并将教皇改革上升为教皇革命,强调教皇革命的总体性、迅速性、暴力性以及持续性,并进一步阐述教皇革命对西方法律传统的塑造。②

相较之下,伯尔曼对英格兰法律史家则颇有微词,认为"英格兰法律史家的典型特征是视革命仅仅是空期"。③ 尤其是在亨利二世与贝克特之争上,伯尔曼明确反对部分英国政治史家和法律史家的观点。他批评威尔弗雷德·路易斯·威廉《亨利二世》一书过于偏袒亨利二世,而且忽视了教皇革命对时代的影响。④ 确实伯尔曼的批评是公允的,沃伦对国王与贝克特的描述冗长且不乏失衡,造成的印象是争论仅是不幸的偶发事件,没有根本性或长期性的结果。不过近来随着对贝克特信件的编辑,对索尔兹伯里的约翰信件的编辑以及对英格兰大主教法令的持续出版,研究者对 12 世纪英格兰教会的认

---

① Joseph R. Strayer, *On the Medieval Origins of the Modern State*, Princeton University Press, 1970, pp. 21~22。

② [美]哈罗德 J. 伯尔曼:《法律与革命》,83 页。

③ Harold J. Berman, *Law and Revolution: The Formation of the Western Legal Tradition*, Harvard University Press, 1983, p. 258。

④ [美]哈罗德 J. 伯尔曼:《法律与革命》,596 页。

识也超越了伯尔曼时代。①

### 三、犹待细估的《法律与革命》

显而易见,《法律与革命》在中国学界产生了深远影响。如《法律与革命》采用了五大世俗法体系(封建法、庄园法、商法、城市法和王室法),这种划分也多见于国内的外国法制史教材。但这并不意味着中国学界对本书的一些关切已经吸收殆尽。以中国学者研究较为深入的索尔兹伯里的约翰的思想为例,尽管学者挖掘了其中的"王权神授"、道德哲学、政治有机体论以及诛暴君理论,②但是研究者对于索尔兹伯里的约翰的方法仍未有足够关注,而伯尔曼早就强调了约翰的经院哲学以及概念综合的方法。③ 同时《法律与革命》与中国学界的一些关切仍有所不同,如伯尔曼强调封建法与庄园法的异质,而马克思主义史学学者往往将两者统一起来理解。上述两种并存的异质性研究路径,一方面源于不同的理论传统,另一方面也源于不同的知识积累。④

伯尔曼被誉为先知,但显然也不能避免错误,如他感知的 20 世纪的前所未有的危机并非真实。相反冷战结束后,全球化时代的法律继受证明了西方法律思想和法律价值的生命力,我们应当承认技术部分地承载了价值。在理论分析中,伯尔曼也难免疏漏。如伯尔曼认为不应该将西方法律传统简单视为经济或政治的统治工具,而应

---

① Christopher Harper-Bill and Nicholas Vincent eds. , *Henry II：New Interpretations*, The Boydell Press, 2007, p. 17。

② 孟广林:《试论中世纪英国神学家约翰的"王权神授"学说》,《世界历史》,1997(6), 74~82 页;周诗茵:《理想模式与政治现实的互动:索尔兹伯里的约翰教会——国家关系思想的发展》,《首都师范大学学报》,2012(6),9~15 页;杨盛翔:《双重视野下的王权:论索尔兹伯里的约翰的〈论政府原理〉》,《史学集刊》,2015(1),121~128 页;赵卓然:《试论索尔兹伯里的约翰的国家"有机体论"》,《贵州社会科学》,2015(5),73~78 页;赵卓然:《索尔兹伯里的约翰"诛杀暴君"理论探析》,《东岳论丛》,2015(5),106~111 页;李筠:《索尔兹伯里的约翰论德性、国家与暴君》,《政治思想史》,2017(1),78~91,199 页。

③ [美]哈罗德·J. 伯尔曼:《法律与革命》,274~275 页。

④ 王栋:《"王在法下"抑或"王在法上"》,50~60 页。

把它理解为社会基本结构的重要组成部分:法律是原因之一,而不仅仅是结果之一。该观点是有说服力和解释力的。但遗憾的是,伯尔曼据此斥责中世纪和封建主义两个概念带来的误解,认为这两个概念形成了封建主义的中世纪——资本主义的近代之间的对比,遮蔽了 11 世纪晚期和 12 世纪发生的西方历史的断裂。现在仍有类似伯尔曼观点的研究者,影响较大地如同样强调整体解释的艾伦·麦克法兰,麦氏在《现代世界的发明》(*The Invention of the Modern World*)一书中认为现代世界产生于 11 世纪的英格兰。① 但总体而言,世界范围的研究者一般采用的仍是中世纪——近代的两分法。②

同样引人注意的是,相较于现代研究者关注历史近因的解释方式,伯尔曼更偏爱长时段理解。这当然有合理性,如他对革命中的时间空隙和革命前后联系的强调。但是这也引发了争议,如他对革命的理解不限于革命的高峰时期,他甚至认为"美国革命引发了导致奴隶解放并最终导致为公民权而斗争的动力。"③ 显然这种长时段的解释不符合许多现代研究者的理解方式,如同伯尔曼的批评者会认为文艺复兴、宗教改革以及启蒙运动更为深刻地塑造了现代法律体系和现代世界。④ 不过,不应将这种解释理解为偏好,而是伯尔曼受到了同一时期或稍微更早的年鉴学派的影响,后者一方面关注广泛的社会和宗教背景,另一方面在长时段中解释历史。所以可以理解伯尔曼广泛引用年鉴学派创始人马克·布洛克的作品,强调法律与广泛社会变革的联系。⑤

理论继受之外,中国学界对《法律与革命》中的细节也甚为倚重,直

---

① [英]艾伦·麦克法兰:《现代世界的诞生》,管可秾译,上海,上海人民出版社,2013。

② 参见 James Vernon, *Distant Strangers: How Britain Became Modern*, Berkeley, University of California Press, 2014.

③ [美]哈罗德·J.伯尔曼:《法律与革命》,22 页。

④ 伯尔曼的一个可能回应会是路德革命是现代法律革新的关键。

⑤ Marc Bloch, *Feudal Society*, 1993, pp. 60, 83, 107.

至今日仍大量援引。尽管研究者也订正了《法律与革命》中的小错漏，[①] 但时至今日，法学界仍未对其中的法制史材料进行实质性的评估。事实上，随着 20 世纪 90 年代以来研究的推进和相关译著的出版，法制史学界有必要整体反思学术细节。如在清教改革运动中，伯尔曼认为如同早期基督教殉道者不服从罗马法而创建教会一样，17 世纪的清教徒们是通过不服从英国法而表达了关于公民权利和公民自由的法律。其中的关键因素是依据个人良心，诉诸神法、《旧约》中摩西律法以及自然法。举的例子是约翰·汉普登案、约翰·利尔伯恩案、沃尔特·尤德尔案以及威廉·佩恩案。[②] 但是实际上这些案子往往经过法律诉讼，其中的英国法因素可能更为关键。如高级律师约翰·塞尔登在汉普登案中，援引 14 世纪的 6 份制定法来解释 1225 《大宪章》第 29 章，以此指责国王监禁五骑士是违法的。[③] 同样在佩恩案中，佩恩也诉诸 1225 年《大宪章》第 29 章维护公民权利。显然在这些案件中，普通法传统比清教徒传统更具影响力。其他细节还有伯尔曼称"chancellorship"（御前大臣）为"最高职位"，[④] 但实际上当时英国的最高职位应该是"首席政法官"（justicar）。

我们也应看到《法律与革命》对中国法律史的一些理解仍待回应。如伯尔曼认为受儒家伦理统治的家庭或村庄并非没有法律，而是它生活中的法律尺度完全从属于非法律的尺度，即法从属于礼。[⑤] 对此，部分中国研究者将礼理解为法或者软法，强调中国传统是"礼法合治"。[⑥] 古代法和当代法之间的联系与区别，不仅仅是实证问题，

---

① 陈日华：《伯尔曼〈法律与革命〉一书中的一个小错误》，《世界历史》，2006(4)，136 页。

② ［美］哈罗德·J. 伯尔曼：《法律与革命》，521 页。

③ Faith Thompson，*Magna Carta*：*Its Role in the Making of the English Constitution*，1300～1629，A Division of Farrar，Straus & Giroux，1978，pp. 268～293。

④ ［美］哈罗德·J. 伯尔曼：《法律与革命》，251 页。Harold J. Berman，*Law and Revolution*，p. 256。

⑤ ［美］哈罗德·J. 伯尔曼：《法律与革命》，77 页。

⑥ 马小红：《"软法"定义：从传统的"礼法合治"中寻求法的共识》，《政法论坛》，2017(1)，21～30 页。

更是蕴含丰富学术史的理论论争。伯尔曼显然综合了梅因、戴蒙德以及劳埃德的理论,强调现代法律独立于其他社会规范的特征,即政治与道德可以决定法律,但是本身不是法律。值得注意的是,上述争论之外,法律的另一个重要的特征是诉讼程序与法律规范的分离。

另外,本书的翻译(或排版)也有疏漏之处。如将"12 世纪"误写为"2 世纪"。[①] 同时随着研究的推进,许多翻译有了专门的对译,可以请相应的研究者进行更新。以普通法的占有之诉为例,本书译为"新侵占之诉、收回被占继承土地之诉和最后推荐之诉",现在更为常见的是"新近侵占之诉、收回继承地之诉和圣职推荐之诉"。[②] 这种翻译的修正有助于学界相关专业术语的统一,也有利于加强本书的影响。[③]

---

① ［美］哈罗德·J. 伯尔曼:《法律与革命》,29 页。
② 与之类似的还有侵害之诉及其衍生的各种诉讼。
③ 事实上,考虑到本书对中国学界的影响,可以请各个学科尤其是部门法的专家对本书的相关术语进行统一,这有利于中国法学界的进步。

# 教会法的"物质"形态
## ——2019 世界中世纪年会教会法综述

苏 拉[*]

## 一、中世纪的"物质性"与教会法

由英国利兹大学世界中世纪研究中心主办的"世界中世纪年会"（International Medieval Congress）于 2019 年 7 月 1 日至 7 月 4 日举行。作为世界中世纪研究最高级别、最大规模的学术会议，年会提供了常规性、前沿性与跨学科视野的学术交流机制。本次年会的主题为"物质性"（Materialities），继而涉及更加宽泛的学术领域。会议总体认为，近年来的社会发展使得学界对于物质和物质文化的关注持续升温，中世纪领域的研究成果不断获得重塑。本年度参会学者总数约 2600 人，来自世界各地约 60 个国家和地区。会期总计四天，分论坛约 1384 场，与会学者探讨物质对世界的塑造能力，分论坛主题包括艺术与建筑、文化与社会、地理与定居、政治与法律、健康与医疗、历史与交流、音乐与仪式、哲学与政治思想、科技与军事、社会与经

　＊ 苏拉，法学博士，中国人民公安大学法学与犯罪学学院讲师。本文受国家社科基金后期资助项目《在身份与契约之间：法律文明进程中的欧洲中世纪行会》(18FFX001)支持。

济、资源与资料等（见表1）。

表1　2019世界中世纪年会主题分论坛数量分布图<sup>①</sup>

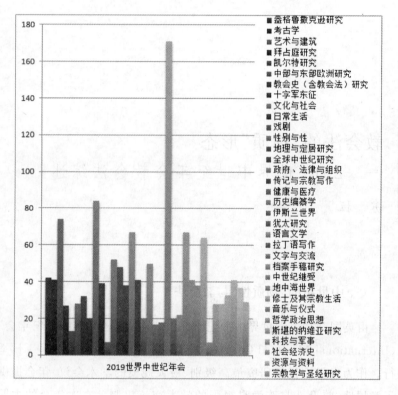

① 世界中世纪年会各分论坛为同一时间内不同场所举行，故数量繁多。初步统计，各分论坛名称与数量大致如下：盎格鲁撒克逊研究：42，考古学：41，艺术与建筑：74，拜占庭研究：27，凯尔特研究：13，中部与东部欧洲研究：28，教会史（含教会法）研究：32，十字军东征：20，文化与社会：84，日常生活：39，戏剧：7，性别与性：52，地理与定居研究：48，全球中世纪研究：38，政府、法律与组织：67，传记与宗教写作：41，健康与医疗：20，历史编纂学（中世纪与现代）：50，伊斯兰世界：17，犹太研究：18，语言文学：171，拉丁语写作：20，文字与交流：22，档案手稿研究：67，中世纪主义与中世纪继受：41，地中海世界：38，修士及其宗教生活：64，音乐与仪式：7，哲学与政治思想：28，斯堪的纳维亚研究：28，科技与军事史：33，社会经济史：41，资源与资料：37，宗教学与圣经研究：29。本数据统计呈现为柱状图表1。作者参与2019年世界中世纪年会，于1052号分论坛"The Role of Trade, Lending, and Consumerism in Late Medieval Urban Development"做报告一篇。

教会法（cannon law）一直是中世纪年会的重要论题。[1] 贴合本次年会的"物质性"主题，学者们的讨论集中于原始档案材料中教会法的形态结构、基本范畴与社会功能等方面。研究旨在还原中世纪教会法的部分形态，同时回答了中世纪教会法的规制方式、对象与实际效果问题。研究对象包括宗教艺术作品、教义文本和法律规制条款等，研究成果呈现具体化、精细化的特征。现根据与会研讨的具体情况，对中世纪教会法的主要内容进行综述。

## 二、范畴、演化与功能：教会法的典籍与实践

学者们认为，中世纪教会法的研究更应注重事实性与细节性，教会法的演化依托教会法律实务的漫长探索，而非剧烈地、革命性地的结构性骤变。

首先，中世纪教会法的基本范畴在重要文本的研究中得到进一步界定。学者通过"雷吉诺二书"（The Libri duo of Regino of Prüm）的专门研究，重现了 10 世纪时期德意志地区教会法区分于地方封建习惯的过程。"雷吉诺二书"完成于 10 世纪早期德意志威斯特费尔地区，作者雷吉诺（Regino）教士将书稿分为两个不同的部分，一部分是教会和教士的管理，另一部分专门收录了普通民众针对教士的诉讼和辩护。仅从文本看来，该文书记载了教士行为的日常准则，这种准则成为彼时区分教会法与封建法、领主法管辖权限的重要参考。根据该书的记载，教会审判程序已经取代了德意志地区传统的"同态复仇"（bloodshed）和极刑（capital punishment），教会管辖的权限获得较大的认可。教俗二权在法律依据、管辖权和处罚方式等方面呈现出张力，最终在实际案件的裁判过程中获得解决。

---

[1] 本次年会中世纪教会法专题分论坛主要由 Iuris Canonici Medii Aevi Consociatio（IC-MAC）赞助举行。Iuris Canonici Medii Aevi Consociatio，简称 ICMAC，英文名称为 International Society of Medieval Canon Law，译为"国际中世纪教会法协会"。该协会成立于 1988 年，旨在支持拓展中世纪教会法的学术研究。目前的成员单位主要来自美国、加拿大、欧洲、俄罗斯和日本。后文学术观点主要来自该专题相关分论坛的学者发言内容择要梳理。

其次,中世纪教会法的演化是"去罗马法化"的过程,更是自我探索与创制的过程。学者们注意到,5世纪罗马帝国灭亡以后,教会法已经开始了"去罗马法化"的法律探索。彼时,教会法尽管延续了古罗马法的基本规则与裁判体制,但教会规范的搜集、归类与适用已经围绕至少70余个主题展开了,这使教会法自身的规范性内容自始保有碎片化的形态。5世纪以后的教会法存续,并非依靠系统性的立法创制,个案裁判才是更为突出的教会法载体。据此,学者们针对教会法庭的判例展开了微观性的考察,他们聚焦1022年、1023年、1059年法兰克地区的三处教会法庭并认为,教会法的规则在裁判实务积累与总结的过程中逐步成型,这尤其体现在婚姻关系和财产继承两个方面。职是之故,中世纪中后期的教会法成熟,似不应仅仅着眼于重大事件的发生(如1075年"教皇革命",格里高利教皇取得授职权之争的胜利),而应当注重教会裁判长期以来运行并累积的法律经验,后者更是中世纪教会法的基础。

再次,教会裁判中的疑难问题,为教会法的变迁提供了契机。个案裁判中的疑难问题可以启动教会法律适用规则的讨论,这里最典型的例证即是教士结婚的法律限制问题。自古典时代晚期(公元4到5世纪),基督教会典籍规定了"已婚者不得皈依"的诫命。但是,早在教皇英诺森一世(401—417年在位)的时代,这条诫命就在适用的过程中引起了讨论和解释。关于教士婚姻的认定问题,常见的情况是,假如皈依之前已经结婚,后因皈依分居并离婚,则婚姻关系即告终止。此种情况的疑难情形则是,在中世纪初期动乱与迁徙的大环境下,某教士皈依之后被证明之前婚姻关系尚未解除,那么皈依是否构成先在婚姻关系解除的事由,该教士的婚姻是否仍旧具有效力?这一问题引起了教会法庭的争论。有的教区对诫命的执行采用消极、严格的解释,当然的否定先在婚姻关系的效力,因为皈依是对过去一切的"洗涤";有的教区则采用积极、宽松的解释,认为婚姻效力仍旧可以存续,因为皈依之前的婚姻关系并不是罪孽,而是符合人性和一般法律习惯的存在。这种诫命的差别适用,迫使教皇做出权威性的答复。教皇英诺森一世虑及中世纪初期的社会状况,选择了积极、宽松的法律解释,他以通谕(书信)的形式发布各教区,认可了世俗法之下婚姻关系的效力,这种权威性的法律解释继而推之适用于各个教区,相关的分歧才得到解决。通观整个中世纪时期,教皇关于法律适用分歧的解释被各个教区加以搜集,中世纪后期经过分类、汇编而成"教令集",专门回答或裁决有关教规、教士问题的争论等。影响教皇法律解释的因素,可能是既有的世俗法律习惯,也可能是社会实际情况的考量。可见,针对疑难案件的争论与解释,成为教会法的重要制度增点。

最后,教会法的延续性更大于变革性。从中世纪教皇的法律解释中可以看到,早期教会法的适用习惯在中世纪中后期仍旧得到遵守,教会法及其相关解释并未出现历史性地骤变。实际的情况是,中世纪早期的教皇判例频频出现在后来的教皇文书之中,"教令集"也因此获得了较好的保存。根据教皇格里高利一世(A. D. 540—A. D. 604)遗留的66封书信档案,其中24封指导了日常文书的管理,53封是载有明确收件人的答复性事项。同样是"已婚者不得皈依"的诫命,随着中世纪中后期商业经济的复兴,女性的地位得到一定程度的提升,新的情况已经出现——当教士本人已经因为皈依而离婚,教士的妻子在未再婚的情况下也做了皈依,二人的婚姻关系是否在神职之内可以维持?为了支持中世纪早期英诺森一世教皇的法律解释,教皇英诺森三世(A. D. 1161—A. D. 1216)做出答复并认为,这种婚姻的效力可以获得认可,理由即是教士与妻子二人都没有做出违反法律的事情。这里的"法律",既包括世俗法律和习惯,又包括教会法的诫命。最根本的问题,仍旧在于保持与先任教皇一致的裁判逻辑。可以看到,即便面对新的情势变更,教会裁判的手段、语气与思维方式仍旧保有明显可见的相似性。这种"以不变应万变"的法律智慧,是中世纪教会法稳定适用千年之久的"秘钥"。

### 三、多元形态:图片、声音与抄本中的教会法

教会法的多种形式吸引了学者们的关注。学者关注了犹太教早

期典籍中的"哈加达"(Haggadah)图本,分析教会图本之于个人行动的直观影响力。哈加达最早是祈祷书中插入的图片,13世纪与文本分离而成为单独的图册,就效果而言,《哈加达》图像可以起到直接规范并指引信众行为的作用。不仅如此,学者还关注声音形态的教会法,主要还原了12世纪法国北部的宗教歌曲,探索声乐之于其听众的规制影响力。在12世纪法国北部的地方法庭中,教会歌曲的咏唱可以跨越空间、时间和心理的距离,产生容易为当事人接受的现实感召力。图片与声音的形态表明,中世纪的教会法并不仅限于文本,也在贴近生活、增强可接受性等方面做出了努力。

会议展示了英格兰北部约克、利兹、曼彻斯特等地图书馆、档案馆特藏的教会法原始文件。在14世纪欧洲古藤堡印刷术发明并得到适用之前,手工抄写是中世纪教会法律文献的重要传播形式,抄写载体大多为质地柔软耐磨的羊皮纸(图1)。中世纪的圣经抄写者已经掌握了较为娴熟的涂改技术,尤其每当文本的主人发生改变,或者经历较为剧烈的宗教变革,文本持有人使用药水对文本、图像进行修改(图2、图3)。曼彻斯特档案馆藏的全图本圣经诞生于1250年,全本为羊皮纸纯手工绘制,扉页以纯金元素作为衬底。教会法文献的多样性照顾到中世纪社会公众文字认读水平低下的现实,有效增强了教会法的约束力和传播范围(图4、图5)。

图1,1260年手抄本圣经及其扉页,羊皮纸材质(页边经后世裱糊修复),语言为拉丁文。

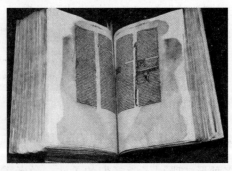

图 1

现为英国利兹布拉泽顿图书馆（Brotherton Library, Leeds, United Kingdom）特藏，语言为拉丁文。

图 2,14 世纪手抄本圣经，具体年份待考证。所画人物为本书的所有者,此处因主人更换继而涂改重画了肖像。图中桌上陈列的手册即为本书。

图　2

现为英国利兹布拉泽顿图书馆特藏,语言为拉丁文。

图 3,教士笔记（commonitorium）,成书于 1530 年。因亨利八世时期的宗教改革,该书涂抹了彼时不合时宜的天主教内容。

图　3

现为英国利兹布拉泽顿图书馆特藏,语言为拉丁文。

图 4,慕尼黑镶金诗咏书(Munich Golden Psalter),成书于 1200—1210 年。现为德国慕尼黑巴伐利亚州立图书馆(Bayerische Staatsbibliothek)特藏。

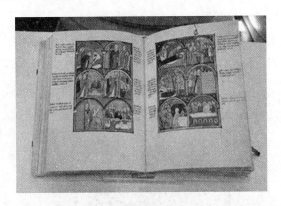

图　4

图 5,曼彻斯特图片圣经(Picture Bible),成书于 1250 年。

图　5

现为英国谢菲尔德约翰瑞兰兹图书馆(John Rylands Library)特藏。

图 6,1303 年爱德华一世致信林肯地区主教书信及印玺(Great Seal of Edward I),内容关于社区生活和土地。

图　6

现为英国利兹布拉泽顿图书馆特藏,语言为拉丁文。

## 四、数据还原:教会法档案的科技呈现

历史档案的还原与保存是中世纪教会法研究的重要技术保障。随着科学技术的发展,数据化的档案处理技术减轻了中世纪文献识别的难度,在还原、修复和电子档案制作与存储方面作出了重要的贡献。

一方面,档案识别、保存与还原工作成绩斐然。慕尼黑德意志历史博物馆(Monumenta Germaniae Historica, München)和法国国立文献学校(Ecole Nationale des Chartes, Paris)认为,数据化是中世纪档案保存的理想途径,但是鉴于中世纪手写文字的复杂性,借助字形拆解、组合或者联想等方式构建的数据库存量有限、更新缓慢,档案

数字化需要相当长期的工作，这就需要更多档案利用者和研究者参与合作。伦敦大学学院数字人文学部（Department of Digital Humanities）尤其关注到中世纪时期东方文献的识别与保存，倡议借助更为便利的科技手段把握古汉语、阿拉伯语、希伯来语手写体的结构性流变。慕尼黑巴伐利亚州立图书馆（München Bavarian State Library，Munich）不仅关注档案内容的数字化，还致力于档案特藏外观形态的数字化记载，通过对于藏品质料、外观与内容进行全面、微观地扫描和数字化分析，最大限度地发挥档案线上、线下的多重利用价值。德国汉堡大学欧亚非手稿研究中心（Sonderforschungsbereich "Manuskriptkulturen in Asien，Afrika und Europa"，Universität Hamburg）利用通过"光线投射＋3D 技术"的手段对污损、覆盖以及破旧档案进行层次化分析，通过对比档案页面不同部分在暗室中光线反射的波长数据，对污损档案进行层次化解析，然后利用 3D 技术逐层加以还原，将其复原为可以清晰阅读的电子档案。

另一方面，档案数字化领域的国际合作取得进展。美国国会图书馆（Library of Congress，Washington DC）、英国纽卡斯尔大学（Newcastle University），美国中世纪学会（Medieval Academy of America）、德国科隆大学（Universität zu Köln）奥地利格拉茨大学（Karl-Franzens-Universität Graz）举行档案数字化技术专场圆桌会议，详细介绍"文本编码倡议联盟"（The Text Encoding Initiative，下简称 TEI）在中世纪档案数字化中的常规性工作。文本编码倡议联盟是一个非营利性会员组织，由来自世界各地的学术机构、研究团队和学者组成。协会共同开发并维护数字形式的计算机文本编码识读标准，最终服务于人文社会科学或者语言学的研究。自 1994 年以来，TEI 的研发成果已被图书馆、博物馆、出版商和个人学者广泛使用，用于呈现档案的电子文本、网上资源以及文本的修复和保存。联盟还提供各种资源和培训活动，加入者可以学习 TEI 现有技术，使用 TEI 项目信息，查阅 TEI 相关出版物的参考书目以及 TEI 开发或改编的软件。

# 《波斯人信札》简评

吕亚萍[*]

　　施特劳斯在《女人、阉奴与政制》一书中解读孟德斯鸠的《波斯人信札》时提到,托马斯·曼曾经说过人类历史上经历过三次解放:哥白尼、达尔文和弗洛伊德。每一次解放都是对自我中心主义的人类骄傲的一次沉重打击。

　　哥白尼的日心说发现地球并非宇宙的中心;达尔文的进化论发现人并非上帝依照自己的形象的创造,而是令人恶心的野兽的后代,从而填平了人与动物之间的鸿沟;弗洛伊德的精神分析学发现人类并非始终衣冠楚楚、理性含蓄,人类受制于力比多带来的各种冲动,人类甚至不是自己的主人。总而言之,现代科学的整体趋势,是人类从伟光正高大上的形象塑造中不断下坠的过程。每一次的科学解放都对人类造成了根本性的打击。

　　从根本上而言,人类始终是自我中心主义的,因此,当人类一而再再而三去表达自我,却发现自己的声音只能回荡在空无一人的内室之中无人应和之时,人类才真正从童年期走出来,进入到自我反思

--------

　　*　吕亚萍,北京大学法学博士。

的成长阶段。在某种意义上,孟德斯鸠的《波斯人信札》体现以小说的方式,对人类文明的自我中心主义进行了别样的反思。

启蒙运动无疑构成了自我中心主义的人类进行自我反思的一次重大场合,启蒙运动之后的观念形态从整体上代替了启蒙运动之前的一切观念形态,构成了全部现代生活的基础。孟德斯鸠是启蒙运动的代表人物,他在《波斯人信札》这本书中,以一个虚构的波斯人来到一个真实的国家所引发的故事,就如书中的郁斯贝克写给故国的朋友的信中所说:"王国的边界并不就是我们知识的极限,因此背井离乡出来寻求智慧。"

这是由于自我中心主义的走出,需要他者或他者视角的出现。自以为无限宇宙之王的人们,蓦然发现自己也只是被放置于历史的时空中,构成时间或空间之维的其中一环。此时的人们会产生一种抽离于自身的现实生活的感触,开始以一种外在的眼光来看待自身,以一种旁观者的中立与客观的视角考察自己所处的时代与社会。

为此,孟德斯鸠以虚构的小说人物的方式,制造了一个来自东方的异乡人与局外人的视角,假装是自己所生活的社会环境的旁观者,来看待他日常生活中习以为常的一切,才发现他自身拥有的一切也是如此的 exotic,如此难以想象,从而这个旁观者成了法国人日常生活中熟视无睹的社会事实的揭露者与批判者,呈现出东方与西方观念、古代与现代思想之间的差异。

## 一、古今之争

首先,在孟德斯鸠所处的时代,启蒙运动给人类提供了一种以现代的意识形态去批判中世纪的视角。《波斯人信札》成书年代的法国恰好位于启蒙运动的中心,孟德斯鸠面对巴黎的各种约定俗成的日常生活、各种职业与生活结构的建制,尝试从古代的自然中汲取教诲,表达了对当下社会建制的批判。

比如在《波斯人信札》中,孟德斯鸠在第 11 到第 14 封信中讲述的特洛格洛迪特人的正义,这种正义就是自然的秩序和自然道德;自然的，就是好的，是正义的。施特劳斯的解读本中提到了希罗多德在《原史》中记述的巨吉斯的指环，两位作者都试图通过这个故事呈现人类自然的欲望与约定的礼法之间的冲突。孟德斯鸠信札中的特洛格洛迪特人原本在自然的道德和自然的秩序之下，过着正义的生活，自然的道德随着时间的流逝而不断下坠的历程，导致了君主制的诞生。孟德斯鸠在此假借这位被推荐为国王的最公正的人之口表达了对这种现象的遗憾，"你们可能觉得道德束缚太厉害了，你们宁愿听命于一个君主，服从他的那些法律，因为那些法律还不如你们现在的风俗严格"这句话，首先表达了自然的道德高于人定的法律，其次他还认为，人定的法律构成了对特洛格洛迪特人原本遵循的道德层面的一种滑坡，因为法律不如风俗那样严格，法律所构建的秩序包含了对某些不道德行为的纵容，是对自然秩序的破坏。

孟德斯鸠在第 94 和第 96 封信中，区分了自然法与理性法，他表达了两者的同源关系，两者都来自于自然的、毫无例外的、极其普遍的、永恒不变的法则，自然法是人和一切野兽共享的法则，而理性法则是人类理性发展出来的，可以将人类和野兽区分开来。自然法与理性法之间的重大区别，在于自然的正义具有自足的、充分的正当性，因为正义是真正存在于两个事物之间的一种恰当的关系；而理性法则由于人类理性的介入，而必须在其中加入人类之间彼此的明示或默示的同意才能得到这种充分的正当性。

孟德斯鸠所呼吁的回归到古代，他认为古代的是更好的，回归到古代社会普遍的自然秩序，也就是回归到人类明示或默示的约定秩序出现之前自然的秩序。这也恰恰是启蒙思想家，或自然法学家所呼吁和倡导的，所谓人类社会之前的自然状态、人人平等的自然权利和自然法。根据当时物理学的最新发现，自然界存在一种永恒不变的自然力与法则，社会理应与自然一样，存在一种普遍的法则，因此，人类需要回归自然，寻求对社会约定的重建。

由此，我们会发现孟德斯鸠的这种自然永恒不变的法则很有当时物理学的最新发现：牛顿经典力学体系的影子，这也说明孟德斯鸠所界定的古代和现代,实际上是以现代最新的科学发现,假托古代法则的概念,来对当下的社会的现状或已经落伍了的前启蒙思想时代的意识形态体系加以扫荡。

正如施特劳斯所言,孟德斯鸠与现代人,无比一致地反对古典,尤其反对古典作家对于作为整体的自然和人性的理解,在孟德斯鸠看来,古典作家所代表的"人类约定"建立了一种对于自然与人性的错误假定,他认为作为整体的自然受制于一种毫无目的的必然性,自此,孟德斯鸠所代表的启蒙思想家与亚里士多德为代表的古典作家分道扬镳,古典的德性与目的论让位于现代的自由与道义论,古典落幕、现代开启。

## 二、东西之别

其次,孟德斯鸠在《波斯人信札》中虚构的郁斯贝克这个主角,来自遥远的东方,也为一个真实的西方国家与虚构的东方人物之间构建了某种对比关系与观念上的张力。

郁斯贝克写信给他的住在伊斯法罕的朋友吕斯当,他说,"王国的边界并不就是我们知识的极限",这恰恰也是孟德斯鸠的企图,他尝试以一个遥远的东方作为智慧的参照物,令处于启蒙运动中心的西方国家开始逐渐意识到自身的界限与问题。郁斯贝克信中表示,"不应只用东方的智慧来启迪我们",这是因为我们面临着根本性的其他选择,我们习以为常的生活状态并非必然。

正如在第 7 封信中,法特梅写给郁斯贝克的信中说,"你现在还是允许我看到的唯一的男人,……世界上只有你一个人值得爱。"这封信隐含的逻辑其实是,当她的世界里只有一个男人,不存在这个男人与其他男人的比较时,这个男人自然而然就是她的整个世界。当一只青蛙生活于井中,它自然无法看到自己身为王子的过去,而当一个人身处果壳之中,他必然会自以为自己是无限宇宙之王。因此,他者与他者视角的出现,给自以为处于宇宙中心的人们带来了毁灭性的打击。在《波斯人信札》中,郁斯贝克的后房之于郁斯贝克的女人们的意义,就好比波斯对于波斯人的意义,也便是法国对于法国人的意义。一旦这种建立在无知基础上的自我中心主义被外来者所打破,整个人类便在观念体系的自我反思中沦陷。

郁斯贝克希望将自己从自身的偏见中解放出来,他实际上在部分意义上做到了这一点,他在第94封信中写到,欧洲人比亚洲人更了解公法为何物,波斯历朝历代的苏丹都至高无上、权力无限,当然法国的君主也玩弄法律,在法律限度内践踏正义而不危及自身的利益,当然两者依然有区别,那便是法律这门科学给君主设置了公法上的行为限度。

然而,即便是郁斯贝克这样一位具有反思精神、见识过东西方女性生活状态巨大差别的人物,在其表现男人优越性的这一面,依然对自身所具有的优势感到习以为常。人类自我中心主义所表达的人类骄傲(Man's Pride),在《波斯人信札》这本书中呈现为男人优越性所表达的男人骄傲(man's Pride)。《波斯人信札》中这位来自东方的波斯人郁斯贝克恰恰是东方专制社会中男性中心主义的明证。

郁斯贝克任命阉奴来管理自己的后房,他在旅途中与阉奴总管和自己的女人们通信。在这些与自己的后房事务相关的书信中,郁斯贝克表达了女人对男人的从属,对女人进行各种行为规训的必要性(面纱服装),对自己女儿的教育强调女人对男人的从属不应当完全依靠理性的认识,还应当加以潜移默化的教育,还有更细节的,比如女人的德性取决于男人的德性;虽然通过对波斯女人与法国女人的比较,他也承认法国女人比较活泼欢快,不像被禁锢在后房的波斯女人那样基本上没有欢笑的可能。

然而,作为一个东方专制主义的父权制家长,他完全不能放弃既有的后房格局,导致了发生在他后房的悲剧。比如,在后房这种现象中男人对女人的统治。在第70封和第71封信中,他妻子泽丽丝提到的朋友索立曼女儿的不幸遭遇,夫妻二人都表示新郎的行为是不道德的,至少是令人鄙视的,但是郁斯贝克又说,他的行为虽然很恶心,但却是依照法律的行为。法律当然是人类社会的一种约定,它从人类自然的道德来看是不对的。这既说明了郁斯贝克作为理性人的认知所及，也说明了郁斯贝克作为男性的认知所限。

只有在超越于人类（男性）的法律约定之外，女性遵从自身自然欲望的生活才是可能的，比如易卜拉欣和阿娜伊斯的故事，犹太教和伊斯兰教都说天堂只为男人而设，女人没有灵魂，因此不能上天堂，启示的宗教为人类设立的种种规则，只有回归自然神所设定的自然秩序才能打破，孟德斯鸠恰恰就写了后房的男女倒转的故事，阿娜伊斯不仅上了天堂，而且在天堂里有 50 个男人服侍。

### 三、古今东西：社会建制的问题

一方面，郁斯贝克通过对巴黎妇女地位的描述发现波斯妇女地位的低下，另一方面，郁斯贝克对巴黎的各种社会制度和生活现象的描述，也令众人发现法国社会生活的各种荒诞与满目疮痍。

孟德斯鸠通过管理后房的阉奴，讽刺了法国以及各国的当权者，他在第 9 封信中说到，阉奴不被任何人所爱，这是阉奴的特征。但他握有权力。这个事实，也就是说他不被人所爱这一事实，是他的权力之源，同时也是他权力的限度。他认为，阉奴享受着一种已然变异的自我保存的权力。阉奴掌握的权力必然异化，因为阉奴靠着失去身体的一小块肉，从而获得第二次生命，即掌握权力。掌握权力，在这里有多重寓意：第一，掌权者必有与寻常人不同的特征，生理上或者心理上；第二，一旦掌权，这人就放飞自我了，他之前所缺失的，或者失去的，都必须从再次获得的新生中得到补偿；第三，他可以利用职务的便利在各种派系之间游走，远交近攻，得到自己想要的。

孟德斯鸠这种言语嘲讽的对象还包括法国的教士阶层，他在第 34 封信中说到受那些被剥夺了生育能力的人的教育的问题，这里被剥夺了生育能力的人，就包括在生理上被剥夺的和在道德上被剥夺的两种，前者即阉奴，后者则是教士。他说接受这两种人卑鄙无耻的教育，是教育不出什么好人的。还有第 82 封信中，说有一种沉默寡言的教士进入修道院的时候就割了舌头，其实他们还应该割掉对他们的职业没什么用的东西。在这里,孟德斯鸠把阉奴和教士相提并论,实际上是在把后房与整个社会的建制放在一起加以抨击和反思。

因此,孟德斯鸠在对巴黎的日常生活与波斯后房的管理的描述中,以自然正义与人类约定这一对概念,来涵盖东方与西方、古代与现代两种思潮的对立。他通过东西方的比较,隐晦地说出现存的一切社会建制,都出自于人类社会的约定,以及启示宗教中所包含的思潮对人类行为的规训之义,孟德斯鸠尝试对此加以挑战。

总而言之,孟德斯鸠通过郁斯贝克之口,表达了对人类社会各种由人力所建造的社会建制本身的批判,他认为,人力所建造的社会建制里面包含了对不平等、不道德的社会结构的纵容,而为人类社会的现有建制提供意识形态基础的所有前启蒙思想,都需要加以根本性的反思,以便为启蒙思想所揭示的现代社会重建一种崭新的思想体系,为此,孟德斯鸠求助于出现"人类约定"之前的永恒不变的自然法则。

正如郁斯贝克的妻子罗珊娜在临死前说的:我虽然生活在奴役之中,但我始终是自由的,我按照自然法改造了你的法律,我的精神一直保持独立。

# 启蒙运动对美国宪法的影响[*]

[美]哈罗德·J.伯尔曼[**]　韩成芳[***]译

## 一、历史介绍

本文首先讨论了起源于 18 世纪法国革命和 17 世纪英国革命的宪法体系中的一些宗教和哲学观点之间的差异,其次讨论起源于 18 世纪美国革命的宪法体系中以上两种对立思想之间的张力。

以上两种思想之间的差异以及 1640 年之后英国宪法体系和 1789 年之后法国宪法体系之间的差异被"启蒙"一词的使用模糊了,目的是接受反映在两个宪法体系中的两种思想。20 世纪中期之前,启蒙这个

----

　* 本文发表于 Berman H J, "Impact of the Enlightenment on American Constitutional Law", The[J]. Yale J. l. & Human, 1992, pp. 311~334。

　** 埃默里大学罗伯特·W.伍德拉夫法学教授;詹姆斯·巴尔·艾姆斯法学教授,哈佛大学名誉法学教授。这篇文章的较短版本是 1991 年 11 月 1 日在美国天主教大学的乔治·A.多尔蒂基金会讲座上发表的演讲,当时作者获得了荣誉法学博士学位。由衷感谢埃默里法学院法律与历史研究助理查尔斯·J.里德(Charles J. Reid)的宝贵合作。

　*** 韩成芳,清华大学法学院 2018 级比较法学博士。由衷感谢清华大学鲁楠老师和李宏基博士、姚力博同学的修改意见,当然文责自负。

英文术语偶尔才被使用。<sup></sup>① 然而,最近几十年它被不加区别地使用来指称彼此差别很大的哲学和时代,就像法国 17 世纪早期的笛卡尔(Descartes)和 18 世纪中期的狄德罗(Diderot),以及英国的约翰·弥尔顿(John Milton)或者马修·黑尔(Matthew Hale)与一个多世纪之后的托马斯·潘恩(Thomas Paine)或杰里米·边沁(Jeremy Bentham)。② 实际

① 参见 J. H. Fox et al. (eds.), *"Who were the Philosophes?"*, *in* Studies In Eighteenth-Century French Literature,1975, p. 139。洛(Lough)指出,二战以前,学者们普遍将"启蒙"一词的使用局限于 18 世纪德国的启蒙运动(*die Aufklärung*),"启蒙"一词作为描述 18 世纪哲学思想的一种方式最近才流行起来。法国启蒙运动,以启蒙哲学家作为典型标志,被称为 *le moumovement philosophique*,启蒙哲学家本身被称为 *lumière*,意为"光"。18 世纪"开明"的英国作家使用的是"理性时代"。参见 Roland Mortier, Clartés Et Ombres Du Siècle Des Lumière, 1969, p. 24。正如洛所指出的:"50 年前法语和英语中都没有与 *Aufklärung* 相等同的词。" John Lough, *"Reflections on 'Enlightenment' and 'lumière'"*, *in* R. Ajello et al. (eds.), L'Età Dei Lumi: Studi Storici Sul Settecento Europeo In Onore Difranco Venturi,1985, p. 36。的确,在 François Furet, *Marx And The French Revolution* trans. by Deborah K. Furet, 1988 中,译者用德语词 *Aufklärung* 来描绘法语词 *lumière* 和 *lumières*。François Furet 在法语原著中使用了 *Aufklärung*。François Furet, Marx Et La Révoluton Française, 1986。对 Mortier17 和 18 世纪法国文献中 *lumière* 一词历史的仔细分析(上文 13~59 页)支持了此处文本和下文注释 4、5、7 的描述。莫提尔(Mortier)顺便表明,过去分词 éclairé("enlightened")也偶尔被法国哲学家在 siècle éclairé(启蒙时代)中指代欧洲文明进步的启蒙过程。参见 Jacques Roger, *La Lumière et les lumières*, *in* 20 Congrès De L'Association Internationale Des études Françaises, 1967, p. 167。然而,法国作者使用的标准名词形式仍然是 *lumière* 或 *lumières*。

② 参见 Ernst Cassirer, The Philosophy of the Enlightenment,1951, p. 22。"明显的是,如果我们比较 17 世纪和 18 世纪的思想,并没有能够区分这两个时期的真正界线。新知识理想是在 17 世纪逻辑学和认识论,尤其是在笛卡尔(Descartes)和莱布尼兹(Leibniz)的著作所建立的基础上,不断稳定地发展起来的。"与此类似,诺尔曼·汉普森(Norman Hampson)虽然对把启蒙时代的时间往后推的努力持怀疑态度,但他把许多"启蒙"特征归因于 17 世纪的人物,例如弗朗西斯·培根(Francis Bacon)、艾萨克·牛顿(Isaac Newton)和约翰·洛克(John Locke)。Norman Hampson, *A Cultural History of the Enlightenment*, 1968, pp. 35~40。

"启蒙运动"概念的逐渐扩展,至少在一定程度上是广泛的历史综合努力的产物。参见 Peter Gay, *The Enlightenment: An Interpretation—The Rise of Modern Paganism*, 1966。盖伊(Gay)认为:综合需要考虑复杂性:启蒙运动的人被教条、气质、环境和时代所划分。事实上,他们思想的范围,他们有时激烈的争论,已经诱使许多历史学家放弃寻找单一的启蒙

上，一些美国历史学家甚至谈及"美国的启蒙运动"，但这肯定是一种曲解。①

"启蒙"这一历史时期或者思想体系也有着思想史的典型弱点，即黑格尔式倾向，其认为观念有其自身的历史，新思想从旧思想中发展而来，或多或少独立于政治、经济、宗教、法律和其他社会事件。事实上，即使是阐述观念的词语本身在不同时期（可能也）有着不同含义。例如，17 世纪 80 年代约翰·洛克（John Locke）用来阐明贵族式英国革命的理论在 18 世纪有着非常不同的含义，它被法国启蒙哲学家们用来解释和证成走向民主的革命运动。

认为 17 和 18 世纪欧洲思想的发展没有连续性显然是荒谬的。但是这也并不意味着，16、17 和 18 世纪伟大的政治法律革命，即接连

---

（接上页注）

思想。毕竟，休谟（Hume）是一个保守派，孔多塞（Condorcet）是一个民主党人，两人有什么共同之处呢？以下这些人之间又有什么共同之处呢？霍尔巴赫（Holbach）嘲笑所有的宗教，莱辛（Lessing）则试图创造一种宗教？狄德罗（Diderot）嫉妒和鄙视古代，吉本（Gibbon）钦佩和模仿古代？卢梭（Rousseau）和杰斐逊（Jefferson）都崇拜柏拉图（Plato），谁不能完成《理想国》？但我认为，如果屈服于这些问题的力量，就会陷入令人绝望的唯名论，把历史简化成传记，从而牺牲统一转而去追求多样化。（ibid.，p. 10）

好像是直接回应彼得·盖伊对综合的呼吁，洛认为：将单词"启蒙（Enlightenment）"与"启蒙（Lumiéres）"放在书名页并且文本中充满这些词语，通过这样的方法去研究这样一个时代的文献和思想或许会吸引总是寻找新方法卖书的出版商，但是这种做法却与学术研究的要求不一致。事实上，回到旧标题"18 世纪法国思想"（*French Thought in the Eighteenth Century* and *La Pensée Française au XVII ème Siècle*），全面考虑产生自后几百年或旧制度（*ancient régime*）的经济、社会和政治条件的思想多样性，这些很值得研究。参见洛的《反思启蒙》（"*Reflections on Enlightenment and lumière*"）一书。威廉·多伊尔（William Doyle）的告诫："当代一些历史学家倾向于将启蒙运动与整个 18 世纪的思想等同起来，这比任何事情都更让同时代的人感到惊讶。那些自认为'开明'的人认为他们是一小群反对普遍存在的思维方式、习惯和制度的十字军战士。"William Doyle, *Origins of the French Revolution*, 1988, 2d ed. p. 83。

① 参见 Henry F. May, *The Enlightenment In America*, 1976. 梅（May）指出，在 18 世纪和 19 世纪初的美国，有四种类型的"启蒙运动"在起作用。这些分别是：（1）温和的启蒙运动，"宣扬平衡、秩序和宗教妥协"；（2）持怀疑态度的启蒙运动，它对人类的完美性持有即使不是愤世嫉俗，也是一种偏见；（3）革命的启蒙运动，它跻身于千禧年的思想，并持有"在旧的破坏中建立一个新的天地的可能性的信念"；（4）教诲式的启蒙，强调"宇宙是可理解的，清晰的，具有一定的道德判断和进步。"（ibid.，p. 16）这些类别似乎是一种简化启蒙思想的荒谬。

爆发的 1517 年德国革命、1640 年英国革命、1776 年美国革命和 1789
年法国革命,它们自身被欧洲思想体系的根本转变所强烈影响。当
然,马克思理论认为思想体系仅仅是一种建立于物质基础之上的意
识形态上层建筑,20 世纪的革命剧变使得这一理论很难再被接受。
相反,无可辩驳的是,所谓的物质和意识形态因素相互作用,一个因
素并不仅仅是另一个因素的"起因"或者"结果"。说得更具体一些,
西方的宗教和哲学思想,从 16 世纪早期到 18 世纪晚期,接连从罗马
的天主教义发展到德国的路德教教义,然后从英国的新加尔文主义
到法国的自然神论,这些思想与当时各国从君主制、贵族制到民主制
的政治法律体系相互作用。

我认为通过在历史背景下研究宗教和哲学思想与政治法律体系
之间的相互作用,我们或许能够得到关于这两者本质的有趣和重要
的洞见。

## 二、法国与英国革命:信仰体系与法律体系

考虑到 17 和 18 世纪法国思想的连续性和间断性,人们可能会认
为笛卡尔通过对理性的赞美为启蒙哲学家铺平了道路。他写道:"理
性本身组成了我们。本质上,理性面前人人平等……仍需指出的是,
我说的是理性而不是我们的想象力或者感觉。"[1]通过理性,笛卡尔意
在表明用理性的证明和清晰的观点去战胜质疑。他没有与他当时的
神学传统争辩,神学传统区别于理性,叫作"信仰的自然之光"(natu-
ral light)或者"精神之光"(spiritual light)。他写道:"我们必须相信
上帝所揭示的一切,尽管它或许超过了我们的认知范围。"[2]笛卡尔也

---

① René Descartes, *Discours de la Methode*, *in* I Oeuvres Philosophiques De Des-
cartes, 1988, pp. 568~569。

② René Descartes, *Les Principes de la Philosophie*, *in* 3 Oeuvres Philosophiques De
Descartes, 1989, p. 107. 若需要完整的翻译,参见 The Meditations And Selections From
The Principles of René Descartes (1596-1650), trans. by John Veitch, 1931, p. 143. (Ro-
land Mortier, Clartés Et Ombres Du Siècle Des Lumière, p. 16)"自然之光"和"精神之光"的
区别也可以在梅兰克森(Melanchthon)的作品中找到,他把自然光作为他自然法理论的基
础。参见 Harold J. Berman & John Witte, Jr., *The Transformation of Western Legal
Philosophy in Lutheran Germany*, 62 S. Cal. L. Rev., 1989, p. 1573。

不打算将他的哲学"方法"应用到他当时的政治或者宗教争议。他是一个忠诚的君主主义者和一个忠实的基督教徒,将信仰的礼物当作神的启示,尽管他也尝试用自然理性去证明,就像圣安瑟伦(St. Anselm)早在五百多年前所做的那样。①

然而,一个世纪之后,在主要的法国思想家看来,笛卡尔的自然之光观念完全取代了精神之光的思想,并且首次获得了宗教和政治重要性。启蒙哲学家——狄德罗(Didero)、伏尔泰(Voltaire)、达兰贝特(D'Alembert)、卢梭(Rousseau)、孔多塞(Condorcet)和许多其他思想家谴责了传统基督教的迷信和教条,并用至高无上的自然神的理性学说将其取代。自然神一开始创造了一个自治的世界,随后被它自己的永恒运动所支配。② 与此同时,他们援引"自然之光"或者"光"来谴责贵族制下世俗的和教会的特权与偏见。所有人理性自然平等的笛卡尔学说变成了权利普遍平等、个人主义和基于民意的政府这种新思想的基础。国家建立在人性本善的原则上。地产或圣职的传统等级制度被代议制民主的理性制度所取代。③ "人的权利"这一术语被用来攻击贵族特权。④ 这些宣称"封建制度被废除"的观点

---

① 笛卡尔的论证与安瑟姆(Anselm)著名的上帝本体论证明相一致。然而,安塞姆是从信仰的前提出发,而笛卡尔是从怀疑的前提出发。在这种背景下,安瑟姆著名的格言"*credo ut intelligam*"不应该翻译成目的从句"I believe in order that I may understand"(我相信是为了我能理解),而应该翻译成结果从句"I believe and so I may understand"(我相信,所以我能理解)。对安塞姆与笛卡尔的比较与更全面细致的分析,参见 étienne Gilson, études Sur Le Röle De La Pensée Du Système Cartésien, 1951, pp. 216~223。

② 在抨击斯宾诺莎(Spinoza)的泛神论时,伏尔泰(Voltaire)问道:"(斯宾诺莎)为什么不看看这些机制,这些动因,它们每一个都有自己的目的,并研究它们是否不能证明一个至高无上的工匠的存在?"引自汉普森(Hampson),Norman Hampson, *A Cultural History of the Enlightenment*, p. 83。

③ 参见 Dallas Lavoe Clouatre, *From Order to Class*: *The Delegitimation of the Conceptual Foundations of Hierarchy*, 1990. (unpublished Ph. D. dissertation, University of California)。

④ 参见 Frangois Furet & Mona Ozouf (eds.), A Critical Dictionary of the French Revolution, trans. by Arthur Goldhammer, 1989, p. 691. 费迪南德·布鲁诺(Ferdinand Brunot)声称伏尔泰创造了"人的权利"这一说法。Ferdinand Brunot, 6 Histoire De La Langue Française Des Origines à 1900, 1927, pp. 141~42。然而,布鲁诺引用的是伏尔泰在1768年出版的一本小册子,书中引用了"人的权利"这个有些不同的短语作为攻击教皇主权主张的基础。参见 Voltaire, *Droits des Hommes et les Usurpations des Papes*, in 27 Oeuvres Complètes De Voltaire, Mélanges VI, 1879, pp. 193~211。

在 1789 年国民大会的第一个法令中得到了表达，并且很快就被《人权和公民权利宣言》采纳。最后，他们提倡的公民权利和自由、立法至上及严格的权力分立原则在历次法国宪法和 19 世纪早期的拿破仑民法典和刑法典中得到了表达。

我已经指出了 18 世纪中期和晚期法国哲学家的一些主要宗教和哲学原则以及这些原则在法国大革命的政治和法律体系中的主要表现。[①]现在我将同样粗略地阐述与 17 世纪英国革命相关的原则和体系。

一些历史学家追溯了两次革命之间的连续性：两者都部分地反对罗马天主教会和绝对君主制；两者都援引理性来反对宗教和政治集权主义；在"共和"这个被滥用的词的一个或多个含义上，两者都是共和的。两者都在一定程度上反对罗马天主教会；两者都在在一定程度上反对绝对君主制；两者都援引理性反对宗教和政治独裁主义；两者都是在一种或多重意义上滥用"共和"词意的共和国。然而即使在这些方面，它们彼此之间非常不同，并且在其他方面彼此截然对立。英国革命在这里不仅指其清教徒阶段，而且还包括复辟时期和 1688—1689 年光荣革命的最后高潮阶段[②]，它不仅不反对反而支持贵族特权。尽管英国革命减少了君主身边的宫廷贵族权力，但它赞美了乡村绅士。它没有废除地产或圣职的等级制度，而是保留在下议

---

① 早期的学者认为启蒙运动对法国革命者信仰体系的形成几乎没有影响。参见 Peter Gay, The Party of Humanity: Essays In The French Enlightenment, 1971, p. 176. 伏尔泰、百科全书作家和卢梭（Rousseau）的思想在革命演说和思想中所起的作用相对较小。弗朗索瓦·福雷特（François Furet）有效地驳斥了这一立场。参见 François Furet, Interpreting The French Revolution, trans. by Elborg Forster, 1981. Keith M. Baker, Inventing The French Revolution: Essays On French Political Culture In The Eighteenth Century 12-27, 1990; Carol Blum, Rousseau And The Republic of Virtue: The Language of Politics In The French Revolution, 1986; Thomas E. Kaiser, *The Strange Offspring of Philosophie: Recent Historiographical Problems in Relating the Enlightenment to the French Revolution*, 3 French Hist. Stud., 1988, p. 549. 福雷特说得很对，他在很大程度上避免使用"启蒙（Enlightenment）"一词，而是使用"启蒙哲学家（*philosophes*）"。

② 参见 Harold J. Berman, *Law And Revolution: The Formation of the Western Legal Tradition*, 1983, p. 19, 24~25, 30, 31. [以下简称 Berman, *Law And Revolution*]; Harold J. Berman, *Law and Belief in Three Revolutions*, 18 Val. U. L. Rev., 1984, p. 569, 591~92. [以下简称 Berman, *Law and Belief*]

院最高权力的架构内,下议院由不超过 2%或 3%的成年男性选举产
生,并且主要由世袭的"绅士"组成。① 此外,议会不像法国国民大会
或之后的法国立法机关,并不宣称代表公意。事实上,"公意"(public
opinion)一词起源于 18 世纪早期的法国和英国,直到 18 世纪 80 年
代,再一次在这两个国家,其作为民主的口号反对君主政策和贵族特
权,从而才获得了政治意义。② 然而在法国,1789 年之后成了政治权
力合法性的一个主要来源。在英国,议会的权力不是来自民意而是
来自公共精神。③ 两种概念之间的差异是基本的:法国的民意被理解
成来自开明公民理性商谈的普遍共识;然而英国的公共精神被理解

---

① 2%或 3%的数字是根据 Chris Cook & John Stevenson, *British Historical Facts*,
1980,pp.1760~1830 提供的统计数字得出的。库克(Cook)和史蒂文森(Stevenson)在表
格中列出了 1831 年英国各选区的合格选民与总人口的比例。举几个例子:剑桥郡有 3000
名合格选民,而总人口为 143955 人;康沃尔有 2500 名选民,而人口为 302440;德文郡 494,
478 人口中有 3,000 名选民;兰开夏郡 1336854 人口中有 8000 名选民;约克郡 1371675 人
口中有 20000 名选民。阅读库克和史蒂文森的表格所形成的印象,通过对纳米尔和布鲁克
提供的 1754 年至 1790 年期间合格选民人数的统计数字的审查得到了证实。Lewis Namier
& John Brooke, *A History of Parliament*, *the House of Commons*, 1754-1790, 1964。如
果有什么不同的话,2%或 3%的数字似乎过于慷慨了。

② 参见 J. A. W. Gunn, *Beyond Liberty And Property*: *The Process of Self Recognition
In Eighteenth-Century Political Thought*, 1983。尤其是第六章,"公众精神对民意的影响"
(Public Spirit to Public Opinion)。冈恩(Gunn)纠正了传统观点,即现代舆论概念只起源于法
国。在这两个国家,它最初指的都是礼貌和声誉,直到 18 世纪 70 年代,它才指政治观点。关
于这一概念在法国的发展,参见 Keith M. Baker, *Politics and Public Opinion under the Old
Regime*: *Some Reflections*, in Jack R. Censer & Jeremy D. Popkin(eds.), Press And Politics in
Pre-Revolutionary France, 1987, pp.204~246。贝克(Baker)指出,卢梭是第一个经常使用这
个词的人,大约开始于 1750 年,但没有发展出它的政治意义,而在 1770 年之后,雅克·内克
(Jacques Necker)和雅克·帕切特(Jacques Peuchet)系统地阐述了它的政治含义。参见 Mona
Ozouf, *L'opinion publique*, in Keith M. Baker ed., 1 *The French Revolution and the Creation of
Modern Political Culture*: *The Political Culture of the Old Regime*, 1987, pp.419~434。关于
18 世纪 80 年代内克圈子里的公众舆论讨论所起的重要作用,参见 Robert Harris, Necker:
Reform Statesman of the Ancien Régime, 1979, pp.86~87; Robert Harris, Necker and the Rev-
olution of 1789, 1986, pp.287, 308~309。

③ 参见 J. A. W. Gunn, *Beyond Liberty and Property*: *The Process of Self Recognition
in Eighteenth-Century Political Thought*。18 世纪英国贵族公共精神概念的意义,很好的分析
参见 M. Ostrogorski, I Democracy and the Organization of Political Parties, trans. by Frederick
Clarke, 1922, pp.6~24。Ozouf(奥祖夫)指出,法语短语 *l'esprit public*(公众思想)是 *l'opinion
publique*(舆论)的同义词。Ozouf, *L'opinion publique*, in Keith M. Baker ed., 1 *The French
Revolution and the Creation of Modern Political Culture*: *The Political Culture of the Old Re-
gime*, pp.419~434。然而,如果认为法语单词 *esprit* 在这种情况下是英语单词"spirit"的同义
词,那就错了。*l'esprit public* 的正确翻译应该是"公众的思想"。

成为公众服务的责任感,这种责任感由有职责的职位上有公共精神的人与精英化的下议院代表们所拥有。前者是一种民主观念,后者是一种贵族观念。

自相矛盾的是,英国革命的意识形态是保守主义。在所有连续的阶段中英国革命声称要恢复然而事实上彻底改变了的英国传统,尤其是英国普通法。这次不是以普遍和永恒的"人的权利"宣言而是以"英国人真正的、古老的和不可置疑的权利"结束。

17世纪英国宗教和哲学思想的发展与英国政治法律体系的转变有密切关系。同样地,英国的宗教和哲学思想与18世纪与法国大革命有关的法国宗教和哲学思想有明显不同。第一,英国思想深受加尔文主义神学影响。英国清教徒,尽管在不同的分支、教派和圣会之间信仰差距很大,但是都相信人类历史完全是上帝的眷顾,并且主要是上帝意志在精神方面的展开。对神的眷顾的强烈信仰使他们将英国看成上帝的选民,注定要去揭示和体现上帝对人类的使命。第二,英国的清教徒相信上帝愿意去实现弥尔顿等人所谓的"世界的变革"。第三,清教徒改革世界的观念与强调法律作为这种改革的一种手段密切相关。深刻影响英国政治法律体系发展的清教徒信仰体系的第四个因素是对基督教团体社团属性的强调。加尔文清教主义本质上是一种共产主义宗教,信徒们的集会是"全世界所有民族的光芒",是"山巅之城"。反过来,这不仅强调勤奋工作、苦行、节俭、纪律、自我提升和被叫作清教徒职业道德的其他特征,而且强调公共责任、公共服务、合作、慈善和与公共精神相关的其他品质。17世纪英国法庭采取合同违约的绝对责任是17世纪清教徒信仰体系在法律上的典型反映。①

---

① 在帕拉丁诉简案(*Paradine v. Jane*)中,传统的基于过错的合同责任理论遭到了激烈的争论和否定。有关该案例的报告,参见 Style 47,82 Eng. Rep. 519(1647)。大多数关于这个案例的讨论只使用了 Aleyn 26,82 Eng. Rep. 897(1648)中的报告。但是,也需要阅读 Style 的报告,以掌握案件的全部意义。这一观点在 Harold J. Berman, *The Religious Sources of General Contract Law: An Historical Perspective*, 4 J. L. & Religion, 1986, p. 103 有阐述。

最后,与英国革命最直接相关的是,加尔文主义政治理论认为"长者"和"下级治安法官"等社会领袖组成的代表制政府优于国王单一统治的政府。约翰·加尔文(John Calvin)写道,最好的政府形式是"贵族制或者是贵族制和民主制的结合",比如"以色列人的耶和华"。温和贵族制这种理论的神学基础一方面是人生而有罪、根深蒂固的自私以及对权力的贪求,另一方面是"选民"的救赎。[①]

17世纪英国清教主义的所有特征都被吸收到了英国国教的神学里,尽管在英国国教和英国政治理论中,它们早先的清教徒热情和一些清教神学根基已经荡然无存了。

尽管加尔文宗教思想有时会导致刻板和偏狭的原教旨主义,但是在英国,它最终导向了一种更为灵活和包容的探寻真理的方法。加尔文主义哲学家与移民胡格诺派教徒皮埃尔·贝莱(Huguenot Pierre Bayle)在1686年写道,他提倡运用理性和自然之光从而包容多种宗教。贝莱的自然之光理念与17世纪的其他神学家和哲学家的自然之光理念相似。贝莱没有质疑信仰的精神之光即神启的真实性。然而,就像笛卡尔在相当不同的背景下所做的那样,贝莱认为所有关于神启的学说和教义也应该受到理性的自然之光的检验。如果这些教义无法通过检验,那么它们就应该被认为是"脆弱的"。这使得贝莱在基督教新教范围内得出结论:应该容忍不同的宗教忏悔。[②]

约翰·洛克与贝莱持有相同的观点,他在1687年写道:"上帝在我们的灵魂中安放了一根蜡烛……足以照亮我们所有的目的",因此

---

① 关于更全面的清教徒的信仰体系,参见 Berman, *Law and Belief*,594-597。"山巅之城"的提法取自约翰·温斯洛普(John Winthrop)的一篇讲道(*id.* at 596 n. 27.)。加尔文(Calvin)认为贵族统治是最好的政府形式,这一提法来自他的纲要(*id.* at 597 n. 29)。小约翰·威特(John Witte)深入研究了17世纪清教徒对后来美国宪法思想和制度的影响。Emory L. J., *How to Govern a City on a Hill*: *The Early Puritan Contribution to American Constitutionalism*, 1990, pp. 39~41。

② 皮埃尔·贝尔(Pierre Bayle)关于宗教宽容的主要著作是他的《对耶稣基督话语的哲学评论:强迫他们进入》(*Commentaire philosophique sur ces paroles de Jésus Christ*: *contrains-les d'entrer*)。此文本的翻译和注释,参见 Amie Godman Tannenbaum, *Pierre Bayle's Philosophical Commentary*: *A Modern Translation and Critical Interpretation*, 1987。

理性和忠实信仰之间并没有冲突。[1] 洛克写道:"内心中真正的光,是或者只能是提议真实性的证据……理性必然是所有事情最后的判断和指引"。[2] 当然,这一点笛卡尔也说过,然而洛克认为,就贝莱而言,自然之光与信仰之光揭示的真实一致这一观点是与圣经中神启的限制相伴随的。后圣经神学和教会传统,尤其是涉及圣经启示未予明确问题的基督教教派的分歧,只由自然理性来评断。[3] 因此洛克提倡容忍教派分歧,这一原则在 1689 年的宽容法案中得到实现。[4] 这不是洛克忠实信奉的英国国教的政教分离,也不是下个世纪法国哲学家和其他人提倡的宗教自由。

因此我说的英国和法国信仰体系的差异主要体现在英国 1689 年由议会作为《权利法案》颁布的《人民权利与自由宣言》和 1789 年法国《人权宣言》的对比中,英国与法国的信仰体系主要反映在 17 世纪英国革命和 18 世纪法国革命之后的政治和法律体系。英国权利法案有其历史前提,开始于列举被废黜的君主詹姆斯二世(King James II)的 11 个非法行为。然后《权利法案》宣称:"神职议员、世俗贵族议员和平民议员……就像他们的祖先在类似案件中通常所做的那样,为了维护他们古老的权利和自由,他们宣称某些类型的王室政策和行为是非法的。"再一次,他们逐个列举并且有一些增加地回应国王詹姆斯二世侵犯的权利类型,其中很多都是对议会权利的违反。例如,国王不得暂停或废除法律;未经授权,不得征税;未经同意,不得于和平

---

① John Locke, An Essay Concerning Human Understanding, 引自 Mortier, *Clartés Et Ombres Du Siècle Des Lumière*, at 19。

② Ibid。

③ See John Locke, *The Reasonableness of Christianity*, 1811, pp. 251~56。

④ 洛克写道:我认为宽容是真正教会的主要特征。因为无论何事,有人以古时的地点和名字,和他们表面上敬拜的荣耀夸口。其他人以他们纪律的改革为荣;所有人都以信仰的正统为傲,因为每个人对自己而言都很正统。所有这些东西,以及所有其他这类性质的东西,与其说是基督教堂的标志,不如说是人们为了权力和帝国而互相争斗的标志。如果一个人对所有这些都非真诚信仰,对所有人甚至是对非基督徒,都缺乏仁爱、温柔和善意,那么他自己当然还不是一个真正的基督徒。John Locke, "A Letter Concerning Toleration (1686)", 再版于 John T. Noonan, *The Believer and the Powers That Are*, 1987, p. 78。

时期在王国内保持常备军;其成员的选举必须是自由的,而且成员享有言论自由;要经常举行议会。其他人担心对国民基本权利的侵犯:禁止过高的保释金、罚金和残酷和异常的处罚;保证陪审团审判;在定罪前承诺对某些人处以罚款和没收是非法的。

1689 年的《权利法案》应该与 1701 年的《王位继承法》一起来读,后者确立了安妮公主(Queen Anne)继承王位,也宣称法官表现良好就可以终身任职,另外,法官只可能被国会两院的投票罢免。以上两个文件假定,不成文的英国宪法是历史上发展而来的一系列原则,体现在像 1215 年《大宪章》、1628 年《权利请愿书》、1679 年《人身保护法》和《权利法案》本身的政治法律文书,或许更为重要的是,不成文宪法体现在普通法中,普通法在法院判决和意见中持续演进。

法国《人权宣言》体现了非常不同的原则。它不是由"神职议员、世俗贵族议员和平民议员"而是由"法国人民的代表"制定。它提出的不是"英国人古老的权利和自由"而是"人的自然、不可剥夺的神圣权利"。它没有提及过去。相反,它提出了人的 17 个自然和不可剥夺的权利。第一,"在权利方面,人们生来是而且始终是自由平等的。只有在公用事业上面才显出社会上的差别。"第二个权利是"自由、财产、安全和反抗压迫这些自然和不可动摇的权利。"第三是主权在民。其他的还包括以下规定:法律仅有权禁止有害于社会的行为;法律是公共意志的表现,全国公民都有权亲身或经由其代表去参与法律的制定;除非在法律所规定的情况下并按照法律手续,不得控告、逮捕或拘留任何人;除非一项法律之前被公布,否则不得处罚任何人;任何人在其未被宣告为犯罪以前应被推定为无罪;意见的发表只要不扰乱法律所规定的公共秩序,任何人都不得因其意见而遭受干涉;言论、著述和出版自由是人类最宝贵的权利之一,但在法律所规定的情况下,应对滥用此项自由负担责任;凡权利无保障和分权未确立的社会,就没有宪法;财产权是神圣不可侵犯的权利,除非当合法认定的公共需要所显然必需时,且在公平而预先赔偿的条件下,任何人的财产不得受到剥夺。[①]

很显然,法国的"人权"思想深受之前两代哲学家理性主义和个人主义信仰体系的影响。另一方面,1689 年英国的"英国公民的权利"深受英国清教徒历史哲学和普通法律师的影响,这两种势力最初联合起来领导了议会革命。

方便起见,我称之为英国和法国的哲学在几乎所有的欧洲国家中都有追随者,但是两者之间的不同很明显,并且此种不同详尽地体现在埃德蒙·伯克(Edmund Burke)和托马斯·潘恩著名的争论中。伯克在 1790 年的《反思法国大革命》中为英国革命辩护,美化了传统和英国人民的社团式发展。他在一篇著名的文章中写道,一个国家肇始于社会契约,但是它是过去、现在和未来各代合伙关系的契约,而不能与销售货物的契约相混淆。[②] 伯克不在暂时的多数人意愿中寻找自由的源泉,而是着眼于议会中国家领导人的公共精神。潘恩在 1791 年《人的权利》一书中回应了伯克,为法国大革命辩护,赞美了理性,即每个人的理性,并且将国家看成是个人的自愿联合。他在特定时刻下特定社会的公意中寻找自由的起源。因此,这一问题不仅在伯克和潘恩两人之间展开,而且牵涉两个信仰体系,每一个信仰体系都与一系列不同的政治法律体系相关联。

## 三、美国宪法中的"英国"和"法国"因素

现在我转向美国革命和美国宪法,着眼于 1787—1791 年(1787—

---

① 《法国人权宣言》中列出的其他人权包括个人同意以个人身份或通过其代表征税的权利,以及社会要求公职人员进行会计核算的权利。《法国人权宣言》全文参见 Vincent Marcaggi, *Les Origines De La Déclaration Des Droits De L'Homme De 1789*, 1912, pp. 227~231 (2d ed.)。

② 社会确实是一种契约……但是,在胡椒和咖啡、印花布或烟草的贸易中,国家最好被认为是合伙协议更……被各方的幻想所瓦解……它是所有科学领域、所有艺术上、所有美德和所有完美的合伙关系。因为这种合伙关系的目的不可能在许多代人之间实现,所以它不仅成为活着的人之间的合伙关系,而且成为活着的人、死去的人和将要出生的人之间的合伙关系。Edmund Burke, *Reflections on the Revolution in France*, ed. by J. G. A. Pocock, Hackett Publishing Co. (1987), 1790, pp. 84~85。

1791年通过了美国宪法和人权法案)之前的几十年在美国占主导地位的宗教和哲学思想和反映在宪法和最早的州宪法中的政治和法律体系两者之间的关系。

美国宪法有两个面相。一方面,这是一场分离之战,殖民者们为了确保他们享有与母国英国公民一样的权利而战。1774年《第一届大陆会议权利宣言》强调了美国革命的这一面相,这一宣言要求殖民者"在英格兰境内享有自由和天生的臣民的一切权利、自由和豁免"。[①] 殖民者的很多"权利、自由和豁免权"被否认了。根据大英帝国法律,美国殖民者无权享有英国普通法上的权利,而只能享有枢密院认为适用于他们情况的部分权利。他们没有资格享有普通法上的权利,比如《大宪章》《权利请愿书》《人身保护法》《1689年人权法案》或任何其他殖民地建立之前颁布的法律,他们也没有资格享有殖民地建立之后的法律上的权利,除非殖民地被专门提及。他们无权由陪审团审判。而且,州长由英王任命,法官由英王免职。简言之,他们处于皇家特权之下,议会在1640年到1689年间成功废除了这种特权但议会坚持在海外殖民地实行。也许最重要的是,殖民者在议会中没有代表。根据这一观点,他们进行独立战争是为了确保他们自己的政治和法律制度,这些制度是在英国革命中形成的。这就是美国革命的"英国"面孔。

然而,从另一个角度来看,美国革命似乎并不是一场维护殖民者享有英国政府形式和英国法律权利的运动,而是一场建立一种新型政府和法律的运动,这种政府和法律与英国法律本质上是不同的。托马斯·杰斐逊(Thomas Jefferson)是后一种观点的倡导者,他说美国革命之后的一些年,"我们嘲笑最初的信条,即我们从英国带来的(因此有权享有)普通法上的权利。这种狭隘的观念在我们团结起来反对

---

① 参见 Henry S. Commager & Milton Cantor (eds.), *Declaration and Resolves of the First Continental Congress*, *in* 1 Documents of American History: To 1898, 10th ed., 1988, pp. 82~85. 在《印花税法案》(1765年)的决议中,英国政府也提出了类似的要求:"在这些殖民地上,国王陛下的臣民享有其在大不列颠王国内自然出生的臣民的一切固有权利和自由。"(*Id*. at 58)

大不列颠的最开始是很受欢迎的。但在他们考虑解释之前,这些人就已经感受到了自己的权利。事实是,我们带来了被放逐者的权利。"①

杰弗逊的所有人自然和平等权利的哲学,以及社会大多数有权推翻不保护他们权利的政府这一观点,在1776年6月12日的《弗吉尼亚权利法案》和《独立宣言》的第一段得到了生动的表达。英国革命的意识形态本质上是传统主义的,其政治结构本质上是贵族的和社团的,但是随后的法国革命的意识形态本质上是理性主义的,其政治结构本质上是民主和个人主义的。杰弗逊上述思想将美国革命与法国革命相联系,而不是与英国革命相连。

让人吃惊的是,伯克和潘恩尽管持完全相反的意识形态观点,但是两者都支持美国事业。伯克将美国革命主要看成了独立战争,潘恩将其看成革命战争。然而,认为支持美国事业的每一个殖民者只能分属上述两大意识形态之一的想法是严重错误的。相反,大多数美国殖民者比如约翰·亚当斯(John Adams)、詹姆斯·威尔逊(James Wilson)和詹姆斯·麦迪逊(James Madison)调解了两种观点之间的张力。

亚当斯、威尔逊和麦迪逊都有着强烈的新教信仰,他们在美国宪法形成时都发挥了很大作用。他们都不接受教条的理性主义和个人主义,而这两者是富兰克林(Franklin)、潘恩及杰斐逊等人自然神论思想的主要特点。② 尽管他们支持宪法对多数人意志的实质限制,然而,他们都热情地支持民主政治制度、自然权利和个人自由,反对贵

---

① *Quoted in* 1 Joseph Story, *Commentaries on the Constitution of the United States*, 3rd ed. , n. 1, 1858, p. 105。

② 18世纪70年代,本杰明·富兰克林(Benjamin Franklin)提议将他参与创建的伦敦自然神论社会(Deistic Society of London)改造成一座"教堂",里面充满了礼拜仪式和"大自然的牧师"。这个学会在18世纪70年代末和80年代初的大部分时间里繁荣发展,参与者包括托马斯·潘恩(Thomas Paine)、杜邦·德·内莫尔(Dupont de Nemours),另外极有可能还有英国激进分子理查德·普莱斯(Richard Price)和约瑟夫·普里斯特利(Joseph Priestley)。大卫·威廉姆斯(David Williams)是一位"大自然的牧师",他定期在该协会的"礼拜堂"讲道。关于这个学会的活动,参见 Nicholas Hans, *Franklin, Jefferson, and the English Radicals at the End of the Eighteenth Century*, 98 PROC. AM. PHIL. Soc'Y, 1954, p. 406。

族和君主特权。最后，三人都坚信英国普通法有着很深的历史基础，在过去和未来之间有连续性。总而言之，尽管每个人都有自己的方式，但他们三个人结合并调和了自由思想与保守思想。自由思想被法国哲学家和其英美两国的支持者所宣扬，最后反映在法兰西第一共和国的宪法中。在伯克的理解中，保守思想被像约翰·弥尔顿和马修·黑尔一样的 17 世纪英国革命的支持者所宣传，最后反映在 17 世纪晚期和 18 世纪英国宪法的发展中。

令人吃惊的是，这场宗教哲学和政治法律辩论中的双方都可以在洛克的著作中找到根据，这主要是由于一个被忽视的事实：洛克的著作既可以被理解成贵族的、传统主义的和社团主义英国革命的正当理由，又可以被理解成最终体现在法国大革命的民主、理性和个人主义的根基。

**（一）《独立宣言》**

1776 年 7 月 4 日的《独立宣言》体现了美国革命的模糊性。唐纳德·卢茨（Donald Lutz）将《独立宣言》与美国宪法是"宪章"的"盟约"或"契约"进行了恰当的比较。[①] 众所周知，《独立宣言》的第一段无疑是杰斐逊所写，其采用了关于自然和自然之神的自然神论，即我所说的"法国模式"；宣称不证自明的普世真理中的理性主义；承认所有人平等享有生命、自由和追求幸福权利的个人主义；坚持人们有权建立代表他们意志的政府的民主性。在这些方面以及随后的具体人权和自由中，美国的《独立宣言》是 1789 年法国《人权宣言》的模板。另一方面，《独立宣言》的大部分内容模仿了 1689 年英国的《权利宣言》。就美国革命的英国因素而言，《独立宣言》代表了一项特别申诉法案，是国王乔治三世（King George Ⅲ）对殖民者政治权和人权侵犯行为的一个清单，这就像詹姆斯二世的那些行为。有趣的是，在布莱克斯通（Blackstone）的当代美国版《英国法律评论》中，当写到 1689 年的英国《权利法案》时，美国编辑插入了一个脚注，脚注里说到："认真读过《独立宣言》的美国学生将会发现，《独立宣言》的制定者知道 1689

---

① Donald S. Lutz，*The Origins of American Constitutionalism*，1988，p.114。

年的《权利法案》，并且打算严格遵守先例。"①

或许约翰·亚当斯在思想和行动上最好地体现了美国革命两方面的结合。② 在他的著作尤其是他的信件中，他批判了像潘恩和卢梭等人的激进观点。③ 但是他却能热情地签署《独立宣言》并且是托马斯·杰斐逊的终身密友。美国革命爆发时他的实践政治哲学在 1780 年的马

---

① 引自 Eugen Rosenstock-Huessy, *Out of Revolution: The Autobiography of Western Man*, 1938, pp. 645~646。

② 在一篇关于 18 世纪美国法律思想中的习俗与理性的发人深省的文章中，詹姆斯·惠特曼(James Whitman)认为约翰·亚当斯(John Adams)像其他革命律师一样混淆了普通法与自然法。他引用亚当斯在 1765 年的声明作为证据："英国法律和政府的基础在人性的框架内，在知识和道德世界的宪法中。" James Q. Whitman, *Why Did the Revolutionary Lawyers Confuse Custom and Reason?*, 58 U. Chi. L. Rev., 1991, p.1321。惠特曼指出，亚当斯和他的同事们犯了"混淆不清"的错误，"不加思考地将普通法(或习惯法)和自然法(或理性)混为一谈"，而忽略了"混淆"是清楚的、"合并"是反思性的。(*Id.* pp.1322~1323)事实上，亚当斯有意识地将英国法律所依据的历史理论与他那个时代的"开明"哲学家所阐述的人性道德理论结合起来。惠特曼含蓄地承认，法实证主义、自然法理论和历史法学派这三大法学派之间的分裂，只是在 19 世纪和 20 世纪才出现。Harold J. Berman, *Toward an Integrative Jurisprudence: Politics, Morality History*, 76 Cal. L. Rev., 1988, p.779。

③ 1776 年 3 月，亚当斯在给他妻子的信中这样批评潘恩：在这本小册子中，明智的人认为有一些奇思妙想，一些诡辩，一些对迷信观念的巧妙处理，一些对激情的敏锐尝试。但所有人都同意，在清晰、简单、简洁和紧张的风格中传达了大量的良好感觉。他对美国的能力以及与英国和解的困难的看法得到了普遍的认可。但是，他关于欧洲大陆政府的想法和计划并没有受到多少好评。事实上，这位作家在摧毁方面比在建设方面更有本事。引自 J. Paul Selsam, The Pennsylvania Constitution of 1776: A Study In Revolutionary Democracy, 1936, pp.172~173。亚当斯在随后给本杰明·沃特豪斯(Benjamin Waterhouse)的信中使用了远没有这么温和的语言，将潘恩描述为"介于猪和狗之间的杂种，由野猪生在母狼身上。"引自 Edward Handler, *America and Europe in the Political Thought of John Adams*, 1964, p.176。

1790 年 4 月，亚当斯在写给理查德·普莱斯(Richard Price)的信中写道："法国革命与我有关；但我已从可怕的经历中学到，要以颤抖为乐。我知道百科全书家和经济学家，狄德罗(Diderot)和达朗贝尔(d'Alembert)，伏尔泰(Voltaire)和卢梭(Rousseau)，对这一伟大事件的贡献超过了西德尼(Sidney)，洛克(Locke)，或者霍德利(Hoadly)，也许超过了美国革命；我向你们承认，我不知道怎样才能建立一个拥有 3000 万无神论者的共和国。"25 年后，亚当斯写信给托马斯·杰斐逊(Thomas Jefferson)说："在证明或其他那修信经(the Athanasian creed)或圣餐变体论(transubstantiation)过程中，我从未读过比爱尔维修(Helvétius)或卢梭(Rousseau)证明人类自然平等的微妙努力更荒谬、更诡辩的论证。"两封信均引自 Zoltàn Haraszti, *John Adams and the Prophets of Progress*, 1952, p.81。

萨诸塞州宪法得到了最好的体现,他是这部宪法的主要起草者。①

### (二) 州和联邦宪法

1775 年底,第二届大陆会议决定由殖民者起草宪法,这部宪法将创立独立于英国政府的形式。1776 年 9 月,由本杰明·富兰克林主持的民选宾夕法尼亚制宪会议通过了这样的一部宪法。托马斯·潘恩参与了起草,意料之中的是,这部宪法反映了我称作"法国的"或者"自由的"观念。这部宪法分为"权利宣言"和"政府框架"两个部分。权利宣言部分宽泛地宣扬了信仰、言论、出版和集会自由;由陪审团审判的权利;刑事案件的辩护权;防止不合理搜查和没收;以及其他的自由和权利。政府框架规定,由所有纳税人每年按比例选举代表产生的一院制立法机构,这样才能"使大多数人的声音得到表达";一个由 12 人理事会组成的行政机构,也直接选举产生,任期不超过三年,并须连续轮流任职;以及由立法会主任委任的司法机构,最高法院法官的任期为 7 年。一个由普选产生的审查委员会每七年选举一次,审查立法和行政行为的合宪性,并采取有限的措施纠正任何违反宪法的行为,并在必要时,定期召开宪法会议,向人民提交修正案。②

1780 年最初由约翰·亚当斯起草的《马萨诸塞州宪法》在一些方面与 1776 年的《宾夕法尼亚州宪法》相似。它的序言宣称完全的民主制③,其

---

① 约翰·亚当斯为自己在马萨诸塞州宪法起草过程中所发挥的作用感到自豪。宪法被批准后不久,他在给一位朋友的信中说:"在这个明智而又嫉妒的民族组建政府时采取的预防措施是前所未有的。在人民的权利和平等原则的基础上,从来没有作出过如此完美的决定。首先,洛克、西德尼、卢梭和德·马布里(De Mably)都被简化为实践主义者"。引自 Haraszti, John Adams And The Prophets of Progress, p. 80.

② 1776 年宾夕法尼亚州宪法文本,参见 5 *American Charters, Constitutions, And Organic Laws*, ed. by Francis N. Thorpe, 1909, pp. 3081～3092. 一个关于宾夕法尼亚州宪法的起草和批准情况的有效指南,参见 Selsam, *The Pennsylvania Constitution of 1776: A Study In Revolutionary Democracy*.

③ 1780 年马萨诸塞州宪法序言宣称:建立、维护和管理政府的目的是确保并保护政治体,并使组成这个政治体的个人可以在安全和宁静地享有他们的自然权利和生活福利。一旦这些伟大的目标得不到实现,人民就有权改变政府,并为他们的安全、繁荣和幸福采取必要的措施。

政治体是由个人自愿结合而成的:它是一个社会契约,根据这个契约,全体人民与每一个公民,以及每一个公民与全体人民立约,为了共同的利益,所有人都应受某些法律的约束。3 *American Charters, Constitutions, And Organic Laws*, ed. by Francis N. Thorpe, 1909, pp. 1888～1889.

权利宣言部分包含了一系列"自然与不可剥夺的"人权与自由。[1] 然而,它的政府架构部分规定两院制的立法机构,众议院成员有严格的财产限制,参议院的成员有更为严格的财产限制。[2] 此外,州长虽然是直接选举产生的,但他必须在联邦中拥有价值至少一千英镑的财产。尽管规定了立法、行政和司法的绝对分权,州长可以否决立法,另外,立法规定,立法机关三分之二多数可以推翻州长的决定。[3] 此外,法官终身任职,这是对行政权和立法权的重要限制。[4]

1780 年的《马萨诸塞州宪法》与 1776 年的《宾夕法尼亚州宪法》在宗教方面也有很大的不同,它将英国确立的教会原则(实际上是公理会教会)移植到马萨诸塞州,并对所有(新教)基督教教派予以宽容。所有政府官员都被要求宣誓信仰"基督教"。此外,马萨诸塞州宪法在几个规定中宣布"虔诚、宗教和道德"以及"智慧、知识和美德"对保护人民的权利和自由是必要的,还规定由城镇任命新教教师以及包括哈佛大学在内的宗教教育机构的立法支持。[5] 这些条款反映了立宪者的强烈信念,即基督教价值观是公共精神或公共美德的基础,可以引导和平衡民意。

因此马萨诸塞州宪法结合了强烈的"自由"的信念(正如它后来

---

① 《马萨诸塞州权利宣言》第一条写道:"所有人生来自由平等,拥有某些自然的、基本的和不可剥夺的权利;其中包括享受和捍卫其生命和自由的权利;取得、占有和保护财产的权利;总之,寻求并获得他们的安全和幸福。"(*id.* p. 1889)

② 要当选众议院议员,你必须拥有价值至少 100 英镑的不动产,或者拥有任何其他至少 200 英镑的可征税不动产。要当选为参议员,你必须拥有价值至少 300 英镑的不动产,或者拥有任何其他价值至少 600 英镑的可纳税不动产。(3 *American Charters, Constitutions, And Organic Laws*, ed. by Francis N. Thorpe, p. 1897, 1898.)众议院和参议院也反映了不同的代表理论。众议院的代表权是在"平等"的基础上确定的,"平等"转化为与人口成比例的代表权制度。然而,参议院的代表权取决于税收:某一选区缴纳的税收越多,其在参议院的代表人数就越多。

③ 确立马萨诸塞州州长否决权的条款,参见 *id.* pp. 1893~1894。

④ 根据马萨诸塞州宪法,所有的"司法官员"都应该"在行为良好的时候担任职务"。(*Id.* p. 1905.)这是终身职位的传统用语,源自 1701 年的《英国继承法》。(*id*, p. 320.)

⑤ 参见 3 *American Charters, Constitutions, And Organic Laws*, ed. by Francis N. Thorpe, pp. 1889~1890, 1906~1908。

被称呼的那样)和保守观念,一方面,正如序言所述,"政治体由个人
自愿联合而形成,只要组成政治体的个人自然权利不受保护","人民
有权利改变政府"。另一方面,多数人的意志必须与精英的领导相互
平衡,精英领导不是基于遗传,而是基于经济财富和公共精神。

的确,在约翰·亚当斯的著作中,平衡"一人""少数"和"多数"的
权力是一个永恒的主题。另外还需要平衡立法、行政和司法部门的
权力,以及需要在立法部门内平衡参众两院的权力,两院的成员是根
据不同的原则选出的。

这并不是孟德斯鸠(Montesquieu)所提倡的三权分立,孟德斯鸠
错误解读了英国议会制度,伏尔泰等人也采纳了他的观点。就法国
哲学家而言,被分离的权力主要是行政权和立法权;司法机关应独立
于行政机关,但完全隶属于立法部门,其职能仅是对具体案件适用法
律。然而,对美国人来说,司法是立法部门和行政部门的平衡。人们
认为法官通过判例原则具有塑造法律的权力。人们认为,英国普通
法在新共和国的宪法中至少部分地保留了下来。最终,法官拒绝执
行违反宪法的法律这一权力增强了他们的法律塑造能力。

一般来说,17世纪贵族式、保守的英国思想在美国宪法的早期发
展中发挥了作用,其影响力至少等于18世纪法国哲学家及英国和其
他欧洲改革者宣传的民主和自由思想,民主自由思想最终成功体现
在法国宪法中。早期的大多数州宪法都是如此①,尤其是1787年的
美国宪法。两院制立法机构就是一个例子。长期以来,美国参议院
的成员由州立法机关选出,就像下议院的成员代表整个国家一样,而
众议院的成员,像法国三级会议的成员,代表他们的特定选民。最高
法院是另一个例子。事实上,它是一种上议院,也是英国最高的司法
机构。同样,总统,和参议员们一样,最初也是间接选举产生的,至少

---

① 新罕布什尔州、新泽西州、纽约州、北卡罗来纳州、乔治亚州和弗吉尼亚州是18世
纪70年代末为响应第二届大陆会议决议而起草宪法的另外几个州。这里讨论宾夕法尼亚
和马萨诸塞州,是因为它们在起草者的实践理念上,尤其是潘恩和亚当斯之间,呈现出惊人
的差异。

在外交政策上,他是一种君主,尽管不是世袭君主。

甚至成文宪法在过去和现在都对美国法律产生了影响,而且在某些方面与英国不成文宪法在法律中的作用相似。诚然,它的语言是固定的;然而,由于司法解释的发展——参照早期司法解释的发展——这些词语的含义随解释的发展而变化。因此,美国宪法体现了伯克的历史性,人们可能会认为,美国宪法代表了世代的合伙关系。

然而,正是像威尔逊和麦迪逊这样的人把英国的传统发扬光大,并使之适应新成立的共和国,他们还以改良的形式将民主和自由思想引入了美国宪法。民主和自由与 18 世纪欧洲范围的改革运动有关,其信仰体系曾被法国哲学家清晰地表达过,且在法国大革命中达到顶点。这不仅包括成文宪法的构想,修改后的三权分立学说,以及对选民意见直接负责的政府理论,而且,更引人注目的是,还包括对宗教、言论、新闻和集会自由的保障。的确,整个联邦宪法是 18 世纪思想的政治和法律表达。这些思想是,所有的人,由于他们的人的本性,具有某些普遍和平等的生命、自由和财产权利,它是政府的责任,即使这些权利不总是被保护,至少永远不会被抑制。

## 四、美国宪法的"激进主义"①

美国革命"激进主义"的一部分在于,它最终提出了联邦宪法和州宪法,两类宪法结合了相互冲突的信仰体系及与其相关的相互冲突的政治体制,简言之,即清教主义、传统主义、社团主义与自然神论、理性主义和个人主义,这两种信仰体系体现在 17 世纪英国革命和 18 世纪的法国大革命,冲突的政治体制,简言之,即基于公共精神的贵族制与基于公众意见的民主制。美国人从以上两个方面认准了这个难题。然而,美国宪法的根本创新之处不局限于这种对表面相反的信仰体系的综合。新美利坚合众国还引入了宪法原则,这些原则

---

① 这部分的标题改编自 Gordon S. Wood, *The Radicalism of the American Revolution*, 1992。[以下简称 Wood, *Radicalism*]然而,伍德(Wood)认为,至少在联邦层面上,由革命产生的宪法中几乎没有任何"激进主义"。

既不是"英国的",也不是"法国的",而且也不是两者的结合,实际上,这些原则在西方从未以类似的形式存在过。其中之一是美国的联邦制。① 与之密切相关的是一项可以称为大陆主义的原则,即隐含地规定了大陆范围内的政体可以不断扩大,具有无限的流动性且可以无限地接纳移民。第三项原则是建立一个权力下放的政府。第四是立法合宪性的司法审查制度。这个清单并不详尽,在本文的研究范围之外还有很多探索空间。美国宪政主义,这个词本身就是一个美国的发明,它将一些全新的东西引入西方的政治和法律传统,无论启蒙运动被多么宽泛地解释,也并不能将其包含其中。

这一强调是必要的,因为在近几十年来,许多致力于确定美国革命真正"激进性"的美国历史学家,往往关注所谓的"共和综合论",即支持革命的美国人或多或少对共和主义的普遍遵循。当"共和主义"在 20 世纪 60 年代首次被定义时,它不仅包括反对君主政体,支持选举制度,而且还包括对公民美德、公共利益、有机社区和清教徒美德的信仰。② 这种广义上对共和主义的坚持,革命时代不同的人物都参与其中:约翰·亚当斯和托马斯·潘恩,詹姆斯·威尔逊和塞缪尔·亚当斯(Samuel Adams),詹姆斯·麦迪逊和本杰明·富兰克林,托马斯·杰斐逊和亚历山大·汉密尔顿(Alexander Hamilton),纽约利文斯顿的

---

① 参见 Vincent Ostrom，*The Meaning of American Federalism：Constituting A Self-Governing Society*，1991。奥斯特罗姆(Ostrom)展示了 18 世纪晚期美国对联邦制理解的深度,包括它在契约的宗教概念中的基础(*foedus*)。他写道,《联邦党人文集》反映的联邦制理论挑战了传统的主权概念,相反,它反映了"一种并行的、复合的共和国理论,使民主社会能够达到大陆的比例。"(Gordon S. Wood，*The Radicalism of the American Revolution*，p. 97)

② 参见 Gordon S. Wood，*The Creation of the American Republic*，1776-1787，1969，pp. 46～90。[以下简称 Wood，*Creation*]"为了整体的更大利益而牺牲个人利益,形成了共和主义的本质,并被美国人理解为他们革命的理想主义目标。"(*id*. p. 53.)"共和主义综合"(republican synthesis)一词最早由罗伯特·沙尔霍普(Robert Shalhope)在 *Toward a Republican Synthesis：The Emergence of an Understanding of Republicanism in American Historiography*，29 WM. & MARY Q. 3d ser.，1972，p. 49 中使用。

贵族派和 1776 年宾夕法尼亚的民主派。① 在"共和综合论"中，我所说的"英国"和"法国"思想之间的冲突淹没在革命者的共同理想主义中。② 的确，研究美国革命的美国历史学家过去，即使现在仍然很少讨论美国宗教、哲学、政治和法律思想中相互冲突的英法背景，尽管我们注意到了在不同的时间点上 18 世纪美国共和主义最明显的特征与英国的辉格党思想之间的一些巧合。

鉴于"共和主义"一词的含义很多，它完全配得上约翰·亚当斯本人在 1807 年的评论："在英语中，没有比共和主义更难懂的词了"，他"从来没有理解过"共和主义是什么，而且他认为"没有人曾经做到过这一点，也永远不会有人可能做到"。③

---

① 参见 Wood, Creation。然而，在他的最新著作中，伍德却比较谨慎，对"共和主义"和"民主"进行了区分，尽管他仍然主张"民主是共和主义的延伸"。Wood, Radicalism, p. 231；上下文参见 see infra text accompanying note 47。当然，这在很大程度上不仅取决于对共和主义的定义，也取决于对民主的定义。在《联邦党人文集》(Federalist) 第 10 期中，詹姆斯·麦迪逊（James Madison）将两者进行了鲜明对比。他写道：

民主曾是动荡和争论的奇观；曾被发现与人身安全或者财产权不相容；总的来说，他们在生命中所经历的短暂就像他们在死亡中所经历的暴力一样……

民主和共和之间的两大不同之处是：第一，政府的代表，在后者中，是由其余人选出的少数公民；其次，……共和政府的管辖范围内的公民人数和领土比在民主政府下的多……

共和国相对于民主国家的优势在于……代表们开明的观点和高尚的情操使他们超越了地方偏见和不公正的计划……并且对实现不公正和谋私利的大多数人的秘密愿望构成了更大的障碍……

James Madison, The Federalist Papers, ed. by Isaac Kramnick, No. 10, 1987, pp. 126～128。

② 强调"共和主义"本身就是对路易斯·哈茨(Louis Hartz)创立的一种思想流派的史学反应。哈茨认为，自由主义是 18 世纪美国政治思想的"共识"，优先考虑个人主义和财产权。参见 Louis Hartz, The Liberal Tradition in America: An Interpretation of Political Thought Since The Revolution, 1955。

③ Linda K. Kerber, The Republican Ideology of the Revolutionary Generation, 37 AM. Q. 474, 1985；Wood, Creation, p. 48。伍德并不令人信服地指出，亚当斯晚年对"共和主义"一词的含义感到"困惑"，因为他早年经常使用这个词。如果亚当斯感到困惑，其他人也一样。例如，詹姆斯·麦迪逊（James Madison）写道："我们可以将共和国定义为……直接或间接地从广大人民群众中获得一切权力的政府……" James Madison, The Federalist Papers, ed. by Isaac Kramnick, No. 39, 1987, p. 255。从广义上理解这一点，即使君主政体也可以被视为共和政体。孟德斯鸠(Montesquieu)在 1748 年出版的《论法的精神》(Esprit des Lois) 一书中认为，英国"可以被称为一个伪装在君主制形式下的共和国"。引自 Wood, Radicalism, at 98。伍德本人也重复了这一论断，他写道，这个词"有时与君主政体几乎没有区别"。(id. pp. 95～96)

毫无疑问,部分是因为术语本身的模棱两可,部分是因为将约翰·亚当斯等"保守主义"共和党人的思想与托马斯·潘恩等"自由主义"共和党人的思想协调成一个抽象概念的困难,最先倡导共和主义的那些人使共和主义这一概念经历了实质性修改。[①] 1992 年,它的主要倡导者提出了这样一个论点:美国革命真正的"激进主义"实际上是摈弃革命一代的共和理想,转而支持 19 世纪早期的民主运动。[②]

18 世纪共和主义的概念,共和党人和自由主义者之间的冲突,被 20 世纪 80 年代的各种美国法律学者奉为理解联邦宪法的基础。[③] 的确,主要法学院的美国宪法案例书出版于 1986 年,其编辑采用了一些历史学家之前表达的观点,即反联邦党人是激进的共和党人,他们反对通过宪法,理由是它限制了地方和州一级的"参与公共事务的机会",从而"威胁……公民美德"。另一方面,联邦党人持有自由主义哲学,这种哲学对共产主义价值观持怀疑态度,优先考虑包括私人财产权在内的个人利益。[④] 然而,这种分析的一个主要困难在于,一些同样的国父们,例如亚当斯和威尔逊同时符合"共和党"和"自由派"的模式。[⑤]

---

① 参见 Robert Shalhope, *Republicanism and Early American Historiography*, 39 Wm. & MARY Q. 3d ser., 1982, pp. 334~335. ("许多学者对共和主义提出了严肃的质疑……或者已经超越了它。其结果是一个日益多样化的,有时似乎不一致的文献体系,把共和主义塑造成一个神秘的角色。")Bruce Ackerman, *We The People*:*Foundations*, 1991, pp. 29~32。

② 参见 Wood, Radicalism, at 230 ff。

③ 参见 Morton Horwitz, *The Constitution in Perspective*:*Republicanism and Liberalism in American Constitutional Thought*, 29 Wm. & Mary L. Rev., 1987, p. 57; Morton Horwitz, *History and Theory*, 96 Yale L. J., 1987, p. 1825; Frank Michelman, *The Supreme Court*, 1985 *Term Foreword*:*Traces of Self-Government*, 100 Harv. L. Rev., 1986, p. 4; Frank Michelman, *Law's Republic*, 97 Yale L. J., 1988, p. 1493; Mark Tushnet, *The U. S. Constitution and the Intent of the Framers*, 36 Buff. L. Rev., 1987, p. 217。

④ Geoffrey R. Stone et al., *Constitutional Law*, 1986, pp. 2~7。

⑤ 例如,约翰·亚当斯(John Adams)极力主张保护私有财产,这似乎是一个"自由"的想法,但同时他也是政府支持教育的坚定拥护者,这似乎是一个"共和"的想法。詹姆斯·威尔逊(James Wilson)是公民道德的坚定信仰者,他对私有财产权的首要地位持怀疑态度,这似乎是"共和主义"的理念,但与此同时,他也是批准美国宪法及其建立联邦共和国的最强烈倡导者之一。不同的学者给不同的历史人物贴上了"自由派"或"共和党人"的标签。比较以下两个文献:Horwitz, *History and Theory*, p. 1831(亚当斯·史密斯是一个共和党人), Isaac Kramnick, *Republicanism and Bourgeois Radicalism*:*Political Ideology in Late Eighteenth-Century England and America*, 1990, pp. 8~11(亚当斯·史密斯是一个自由派)。

然而,认为这些人是"自由派共和党人"①的风险在于,完全把两个模式合并,从而掩盖了曾经存在并且现在仍然存在的内在于美国革命的真正张力,即两个相互冲突的思想和行动体系之间的紧张关系,其中一个继承了 17 世纪的英国革命,另外一个最终体现在 18 世纪的法国大革命。亚当斯和威尔逊不仅在他们自己的思想中,而且在他们协助达成的宪法协议中,成功地调和了这种紧张关系。

### 五、历史研究的结论

最后,我将讨论一下,我在本文中所采取的方法,对启蒙运动以及对美国宪法的历史研究有何贡献。

过去,主导美国革命史学的方法,在相当大的程度上,要么关注观念史,要么关注制度史,而没有试图以任何系统的方式将两者结合起来。这两种方法的重大缺点主要在于他们彼此割裂。最近,一些学者试图更系统地展示那些革命者的观念对下一代所创立的法律制度的影响。然而,这些令人钦佩的努力本身也有早期史学研究的缺陷。

观念史研究方法面临着确定特定思想相对历史重要性的困难。在对当时哲学、宗教、政治和其他文献进行研究的基础上,智慧的历史学家力图找出各种各样已经被表达的观点,并且去描述那些被广泛持有的观点。但这种学术事业受到了观念固有流动性的严重阻碍。同样,一个特定思想家,比如约翰·亚当斯,可能在不同的时间持有不同的观点,甚至可能同时持有相互矛盾的观点。此外,剥离背景去描述观念具有误导性,因为在情境中观念才被表达并且被用来处理问题。对于那些不是由专业哲学家而是由政治行动者提出的观念,尤其如此。

至少在一定程度上,这可能是由于观念史(也即所谓的思想史)的缺陷,即倾向于采用越来越广泛的分类。正如我们所见,强调 18 世纪晚期美国"共和主义"重要性的那些人与强调"自由主义"重要性的人之间展开了激烈的辩论,"共和主义"一词,最终被定义得过于宽泛,它可以被简单地翻译成"爱国主义","自由主义"一词的定义也过于宽泛,它

---

① 阿克曼(Ackerman)选择了这个解决方案。Ackerman, We the People: Foundations 29~32。

可以简单地被描述成限制政府权力的思想。

研究欧洲启蒙运动的历史,无疑是美国思想史向前迈出的一大步。许多美国历史学家好像几乎完全忘记了,除了被剥夺选举权的印第安人和黑人之外,所有 18 世纪的美国人都是欧洲人。他们领导人的头脑中充满了欧洲思想。但是,如果启蒙运动仅仅被看作是一种意识形态,那么它就会变得如此广泛,以至于包含了相互冲突的政党为之斗争、流血和死亡的根本对立的意识形态。把伯克和潘恩,或者把 18 世纪自然神论的狄德罗和 17 世纪加尔文派的皮埃尔·贝尔都称为"启蒙运动"思想家是没有什么意义的。将"启蒙运动"限制成"自然之光"是更具历史准确性的,"自然之光"激励了从伏尔泰到孔多塞的法国哲学家,以及他们在欧洲其他国家的许多盟友,即主要信仰最终体现在法国大革命所带来的制度的那些人。

另一方面,制度史学家倾向于忽视那些激情洋溢的信念,正是这些信念激励着那些在美国革命中创立了政治和法律制度的人们。过去,这一趋势在法律史学家中尤其明显,包括许多宪法史学家。即使在今天,围绕联邦宪法起草者在起草联邦宪法的各项条款时的初衷所展开的激烈辩论,往往忽略了激励了起草者信念的背景,而且,也许最重要的是,忽略了美国宪法相互冲突的信念和调和冲突的需要。

我希望我在这篇文章中所采用的方法,通过将反映我所称的英国和法国信仰体系的那些宪法原则并置,从而阐明 1776—1791 年期间在美国建立的新宪法体系,即来自殖民者英国遗产的贵族、传统主义和社群主义的信念,和 18 世纪晚期尤其是在法国也在英国,以及在意大利、荷兰、普鲁士、奥地利、俄罗斯和欧洲的其他国家,反对派思想家有关的民主、理性主义和个人主义的信念。这两套"观念"之间的紧张关系贯穿了我们的整个历史,它们不仅是观念,而且是革命运动;直到最近的几个月、几周、甚至几天,他们之间的平衡不得不一次又一次地被打破。①

---

① 更长的研究要追溯到 17 世纪以前——西方法律传统的元素。所有现代西方法治观念都植根于 11 世纪和 12 世纪的教皇革命,这场革命吸收了古罗马、希腊和希伯来的资源,但也将这些资源结合起来并进行了改造。参见 Berman, *Law And Revolution*。

# 亨利一世时期总巡回法庭的起源[*]

[美]小威廉·T.里德[**] 李洋[***]译

一

理查德森（H. G. Richardson）与赛尔斯（G. O. Sayles），以及斯滕顿女士（Lady Doris M. Stenton）新近所出版的著述皆强调了作为最早在全英格兰铸造普通法亨利一世统治时期巡回法庭中法官的重

* 本文完成于 1965 年夏，并得到纽约州立大学研究基金的经费支持。我愿向帮助及鼓励我的约瑟夫·R. 斯特雷耶（Joseph R. Strayer）、C. 沃伦·霍利斯特（C. Warren Hollister）、约翰·W. 鲍德温（John W. Baldwin）以及弗雷德里克·C. 莱恩（Frederic C. Lane）诸位教授致以特别感谢。

** 小威廉·T.里德（William T. Reedy, Jr.）美国纽约州立大学教授。本文原载于《窥镜》（中世纪研究杂志），1966 年第 41 卷第 4 期，第 688～724 页。William T. Reedy, Jr., "The Origins of the General Eyre in the Reign of Henry I", *Speculum*, vol. 41, no. 4 (Oct., 1966), pp. 688～724。

*** 李洋，南京师范大学法学院副教授，中国法治现代化研究院研究员。本译文得到国家社科基金青年项目（编号：15CFX009）资助。

要角色。[①] 鉴于这些著述的结论存在些微差别,以及关于亨利一世的巡回司法层面的特殊性及重要性着墨不多,这便意味着总结现有素材并延伸及修正上述两部新近著述显然极为适时。理查德森与赛尔斯极力强调亨利一世的统治在英国宪政史上的重要性,且他们在部分论证中还理所当然地认为亨利一世时期的巡回法庭(eyres)与亨利二世时期的总巡回法庭(general eyres)如出一辙。[②] 这一证据的得来虽源自民、刑事案件,但他们尤为关重大刑事案件,也即所谓的国王之诉(pleas of the crown)。关于亨利一世及亨利二世统治时期的国王之诉,他们写道:"就司法介入而言,很难相信三四十年间刑事案件的控诉与审判之间存着任何实质性的区别。"[③]其观点表明,这一陈述只能意指其时最严重犯罪的基本状况。亨利一世时期尚未形成控诉陪审团,控诉状往往需上陈至王室巡回法官(itinerant justices),由其负责审判被控诉人。因此,依照理查德森与赛尔斯的观点,在重罪案件的审判中起到关键角色的往往不是作为当地居民的王室郡摄政官(或郡长),而是巡回法官。就民事诉讼而言,他们也未清晰明确予以概括。当然,一如国王之诉,民事案件可能先于御前会议(Curia Regis)之前便已产生。我们知道,在两任君王统治时期,理论上巡回法

---

① H. G. Richardson and G. O. Sayles, *The Governance of Mediaeval England from the Conquest to Magna Carta* (Edinburgh, 1968); Doris M. Stenton, *English Justice*, 1066-1915(Philadelphia, 1964). R. W. 萨瑟恩(R. W. Southern)已在其 1962 年的罗利讲座(Raleigh Lecture)提醒我们这一统治时期的重要性,这一讲稿"亨利一世在英国史上的地位"刊载于 *Proceedings of the British Academy*,第 48 卷。他并未就巡回法庭法官本身作以讨论,但在他关于运用皇室恩赐制以建构稳固的中央集权君主制的研讨中,特意突出了巡回法庭中的两名法官——杰弗里·德·克林顿(Geoffrey de Clinton)及理查德·巴塞特(Richard Basset)。乔治·基顿(George W. Keeton)的 *The Norman Conquest and the Common Law* (London, 1966) 业已完成。但基顿只是提供了总巡回法庭起源的些微线索,其观点与本文并无过多抵牾之处,除了可能过于绝对地指出亨利一世"……通过其王庭法官规范了此种地方司法的常规监督权……"Ibid., p. 106.

② Richardson and Sayles, *Governance*, p. 207;"就亨利一世与亨利二世时期总巡回法庭关于陪审团传统模式而言,主要论争在于二者之间的相似性(我们甚至可以认为二者如出一辙)"。Cf. *ibid.*, pp. 185~188, and p. 204.

③ Ibid., p. 207.

官以及地方摄政官(local justiciars)都被赋予受理一切国王诉讼(*om-nia placita regis*)、民事诉讼及刑事诉讼的审判权。理查德森与赛尔斯则明确强调,在实践中,自亨利一世统治时期开始将国王之诉囊括在内后,在亨利二世统治时期,对于所有类型案件的审理,巡回法官都远胜于地方摄政官。将亨利一世时期的巡回法庭与亨利二世时期更为全面的总巡回法庭视作等同,他们得出结论称,与其时地方摄政官相较,巡回法官显然更为重要。亨利一世时期民事诉讼固然一如刑事诉讼,但却并非如他们所言,该统治下民事案件审判时便极为谨慎地区分巡回法官及地方摄政官两者之间的相对重要性。[①] 他们总结道,总体而言在亨利一世时期,地方法庭相较于王室法庭来说更为重要,但王室机构倾向于在某种程度上左右地方法庭的运行:"(亨利一世统治时期)对于地方法庭而言,法官仍然在很大程度上极为重要,但王政(如巡回法官与/或地方摄政官)有权监管或控制地方司法行政。"[②]他们之所以认为国王依靠巡回法庭对地方法庭的控制如此宽泛,乃是基于其将亨利一世的巡回法庭远溯至 1110 年这一事实而定,[③]也是由于,他们发现亨利一世的巡回法庭与亨利二世时更为广泛的总巡回法庭之间具有一致性。其承认亨利一世统治时期地方摄政官有权受理所有类型案件,但更坚信亨利一世首先通过巡回法庭控制这些地方法庭。

另一方面,斯滕顿女士更专注于亨利一世统治时期地方摄政官的地位,也更为谨慎地衡量巡回法官的重要性。例如,她清晰地指出,该统治的最初阶段正是地方摄政官将国王之诉的审判权从郡长

---

① 例如,关于地方摄政官的探讨。同上,p.173。

② 同上,p.176. 但在 1956 年,赛尔斯发现亨利一世统治时期皇室对于地方法官的监督与控制权较为羸弱。"所以,不管是郡长的王室提名权,地方摄政官的配置及总巡回法庭的开创,遍及全国的法官的配置,特别是刑事惩罚及产权保护,都不以国王为依托。地方摄政官也极少由王室成员担任:这几位均来自大众和封建阶层。" Sayles, *Medieval Foundations of England* (London, 1956), pp.332~333. 以及"尽管总巡回法庭产生于 1166 年之前,但我们对此知之甚少。"同上,p.340。

③ 同上,p.180。

手中接管而来。① 她相信,伴随亨利一世时期巡回法庭的登场,巡回法官对于重大刑事案件同样具有管辖权,但相较于理查德森及赛尔斯,她对于亨利一世统治时期巡回法庭史实的解读趋于保守。

本文主要目的在于考察亨利一世的统治史实,如有可能,以便探明地方司法官对于刑事诉讼、民事诉讼及国王诉讼的管辖权是如何快速地让渡于巡回法庭的法官,以及巡回法庭中何种阶层的法官在整体司法权上逐渐担纲重任。本文意在提供可靠史实以展示在亨利一世统治时期并未形成总巡回法庭。"处理所有申诉"(*ad omnia placita*)的总巡回法庭多由规模化的法官在全国范围内定期巡回,并于不特定时间段,即总巡回法庭的周期内结束巡回。在亨利一世统治时期,他们仅仅由一名或数名法官在某一地区就某一特殊诉讼召开临时(*ad hoc*)委员会。而"受审所有申诉"的地方化巡回法庭,如由一名或数名法官巡回某一或数郡时,并不能证明是在一个周期内覆盖全国的总巡回法庭的一部分。亨利二世时期总巡回法庭跳脱出这些初步尝试。(亨利一世时期的这些地方化巡回法庭并不能精准地适用"处理所有申诉"这一用语。因为,直至亨利二世时期,总巡回法庭的法官才被特别委任国王诉讼的审理权。亨利一世时期并没有此种明显的委任,但是地方化巡回法庭的法官具有相对限缩的权力以便处理某一类型的国王诉讼。为行文便宜,本文使用"处理所有申诉"这一用语,以便在以下两种情况下做出区分:由一名或数名法官主持临时委员会以审理某一特殊国王诉讼,以及地方化巡回法庭的一名或数名法官受理多种类别的国王诉讼。最后,这一司法巡回可以描述为为一地而临时召开委员会以受理多类国王诉讼,而随着越来越多的案件获得审理,这一委员会极有可能巡回不止一地并最终转变为一种地方化巡回法庭。)

---

① Stenton, *English Justice*, pp. 65~67. 关于地方摄政官最为丰富的描述可见:H. A. Cronne, "The Office of Local Justiciar under the Norman Kings," *University of Birmingham Historical Journal*, VI (1957), 18-38. 不幸的是,关于其审理的特定案件则极为罕见。

二

19 世纪末 20 世纪初的法律史及宪法史专家普遍认为，总巡回法庭的起源应至少追溯至亨利一世统治时期。但是，他们并未对于这段统治及其与亨利二世成就的关系偶做出详细解释。作为其中的典型代表，梅特兰也更倾向于对亨利一世的贡献持有保守观点。他承认，在亨利一世统治时期便存在巡回法官，但"他们的巡回在亨利二世治理时期才变得普遍及系统化。"①

近来，一些研究者对于亨利一世统治时期，甚或更早之前巡回法庭的发展样态抱持更为开放的主张。1957 年，克朗（Cronne）写道："……亨利二世的王室法庭最终采用这一便捷的巡回法庭，它早在诺曼统治初期便曾被尝试性地使用（斜体为笔者所加），亨利一世《财税卷宗》（Pipe Roll）也显示其运行良好。"②1959 年，范·卡内冈（Van Caenegem）将"巡回法庭的起源"追溯至 1124 年。③ 尽管相较于理查德森与赛尔斯，斯滕顿女士对亨利一世与亨利二世统治时期的巡回法庭做了较为谨慎的区分，但她还是在 1964 年的著述中总结道，"……1130 年之前，总巡回法庭的理念便成为现实。"④1949 年何娜德小姐（Miss Naomi Hurnard）认为，"……巡回制度看起来在亨利一世统治时期中段便已经建构完成。"⑤1951 年，她又写道"……或许，如果

① Frederick W. Maitland, *The Constitutional History of England* (first published 1908, new edn. Cambridge, 1950), p. 137. 关于总巡回法庭的唯一足本乃是威廉·博兰（William C. Bolland）的 *The General Eyre* (Cambridge, 1922)一书，但他对于 12 世纪之前的历史几乎未有触及。他仅简单写道："从财税卷宗我们可以获悉，亨利一世时期英格兰巡回司法体制的创制业已完成"-*General Eyre*, p. 18. 而亨利二世则赋予了这一巡回王室司法体系永久性和规律性。（同上书）博兰暗示这一体系在亨利一世时期并非形成定制，其立场与梅特兰关于亨利一世统治的保守观点极为近似。

② H. A. Cronne, "The Office of Local Justiciar", p. 20。

③ R. C. Van Caenegem, *Royal Writs in England from the Conquest to Glanvill* (London, 1959), pp. 28~29. 但他仍相信直至 1179 年，"所派出的巡回法庭仍不具有规律性"。

④ Stenton, *English Justice*, p. 65.

⑤ Naomi D. Hurnard, "The Anglo-Norman Franchises," *EHR*, LXIV (July 1949), 440, note 3.

不是更早的话,这种处理所有申诉的定期巡回法庭制度以及森林巡回法庭制度在其统治的后半段即付诸实践。"[1]虽然此处是关于巡回法庭的描述,但她对亨利一世时期重大刑事案件归于王室管辖这一判定却无疑是正确的。[2] 而且,她令人信服地辩称,它们被普遍地保留不仅仅是基于王室的需要。[3] 所以,自亨利一世时期的王室已经拥有对于重大刑事案件的审判权,亨利二世并未就应属封臣司法管辖权的重大刑事案件展开大肆扩张——事实上,庄园内盗贼裁判法(infangthef,或为 infangenthef;infangtheft)可能是触及诺曼时期归属封臣管辖权法庭受案范围的唯一重要事由。[4] 设想一下,如果几乎所有发生在整个英格兰的重罪案件都属于亨利一世的司法管辖,那么巡回法官是否是以主要王室代理人的身份来行使此种管辖权呢? 显然,斯滕顿女士已经指出,在亨利一世统治的较早时期内,郡长对于王室诉讼案件的审理权受制于地方性的居民——王室郡摄政官,这似乎已成公论。事实上,据何娜德小姐考察,在亨利一世统治时期,地方摄政官已经成为主要王室代理人以受理重大刑事案件:"……重大(刑事)案件的实际审判……在交付地方司法官之前通常发生在郡法庭。"[5]地方司法官同样拥有对土地之诉(land action)的司法权。如果何娜德的论文关于亨利一世时期地方摄政官所发挥的重要作用明确无疑的话,这显然有助于去解释为何——我们也会在本文看到——(亨利一世)统治时期的记录显示并不存在覆盖全国范围的、对王室诉讼及民事诉讼案件享有审判权的巡回司法机构。本文将展示一些新近关于巡回法官的研究者显然过度解读了 1100—1135 年间

---

[1] Naomi D. Hurnard, "Appendix II-Local Justice under the Norman Kings," in H. W. C. Davis, *England under the Normans and Angevins* (London, 1951), p.524。

[2] Hurnard, "Anglo-Norman Franchises," p.299。

[3] Ibid., pp.303~305。

[4] Ibid., p.433; Sidney Painter, *Studies in the History of the English Feudal Barony* (Baltimore, 1943), p.104。

[5] Naomi D. Hurnard, "The Jury of Presentment and the Assize of Clarendon," *EHR*, LVI (July 1941), 884~885。

的史实材料。

三

事实上并没有证据显示，"处理所有申诉"的司法巡回法庭（judi-cial eyres）肇始于 1100 年之前，甚至连在一个郡或数个郡内巡回的地方化巡回法庭都未曾出现。贯穿本文始末的"处理所有申诉"的地方化巡回法庭与"处理所有申诉"的总巡回法庭业已形成的区别具有重要意义。确切地说，总巡回法庭是在一个不连续的时间周期内通过消融地方化巡回法庭的聚合从而覆盖整个王国范围。哪些史实能够证实"处理所有申诉"的司法巡回法庭存在于 1100 年之前？众所周知，威廉一世及威廉二世曾不时地使用至为关键的"巡回钦差"（*missi dominici*）在地方法庭主持重大民事案件的审理。最为著名的例证便是"伊利岛地产申诉"（Ely land pleas）及"彭宁登希思审判"（Pin-nenden Heath trial）。但是这些专员往往被特别指派于乡村某一特定地点即兴对单一案件进行审判。一些现代学者将之称作巡回法官（*missi* itinerant justices），[①]但他们并非主持某一法庭并在某一或数郡内巡回办案，他们的法庭也并不具备较为宽泛的委任授予司法管辖权以审理所有（或大多）王座诉讼（*placita coronae*）以及那些将交由御前会议受理的民事诉讼。而巡回处理所有申诉（*iter ad omnia placita*），不论是地方化抑或总巡回法庭，都有此种宽泛的司法管辖权。这些要员由御前会议委派，以临时委员会的形式巡回城郊。这一方式在巡回法庭的成型方面起到了关键性作用。但若将之称作巡回法庭的法官尚有失妥当。可以说，覆盖整个英格兰的确切巡回体制乃是得源于末日审判专员，但他们却并未被赋予此种宽泛的巡回处理所有申诉的司法管辖权。戴维斯（Davis）认为，"威廉一世和威廉二世时期，我们至少掌握了三起巡回法官主持巡回法庭的案件，这些

---

① 参见 David C. Douglas, *William the Conqueror* (Berkeley, 1964), p. 306。

案件和我们后期在亨利一世和亨利二世时期所发现的一样。"①但是，戴维斯所援引的证据甚至都不足以牢靠地证明地方化的巡回法庭在某一或数郡巡回审理所有（或最多）应归于王室管辖权的案件，更不用说去证明延伸至整个王国的总巡回法庭体系了。这三起案件分别发生在 1076—1079 年，1095 年及 1096 年。就 1076—1079 年委员会而言，何娜德小姐写道："*Miracula S. Edmundi* ［利伯曼（Liebermann）编辑］注释 42 中所参引的法官主持 1076—1079 年间的国王之诉（*regia placita*）恐难以证明巡回法庭制度的存系。或称之为临时委员会似乎更为合适。"②这一委员会也许因措辞为"处理所有申诉"而被认为具有宽泛的司法管辖权，但国王之诉这一用语并非如其本身一样足以证明这一结论，同样也没有足够证据证明王室专员巡回过除圣埃德蒙贝里（Bury St Edmunds）之外的其他地方。③"诉状"（*placita*）这一术语甚至都未曾出现于 1095 年温彻斯特的沃克林主教（Walkelin bishop of Winchester）及圣埃德蒙贝里的雷纳夫（Ranulf Flambard）所主持委员会的两处描述之中；此处所提及的"王之事务"（*negotia regis*）也基本可以确定为，不过是将圣埃德蒙兹为一个新修道院教堂所致献词的本身翻译问题。④ 最后，它通常会将 1096 年德

---

① H. W. C. Davis, ed., *Regesta Regum Anglo-Normannorum*, I (Oxford, 1913), p. xxxi, and note 14. 之后引用简称 *Regesta I*.

② Hurnard, "Anglo-Norman Franchises," 440~441, note 3.

③ 1076—1079 年委员会这一史实源自 *Heremanni archidiaconi Miracula Sancti Eadmundi*, 重印于 Felix Liebermann, *Ungedruckte Anglo-Normannische Geschichtsquellen* (Strassburg, 1879), pp. 252~253. 利伯曼在对这一史实的评注中，他大胆地推定 Hofbeamten 曾在贝里主持"咨审团"（Assise）。（*Geschichtsquellen*, p. 208）咨审团一词直至 12 世纪才成为常用语词。这些国王之诉所包含的内容并不清楚明确，但也有可能这一术语意味着交付巡回法庭的王室法官之前的所有申诉。但即便如此，也未有证据显示王室专员除在贝里主持临时委员会外尚有其他行为。

④ 一处关于委员会的描述是在 *Heremanni archidiaconi Miracula Sancti Eadmundi*, no. 62, pp. 275~276. 利伯曼在其评注中（*Geschichtsquellen*, pp. 211~212），将"王之事务"这一段翻译为"咨审团"，但实际上此种翻译并无来由。本段故事的精简版本收录于修道院的年谱之中，其中可以很显然发现专员只宣告了圣埃德蒙兹本身的翻译-*Memorials of St Edmund's Abbey*, ed. Thomas Arnold (London, 1890-96), Rolls Series no. 96, I, p. 156.

文及康沃尔郡的委员会视作早期"巡回法庭",①但芬伯格(Finberg)却已经展示这一史话来源于 14 世纪的僧院契据集,而这位修道士作者在提及 1096 年的委员会时乃是考虑了基于王权诉求的调查(*ad investiganda regalia placita*),使用其时的语言而非 11 世纪的表达方式来表达刑事诉讼。② 故而,14 世纪的证据并不足以证明 1096 年即存在"处理所有申诉"的巡回法庭。芬伯格总结认为,1096 年 4 位王室专员的使命可能在于为威廉二世收回 10000 马克的贷款,以资助其长兄罗贝尔二世(Robert Curthose)参加第一次十字军东征。③

## 四

现存于世的"亨利一世 31 年财税卷宗"(*Pipe Roll 31 Henry I*)是用以确认亨利一世时期法官在司法巡回法庭"处理所有申诉"的仅存记录。这一王朝统治的编年史材料却不足以提供具体证据以证实处理所有申诉的地方化或者总巡回法庭的存系。④ 下文的讨论贯穿始终的是,将此种王室巡回以主持特别案件通常是民事诉讼审理的临时委员会,与以审理包括民事、刑事案件在内的所有国王诉讼、超出一个地方性区域(即一、两个郡的地方化巡回法庭),或作为总巡回法庭一部分的巡回数郡的王室委员会之间作以严格区分。当此种巡回数郡的巡回法庭布局一俟形成,伴随一个同一时间周期内巡游全国的目标完成,总巡回法庭便正式走上正轨。似乎本该孤立的临时委员会或可成为一个地方化或处理所有申诉的总巡回法庭的一部分,然而对此的证明材料却付之阙如。王朝统治的编年史材料也仅仅展示了临时委员会这一实体的存在。在对亨利一世的令状与特许状(charters)的分析中,约翰逊及克朗(Johnson and Cronne),依靠几

---

① 迟至 1959 年,范·卡内冈(Van Caenegem)仍持此种立场。-*Royal Writs*, p. 28。

② H. P. R. Finberg, "The Early History of Werrington", *EHR*, LIX (1944), 245~248.

③ Ibid. , 248.

④ 奥德里克(Orderic)记述了拉尔夫·巴塞特(1124)的一次开庭,将可能作为地方化巡回法庭的一部分。

成定论的"财税卷宗"以确信巡回法庭法官的存系。①

就编年史材料而言,这些史家的确将某些特定人物冠以"全英格兰摄政官"(*justiciarius totius Anglie*)之称谓,但这些头衔却并非将之定性为巡回法庭法官的有力证明。*justiciarius*一词在盎格鲁——诺曼英格兰的适用范围极为宽泛;普拉克内特(Plucknett)总结道,*justiciarius*一词在其最宽泛意义上表示国王的贴身私人代表。② 斯滕顿女士将"全英格兰摄政官"这一术语解释为"首席摄政官"或"大法官"(chief or great justiciar),而且她确信这一称谓的独立使用,是在拉尔夫·巴塞特(Ralph Basset)和其子理查德(Richard)于亨利一世统治时期所担任的职务。③ 如果"全英格兰摄政官"这一术语意在

① Charles Johnson and H. A. Cronne, eds., *Regesta Regum Anglo-Normannorum*, II (Oxford, 1956), xix,之后简称 *Regesta II*。

② T. F. T. Plucknett, *A Concise History of the Common Law* (London, 1956), p. 144.

③ Stenton, *English Justice*, p. 60 and notes 29 and 30. 她写道"关于拉尔夫·巴塞特的记录可以追溯至1116年,也有其离世的记录收录于阿宾顿的修道院……"必须提及,1116年隐匿无主埋藏物并放贷之诉一案乃是由其在亨廷顿郡审理。-Orderius Vitalis, *Historica Ecclesiastica*, ed. le Prevost (Paris, 1838-55), II, 126, 130. 约翰逊与克朗对于奥德里克的叙述无误,"这并非阐明巴塞特乃是作为整个英格兰的摄政官或亨廷顿郡的摄政官":*Regesta II*, xix. 他可能并非此处的地方摄政官。显然巴塞特在此案中行使了法庭对刑事案件的监督权,但并未被给予任何特殊称谓。关于其辞世,曾借此获赠其大量礼物的阿宾顿史官提及他并非"摄政官"而是"在整个英格兰王国最为尊贵的法官"(*in omni Angliae regno justitiae habens dignitatem*)-Chronicon Monasterii de Abingdon, ed. *Joseph Stevenson* (London, 1858), Rolls Series no. 2, II, p. 170. 的确,如斯滕顿女士所言,理查德·巴塞特通过使封臣"负有为摄政官寻找一名信使穿越整个英格兰"这一义务而授予封臣封地,但这也意味着,要么大法官另有其人,要么理查德即便需要寻找一名信使,他也并非大法官。(English Justice, p. 60 and note 30) *justiciarius totius Anglie* 这一术语由亨廷顿的亨利适用于巴塞特(及杰弗里·李代尔)。-Historia Anglorum, ed. Thomas Arnold (London, 1879), Rolls Series no. 74, "De Contemptu Mundi"一信中。本文此处注释将探讨,单单以 justiciarius totius Anglie 标题并不足以证明某人乃是大法官。此处虽不能对1066—1135年大法官的历史作以全面梳理,但一些注释仍是必要的。在 Regesta II 第1882号状的注解中,理查德·巴塞特的职责极为清晰:仅仅是主持一次临时王室委员会公正审判(*rectum facere*)。对此,约翰逊及克朗写道:"很显然,理查德·巴塞特在此充任首席摄政官。"他们缘何会作出此种大胆地断言,我们不得而知。此外,对于 Regesta II 所列第1094号令状,他们的分析同样牵强附会。依据令状,1115年亨利一世通告"诺维奇的赫伯特主教、理查德·巴塞特,以及所有国王之摄政官,菲兹沃尔特(R. fitzWalter),以及诺福克和萨福克的男爵",拉尔夫·菲兹戈德里克已经向圣贝内的霍姆教堂呈递哈德雷土地,而这乃是拉尔夫所依照租约持有的出租土地。关于这一信息,约翰逊及克朗称,"在亨利一世统治时期内,(除了索尔兹伯里的罗杰之外)是否有其他人被任命为首席摄政官似乎并不确定,尽管1115—1116年的一项令状专门说明拉尔夫·巴塞特,以及所有国王摄政官,他同时于1116年在

指称大法官的话，那么亨利一世时便有至少有 6 人曾担任此职。分别是杰弗里·李代尔(Geoffrey Ridel)、林肯主教罗伯特·布洛特(Robert

─────────────────接上页注

亨廷顿郡受理一桩案件。"-*Regesta II*，xviii. 关于这一在亨廷顿所受理的案件，约翰逊及克朗对此评析称，这一时期巴塞特是作为整个英格兰的摄政官还是亨廷顿的摄政官，尚不明晰；他可能是英格兰的摄政官，但在此情况下没有案件足以证明其是大法官。(可参见文章中本注之后对首席摄政官这一问题的确认。)第 1094 号令状的指称不过是证明拉尔夫·巴塞特乃是王室摄政官。也有另有一重证据曾宣称拉尔夫·巴塞特主持大法官署工作。克朗写道："证实拉尔夫·巴塞特主持摄政官事务的绝佳证据乃是一处收录于'托厄红皮书'的记录，它记录了御前会议于 1125 年之前在布兰普登的一次开庭，应即将成为英格兰摄政官的拉尔夫·巴塞特指令，其间十八名陪审员参与工作。"-Cronne，"The Office of Local Justiciar," p. 33. 引自 Cambridge University Library MSS Add. 3021，fol. 419-Cronne，"The Office of Local Justiciar," p. 33，及 Cronne，"Interim List of Errata and Addenda to Davis' *Regesta Regum Anglo-Normannorum*，volumes One and Two," 刊载于 *University of Birmingham Historical Journal*，vi，no. 2 (1958)，179-180. 剑桥大学图书馆的克尔(R. V. Kerr)先生已为我核对这一材料，并未发现"英格兰摄政官"这一表述。然而，即便这一表述仍无法证实巴塞特曾为法庭法官被赋予此次宣誓调查的权力。斯滕顿女士关于拉尔夫地位的观点似乎又有摇摆。1926 年，她写道："尽管索尔兹伯里的罗杰主持财政署，拉尔夫及理查德·巴塞特这对父子似乎轮流担任司法机构的首脑。"-*Cambridge Medieval History*，v，575. 但到 1950 年，在她关于大法官署出现的论文中，她罗列了这一机构负责人的基本状况，如威廉二世统治时期的巴约主教厄德(1077-1080)、雷纳夫·弗兰巴德，以及之后亨利二世统治时期的权威要人索尔兹伯里的罗杰主教(1107—1139)、厄尔·罗伯特·德·莱斯特，理查德·德·卢西。-D. M. Stenton，"Justiciar，" 载于 *Chamber's Encyclopedia* (London，1950)，p. 159. 如前所见，在其最新著述中，斯滕顿女士的观点转变为，拉尔夫及理查德·巴塞特主持大法官工作，但她所援引的证据并不具有说服力。17 世纪古文物研究者亨利·斯佩尔曼爵士认为拉尔夫·巴塞特在威廉二世统治时期担任首席摄政官一职；而 19 世纪爱德华·福斯(Edward Foss)则对此误读置若罔闻。-Edward Foss，*Judges of England* (London，1870)，p. 57. 令状及特许状中并没有任何证据显示前两任诺曼国王时期拉尔夫·巴塞特曾担任王室要职或者以任何方式参与到国家治理之中。-*Regesta I*，passim. 在亨利一世的令状及特许状证据清单中，巴塞特的名字多数出现在高级教士、大土地保有男爵、房产保有人之后，也经常出现在行政官员新阶层诸如杰弗里·德·克林顿(Geoffrey de Clinton)、威廉·德·庞特(William de Pont de l'Arche)等的结尾处。或许，目前至多可以说，拉尔夫的地位与弗兰克·斯滕顿爵士(Sir Frank Stenton)的观点相左，他于 1961 年认为巴塞特"似乎在亨利国王的法官中掌握非正式的主导作用"。-F. M. Stenton，*The First Century of English Feudalism*，1066～1166(second edn.，Oxford，1961)，p. 85. 的确，奥德里克称理查德·巴塞特为首席摄政官(capitalis justiciarius)，但关于这一术语的具体意思本注释后的正文有所阐释。弗朗西斯·韦斯特(Francis West)的 The Justiciarship in England，1066～1232 (Cambridge，1966)一书也对此有所说明。我们也坚持此种立场即仅仅 *justiciarius totius Anglie* 的标题并不足以证明某人曾任大法官一职。韦斯特辩称，正如我在正文中所坚持的，*justiciarius totius Anglie* 及 *capitalis justiciarius* 并不足以表示亨利一世的首席摄政官，毋宁说是担任国王法庭的巡回整个英格兰的法官。这一关于那一标题能够表达巡回法庭法官的疑问并未出现在韦斯特的讨论之中，韦斯特发现这些标题只是编年史官人为地区分王室法庭法官及地方官而使用。而我关于这些标题的分析，详见文中本注释之后文本。

Bloet）、巴塞特父子、索尔兹伯里主教罗杰（Roger）以及奥伯里·德·维尔（Aubrey de Vere）。① 除了索尔兹伯里的罗杰外，没有证据能够证明其余5人曾同时担任亨利一世的行政首席事务官、盎格鲁——诺曼首席摄政官（Anglo-Norman justiciar）、郡长与皇家警察（royal constables）、财政署长（president of the exchequer）及国王缺席时的代理人（viceroy）。尽管那个年代的委员会并没有像后期委员会书面任命法官一样有信函的详细记录流传下来，但似乎并没有理由质疑理查德森与赛尔斯所称的索尔兹伯里的罗杰直至1139年逝世前一直担任亨利一世时期大法官这一事实。② 理查德森与赛尔斯认为亨利一世时期的"全英格兰摄政官"仅仅是王室法官，其职能并非局限于任何一郡。③ 而且，他们更是指出，担任"全英格兰摄政官"的也并非总是与巡回法官完全趋同。④ 对此注释道："全英格兰摄政官署与首席摄政官署之间存着极大的混淆"，而他们将后者定义为大法官职位。⑤ 但是真的能够断定，即使是亨利一世统治时期的王宫法庭特别执法官指的就是大法官吗？理查德森与赛尔斯也承认，索尔兹伯里的罗杰的大法官职位，其程序性的任职资格"首席"（capitalis）都甚少用到，⑥事实上，他们在提及罗杰时也无法证实其曾使用过该词。

---

① Richardson and Sayles, *Governance*, p. 174 *et passim*。

② 同上，p. 157 ff. 但是韦斯特辩称，索尔兹伯里的罗杰在当时是亨利一世王室政府中的权势要人（*Justiciarship*, p. 23），而大法官署的正式官邸可能尚未构建成熟："……巴塞特父子的职务及官邸足以印证这一论断，即罗杰已经拥有类似于大法官官职的正式官邸，而在他们担任国王日渐频繁地使用的巡回王室法官的首脑一职时，罗杰仍倾向于仍居于权力中枢。"前注斯滕顿的作品中，弗兰克·斯滕顿认为拉尔夫·巴塞特，虽然不是大法官，但似乎在亨利国王的法官中掌握非正式的主导作用；如果拉尔夫或者其子理查德轮流居于此一主导，那么至少使罗杰丧失了大法官及其后首席摄政官的两个职务之一。但却并没有确凿证据显示拉尔夫及理查德·巴塞特曾轮流担任首席巡回法官，以及特别是并非王室摄政官的全部内容。将索尔兹伯里的罗杰看作是整个行政事务的长官更为合理一些，这些行政事务自然包括司法事务，虽然大法官署可能尚未走上正轨。

③ 同上，p. 174。

④ 同上，p. 175。

⑤ 同上 同见 p. 160 and note 3。

⑥ 同上，p. 159. 在对理查德森及赛尔斯的评论中，切尼批评其对这一术语指称大法官过于绝对，"capitalis justitiarius 这一术语似乎从未正式用于指称索尔兹伯里的罗杰。"-C. R. Cheney，评论刊载于 *History*, XLIX（June, 1964），209。

此外，他们还承认，在时，奥德里克·维塔利斯（Orderic Vitalis）在将索尔兹伯里的罗杰认定为大法官时，又将理查德·巴塞特称作"首席摄政官"（capitalis justiciarius），这一描述显然与他们对于"首席摄政官"这一术语的意涵理解方面自相矛盾，而最终发现对此很难理解。[1] 乔利夫（Jolliffe）认为亨利一世统治时期一个专门的群体"开始被称为全英格兰王之摄政官、首席摄政官、王宫法庭之法官（justices of the king's capital curia），其授权在王国内部畅行无阻。"[2] 克朗总结道："从证明材料上讲，地方摄政官、王座法庭法官，甚至代理王权的摄政官（vice-regal Justiciar）之间差别极易混淆，其中任一官职都不见得全由一人承担，或可存在任一官职可能同时涵盖多项权限的情况。"[3] 范·卡内冈同样持有类似观点，"所有这些巡回及常驻官员被称为摄政官。然而，这些辐射全国或至少超地域的王室委任法官在亨利一世时期却可能被称为首席摄政官。"[4] 如果乔利夫的观点无误的话，那么首席摄政官与全英格兰摄政官并无二致。他们往往由诺曼王室任命，在郡内召开临时委员会为国王处理行政事务或审理特别申诉案件。

无论前述这些拉丁词语的准确含义究竟为何，有一点极为清晰，即仅仅使用它们不足以证明某人曾在地方化巡回法庭或者总巡回法庭受理所有国王诉讼。直至 1176 年《北安普顿法令》（*Assize of Northampton*）颁布，才赋予巡回法官一个头衔；当年"财税卷宗"书记官开始将之称作"巡回法官"（justicias errantes）。[5] 也许是马多克斯

---

[1] Richardson and Sayles, *Governance*, p. 165, note 1。

[2] J. E. A. Jolliffe, *The Constitutional History of Medieval England*（London, 1954），p. 196。

[3] Cronne, "The Office of Local Justiciar," p. 32. 在与克朗教授的私人通信中，他建议 justiciarius totius Anglie 这一术语可能是为了将王室法庭从地方摄政官之中区分出来。

[4] Van Caenegem, *Royal Writs*, p. 28。

[5] *Pipe Roll 22 Henry II*, ed. J. H. Round（London, 1904），*p. 20 et passim*. 斯塔布斯（Stubbs）错误地指出，这份财税卷宗将之定名为"*Justitiarii Itinerantes*"-William Stubbs, *Constitutional History of England*（Oxford, 1903），I, p. 647. Cf. 梅特兰也指出，"亨利一世统治之下王室法庭的法官被派往各郡收税及主持审判；他们之后成为巡回法官（justitiarii errantes, justitiarii itinerantes）"。-Maitland, *Constitutional History*, p. 63. 可见，梅特兰显然并不认为这些表述实际上存在于亨利一世统治时期。

(Madox)这位最先注意到"财税卷宗"的条目"诉讼"(*de placitis*)——一般是罚金的条目上写着"诉讼"是由某某法官作出——透露了巡回法官的姓名。① 可惜的是,登记在亨利一世 31 年卷宗的大多数司法债务的执行者并没有与法官的姓名一一对应,不论是巡回法官还是地方法官。纵观卷宗的"诉讼"条目,只有三项条目涉及具体申诉,即杰弗里·德·克林顿(Geoffrey de Clinton)为妨害公共秩序之诉,拉尔夫·巴塞特为隐匿无主埋藏物之诉,以及沃尔特·伊斯佩克(Walter Espec)同样为隐匿无主埋藏物之诉。② 如斯滕顿女士所指出的那样,直至 1166 年财政署书记员才开始将司法债务登记在一个冠有主审法官名字的特定副标题之下。③ 在亨利一世 31 年"财税卷宗"(约克郡条下)中便有此种副标题,即 Placita W. Espec et Eustachii filii Johannis,但是此种副标题仅仅指涉一个直接附随其后的条目。④

　　基于以上原因,卷宗不仅无法为我们了解亨利一世时期巡回法官的实际工作提供更多有效信息,而且登记在卷宗上的负责审理众多司法债务的法官(地方或巡回)名字也并非切实可查。一些司法债务记录为某个特定人(或某类申诉)的"之诉"(*pro placito*(*is*)),但这些诉讼的条目却并未透露审案法官的名字。例如,在沃里克郡,奥尔登的奥斯本特(Osbert of Arden)提起了总额为 10 英镑关于威廉·胡博尔德(Willam Hubold)之诉。⑤ 在对条目的解释中,斯蒂芬森及马查(Stephenson and Marcham)写道,"此种类型条目所涉及的审判一般是在国王法官完成任务之前——业已成为财税的重要来源"。⑥ 但

---

　　① Thomas Madox, *The History and Antiquities of the Exchequer of England* (London, 1769, 初版于 1711 年), II, p. 121。

　　② *Pipe Roll 31 Henry I*, ed. Joseph Hunter (London, 1833, 重印于 1929 年), pp. 14, 18, 32.

　　③ Stenton, *English Justice*, p. 69。

　　④ *Pipe Roll 31 Henry I*, p. 34。

　　⑤ 同上, p. 105。

　　⑥ Carl Stephenson and Frederick G. Marcham, *Sources of English Constitutional History* (New York, 1931), p. 50, note 2。

是,条目中并没有证据以证明是由巡回法庭来审理胡博尔德一案。由于此种条目属于"额外地租"(*extra firmas*),即并非诉讼中的一部分包含在郡长的租地之中,它们(当然包括关于诉讼条目)无疑属于呈递王室法官审理之前的案件类型,[①]但这些王室法官却可能曾经是地方法官。"额外地租"条目中有一处提及王室法官,但并不必然是巡回法官:"若郡长不能在 Middeltona 的百户法院为某被谋杀者主持30 马克的赔偿银,则本地相关者可以将该案上诉至王座法院。(et idem vicecomes debit 30 m. argenti pro uno murdro in Hundredo de Middeltona pro uno homine qui alium interfecit quem Infirmi abstulerunt Justiciae Regis.)"[②]莫里斯(Morris)也没有足够证据证明,所有关于"额外地租"条目指涉的诉讼总是在巡回法官之前便已受理。[③]事实上,如下文所知,即使是一小部分涉及"诉讼"条目,即已被定性为已确定的巡回法官名字的那些,同样有可能是地方法官。无论如何,不论是人或事涉及诉讼条目或类似"额外地租"条目(但并不包括关于诉讼条目)指涉的诉讼在地方或巡回法官之前的审理,法官的名字皆隐而不彰。

"财税卷宗"明确认定,亨利一世时期至少11人曾就任巡回法官。(那些如沃克林·沃夫菲斯(Walkelin Wolfface)等仅涉及森林方面的材料此处不赘,因这些森林事务并非普通法的一部分)沃尔特·伊斯

---

① 莫里斯写道:"既然来自郡一般诉讼的收益仍包含在郡内宅地之上,那么很明显那些由司法资源获得、单独登记在财税卷宗(也即是额外地租)的账目则来源于国王之特殊申诉。"-W. A. Morris, *The Medieval English Sheriff to* 1300 (Manchester, 1927), pp. 96~97. 在对财税卷宗的分析中,戈贝尔(Goebel)指出在这些冠以"额外地租"之名的条目中,有些涉及"具体刑事案件"从而转为国王之诉,例如王之和平(pacis regis)、剥夺公民权(utlagaria)、杀人、货币犯罪、企图伤害以及劫掠等。-Julius Goebel, *Felony and Misdemeanor* (New York, 1937), p. 404, note 228. 在对"额外地租"及更为著名的出自《亨利一世之法》的国王之诉的条目比较中,戈贝尔尽力指出卷宗条目与亨利一世之法中的相关记述,乃在于证实王室征收赋税之权而非证实王室司法权。然而,从其总体的讨论中,可以清晰地看到这些案件由作为王室司法权组成机构的王室代理人来受理。(Ibid., pp. 399~423)

② *Pipe Roll* 31 *Henry I*, p. 66。

③ Morris, *Medieval Sheriff*, pp. 96~97。

佩克及尤斯塔斯·菲兹章（Eustace fitzJohn）曾在约克、诺森伯兰、坎伯兰及威斯特摩兰等北方四郡开庭审案。① 达拉谟郡的自由民向尤斯塔斯·菲兹章提起 1005 件申诉，②所以他必须在其主教辖区单独受理这些申诉。理查德·巴塞特在赫特福德、苏赛克斯、莱斯特、诺福克、萨福克及林肯等六郡受理诉讼案件。③ 威廉·阿尔贝尼·布里托（William d'Albini Brito）则仅在林肯郡受理诉讼，但有一项条目证实其曾与理查德·巴塞特一同巡回此处，而此郡目下总计有 38 项条目［多数是同一个诉讼（de eisdem placitis）］涉及其受理申诉的记载。④ 斯塔布斯将布里托从其巡回法官的名录中略去，并错误地将 1130 年的申诉案件归咎于布里托的同名之人——男仆威廉·阿尔贝尼（William d'Albini Pincerna）。⑤ 没有诉讼相关条目涉及威廉·阿尔贝尼与男仆相关，但必须承认仅有一处条目特指"布里托"。⑥ 我已关注到约翰逊及克朗、斯滕顿女士及理查德森与赛尔斯所有包含布里托的与威廉·阿尔贝尼有关诉讼条目。这一特别冠以代称"布里托"的条目，出现在为数不少的关于威廉·阿尔贝尼在林肯郡审案的连续条目之中，也即可以基本断定"布里托"这一代称即适用于所有这些条目。如果"男仆"具有同等意味的话，也自当如此。斯滕顿女士认为，阿尔贝尼·布里托也是巴塞特在诺福克、萨福克、莱斯特，甚至苏赛克斯等处审判的同僚，但其从"财税卷宗"的引述却不足以支

---

① *Pipe Roll 31 Henry I*, pp. 27，33～35，142～148. 其中仅有一项条目单独涉及伊斯佩克。（同上，p. 33）

② 同上，p. 132. 还有两项其他条目显示菲兹章在约克郡及威斯特摩兰郡单独履职，p. 26，143.

③ 同上，pp. 61，70～71，88，93～94，97～98，116～117。

④ 同上，pp. 112，114～120。

⑤ Stubbs，*Constitutional History*，I，p. 421. 其引据财税卷宗，但却并未给出具体页码。

⑥ *Pipe Roll 31 Henry I*，p. 115。

撑这一观点。① 既然布里托限定于林肯郡受理申诉,那么可能就有论断认为他仅仅是一名地方摄政官,但他又与理查德·巴塞特作为同僚共同受理申诉,而后者乃是极为著名的巡回法官。而若指望巴塞特在林肯郡巡回审案伊始便容许地方摄政官与其同席平等地受理申诉,似乎是天方夜谭。理查德的父亲拉尔夫·巴塞特,在诺丁汉、德比、威尔特、约克、萨里、诺福克、萨福克、白金汉、林肯、伯克斯、伦敦及米德尔塞克斯等 11 郡受理申诉。② 杰弗里·克林顿则在诺丁汉、德比、威尔特、约克、亨廷顿、萨里、埃塞克斯、肯特、苏赛克斯、斯塔福德、北安普顿、诺福克、萨福克、白金汉、贝德福德、沃里克、林肯及伯克斯等 18 郡受理申诉。③ 格洛斯特的迈尔斯(Miles of Gloucester)及佩恩·菲兹章(Payn fitzJohn)则一同在斯塔福德及格洛斯特等两郡受理申诉,也在威尔士彭布罗克郡处开庭审案。④ 理查德森及赛尔斯完全忽视了亨利·德·波特(Henry de Port),威廉·德·霍顿(William de Houghton)及罗伯特·阿伦德尔(Robert Arundel)等人,尽管从"财税卷宗"清晰可见他们各自曾仅在某一郡受理申诉。约翰·德·波特曾在肯特郡受理申诉。⑤ 约翰逊及克朗暗示其可能是此处的

---

① Stenton, *English Justice*, pp. 64~65. 她的引据源自 *Pipe Roll* 31 *Henry I*, pp. 94, 98, 88, 70, 但仅有的涉及阿尔贝尼·布里托的条目出现在第 80 页(莱斯特郡之下),"William de Hotot debet 20 m. argenti pro recto de terra patris sui de Willelmo de Albini Brito." 布里托乃是莱斯特郡贝尔沃的荣誉领主,而 Hotots 则是其次分租人,这一条目显然意味着 Hotots 欠国王 20 马克,在布里托主持的诉讼中他主张对自己土地的权利。但此一条目并不足以证明布里托乃是本场诉讼之中的法官。

② *Pipe Roll* 31 *Henry I*, pp. 9, 18~19, 31, 49, 92, 96, 101, 110, 114, 132~134, 145. 理查德森及赛尔斯将亨廷顿作为拉尔夫·巴塞特曾寻访过的诸郡之一,但其引据源自财税卷宗第 49 页,该页并未指向亨廷顿郡而是提及萨里郡,如前所述,在此他曾受理申诉。他们还疏于援引本就显示巴塞特曾在白金汉郡履职的卷宗第 101 页。朗德(Round)认为巴塞特乃是只在六郡巡回审判的巡回法官。-John Horace Round, "Ralph Basset," *Dictionary of National Biography*, III (London, 1885), 385。

③ 同上, pp. 8~11, 25~31, 47, 50, 55~56, 59, 65, 69, 73~74, 83, 92~93, 98, 101, 103, 106, 112, 123~124。

④ 同上, pp. 74, 78, 136。

⑤ 同上, p. 65。

地方摄政官，①但两项条目之一涉及他时指陈，多佛的自由民"向其及其朋友亨利·德·波特提起总额为 60 银马克的诉讼"（debent 60 m. argenti de placitis Henry de Port et socii ejus）。② 既然他与其同事共席审案，则很难将之仅定位为一名地方摄政官。③ 尽管只在林肯一郡审案，但他显然是巡回该处受理申诉。汉普郡荣誉领主的身份，可能预示着他自王朝中叶便作为汉普郡地方化的王室郡司法官存在，④尽管其作为巡回法官在肯特受理诉讼的具体时间尚不明晰，但它们可能存在于亨利一世三十年统治的后半阶段。威廉·德·霍顿也仅在萨福克郡受理申诉。⑤ 财税卷宗中未有材料显示德·霍顿曾与同僚合作，若以此辩称（如约翰逊及克朗所为）其在该郡扮演着地方摄政官的角色，似乎无可厚非。但是，亨利二世统治时期也曾有巡回法官单独受理申诉案件的例证。而且，德·霍顿也曾作为王室代理人在

---

① *Regesta II*，xix

② *Pipe Roll* 31 *Henry I*，p. 65。

③ 斯滕顿女士同样抱持此种结论，Lady Stenton-*English Justice*，p. 62 and note 48。

④ 亨利乃是休·德·波特（Hugh de Port）——《末日审判书》所载汉普郡最伟大的领主——之子及继承人。大约 1100—1106 年，他在汉普郡开始其行政生涯。约翰逊及克朗写道："威廉·德·庞特承继亨利·德·波特于 1106 年左右继任郡长。"-*Regesta* Ⅱ，no. 802. 三则记录于 1106 年之后的皇室令状现实，德·波特作为汉普郡的王室代理人，可能担任地方摄政官。克朗对此深信不疑，"如果郡摄政官能够确认无疑的话，那么极大可能他们也通常会曾担任或终将担任该郡郡长一职。拉尔夫·帕斯乐维（Ralph Passelewe）在东安格利亚，拉尔夫·佩内尔（Ralph Paynel）在约克郡以及亨利·德·波特在汉普郡便是典型例证。"-Cronne，"The Office of Local Justiciar，" p. 81. 在 1110 年亨利一世告知威廉·德·庞特郡长、赫伯特国库司库，亨利·德·波特及英格兰所有臣民，其授予奥尔特敏斯特的圣彼得及圣斯威辛，并告知威廉·吉法德（Wm. Giffard）主教及僧侣们在威切斯特东部山丘的圣基拉斯教堂举办展演会，该市内所有皇室地租及司法权力将持续 8 天时间。-*Regesta II*，no. 947. 在相同场合下，亨利一世通告南安普顿及威尔特郡郡长及威廉·德·庞特、司库赫伯特，以及亨利·德·波特及英格兰所有臣民，他已确认来自修道院院长杰弗里以及威切斯特的女修道院向威尔特郡巴特莫尔的沃尔特·德·库姆、其继承人及受让人赠与每年 60 先令的馈赠，并有权在欠缴时再行占有土地。-*Regesta II*，no. 948. 最终，约 1107—1122 年，亨利一世通告司库赫伯特、亨利·德·波特、威廉·德·庞特、采邑总管杰拉尔德（Gerald the reeve）及其在汉普郡和威切斯特的所有封臣，恩赐威切斯特的圣斯威辛修道院长及僧侣们。-*Regesta II*，no. 1880. 由于 1107 年德·波特不再担任汉普郡郡长一职，他极有可能成为该郡摄政官以受理与上诉三则令状相关的诉讼案件。

⑤ *Pipe Roll* 31 *Henry I*，p. 96。

萨福克之外的它郡履职。财税卷宗便记载其在萨福克乃是作为承租人的身份为国王服务。[①] 1127 年，亨利一世命令德·霍顿调查贝德福德郡的克兰菲尔德处边界问题，这一土地处于拉姆齐修道院长及苏格兰国王的纠纷之中，其所做的就是从百户区选择正直之人以宣誓方式来决定土地归属，如这一举措失败则由郡长处理。[②] 早在 1105 年，德·霍顿这一名号就已存在，[③]在 19 世纪关于令状及特许状的材料中更是司空见惯。[④] 约翰逊及克朗指出，"在 1110 至 1135 年间的数则特许状中，他被描述为亨利一世的国库司库（Chamberlain）。"[⑤] 无疑，他曾是宫廷内务侍臣的一员，亦是地位显赫的法官，所以如此活动范围遍及数郡之人同时在萨福克郡独任巡回法官便见怪不怪了。罗伯特·阿伦德尔在德文郡同时受理普通申诉及森林有关诉讼案件。[⑥] 很显然，其在德文郡受理申诉与德·霍顿在萨福克一般，皆为独任审案。但是，在多塞特与康沃尔郡条目之下皆有这一内容"职森林事的罗伯特·阿伦德尔和同伴诉请（de placitis Robert Arundel et socii ejus de foresta）"，[⑦]意味着他也与其他法官一并扮演着森林

---

① *Pipe Roll* 31 *Henry* Ⅰ, p. 90。

② *Regesta* Ⅱ, no. 1505

③ 同上，no. 701。

④ 同上，nos. 701, 703, 780, 932, 933, 953, 954, 966~967, 987, 1064, 1266, 1411, 1505, 1751, 1816, 1860a, 1915, 1916。

⑤ 同上，xv。

⑥ *Pipe Roll* 31 *Henry* I, pp. 154~155. 在"新诉讼"标题之下，即 1129—1130 年，尚有一项不完整的条目 "Robert Arundel 76s."-*ibid.*, p. 157. 约翰逊及克朗在其关于"巡回钦差"的介绍性部分，提及阿伦德尔以其能力仅仅是森林法官（*Regesta* II, xix），但在 *Regesta* 的别处，他们又暗示阿伦德尔于 1130 年乃是（在西部的）巡回法官。-*Regesta* II, no. 1667. 他们甚至暗示其同僚是威廉·菲兹章，但他们所引的卷宗却不足以支撑此种关联。卷宗第 152 页并没有相关条目，第 13 页的条目仅仅关涉威廉·菲兹章是作为见证人角色与阿伦德尔出现在一起的，而 155 页的条目显示在由阿伦德尔审理的德文郡森林诉讼中菲兹章被宽赦 2 银马克。

⑦ 同上，pp. 13, 159. 斯滕顿女士指出，阿伦德尔及其同僚曾巡游德文及康沃尔郡受理一般申诉及森林诉讼，但"其同僚"（socii ejus）这一表述显然只出现在康沃尔及多塞特的森林条目之中。在德文郡，他独任受理森林及一般诉讼。在多塞特及康沃尔郡，都没有关于其受理一般诉讼的记录。Stenton, *English Justice*, p. 63。

巡回法官的角色。此外,他还曾是前述西南三郡的王室代理人。大约 1129—1130 年,亨利一世任命罗伯特·阿伦德尔、威廉·菲兹章、杰弗里·德·菲尔纳里斯(Geoffrey de Furnellis),及其在德文郡所有的代理人监督圣马丁代尚(St Martin des Champs)及巴恩斯特普尔(Barnstaple)的修道士们占有其在东部下城区的皮尔顿及丘吉尔等处的土地。[①] 1130 年之前,阿伦德尔曾作为临时委员会的成员在埃克塞特主教所属法庭处理土地之诉及德文郡的法庭判决其他土地诉讼。事实上,在埃克塞特主教法庭的特许状中,阿伦德尔、杜兰德·德·摩恩(Durand de Moion)及赫伯特·德·阿尔尼托(Herbert de Alneto)皆被描述为"国王之摄政官"(Justici [arii] domini Regis)。[②] 这些专员在某处受理某类具体申诉,特许状材料甚至无法确认其中的两类案件是否在同一巡游途中受审,当然也无法盖棺定论式地将这些专员定义为处理所有申诉的地方化巡回法官的一部分。即便如此,阿伦德尔乃是经验丰富的王室摄政官当无可置疑,"财税卷宗"显示其曾作为巡回法庭的法官巡回德文郡同样经得起推敲。

　　在一些人可能被归为巡回法官的同时,亦有不少无疑可以断定为巡回法官。理查德森及赛尔斯将林肯郡的阿尔弗雷德(Alfred)和索尔兹伯里的罗杰描述为"在 1106 年左右,显然在西南诸郡从事着巡回法官的活动。"[③]但他们所引证的这一证据只表明罗杰主教和林肯郡的阿尔弗雷德,作为国王之摄政官(King's justiciars),其职责旨在保护多塞特郡阿伯茨伯里的修道院长人身及财产安全。[④] 这可能仅仅是些司法行政事务,或至多是在临时委员会受理个别申诉。斯滕顿女士在关于 1129—1130 年间林肯郡巡回法官理查德·巴塞特及威廉·阿尔贝尼·布里托的讨论中写道:"亨利一世的令状向威廉·阿尔贝尼·布里托、理查德·巴塞特与奥伯里·德·维尔,以及郡长的

---

①　*Regesta II*, no. 1667。

②　J. H. Round, "Bernard the King's Scribe," *EHR*, xiv (1899), 421。

③　Richardson and Sayles, *Governance*, pp. 174~175。

④　*Regesta II*, no. 754。

致函中,……皆会提及巡回法庭这一称谓,也就表明作为国库司库的德·维尔,同样列属巡回法庭法官中的一员。"①但此种令状中的这一例证不应归为 1129—1130 年间林肯郡巡回法官的一部分,因为此类令状发布于 1133 年。② 当然,这又涉及另外一个问题。斯滕顿女士继续写道:"在国王致函其法官理查德·巴塞特与德·维尔等的令状中,显示德·维尔在巡回法庭期间(1129—1130 年)同时是东安格利亚(East Anglia)巡回法官。"③约翰逊及克朗从所掌握的内部证据指出,1129 年的令状可能源自 1129—1130 年财政年度伊始的某个时刻,其时巴塞特及德·维尔尚未接管成为诺福克和萨福克的联合郡长,称其为法官未为不可。④ 在此令状中,可以看到理查德·巴塞特及奥伯里·德·维尔,不论是早于 1129 年秋,还是 1129 年至 1130 年之间掌管司法行政事务,其间又担任诺福克及萨福克郡,⑤甚至是 11 个单独郡的联合郡长,⑥这一点都不足为奇。然而,这一令状不足以证明他们曾任巡回法官。莫里斯注释称,德·维尔"曾长期担任司法行政事务的特别代理人","三人(巴塞特父子及德·维尔)掌握最高司法职位并且履行极为宽泛的巡回职责。"⑦莫里斯关于德·维尔曾任最高司法职位的唯一证据,只是德·维尔的一个儿子曾提及其父曾担任摄政法官。⑧ 虽然有七则国王令状显示德·维尔与理查德·巴塞特共同为王室服务,⑨但并无证据能够证明他曾任职地方化或是总巡回法庭法官以受理民事或刑事申诉。约翰逊及克朗将杰弗

---

① Stenton, *English Justice*, p. 64 and note 75。

② *Regesta II*, no. 1772。

③ Stenton, *English Justice*, p. 64 and note 75。

④ *Regesta II*, no. 1608。

⑤ *Pipe Roll 31 Henry I*, p. 90。

⑥ *Regesta II*, xx；Morris, *Medieval Sheriff*, p. 86。

⑦ Morris, *Medieval Sheriff*, p. 87。

⑧ J. H. Round, *Geoffrey de Mandeville* (London, 1892), p. 390(而非如莫里斯在《1300 年之前的中世纪英格兰郡长》一书中所引的第 80 页,Morris, *Medieval Sheriff*, p. 87, note 104)。

⑨ *Regesta II*, nos. 1608, 1642, 1648, 1655, 1660, 1664, 1666。

里·李代尔列入巡回法官行列,因为其曾在北安普顿担任法官及"特别专员"。[①] 他们的引证仅仅证实李代尔曾任御前会议的行政长官,可能在地方即兴受理特别申诉。[②] 的确,他可与巴塞特父子一道被称作"摄政法官"。[③] 在"白船"事件中不幸遇难之前,更无疑是卓越的王室法官。[④] 但此处并无证据证明其曾作为地方化或总巡回法庭法官来审理所有申诉。依据一则令状,约翰逊及克朗建议将大卫伯爵(Earl David)列入巡回法官的行列。[⑤] 但这一令状所显示的是,亨利一世委任大卫伯爵与索尔兹伯里的罗杰一道在必要时即兴协助雷丁修道院恢复其占有的部分土地所有权。[⑥]

此外,尚存在另外一些可能。从财税卷宗的部分条目中我们还可获知,其他姓名不详者因与那些被定名为巡回法庭法官者为伍而获得定名,如杰弗里·德·克林顿及其同僚。[⑦] 有一项条目记载卡林纳牧师索福克斯(Saulfus)提出总额为 40 先令的"关于罗伯托拉姆(Robertorum)之诉",附随的两项条目则涉及罗伯托拉姆之诉。[⑧] 而罗伯托拉姆究竟为何尚未可知。莫里斯将塞洛·德·伯格(Serlo de Burg)描述为法官并宣称他的侄子奥斯伯特(Osbert)与其"共事",[⑨] 但其所引财税卷宗条目"关于塞洛·德·伯格和奥斯伯特及其侄子(继承人)(pro placito (is) Serlonis de Burg et Osberti nepotis sui)"却无法证明这一点。[⑩] 如果亨利一世统治时期的其他卷宗仍尚存于

---

① *Regesta II*, xix。

② 同上, nos. 755,985,796,969。

③ Henry of Huntingdon, letter "de Contemptu Mundi" already cited, p. 318。

④ F. M. Stenton, ed., *Facsimiles of Early Charters from Northamptonshire Collections* (Northamptonshire Record Society, 1930), p. 12; J. H. Round, "The Winchester Survey," *V. C. H. for Hampshire*, I, p. 531。

⑤ Johnson and Cronne, "Interim List of Errata and Addenda," p. 180。

⑥ *Regesta II*, no. 1423。

⑦ *Pipe Roll 31 Henry I*, p. 26。

⑧ 同上, pp. 19~20;先前鲜有学者注意到这些条目。

⑨ Morris, *Medieval Sheriff*, p. 83 and note 68。

⑩ *Pipe Roll 31 Henry I*, p. 35。

世,那么无疑会比现有仅存的一项财政年表更容易获知更多法官的信息。朗德已经指出,牛津郡的直属封臣理查德·德·库尔奇(Richard de Curci),在《温彻斯特调查》(*Winchester Survey*)(1103~1115)中被提及作为王室法官处理"侵占公产"(purpresture)之诉,即侵占"王室宫廷的两旁巷道"。[①] "侵占公产"之诉乃是一种国王之诉,但这一案件却属独立案件,也并无证据证明归属地方化或总巡回法庭管辖。最终,莫里斯写道:"朗德先生已经展示,早在 1130 年之前理查德·菲兹鲍德温(Richard Fitz Baldwin)便是一位巡回法官。"[②]此处,莫里斯引证朗德的特许状证据便已经涉及罗伯特·阿伦德尔,但朗德并没有详细阐明。在其对此两种特许状的分析中,可以发现其源自 1130 年之前的德文郡,而当时鲍德温便是巡回法官。毋宁说,他认为鲍德温在 1129 年秋之前就曾任德文郡长,[③]无疑能够佐证特许状所记载的关于土地之诉"审判伴随德文郡而做出"(*per judicium comitatus Devonie*),缘何在特许状见证者名录上,他的名字紧随罗伯特·阿伦德尔、杜兰德·德·摩恩及赫伯特·德·阿尔尼托这些"国王之摄政官"之后。[④] 可以确定是,在两起明显独立的临时处理特殊土地之诉中,三人充任法官角色。当然,也不排除另外一种可能性,即此两起案件是由地方化巡回法庭的这三名法官正巧在相同的巡回期内所审理,但这同样没有可靠的证据予以证实。

① Round,"The Winchester Survey," p. 583。
② Morris, *Medieval Sheriff*, p. 81, note 41。
③ Round,"Bernard the King's Scribe," p. 421。
④ 同上, p. 422, charter no. 16, no. 15, p. 421. 第 16 号特许状乃是唯一一包含"国王之摄政官"这一表述的特许状,但在这份特许状之中,阿伦德尔、德·摩恩及德·阿尔尼托这些名字位于见证者名录前列,也与第 15 号特许状编排规则相同,故而朗德认为他们同样是"国王之摄政官"。第 15 号特许状起始并无不同,只是在涉及国王之法官时与第 16 号特许状有所区别,它将其与其他见证者区分开来,而第 16 号特许状并未特别将阿伦德尔、德·摩恩及德·阿尔尼托称作执法官或与其他见证者区别对待。故而,有可能在此类案件中他们甚至并非摄政官,而仅仅是见证人。

## 五

为探查亨利一世统治时期巡回法庭的派出频率,必须确定巡回法庭最远可以追溯至何时。可以发现,1129—1130 年的财税卷宗展示了唯一可以确定巡回法庭的证据,故我们必须尝试对此进行编号以确定那些巡回法庭的缘起时间。然而在完成此工作之前,尚需对那些早于财税卷宗、为学者所引用以证明巡回法庭的证据进行分析。从一则此类证据的分析中,可以发现,1124 年拉尔夫·巴塞特可能在地方化巡回法庭任职。这极具讽刺意味,因为除了财税卷宗之外几乎没有任何关于巡回法庭的证据留存下来,事实上,大约 1100—1108 年亨利一世恢复死刑以整肃盗窃和伪造货币者,[1]表明了王室法官大量的司法活动都聚焦在审理统治前期的王室诉讼方面。这些宣称早于财税卷宗的关于巡回法庭的证据源自编年史及僧院契据集、王室令状及特许状,以及《亨利一世之法》(*Leges Henrici Primi*,1109—1118)。

早在 1104 年,盎格鲁—撒克逊编年史家抱怨王室法庭饱受讼累,[2]但却并无关于巡回法庭的记述。如前所见,理查德森与赛尔斯认为索尔兹伯里的罗杰及林肯郡的阿尔弗雷德约于 1106 年在西南诸郡巡回,但这仅关乎临时事宜,可能只是些行政事务,至多不过是一种特殊之讼审理,不足以称之处理所有申诉的巡回法庭。[3] 他们的尝试展示了财税卷宗中巡回法庭的可识别性类型,将之回溯至亨利一

---

① 参见 George B. Adams, *Councils and Courts in Anglo-Norman England* (New Haven 1926), p. 119 and note 31. "1108 年,这一(针对伪造货币者的)立法似乎是对于之前针对盗窃及抢劫犯立法的实际重复,如果不能将之称作原创性立法的话。"莫里斯也写道:"1108 年,亨利一世对盗窃犯及抢劫犯施以绞刑[引证自 Florence of Worcester, *Chronicon ex Chronicis*, ed. Benjamin Thorpe, (London, 1848-9), Ⅱ, p. 57],与此同时,他也已采取措施以推进那些已经公布的打击伪造货币者及损坏国王货币流通性危害国王正义的早期立法的正常运作。"-Morris, *Medieval Sheriff*, p. 93。

② *Anglo-Saxon Chronicle*, ed. and trans. Benjamin Thorpe (London, 1861), Rolls Series no. 23, *sub anno* 1104。

③ Richardson and Sayles, *Governance*, pp. 174~5; *Regesta* Ⅱ, no. 754。

世统治的头十年,进而得出一则民事案件及刑事案件作为例证。这一民事诉讼是:"至迟于 1107 年,沃尔特·布斯塔德(Walter Buistard)在不知名的王室法官之前裁决了针对拉姆齐修道院隐匿一半土地的控诉。"①但此处仅仅是一次针对特定民事申诉的特别委员会,而且可能只有一名法官参与其中,甚或仅仅是地方摄政官。② 这一刑事诉讼是:"大约在 1110 年,巡回诺福克的巡回法官威廉·德欧比尼(William d'Aubigny),针对声称将拉姆齐修道院损毁的主张作出判决。"③但这不过是一次针对特定国王之诉的临时委员会。④ 理查德森与赛尔斯则给人以印象,此次委托中的威廉·德·阿尔贝尼便是前文已述及的巡回法官布里托,但他也可能是早在威廉二世时期便在诺福克郡持有地产及在亨利一世统治期间一直担任男仆的威廉·阿尔贝尼。关于亨利一世统治的第二个十年,现有三项证据存系。利用编年史证据,莫里斯将对重要刑事案件的司法监督回溯至 1116 年,指出:"早在 1116 年,拉尔夫·巴塞特与其他同僚一道在亨廷顿郡受理申诉。"⑤但这只不过是一件刑事案件,即隐匿无主埋藏物并以之谋取暴利,而他也并未受理这一诉讼。⑥ 此外,在奥德里克关于这一案件的描述中并没有证据证明拉尔夫·巴塞特的法官之职为他人所分享;奥德里克清楚地写道,作为法官的拉尔夫颁布了针对布雷克斯坦

---

① Richardson and Sayles, *Governance*, p. 180。

② 在其中一个版本中,"justice"一词乃是复数的,而在另一版本则是单数的。"Walterus Buistardus dirationavit adversus Bernardum ante justiciarios regis dimidiam hidam terrae tenendam hereditarie sibi et haeredibus suis de ipso Bernardo in Burewelle, etc." -*Chronicon Abbatiae Rameseiensis*, ed. W. D. Macray (London, 1886), Rolls Series no. 83, pp. 252~253, no. 274. But cf. "Uualterus Buistardus dirationavit adversus Bernardum, ante justitiam regis, dimidiam hidam terrae, etc." -Cartularium Monasterii de Rameseia, ed. W. H. Hart and P. A. Lyons (London, 1884~1893), Rolls Series no. 79, Ⅰ, p. 141, no. 65。

③ Richardson and Sayles. *Governance*, p. 180。

④ *Chronicon Abbatiae Rameseiensis*, p. 228, note 223。

⑤ Morris, *Medieval Sheriff*, p. 101, no. 234。

⑥ Orderic Vitalis, *Historia Ecclesiastica*, Ⅲ, pp. 123~33。

(Bricstan)的处罚令。① 故而,1116 年的案例只是作为针对亨廷顿郡郡法庭的一次独立的临时委员会,即由一名王室法官来处理一起国王之诉。斯滕顿女士(从未公开的手稿中)指出,巴塞特于 1116 年在紧邻亨廷顿的布兰普顿的王室法庭中协助解决了一起案件,②所以极有可能,自其与亨廷顿邻交处的王室法庭一道,他被委任代表法庭由布兰普顿前往亨廷顿并在郡法庭审理布雷克斯坦一案,从而使郡法庭成为暂时的王室法庭。斯塔布斯认为:"当时拉尔夫可能曾任亨廷顿郡郡长,但同时他也常伴王廷,可能不久之后在伦敦也从事此类事务。"③的确,在亨廷顿审理案件后不久,拉尔夫在伦敦常伴王廷处理此类案件,④显然是在履行其作为"摄政法官"的职责。而实际上,并无证据证明巴塞特曾在亨廷顿郡担任郡长一职。何娜德小姐将此案认定为"亨廷顿郡的一次开庭"无疑是正确的,⑤但其观点未能更进一步,即将如此一次单独的开庭会议作为"巡察体系"在亨利一世统治中叶便已经建立的证明。此处的"巡查体系"于她而言意味着处理所有申诉的地方化或总巡回法庭。亨利一世统治第二个十年的第二项证据是被称为《亨利一世之法》(1109—1118)的法典,是由御前会议的某位法官编撰而成。此档案中也未曾提及巡回法官事宜。基本可以断定的是,《亨利一世之法》所覆盖的这一时间段内巡回法庭如果存在的话,该法典的编著者应使用清晰的术语以明确表达这一法庭的存续。编年史家可能会疏于记载巡回法庭,但当时第一流的立法者却不会。尽管《亨利一世之法》并未包含巡回法庭的相关材料,但

---

① Orderic Vitalis, *Historia Ecclesiastica*,Ⅲ, pp. 126, 130:"Radulfo autem Basso, sedente pro tribunali, congregatis etiam provinciali-bus universis apud Huntedoniam(ut mos est in Anglia), ego ipse Herveus, cum abbatibus... inter-fui.... At illa Radulfum Bassum qui eumdem Brictsan praejudicari jusserat... ad carcerem misit[即,马蒂尔达皇后(Queen Matilda)曾派遣巴塞特巡访监狱。]."

② Stenton, *English Justice*, p. 62 and note 46。

③ Stubbs, *Constitutional History*,Ⅰ, p. 423, note 2。

④ Orderic Vitalis, *Historia Ecclesiastica*,Ⅲ, p. 130。

⑤ Hurnard, "Anglo-Norman Franchises," p. 440, note 3。

必须承认这一法律的存在以及不知名的编著者在这一著述中鉴于司法严重程度而建议创设可靠的王室司法机制以应对重大刑事案件的著名"坦白"。F. M. 斯滕顿将这一坦白与亨利一世统治时期审理刑事案件的"国王之摄政官"联系起来，[1]但并没有证据证明斯滕顿意指巡回法官，或者《亨利一世之法》的作者便是巡回法官。《亨利一世之法》频繁提及国王之摄政官，也有学者确证此一官员与巡回法官有着关系，但同样没有证据对于这一确证予以支撑。[2]似乎，国王之摄政

---

① F. M. Stenton, *First Century*, p. 221。

② 《亨利一世之法》频繁提及国王之摄政官，这一官职与国王处理重罪的"新体制"连接在一起。-Adams, *Councils and Courts*, p. 135, note 16. 到底这一官职指向谁？是巡回法官，地方摄政官，抑或依职权或基于特殊委托而充任王室法官的郡长？在关于亨利一世之法的分析中，斯塔布斯认为，国王之诉只在特殊委托之下可由郡长受理，而非依照职权而定，事实上，他相信国王之诉也因时而易。亨利一世时期多是由巡回法官受理。他对此解读为"国王之诉不应由郡长依职权而受理。"-Adams, *Councils and Courts*, p. 134, note 14. 他继续写道，"现今，亨利一世之法编者告诉我们，除了特别委员会之外，郡长根本未将国王之诉纳入其管辖范围。谁做到了呢？当然是巡回法官，其巡游时间可以为当时编年史书所记录……可能在亨利一世统治时期其数量不多，程序也并不规范……"-William Stubbs, *Lectures on Early English History* (London, 1906), p. 155. 亚当斯展现了亨利一世之法的条款，这为斯塔布斯所利用作为其弱化郡长处理税收而非司法方面依职权的权力；而这些条款的真实意义在于"这些诉讼并不被认为属于郡长的范围，除非存在一种特殊协议显示他们应当这样做。"-Adams, *Councils and Courts*, p. 134, note 14. 可以发现，关于亨利一世 31 年财税卷宗"额外地租"司法债务的账目乃是国王之诉(同时是刑、民)，任何人都可能拥有审判权，即使是郡长。对于司法权，亚当斯继续说道，"此次国王之诉无疑是由郡长依职权而享有审判权。"-Adams, *Councils and Courts*, p. 134, note 14. 换句话说，郡长并非如斯塔布斯所想而需要特别委托以受理审判；亚当斯则加上这一条件，即当郡长实际上成为王室摄政之后依职权受理国王之诉。根据亚当斯的观点，是否依照职权的郡长乃是受理国王之诉的唯一人选？亚当斯试图明确亨利一世之法中受理国王之诉的王室法官(iusticia regis)的身份"有时特别委任，可能是巡回法官，无疑更多时候是郡长被委任为法官……" Adams, *Councils and Courts*, p. 135, note 16. 这一由亨利一世之法的引证，只是简单地通过和郡长相比较展现王室法官，但并不意味着在这一立法中其身份便是巡回法官。-Felix Liebermann, *Die Gesetze der Angelsachsen* (Halle, 1898—1916), I, p. 586. 亨利一世之法虽然提供了王室摄政官存在的直接证据，但这并非巡回王室法官。亚当斯错误地使用亨利之法[31, 2]作为证据以证成巡回法官的存在。亨利之法[31, 2]只是法律诉讼的一部分 (Liebermann, *Gesetze der Angelsachsen*, I, pp. 563~564)，但亚当斯利用这一立法将国王之"新体制"与可能巡回的王室摄政官联系起来，而这不足以证实巡回法官的存在。亚当斯的这一论断，"从这一立法可知授予摄政官这一特权……我将之诠释为从属于新司法体系。很可能由郡长行使，以委托其主持地方王室法庭，但事实并非如此。此一特权当然从属于

官乃是本地居民身份的王室郡法官,似乎,国王之摄政官乃是本地居民身份的王室郡法官,尤其是如果已提及的斯滕顿女士主张无误的话,即亨利一世统治初始,地方摄政官便已将司法权从郡长手中剥离出来。由此,《亨利一世之法》中涉及的国王之摄政官可能既非巡回法官,也非郡长,而是地方摄政官。亨利一世统治第二个十年的第三项证据至少将巡回法庭回溯至 1118 年。何娜德小姐写道:"依照惯例,在 1132 年丹斯塔布(Dunstable)的小修道院创建之前,巡回法庭

------接上页注

新体制,但并非郡长于普通郡法庭行使此种权力,更可能的是由国王之巡回钦差(也即巡回法官)而非郡长来行使,自然地将其有限的异乎惯例的立场印象带入普通法庭。"-Adams, *Councils and Courts*, p. 148, n. A. 但如果依照亚当斯的观点,将《亨利一世之法》[66, 9]所出现的王室摄政官多半确定为对郡长予以特别委任的王室法官,为何此种论证在适用于《亨利一世之法》[31, 2]的王室摄政官时却难以奏效?亨利之法[31, 2]的摄政官被委托的特权只不过是当判决发现者并不赞同其他人的结论时而使用的一个决疑权,并没有任何内在原因以揭示为何郡长以其身份虽在实际上是王室法官,当受理国王之诉却无法予以执行,或至少作为特别委派的郡长以主持地方王室法庭。这一争论即此种特权可能会令郡长感到尴尬,因为他习惯于只在普通法庭受理案件都无法令人信服,追溯至诺曼时代的早期,郡长便曾受理国王之诉,当其依照职权而获得审判权时,郡法庭便从实际上转变为王室法庭。如前所见,斯滕顿女士便持有此种立场,即早在亨利一世统治时期的初期,地方摄政官便从郡长手中接管国王之诉,故而此种关乎亨利之法中涉及王室摄政官的身份问题的争论应当倾向于地方摄政官而非郡长。甚至或许,郡长应当排除在此种讨论之外。利伯曼将此一《亨利一世之法》[31, 2]所提及的国王之摄政官简单地以"Konigliche Gerichtshalter"称之。-Liebermann, *Gesetze*, I, p. 564, n. c. 总而言之,关于国王之摄政官,郡长尤其是地方摄政官更为可能。莫里斯将《亨利一世之法》[66, 9]的 iusticia 该词解释为要么是郡长,要么是地方摄政官,而避免将之引入巡回法官的可能。"《亨利一世之法》[66, 9]显示在统治的第二个十年,地方摄政官,抑或郡长都可能审判盗窃、抢劫、纵火及其他严重犯罪。而事实是地方摄政官已经从郡长手中接管国王之诉,而最终这一权力又收归巡回法官所有。"-Morris, "The Sheriffs and the Justices of William Rufus and Henry I," *California Law Review*, VII (Berkeley, 1919), p. 239. 理查德森及赛尔斯已经指出如《亨利一世之法》等法典强调地方摄政官在刑法层面的职责,这当然极为重要,但他们同样也受理土地诉讼。Richardson and Sayles, *Governance*, p. 174.

便已经在此处开庭审案了。"① 这一传说收录于《比兰德修道院创建史》（*Historia Fundationis*），它显示巡回法官最早于 1118 年曾巡回丹斯塔布审判。② 但就内部证据而言，毫无疑问，这一档案乃是亨利三世及至后世所撰；其中所使用的 "justiciariis itinerantibus"（the travelling/circuiting judges）这一术语也非当时所有，而是迟至 12 世纪晚期才开始出现。达格代尔（Dugdale）在纹章官学院（College of Heralds）发现了这一档案，很显然并没有现代著述对其有所研究，而它也并非年鉴或修道院契据集的一部分。③ 所以这一档案并非足以证明亨利一世统治时期即存在巡回法庭的可接受证据。

除 1129—1130 年财税卷宗外，亨利一世统治的第三个十年中尚有其他几种证据被学者用来确定巡回法庭的形成时间。有称巡回法庭早在 1121 年即已经出现，即雷丁修道院建造之时。据何娜德小姐考察："……修道院建造之时适逢巡回法庭体系初创，自此开始修道院院长与皇室法官便可能共同举行联席会议。"④以及："直至 1121 年修道院才宣告建成，使得此种联席会议自一开始便可举行。"⑤但是此种论证乃是基于何娜德小姐将巡回法庭体系回溯至亨利一世统治中叶的未被证实的设想。1919 年，莫里斯主张发生于 1129—1130 年间的巡回法庭有组织侵占国王之诉，或至少可追溯到 1123 年：

并没有任何法令出现在此种有组织侵占之中（1129—1130 年国王之诉已经由巡回法官来受理）。亨利一世的大法官（chancellor）拉尔夫，逝世于 1123 年。王室法庭最为著名的三位法官，拉尔夫·巴塞特，休·德·巴克兰（Hugh de Buckland），以及杰弗里·德·克林顿

---

① Hurnard, "Anglo-Norman Franchises," p. 452。

② *Monasticon Anglicanum*, ed. J. Caley, H. Ellis, and B. Bandinell（London, 1846）, VI, pp. 239~240。

③ 同上，p. 238；cf. G. H. Fowler, "Cartulary of Dunstable Priory," 载于 *Bedford-shire Historical Record Society*, x, 及 *The Annales de Dunstaplia*, 载于 *Annales Monastici*, ed. H. R. Luard（London, 1864—1869）, Rolls Series no. 36, II。

④ Hurnard, "Anglo-Norman Franchises," p. 452。

⑤ 同上，note 2。

身陷不公正压迫之指控隐含之中,而主张司法袒护以维护国王的实质性利益。①

这一引证足以支撑奥德里克·维塔利斯及亨廷顿的亨利的结论,但却不足以支撑莫里斯此处将国王之诉囊括在内这一论点,更不要提关于巡回法庭的论述了。② 1927 年莫里斯又提供其他证据以将巡回法庭的历史回溯至 1123 年的某个时刻,这一证据便是关于传唤四人从各自邑地前往王室法庭或者郡法庭的国王令状,正如其所确定的"迟于 1123 年 7 月"。③ 但是约翰逊及克朗已经将此令状的发布日期确定为 1133 年。④ 何娜德小姐就此令状写道:"……显示邑地(想必百户区法庭亦如此)需要选派代表前往郡法庭及王室法庭。"⑤但是,是否能够对接巡回法官吗? 她继续写道:"在此阶段,重要案件的实际审判在交由地方司法官之前一般是由郡法庭负责,所以有可能这四位由邑地法庭选派的代表需要参加,目的在于将控诉状带入下一个阶段。"⑥所以,根据何娜德小姐对此令状的分析,这些"王室法庭"多是由地方司法官负责审讯,无论如何,此令状中都没有任何证据证明巡回法官牵涉其中。曾提出在 1129—1130 年财税卷宗中发现巡回法庭在此类巡回法庭之中审理民事诉讼,并将其追溯至 1123 年的理查德森与赛尔斯,另给出一个案例,他们宣称这一"不迟于 1123年"的机制乃是 1129—1130 年存在的巡回法庭体制的一种早期形态。⑦ 但是这一案例仅仅是拉尔夫·巴塞特和罗伯特·布洛特负责调停贝尔沃(Belvoir)修道院的僧侣与领主之间关于缴纳什一税争议

---

① Morris, "The Sheriffs and the Justices," p. 237。

② 同上, notes 17 and 18. Note 17 cites Henry of Huntingdon, *Historia Anglorum*, p. 244. Note 18 引用了 Orderic Vitalis, *Historia Ecclesiastica*, IV, pp. 164~166。

③ Morris, *Medieval Sheriff*, p. 101;这一令状载于 *Monasticon*, VI, pt. ⅲ, p. 1272.

④ *Regesta* Ⅱ, no. 1772。

⑤ Hurnard, "Jury of Presentment," p. 384。

⑥ 同上, pp. 384~385。

⑦ Richardson and Sayles, *Governance*, p. 180。

的一次临时委员会。①

亨利一世统治时期第三个十年(1129—1130 年财税卷宗之前)的最后一项证据乃是证明拉尔夫·巴塞特 1124 年曾在莱斯特郡地方化的巡回法庭受理国王之诉,尽管我们知道在亨德科特(Hundcote)仅有一次开庭,而这一证据并非总被解读为仅仅属于地方化的巡回法庭,或与之相关。1124 年的此一证据,前已述及拉尔夫·巴塞特在亨廷顿的案件(1116 年),以及 1125 年索尔兹伯里的罗杰在温彻斯特受理的对制造假币者的惩罚,使得莫里斯得出以下总结:"王室法庭在一段时间内对所有重要的刑事诉讼享有监督权。"②借此莫里斯意在指出这一源自 1116—1125 年的零碎证据证明巡回郡县意味着国王曾经监管重大刑事案件。对于 1124 年,盎格鲁—撒克逊编年史家述及:

> 拉尔夫·巴塞特及国王的领主们在莱斯特郡的亨德科特(Hundcote)组织了一次民众大会(witanagemot)。在那里他们超出以往地对诸多盗贼施以绞刑;所以在不久之后便有多达 440 人,六人被施以挖眼及宫刑。③

这六名被施以挖眼及宫刑的人可能犯有伪造货币罪。这些定罪及惩罚在亨德科特执行无疑是源自"新法令"打击盗窃及制造假币(1100—1108),但 1100—1124 年都不存在关于其他巡回的司法活动以控制这些犯罪的证据。何娜德小姐认为,"……1124 年著名的大会(gemot)上 44 名盗贼被施以绞刑,显然应归功于它因时制宜的成功运用,"④也即是,巡回王室司法机构的类似开庭。但不幸的是,从新法令到 1124 年这一阶段,并没有类似开庭证据作以阐明,尽管我们从王室特许状中可以获知,在大多数情况下凶杀及盗窃案件依然归属

---

① Historical MSS Commission, *MSS of Duke of Rutland*, ed. J. H. Round (London, 1905), IV, p. 149。

② Morris, *Medieval Sheriff*, p. 101。

③ *Anglo-Saxon Chronicle*, s. a. 1124。

④ Hurnard, "Jury of Presentment," p. 405。

于王室,实际上所有重要的刑事案件都由王室法庭审判。① 无疑,地方司法官监管处置重大犯罪的多数工作,这也就解释了为何缺乏履行职责的法庭。但是亨德科特开庭当然是对严重刑事案件行使王室司法权的一种极有意义的运用。在编年史中使用"国王的领主"这一术语意在对拉尔夫·巴塞特尚有其他专员作为同僚作以强有力地支撑。② 此次开庭仅仅是一次由一名或数名法官组成的临时委员会吗?的确,在一地仅开庭一次为我们所熟知,但是随着大量案件的受审,这一委员会可能以某种巡回的方式覆盖整个莱斯特郡,而自此以后亨德科特不再是郡法庭的所在地,郡内其他地区也曾开庭,至少首府莱斯特同样曾被巡访。③ 亨德科特的开庭可能是处理所有申诉的地方化巡回法庭在整个郡内延伸其司法权的一个层面,尽管仍存在一定的可能性即郡内的全部事务皆在亨德科特完成,或者同样地,这一事务可能不仅仅限定于亨德科特而且只关乎郡内某一特定领域,在此领域内传统的地方监管已然不具效用。(如果有人选择将亨德科特开庭称作一次临时委员会而非地方化巡回法庭一部分,那么将从本文对其他临时委员会的分析中发现其不同之处,因为这远非在一

---

① *Regesta* Ⅱ , xxii. 可以发现,在亨利一世统治时期,王权以某种方式控制重罪案件。借由特许状而对抢劫案件的第一次保留发生在1102年。-*Regesta II*, no. 593. 这一特许状显示杀人及盗窃则很少被授权其他机构行使。

② 斯塔布斯提出,亨德科特一地曾组织过一次控诉陪审团,因为他将"国王之领主"这一术语解释为"莱斯特郡的领主们作为控诉陪审团成员与国王之摄政官共事。"-Stubbs, *Constitutional History*, I, p. 427。

③ 事实上并无证据佐证卡内冈的这一主张,即亨德科特的开庭乃是一种"定栖的"巡回法庭,类似宣称曾存在于杰弗里·德·克林顿在诺丁汉郡布莱斯的开庭,在1129—1130年之前的某个时间段的某处,按照卡内冈的说法是,"……在王室专员巡游至此前,各郡被召集至乡村某处等候开庭"-Van Caenegem, *Royal Writs*, p. 28。但是,并无证据显示莱斯特郡之外其他郡的民众被传唤至亨德科特开庭。诺丁汉郡的布莱斯相距约克郡边界仅7英里之遥,而财税卷宗中诺丁汉郡条目之下仅有一项条目提及"布莱斯之诉";反倒是卷宗中其他涉及"布莱斯之诉"的全部34项条目全部位于约克郡之下。这显示大多数或所有在布莱斯控诉的民众皆来自约克郡。布莱斯的王室庄园可能全部位于约克郡,无论如何,这都使其更为适合作为王室法官开庭审案的合适场所。至多,这两个相邻郡的民众都可以来此处受审。

处受理一项申诉所可比拟。)这一开庭对于证成王室法庭通过巡回法官的方式来对重大刑事案件行使监管权这一理论来说乃是相对不错的例证,但这依旧无疑只是一次单独的"巡回"样本,并不足以证明莫里斯所言,约在1116—1125年王室法庭通过巡回法庭以践行其对重大犯罪的监管权这一主张。国王的确对于所有重大犯罪享有司法权,但对此的践行主要是通过其地方摄政官来完成的。1125年索尔兹伯里的罗杰对制造伪币者的审判及惩罚就是此一司法监督权的极好例证,①但这却并非巡回法庭存在的有力证明,因为本案中罗杰主教在温彻斯特几乎传唤了王国的所有铸币者。

1129—1130年财税卷宗中巡回法庭的具体时间清晰可辨,极有可能仅出现在条目中涉及那些巡回法庭的情形之下。其表现形式是在卷宗中多以副标题"新诉讼和新惯例"(*nova placita et novae conventions*)样式,即副标题表明1129—1130年财政年表的条目。②(关于1129—1130年的财税卷宗的分析需要重新审视,因为其中涉及的九个郡要么报告不完整,要么就全然省略。后者主要包括萨默赛特、伍斯特以及三个西部郡——切斯特、什鲁斯伯里及赫里福郡。很可能,在亨利一世统治时期,享有王权的贵族领地对于巡回法官具有免疫力,甚或直至亨利二世统治时期这种免疫力依然存在。)巡回法庭在1129—1130年当之无疑地存在,因为标明它们存在的条目列在"新诉讼"(new pleas)标题之下,即有杰弗里·德·克林顿在诺丁汉、德比及埃塞克斯郡,③沃尔特·伊斯佩克及尤斯塔斯·菲兹章在约克

---

① *Anglo-Saxon Chronicle*, s. a. 1125。

② 拉姆齐错误地指出,"卷宗中并没有司法巡回的相关记录"。-Sir James H. Ramsey, *A History of the Revenues of the Kings of England*, 1066-1399 (Oxford, 1925), Ⅰ, p. 56。

③ *Pipe Roll* 31 *Henry* Ⅰ, pp. 10, 59。

郡，①理查德·巴塞特在苏赛克斯，②理查德·巴塞特在莱彻斯特郡，③理查德·巴塞特在诺福克郡，④理查德·巴塞特在萨福克郡，⑤理查德·巴塞特及威廉·阿尔贝尼·布里托在林肯郡，⑥以及尤斯塔斯·菲兹章在达拉谟区。⑦ 从这一对巡回法庭起源的分析中所呈现的最为惊人的事实是，即使在 1129—1130 年巡回法庭无懈可击的记载最终可资采用，却并不存在同一时间段内涵摄全国的巡回体系，涵摄全国的处理所有申诉的总巡回法庭直至 1176—1177 年才开始出现以便践行《北安普顿法令》的规定。

1129—1130 年财税卷宗中，为数不少的涉及巡回法庭的条目被冠以"新诉讼"标题，但却无法确定那些早期巡回法庭"传统诉讼"的日期，因为它们在早期如 1129—1130 年间地方化的巡回法庭同样存在。对确定早期巡回法庭的缘起时间曾有过诸多尝试，但只有极少数取得了成功。1711 年，马多克斯（Madox）认为，关涉诉讼的每一条

---

① Ibid., pp.32～34. 约翰逊及克朗在其对财税卷宗的分析中指出，"很显然，沃尔特·伊斯佩克及尤斯塔斯·菲兹章于 1130 年在北方六郡履任巡回法官。"-Regesta Ⅱ, xix. 但只在约克郡可以看到关于二者的诉讼条目出现在卷宗"新诉讼"标题之下。在坎伯兰郡条目之下，关乎伊斯佩克及菲兹章的诉讼也并非出自此标题之下，而是直接在其之上。-Pipe Roll 31 Henry Ⅰ, p.142. 诺森伯兰郡及威斯特摩兰郡的账目甚至并未标明新诉讼。的确，在伯克郡账目之下，可以看到达拉谟郡的市民对菲兹章之诉给予补偿账款（Pipe Roll 31 Henry Ⅰ, p.132），无疑他在此自治区内活动频繁，甚至可能及于在领地享有王权的主教辖区，但尚未达到主教辖区，严格来讲，未及于一个郡。理查德森及赛尔斯指出，伊斯佩克及菲兹章在北部诸郡受理新诉讼，他们援引财税卷宗第 26～27, 33～35, 130～132, 138, 142～143 等页内容以佐证。第 26～27 页涉及约克郡的早期巡回法庭；第 33～34 页的确包含他们在约克郡受理新诉讼的条目，但是第 35 页显示他们在诺森伯兰郡受理传统诉讼；第 130 页与之并不相关，第 131 页则显示他们因 1129—1130 年受理必须在达拉谟郡的主教辖区；第 132 页包含条目显示达拉谟郡自由民欠缴菲兹章的新诉讼在主教辖区；第 138 页关联不大；第 142 页显示他们早期在坎伯兰郡受理的传统诉讼；第 143 页显示其在威斯特摩兰的传统诉讼。

② 同上，pp.70～71。
③ 同上，p.88。
④ 同上，p.94。
⑤ 同上，p.98。
⑥ 同上，pp.114～120。
⑦ 同上，p.132。

目（"新诉讼"标题之上）所涉及的巡回法庭在一年内开庭受理申诉在卷宗的条目——显示，以便关涉诉讼的条目编号从副标题"新诉讼"（nova placita）到郡财政年表预算依次排列，由此标明在本财政年度之前巡回法庭在郡内存续的年限。[1] 但并没有证据支持这一理论。遗憾的是，冠以"新诉讼"标题的与诉讼相关的条目也并非适格，就如其他在此标题之上的以术语"去年"（preteriti anni）、前三年（tercii anni）、前四年（quarti anni）及前五年（quinti anni）等本财政年度之前一至四年的条目一般。约翰逊及克朗辩称，财税卷宗中所提及的巡回法庭皆发生于 1120 至 1130 年间，这是因为在卷宗中并没有将杰弗里·李代尔列入，而在他们的观念中他的确是一名巡回法官。自李代尔于 1120 年逝世，卷宗中的巡回法庭便只可回溯至其辞世的 1120 年，而无法更进一步。[2] 但是，如前所见，既然并无证据表明杰弗里·李代尔乃是一名巡回法官，那么其逝世之年与确定巡回法庭问题之关联性便微乎其微。巡回法庭既然能够在卷宗中销声匿迹数年，那么也就很难确定这些早期巡回法庭的条目，并进而将之定位于某一特定年份。无疑，作出以下推理似乎是符合逻辑的，即卷宗中所记载的在某处存在多项条目表明法官的工作在于处理这些仍处于待履行状态的债务；这些庞大的仍未履行债务，相较于那些源自单一或少数分散条目的诉讼债务，尤其当这些少数债务已获清偿，对于现有的财政年表的联系更为紧密。总体上，与那些已获清偿的债务相比，与受理诉讼相关仍需履行的债务与财政年表的联系更紧密，尽管这并非一个确定的规则。此种论证下，斯滕顿女士所辩称的，即便只有三项条目由亨利·德·波特及其同僚，以及威廉·德·霍顿共同审理，其巡回法庭在 1129—1130 年之前的数年仍运行良好，这一点无疑

---

① Madox, *History of the Exchequer*，Ⅱ，p. 141。他指出："……随后得以理解，第一处诉讼包括上一年度法官的名字；第二处诉讼则包含前一年之后的一年的法官的姓名；最后的冠以新诉讼和新惯例的标题包含卷宗引证当年的法官姓名。"这一观点唯一正确之处只是在于指出了新诉讼副标题。

② *Regesta* Ⅱ，xix。

是正确的。① 甚至，只有一项债务仍属待履行状态。但这并没有正当理由去假设这些诉讼可回溯至 1129—1130 年之前数年。斯滕顿女士所宣称，无法为格洛斯特的迈尔斯及佩恩·菲兹章在西部巡回设定一个具体时间，同样尤其可取之处。② 事实在于，包括彭布罗克郡在内，卷宗中仅有四项债务与其诉讼相关，虽显示这些诉讼并非晚近，但所有四项债务仍处于待履行的状态。可以确定的是，杰弗里·德·克林顿在 18 个不同郡的诉状需提起异议，这一工作量远超基于其所承担的作为皇室重要仆从一年事务的责任量，③但也可能存在这样一种可能，即巡回法庭产生于其卸任国库司库的 1126 年之后。④ 斯滕顿女士认为德·克林顿所受理的多数传统诉状只可追溯至不超过两至三年。⑤ 理查德森与赛尔斯对此辩称："诺丁汉、德比、约克、诺森伯兰、埃塞克斯、诺福克郡下所记载的诉状，较之其他产生的更为晚近。"⑥德·克林顿所受理的传统诉状列入诺丁汉-德比郡条目之下的三项债务仍处于待履行状态。⑦ 德·克林顿甚至从未出现在诺森伯兰郡，但其在布莱斯（Blyth）将约克郡的人民牵涉在内的著名开庭收录于约克郡名目之下，其中 34 项债务之中只有 14 项得以清偿，⑧埃

----

① Stenton, *English Justice*, p. 62。

② 同上，p. 63。

③ 同上，pp. 63~64。

④ Richardson and Sayles, *Governance*, p. 176。

⑤ Stenton, *English Justice*, p. 64。实际上，其推论并非一清二白。"对我而言，这些债务在卷宗中排列的位置及其体量至少暗示着其已经欠缴多年。其中的绝大多数都需追溯至 2~3 年之前。以伯克郡账目为例，阿宾顿修道院院长文森特 60 马克的罚款获得赦免，乃是由于其本人已经死亡。他在任职院长十年后于 1130 年逝世，而此时财税卷宗业已完成。条目给人的印象是，首次记录在卷宗上的债务其发生的年限大概是 1128 年，或者 1129 年。"的确，自德·克林顿的传统诉讼以来尚有 32 债务仍处于待缴状态，这些至多可能追溯至 2~3 年前。尽管全部 35 项债务已获清偿，其所提出的诉讼仍可轻易追溯至 1126—1127 年，即他们可能在放弃司库一职后在巡回法庭消失的第一年。但是在她所提供的此例证中修道院院长文森特在 1126—1127 年间已然负债，这一债务仍可以保留至 1180 年在其获得清偿之前。

⑥ Richardson and Sayles, *Governance*, p. 176。作者错误地指出，并没有案件在本财政年度获得审判。可见，德·克林顿的诉讼已然收录于诺丁汉-德比郡即埃塞克斯的新诉讼标题之下。

⑦ *Pipe Roll* 31 *Henry* Ⅰ, pp. 8~9。

⑧ 同上，pp. 25~31。

塞克斯郡之下只有两项关于传统诉状的条目,且都得以清偿,[①]诺福克郡下所收录的四项传统诉状的条目中三项债务仍处于待履行阶段。[②] 除却埃塞克斯与诺森伯兰郡,债务的条目数量及提起诉讼的总额,以及仍处于待履行状态的确显示这些传统诉状相对晚近,布莱斯开庭日期大概可以确定在 1128 年或者 1129 年初。德·克林顿所受理的传统诉状显示全部 32 项债务仍处于待履行状态,此后相对晚近才得以催缴。的确,35 项债务全部已获清偿,但即便如此,也基本可以确定并非在其 1126 年让渡司库一职之后由巡回法庭予以施加。斯滕顿女士及约翰逊·克朗提供了一份 1128 年米迦勒节之前的王室名册(notitia)作为证据以证明沃尔特·伊斯佩克及尤斯塔斯·菲兹章于 1128 年开始其在北部诸郡的巡回法庭事务。令状显示他们曾以法官名义与达拉谟及诺森伯兰郡臣民共处,我们从财税卷宗发现他们在后一郡曾受理不少传统诉状,而这一名册则是足以证实其在北部受理传统诉状能够追溯至 1128 年的绝佳证明。[③] 虽然不足以确证他们在北部郡的巡回延续至 1128—1130 年这一完整时段,但似乎存在

---

① *Pipe Roll 31 Henry* Ⅰ, pp. 55~56。

② 同上, pp. 92~93。

③ *Regesta* Ⅱ, no. 1561; Stenton, *English Justice*, p. 64。斯滕顿女士如下这段话的前半部分无疑是错误的:"所有债务导致其事务出现于新诉讼标题之下;但这无疑意味着他们自 1128 年便开始其巡回工作。"如前所见,只有约克郡及达拉谟郡的债务来自新诉讼。*Regesta* Ⅱ, no. 1561 所示的主教名册记载:"一项关于宣誓调查法的名册关涉泰恩恩河的捕鱼权,乃是由达拉谟郡及诺森伯兰郡的方伯于亨利一世及雷纳夫主教时期,在摄政官沃尔特·伊斯佩克及尤斯塔斯·菲兹章在场的情况作出的。"约翰逊及克朗对此批评道:"沃尔特·伊斯佩克及尤斯塔斯·菲兹章于 1129—1130 年在达拉谟郡已经开始其巡回(达拉谟及诺森伯兰郡)(*Pipe Roll 31 Henry* Ⅰ, 130)事宜,但却早于 1128 年 9 月 5 日雷纳夫主教逝世之前。"当然也可能,1127—1128 年此次宣誓调查法乃是临时委员会的一项局部工作,且与财税卷宗中的新诉讼及传统诉讼之间并无太多关联。但 *Regesta* Ⅱ 中紧随第 1561 号之上的第 1560 号令状(1128 年)显示他们同时出现在坎伯兰郡,而在此处我们知悉他们曾受理传统诉状。证据显示,他们于 1128 年米迦勒节之前便开始受理传统诉状。关于这些北部巡回法庭,理查德森及赛尔斯评注道:"似乎,他们的巡回法庭专为某些事宜准时开庭并于 1129 年复活节前提起指控,因此会在之前的(即 1128—1129 年)财税卷宗中有所记载。"-Richardson and Sayles, *Governance*, p. 179. 他们援引卷宗第 27 页约克郡标题之下的条目(de Placitis W. Espec et Eustaciifilii Johannis)及第 35 页诺森伯兰郡标题之下的类似条目作为例证,但这些条目皆证明这一诉讼形式是传统诉讼,而非证明他们的活动出现在 1129 年复活节之前。他们也有可能在 1129 年的夏季开始此项活动。

这样一种可能。斯滕顿女士辩称,理查德·巴塞特及威廉·阿尔贝尼·布里托在林肯、诺福克、萨福克、莱斯特及苏赛克斯诸郡的巡回可能发生于"1129 及 1130 年夏季"。[①] 涉及他们的所有条目在诸郡皆被归类于新诉状之下,所以极有可能发生于 1130 年夏,因 1129 年夏显然与传统诉状(也即最后一个财政年度 1128—1129 年)的关联更为紧密。拉尔夫·巴塞特并未以法官的身份存在于 1129—1130 年,其虽在 1129 年幸免于难但次年初即撒手人寰。[②] 可能早在 1127 年,他便以法官身份退休以支持其子理查德继任,[③]但未有证明以支撑理查德森及赛尔斯的这一主张,即财税卷宗中出现其子受理多数传统诉状乃是由于将巡回法庭回溯至 1129—1130 年前十年。[④] 例如,其受理诉状可以回溯至 1124—1127 年,或者亨德科特开庭(1124)便可列为其中。最终,何娜德小姐认为:"……至少两次巡访发生于 1130 年之前",而其从财税卷宗中所采引据乃是择选的涉及拉尔夫·巴塞特、杰弗里·德·克林顿及威廉·阿尔贝尼·布里托的传统诉状条目。[⑤] 如果她所称"两次巡访"意在指称巡回法庭存在于 1129—1130 年之前的两个不同年份的话,这些传统诉状便可能从本财政年度回溯至两年甚至更早之前,如德·克林顿的巡访可以回溯至 1126 年左右,巴塞特则可以回溯至 1124 年前后。其中一项关于拉尔夫·巴塞特的条目标明"古老诉讼"(*veteribus placitis*),[⑥]即这些诉状比他所受理的其他仅仅存在于"新诉状"标题之上的传统诉状更为久远,但并不足以被定名为"古老的"。无论如何,1129—1130 年财税卷宗给人的印象是,可能其所提及的大多数传统诉状只能回溯至不超过两至三个财政年度之前。卷宗展示涉及总计有 39 项债务清偿的传统诉

---

① Stenton, *English Justice*, pp. 64~65。

② *Regesta* Ⅱ, no. 1576。

③ Richardson and Sayles, *Governance*, p. 177。

④ 同上。

⑤ Hurnard, "Anglo-Norman Franchises," p. 440, note 3。

⑥ *Pipe Roll 31 Henry* Ⅰ, p. 49。

状,而 53 项债务仍待履行的传统诉状可能最近正在催缴。

最终,它显示早期的巡回法庭一如 1129—1130 年间的巡回,乃是地方化的。想要证明所有或大部分传统诉状在同一年度内、甚或在一个时段内获得审理,显然徒劳无益。即便此一目的侥幸实现,作为总巡回法庭体系构建部分的巡回法官以规律性的巡访方式巡回全国的模式仍难以成就。卷宗所载诸郡中,牛津、剑桥、拉特兰、多塞特、汉普、康沃尔以及莱斯特郡皆不存在传统诉状;除却莱斯特郡,这些郡甚至都未曾于 1129—1130 年被巡访过。1129—1130 年,诸如牛津、多塞特、汉普、剑桥、拉特兰、康沃尔、威尔特、诺森伯兰、亨廷顿、萨里、哈特福、肯特、斯坦福、格洛斯特、白金汉、贝德福德、沃里克、伯克、坎伯兰、威斯特摩兰、伦敦以及米德尔塞克斯郡也都未曾有受理诉状的记载。很显然,1129—1130 年间财税卷宗所呈现的传统及新诉状的受理乃是基于地方化的即兴而为,且次数不一。例如,罗伯特·阿伦德尔在德文郡,亨利·德·波特及其同僚在肯特郡,佩恩·菲兹章及格洛斯特的迈尔斯在西部,沃尔特·伊斯佩克及尤斯塔斯·菲兹章在北部,理查德·巴塞特及威廉·阿尔贝尼·布里托在林肯郡,杰弗里·德·克林顿在 18 郡,但是只有少数巡访能够追溯至 1126 年左右。这些地方化的巡回法庭无法在任何一个财政年度或任何单个时间段内汇集在一起,①以构建整个国家的总巡回司法体系。这些巡回法庭全部出现于 1124—1130 年间,而如果亨利一世财税卷宗的后续部分能够幸存的话,它们或许能够展示这些地方化的

---

① 理论上只有一种可能,即所有地方化巡回法庭的出现乃是由于某一单独委员会在一个连续的财政年度超出了其原本的单一时间段的时间范畴。在某郡既存在传统诉讼,也存在新诉讼,传统诉讼可能来自刚刚结束的上一个财政年度,而巡回法庭则将之延长至少 2 年。但可惜无法对之作以证明,(可能除了伊斯佩克及菲兹章在北部 1128—1130 年巡访之外)绝大多数传统诉讼无法明确指定为任何一个年度,而全部 32 郡也并未在 1129—1130 年度被巡访过,也就无法将 1128—1129 年的诉讼与之建立起必要的关联。更为重要的是,甚至有 6 郡在财税卷宗所涵盖的整个时间段内从未被巡访过。

巡回法庭延续至 1135 年,即亨利一世统治的最后一年的基本样态。①
1130 年,总巡回法庭只在一个意义上由理念转变为现实,即自 1124
年以来,巡回法官以地方化的处理所有申诉的巡回法庭的形式曾经
巡访了大多数郡。

## 六

为进一步估量巡回法庭显现于 1129—1130 年财税卷宗中的重要
性,有必要考察其中所提到的巡回法官对于巡回法庭构建的作为,同
时将其实际运作的相关证据与 1176—1177 年真正意义上的总巡回法
庭体系之下的巡回法官运作作以对比亦大有裨益。将会发现,亨利
一世时期地方化的巡回法庭似乎乃是一个预备阶段,一个通往亨利
二世总巡回法庭的序曲。如前所见,1129—1130 年卷宗中只有三项
条目清晰地与诉状的本质即以巡回法官的名义受理案件产生关联。
在白金汉郡的传统诉状中,有一项极其模糊的条目显示仆役长理查
德·菲兹阿尔弗雷德(Richard fitzAlfred)拖欠 15 个银马克,他可能
接受受理国王之诉的拉尔夫·巴塞特的审讯。② 在林肯郡的财政账
目下,整整 27 项含糊其辞的冠以"同一种诉讼"的条目皆是关涉理查
德·巴塞特及威廉·阿尔贝尼·布里托的巡回法庭,也有一些其他
条目散落于这些含糊其辞的条目之间,主要特指王室诉讼及民事诉
讼,如毁损、扰乱治安、侵占公产、连带"谋杀金"(*murdrum* fines)、误
判以及土地之诉(*pro terra*)。这些特指诉状本质的条目,以及其他郡
之下与之类似的条目,皆涉及由巡回法官负责审理的诉讼,但这同样

---

① 何娜德小姐指出与圣埃德蒙八个半百户区(St Edmund's Eight and One-Half
Hundreds,也即圣埃德蒙自由区)的特许权有所关联,"在统治后期,似乎开始从属于巡回法
官的巡访"。-Hurnard, "Anglo-Norman Franchises," p. 324.

② *Pipe Roll 31 Henry* I, p. 101. 伯克郡标题之下,某人提起总额为 5 银马克诉讼
"de placitis Ralph Basset pro disfactione hominum suorum." 大概这一问题涉及国王之诉,
但其准确性有待确定。

没有证据支撑。① 理查德森及赛尔斯也只是假设,所有这些特指诉状本质但并未与法官姓名相关联的散乱条目所涉及的恰好是在同一郡内所提及的巡回法官。之所以得出这一结论,主要依据在于阿尔贝尼·布里托及理查德·巴塞特在林肯郡,理查德·巴塞特在苏赛克斯,伊斯佩克及菲兹章在约克郡所受理的新诉讼。② 但只不过没有证据表明,那些巡回法官在林肯、苏赛克斯及约克郡等财政账目中出现的条目,能够与特指诉讼本质的相邻条目勾连起来,从而引致司法债务的产生。1129—1130 年间任何处理所有申诉的地方化巡回法庭以及卷宗所记录的早期巡回法庭都被理查德森及赛尔斯称为"总巡回法庭",所以很明显,对他们来说,总巡回法庭并非为一个确定的时空概念,将之界定为"总"仅仅是因为其受理"所有申诉"而已。③ 此外,约克郡巡回法庭乃是"一种标准类型意义上的总巡回法庭",④也即是与 1166 年之后亨利二世时期的那些巡回法庭类似,因为卷宗有证据

---

① Ibid., pp. 116~121. 比起在这些涉及巡回法官但并未限定哪一诉讼的分散性条目而言,更令人抓狂的是卷宗中的此类条目"Roger of La Lacelle reddit compotum de 100 s. ne placitet de terra sua donec Robert Marmion sit miles. Et 40 s. de placitis Willelmi de Albini." 尽管这两项债务乃是一项条目的两个部分,但此条目中任何一部分皆可能意味着土地之诉并非阿尔贝尼·布里托之诉的一部分。比较一下约克郡标题之下的类似条目"Ivo fitzForm reddit compotum de 100 s. pro terra patris sui. Et 5 m. argenti de placitis de Blida [Blyth]",此两种债务的分离意味着在布莱斯开庭时发放救济与巡回法官的工作毫无关系。卷宗中此种条目不在少数。

② Richardson and Sayles, *Governance*, pp. 177~180. 斯滕顿女士 Lady Stenton (English Justice, pp. 62~68)在其关于亨利一世地方摄政官及巡回法官的细致性工作的短评中,总结称乏善可陈,而事实上这些条目中的大多数尤其是具体到诉讼本质却并未出现法官,以及分散于意义不明的巡回法官条目之间(例如,同一个诉讼)而不必然与巡回法官的工作相关。"这些为有权利用土地或遗产,为国王之协助收取债务,为救济,为嫁妆,为寡妇及其亡夫遗产等罚金与后续卷宗中此类条目之间在术语上并无太多区别,(也即,条目中所列的这些事项在亨利二世统治时期仍由巡回法官处理)但是,它们并非国王之巡回法官的特殊事务。"在北安普顿郡的账目中(*Pipe Roll 31 Henry* I, pp. 84~86)那些具体到国王之诉及民事诉讼,但却没有标示任何法官姓名的分散条目,如 pro placito thesauri, pro terra sua, pro placito terrae, pro terra sua rehabenda,肯定其中一些由地方摄政官受理。

③ 同上。

④ 同上,p. 180.

显示控告陪审员在伊斯佩克及菲兹章之前就曾在约克郡出现过。①
理查德森及赛尔斯确信,关于王室诉讼及民事诉讼的启动程序所涉
及的巡回法庭与 12 世纪后半叶亨利一世统治时期正相仿。的确,卷
宗中所涉控告陪审员(可能也兼及审判陪审员)不仅提及其存在于约
克郡,而且指出其与巡回法官的其他事务相关联。② 因此,从亨利一
世统治时期到亨利二世时期,在罪犯的控诉及审理之间存在一定连
贯性;但"此种实践的严格一致性乃是由 1166 年《克拉伦登敕令》建构
而来,这当是无可置疑的。"③此外,为急于展示两任君王统治时期的
巡回法庭几乎如出一辙,理查德森及赛尔斯对亨利一世时期的地方
司法官在审理重罪犯层面——同时也受理土地诉讼——的角色扮演
轻描淡写,往往给人以一种印象,即地方摄政官在完成郡法庭或百户
区法庭的最初控诉之后大多仅负责王室诉讼的审理工作——这在早
期验尸官档案中有所体现——最终的控诉尤其是案件的实际审理则
通常留待巡回法庭来完成。④ 理解这两任君王统治时期在刑事诉讼
领域基本区别的关键在于地方司法官的历史。对于民事诉讼程序而
言,理查德森及赛尔斯(承认未见与亨利一世时期的巡回法庭建立关
联的留存)推测一些民事诉讼早在巡回法官在郡法庭审案之前便起
源于请求状(plaints),另一些则来源自国王令状,其中的"先行者则在
亨利二世时期得以定型"。⑤ 但"先行者"一词对适用于亨利一世古老
的执行令状而言未免言过其实。斯滕顿女士所称"安茹王朝的一次
飞跃",其实质在于"应回呈令状","应回呈"至国王法庭在某一特定

---

① *Pipe Roll* 31 *Henry* Ⅰ, p. 34。

② Richardson and Sayles, *Governance*, pp. 181~185. 理查德森及赛尔斯在此书中
分析了诸多条目显示巡回法官与控诉陪审员及审判陪审员共事。他们的分析似乎是可
靠的,尽管将审判陪审团囊括其中未免有失妥当。财税卷宗中这些地方官员有关的条目
必然意味着百户区及郡陪审员在巡回法庭因失职而被罚款,如 *Pipe Roll* 31 *Henry* Ⅰ,
pp. 27~28, 56, 65, 69, 71。

③ Stenton, *English Justice*, p. 71。

④ Richardson and Sayles, *Governance*, p. 184。

⑤ 同上, p. 181。

时间及地点受理诉讼，并可自动适用国王的所有自由臣民。亨利一世统治时期（及亨利二世早期）的民事案件令状，例如返还财产所有权的令状及重获占有令状，就并非"应回呈的"，也只能适用于少数人。[①] 在亨利一世统治时期并没有确定形式的令状将民事案件带入国王法庭；诉讼的形式，如新近侵占令状，乃是由亨利二世及其谋臣所创制而成，自 1170 年将数目繁多的民事诉状引入皇室法庭，正如巡回法庭的法官所为一般。无疑，亨利一世统治时期的大多数民事案件的受理及审讯皆是在一个地方层级之上，不论是经由地方领主在其荣誉法庭，抑或是在郡法庭进行。只有少数关涉亨利一世的直接利益及缘起于皇室之诉的土地诉讼等民事诉讼，如果不能在初审时由御前会议受理，则必须由地方司法官负责审讯，只在偶尔时由巡回法庭的法官受理。可能需要注意的是，任何一个单独的民事诉讼都无法与亨利一世时期知名的巡回法官确定产生关联。最终，可以断言，林肯、苏赛克斯及约克郡的 1129—1130 年财政年表中所呈现的特指国王之诉及民事诉讼（而非法官）的各式各样条目不仅全部都与上述郡的巡回法庭有所关联，而且——尽管只是初期——塑造着巡回法庭发展中重要阶段的模式，如至 1194 年及 1198 年还留存着的国王之诉先行的惯例。[②] 但是，在林肯郡财政年表中第一项条目特指一项私有土地之诉，之后紧随其后的便是国王之诉。[③] 在苏赛克斯郡财政

---

① Stenton, *English Justice*, pp. 29, 32, 34 *et passim.* 的确，如果地方领主对于原告正当诉求置之不理，皇室代理人有权依照承诺的诉讼令状的"除非尔为之"（*nisi feceris*）条款，但是此种案件通常由地方领主审理，而未见有证据显示"除非尔为之"条款比一则警告更为有效。

② Richardson and Sayles, *Governance*, p. 180. 他们的言论更进一步，认为亨利一世的巡回法庭之所以与亨利二世的类似，乃是因为其一，其时谕令（*brevia*）已然存在。与亨利二世类似，亨利一世同样是巡回法庭卷宗的先行者；其二，地方摄政官必然予以保留。亨利一世时期那些类似后期验尸官卷宗中关于国王之诉由巡回法庭作出身段的需要详细考察；其三，其时同样存在基于特殊任命而负责维护国王之诉的王室主管（royal serjeants）。我们可从两项例证知悉这一点——众所周知，国王之主管更多出现在亨利二世统治时期，但其连续性则发端于亨利一世时期。但是这种推理大多是推测性的，乃是基于亨利一世的巡回法庭与亨利二世及其后 12 世纪的巡回法庭不相上下这一假设。

③ *Pipe Roll 31 Henry* I, p. 115。

年表中,连带罚金先于土地诉讼之前,但"与理查德·巴塞特相关的诉讼"条目——涉及民事或刑事案件,或两者兼及——却先于谋杀罚金条目之前。[1] 在约克郡财政年表中,私有土地案件则优先于杀人案。[2] 即使是在 1176—1177 年总巡回法庭的财务年表中,当巡回法庭的债务被特定地界定在财税卷宗中作为巡回法庭的起源并被精心安排于冠以巡回法官之名的副标题之下,也并不存在诸如巡回法庭在后期发展阶段模式所呈现的对诉讼进行排列的可辨识性规则。[3] 简言之,几无证据足以描述亨利一世时期巡回法庭法官的具体事务,当然也无证据表明亨利一世时期的巡回法庭已经在事实上与亨利二世时期如出一辙。从亨利一世的早期至大约 1166 年间,王室司法事务的重任必然大体上落在地方司法官的肩上,但很不幸,对于他们的历史并没有多少确凿证据予以支撑。

## 七

除了有限的证据不足以支撑司法巡回在一个特定期间内覆盖整个英格兰外,我们之所以得出亨利一世时期巡回法庭只不过是一种地方化现象这一结论端赖其他原因。总体上,服务于郡内巡回法庭的法官多是拥有地产,因此他们在该领域内往往可以行使更为有效的权威。无疑,他们的司法权威强化了其在地方的权威,但拥有土地的财富与受理申诉的地域之间的相关性太过突兀以至于此种意义微乎其微。对于八名法官而言,此种受理申诉的地域与其自由土地的地域之间的相关性尤为显著。沃尔特·伊斯佩克乃是约克郡赫尔姆斯利镇的荣誉领主,持有 10.5 卡勒凯特(旧时英国的土地丈量和估税

---

① *Pipe Roll 31 Henry* Ⅰ,pp. 69~71, 70。

② 同上,pp. 38~34, 32. 约克郡格兰特提起总额为 10 银马克的诉讼"pro placito terrae Uxoris suae." 这似乎是一项私有土地诉讼,他并非因妻子之地而向国王交付租金,而是因一项与之相关的诉求。其后的条目显示邓凯斯特的奈杰尔则提起总额为 20 银马克的诉讼"pro forisfactura filiorum suorum qui interfecerunt unum hominem"。

③ *Pipe Roll 22 Henry* Ⅱ, ed J. H. Round (London, 1904), pp. 20~21 et passim; *Pipe Roll 23 Henry* Ⅱ, ed J. H. Round (London, 1905), pp. 38~39 *et passim*.

单位,约合 100 英亩,但常据土质而不同)应纳税地产,[①]也是诺森伯兰郡卡海姆(或沃克)镇的荣誉领主;他同时在上述两郡以及紧邻的坎伯兰及威斯特摩兰郡受理申诉。伊斯佩克在北部巡回法庭的邻居与同僚尤斯塔斯·菲兹章,也是拥有 30 卡勒凯特应纳税地产的约克郡马尔顿的荣誉领主,[②]同时还是拥有 36 卡勒凯特应纳税地产的诺森伯兰郡阿尼克镇的荣誉领主;[③]在约克郡紧邻的林肯郡,他也拥有 20 卡勒凯特地产。[④] 与伊斯佩克一样,其在上述郡内受理申诉,此外还与达拉谟主教辖区紧邻。只在林肯郡受理申诉的威廉·阿尔贝尼·布里托,乃是莱斯特郡贝尔沃镇的荣誉领主,在林肯郡坐拥 16.5 卡勒凯特地产,[⑤]在紧邻的莱斯特郡拥有 50 海得(土地面积单位,约合 60 至 120 英亩)地产,[⑥]以及在北安普顿郡拥有 7 海得地产。[⑦] 事实上,贝尔沃堡及贝尔沃谷如今天一般极为邻近林肯郡边界。其在林肯郡的地产全部位于被称作凯斯蒂文的区域,正位于贝尔沃东侧。同时,他还是拉特兰这一横切莱斯特、北安普顿及林肯郡中心的小郡郡长。在埃塞克斯受理森林申诉,而在此处他也坐拥 6.5 海得地产。[⑧] 格洛斯特的迈尔斯及佩恩·菲兹章在斯塔福德及格洛斯特等西部郡受理申诉。迈尔斯的地产势力范围主要集中于格洛斯特郡,在此处拥有 105.5 海得地产,[⑨]并紧邻赫里福郡。在紧邻格洛斯特郡的威尔特郡他持有 10 海得地产。[⑩] 虽没有证据显示其在斯塔福德拥有地产,但也影响不大,因为实际上其曾于 1128—1130 年担任斯塔福德及格洛斯特两郡的郡长。在西部俨然是当地巨头一般存在,不迟于 1125 年,

---

① *Pipe Roll* 31 *Henry* Ⅰ, p. 34。
② 同上。
③ 同上,p. 35。
④ 同上,p. 121。
⑤ 同上。
⑥ 同上,p. 89。
⑦ 同上,p. 86。
⑧ 同上,pp. 56~57, 60。
⑨ 同上,p. 80。
⑩ 同上,p. 23。

其便成为布雷克诺克郡的威尔士荣誉领主,拥有 32 个骑士采邑。在拥有不少地产的汉普郡,迈尔斯也负责受理森林申诉案件。① 佩恩·菲兹章在格洛斯特郡及紧邻的牛津郡分别拥有 14 海得和 10 海得地产。② 其男爵领地虽所知者寥寥,但的确在其他诸如赫里福、希罗普以及乌斯特等西部郡拥有地产,再加上在斯塔福德郡也至少拥有一处地产。③ 亨利·德·波特在肯特受理申诉,可以发现其乃是汉普郡最大的末日审判领主休·德·波特的子嗣及继承人,休于 1096 年逝世之后,亨利继承了其在汉普郡贝森的荣誉领主一职。亨利的地方司法经验颇丰,并于约 1100—1106 年间曾任汉普郡郡长一职,后担任地方司法官直至亨利一世统治中期。亨利的父亲也曾拥有次承租人,并于 1086 年在肯特及汉普郡召开巴约主教会议。亨利在肯特郡持有这些地产,并称之为"波特男爵领地",以便战时防卫多佛城堡之用。④ 罗伯特·阿伦德尔在德文郡受理申诉,他也在多塞特及康沃尔受理森林申诉并协助萨默塞特郡郡长事务。⑤ 他是多塞特郡波斯托克的荣誉领主,在此郡拥有 29 海得地产,⑥同时,其也继承了其父在萨默赛特郡相当数量的地产,更有部分是属其原始荣誉权而得来。⑦ 萨默赛特及多塞特郡与德文郡之间存着明显分界线,其无疑在

---

① 对于迈尔斯的生活、工作及土地最好的描述来自大卫·沃克(David Walker)。David Walker, "The 'Honours' of the Earls of Hereford in the Twelfth Century," *Transactions of the Bristol and Gloucestershire Archaeological Society*, vol. 79 (1960),以及"Miles of Gloucester, Earl of Hereford," *Transactions of the Bristol and Gloucestershire Archaeological Society*, vol. 77 (1958)。

② *Pipe Roll* 31 *Henry* Ⅰ, pp. 80, 86。

③ 艾顿总结称,从亨利一世时期始,佩恩便在斯塔福德郡的布莱兹菲尔德及沃尔顿受理申诉。-R. W. Eyton, "Staffordshire Fief of de Lacy," 载于 *Collections for a History of Staffordshire*, Ⅰ (Birmingham, 1880), pp. 235~236. 可惜并无沃尔顿的相关证据。对菲兹章的可继承土地的分析,此处叙述过于复杂,另见作者他文。

④ I. J. Sanders, *English Baronies*, *A Study of Their Origin and Descent*, 1086—1327 (Oxford, 1960), p. 105。

⑤ *Pipe Roll* 31 *Henry* Ⅰ, pp. 13, 159。

⑥ 同上, p. 15。

⑦ Sanders, *English Baronies*, p. 72。

西南部堪称地产巨头在前述四郡经验丰富。威廉·德·霍顿在萨福克郡受理申诉,其姓氏乃是来源自诺森伯兰郡的小霍顿村,在此郡他拥有 14 海得地产,[①]另在林肯、莱斯特郡分别拥有 4.5 卡勒凯特及 4 海得地产。[②] 很显然,其虽在萨福克郡未握有地产,但 1114 年之前他曾在诺福克郡的文博斯海姆拥有地产,[③]在此郡扮演着亨利一世承租人的角色。如前所见,其曾为国王组织临时委员会以便划定贝德福德郡克兰菲尔德的疆界;他也曾在此处拥有地产。最终,他在靠近大吉丁的伍利,或可能在巴克沃斯,而这些地方则都位于亨廷顿郡。[④] 由此,他在五郡拥有地产,在东英格兰不断渗入,并一度只在诺福克居住,所以并不奇怪他 1129—1130 年间能够在邻近的萨福克郡受理申诉。

剩余的三名法官在巡回法庭受理皇室诉状有可能稍微超出其拥有地产的郡这一范围,但是诉讼案件及地产之间的大致关联性仍然能够构建起来。理查德·巴塞特在哈特福德、苏赛克斯、莱斯特、诺福克、萨福克及林肯郡受理申诉。他成为大维尔登巴塞特家族的第一位男爵封臣,而其地产则集中在莱斯特及北安普顿郡。他在以下十郡皆持有应纳税地产若干,分别是莱斯特郡 67 海得,北安普顿郡 29 海得,牛津郡 21.5 海得,诺丁汉及德比郡 15 海得,剑桥郡 4.5 海得,苏赛克斯郡 25 海得,斯塔福德郡 3.5 海得,沃里克郡 1.5 海得,以及林肯郡 9 卡勒凯特。[⑤] 故而,他在以上拥有地产中的 3 郡受理申诉。而且,诺福克及萨福克郡与其所拥有地产的剑桥郡之间存在较长的边界,哈特福德也与剑桥郡之间有着稍短的边界。尽管事实上,其地产分散于英格兰中部、东部及东南部的 10 个郡内,但其巡回 6 郡

---

① *Pipe Roll* 31 *Henry* I, p. 86。

② 同上, pp. 121, 89。

③ *Regesta* II, no. 1064。

④ 对于其可继承地产的分析,此处叙述过于繁复,可见作者即将出刊关于威廉·德·霍顿职业生涯的论文。

⑤ *Pipe Roll* 31 *Henry* I, pp. 89, 86, 6, 12, 46, 72, 76, 106, 121。

受理申诉与其占有土地之间的这一粗略的关联性依旧可以建构起来。其地产中心在于莱斯特郡,在此他亦受理申诉。在北安普顿及莱斯特郡,他乃是威廉·阿尔贝尼·布里托的亲密的封建封地邻居;理查德·巴塞特及布里托同在林肯郡巡回,此郡中他们都拥有地产而且其疆界在北安普顿及莱斯特郡。拉尔夫·巴塞特在诺丁汉、德比、威尔特、约克、萨里、诺福克、萨福克、白金汉、林肯、伯克、伦敦、米德尔赛克斯及莱斯特郡等英格兰北方、中部及东部 12 郡巡回受理申诉。除了两处在格洛斯特外,其地产皆分散于莱斯特、牛津、伯克、赫特福德、白金汉、贝德福德、诺福克及诺丁汉郡等英格兰中部及东部 8 郡。[①] 如果从其所拥有本地地缘效应择选出一个主要区域的话,那么牛津、伯克、白金汉、贝德福德及赫特福德这紧邻的 5 郡便足以代表。其首要封地可能就在伯克郡。就其多受理英格兰中部及东部地区申诉与其地产多集中于中部及东部这一事实而言,这一粗略的关联性便可以构建。杰弗里·德·克林顿在诺丁汉、德比、威尔特、约克、林肯、亨廷顿、萨里、埃塞克斯、肯特、苏赛克斯、斯塔福德、北安普顿、诺福克、萨福克、白金汉、伯克、贝德福德及沃里克郡等英格兰北部、中部、东部及东南部 18 郡受理申诉,则在英格兰北部、中部及东南部 14 郡拥有地产。分别是:牛津郡 79 海得,诺丁汉郡 29 海得,威尔特郡 4 海得,约克郡 1 卡勒凯特,剑桥郡 5 海得,苏赛克斯郡 12 海得,斯塔福德郡 4 海得,北安普顿郡 20 海得,莱斯特郡 42 海得,白金汉郡 76 海得,沃里克郡 167 海得,林肯郡 40 卡勒凯特,伯克郡 115 海得。[②] 如此数目总计 585 海得及卡勒凯特的地产,其中 568 海得集中于英格兰中部的九大毗邻郡。在 11 郡中他兼具持有地产并受审皇室诉讼。其余的他受理皇室诉讼的 7 郡也与其作为地产领主的郡相毗邻。他乃是沃里克郡肯纳尔沃斯堡的领主,重要的中间领主巨头拥有沃里克

---

① 自其 1127—1129 年左右逝世,1129—1130 年的财税卷宗便再无丹麦金赦免的相关记载,而这可能意味着其所拥有多少海得及卡勒凯特应纳税地产的考察无法完成。关于其可继承地产及其子嗣的分析,可参见作者关于巴塞特家族兴起的待刊论文。

② *Pipe Roll* 31 Henry I, pp. 6, 12, 23, 34, 47, 72, 76, 86, 102, 106, 121, 126。

伯爵领地，其最核心的地产就集中于本郡。在此他受理王室诉讼，1128—1130 年他同时还兼任郡长一职。尽管事实上，其地产延伸至14 郡，此种受审案件及地产持有之间的关联性同样可以构建起来。的确，相较其他法官而言，德·克林顿与巴塞特在巡回法庭受理申诉的规模较大，地方化程度也较轻。此问题的解答部分可归因为其分布范围宽广的私人地产。尽管相较于其他法官，此三法官更接近于"全国性"人物，但其巡回法庭，与那些法官无甚差别，同样是地方化的。比如，他们并非计划在一个具体的时间阶段以规律性定期的巡回方式涵摄整个王国。这就像是，亨利一世的巡回法庭法官被派往各种不同的郡以特别会议的形式受理诉讼，乃是因为他们正是当地的地方封建领主或者与之相距不远，他们熟知那些区域并且能够发挥有效的权威性，而并非某种时空范围内的总巡回法庭机制已经设计完成。

## 八

亨利一世时期处理所有申诉的地方化巡回法庭在 1135—1154 年斯蒂芬国王混乱的统治时期显然完全失效。地方摄政官办公室成为男爵的抱负对象，杰弗里·德·曼德维尔职业生涯就很好地演绎了这一点。在亨利二世统治的早期，至 1166 年，并不存在能够涵摄全国范围的司法巡回法庭，毋宁说少数处理所有申诉的地方化巡回法庭及地方司法官仍实际存在。[1] 至 1166 年亨利二世都未能在总巡回法庭的发展方面未能在其祖父的功业之上更进一步。《克拉伦登敕令》颁布于 1166 年 2 月，就皇室司法活动而言，这一年乃是其统治的转折点。1166 年 10 月之前，埃塞克斯的伯爵与理查德·德·鲁西（Richard de Luci）（两位首席摄政官之一）作为巡回法官已经巡访了英格兰的大部分疆域，以便推行这一诏令。[2] 大约 1166—1168 年，地方司法官已然绝迹。《北安普顿法令》颁布于 1176 年 1 月，乃是对《克拉伦登

---

[1]  Stenton, *English Justice*, pp. 68~71。

[2]  同上，pp. 71~72。

敕令》其中条款的再版与延展。在跨越两个财政年度（1176—1177）
周期内,巡回法庭派出巡回法官以推进实施《北安普顿法令》,可以确
定的是,在此不连续的时间周期内指派六组法官巡访整个英格兰,每
组巡回由三名法官构成。[①] 这些巡回可以经年中获得调整,在此意义
上其并非固定不变的,也即总巡回法庭实践的第二年,基于第六组巡
回退出,该巡回便减少至五组,第六组巡回事宜交由第二组承担,但
这一在一个不连续的时间周期内覆盖全国的有序巡回机制在1176—
1177年业已确立。财税卷宗关于1176—1177年总巡回法庭的证据
揭示了一种有别于1129—1130年财税卷宗所展示巡回法庭运作模式
的殊异的司法场景。1129—1130年财税卷宗中可见的由巡回法庭的
所有巡回法官所处理的债务纠纷不过162项,而1176—1177年收录
于财税卷宗中的总巡回法庭所产生的此类纠纷达致1215项之多。亨
利一世财税卷宗显示所有巡回法庭带来总计4382722.5银马克,以及
7.5金马克,[②] 而1176—1177年总巡回法庭则产生了总数为

---

① *Pipe Roll 22 Henry* Ⅱ and *Pipe Roll 23 Henry* Ⅱ, *passim*。安茹时期的英格兰
共有37个普通郡,再加上达拉谟郡及柴郡这两个享有王权的贵族领地。巡回法官遍访了
全部37郡。坎伯兰郡就在豪登所列的1176年六个巡回区组成郡清册上。Roger of How-
den, *Gesta Regis Henrici Secundi Benedicti Abbatis*, ed. William Stubbs (London, 1867),
Rolls Series no. 49, Ⅰ, p. 108。但这却是37郡中唯一一个依照财税卷宗未被巡访过的郡。
看起来该郡似乎曾被巡访过,关于其财务年表也登记在诺森伯兰郡及威斯特摩兰郡等其他
相邻郡。豪登的清册遗漏了拉特兰、伦敦及米德尔塞克斯,但事实上拉特兰郡曾被巡访过。
v. *Pipe Roll 22 Henry* Ⅱ, p. 54 -及理查德·德·鲁西曾单独巡访过伦敦及米德尔塞克
斯。-*Pipe Roll 23 Henry* Ⅱ, pp. 200~201。关于亨利二世巡回法庭最新清册出现于1166
年之后,参见 H. G. Richardson, "Richard, Fitz Neal and the Dialogus de Scaccario,"
*EHR*, LIII (April 1928), 168-170。就这一统治时期的巡回法庭,斯滕顿女士正准备一项
更为全面的研究即将发表于塞尔登协会刊物上。

② 涉及财税卷宗,莫里斯写道:"……强有力的证据显示巡回法官削弱了郡长在财政
事务方面的独立性。詹姆斯·拉姆齐爵士已经揭示1129—1130年度财税收入中不足半数
来源自包括郡长的租金在内的固定数额"。-Morris, "The Sheriffs and the Justices",
p. 237。的确,1129—1130年度的大部分财政收入并非来自郡长们的固定租金收入,但也并
非来自司法债务额外地租。但这一司法债务额外地租并非全部由巡回法官催缴而来,如果
不是全部或大多数的话,那么证据显示至少有不少特指这些额外地租债务的条目并非以巡
回法官之名,而是由地方摄政官在审理国王之诉案件中催缴而来。

27947625 马克及 1 金马克的标的。至为完善的财税卷宗在对 1176—1177 年总巡回法庭进行描述反映了高度组织化的王室法官:国库书记官使用副标题以区分诉讼由法官巡回(*per justicias errantes*)、王室法庭(*in curia regis*)或者财税法庭法官(*per justicias ad scaccarium*)受理。他们极为细心地罗列了所有司法债务(额外地租),置于标示皇室法官名字或至少以债务征收的地名命名的副标题之下。1176—1177 年的国库并非如 1129—1130 年卷宗所展示的一般,满目望去遍及数目繁多的额外地租条目如此含混不清,那些条目并不特别指称巡回法官、法庭的名字,所以大部分情况下只能将此种工作委身于无名的地方摄政官。在亨利一世巡回法官实践之前,相当规模的重罪案件已然发生。但到 1176—1177 年,所有的重罪案件的审判权皆收归巡回法庭,而非郡长或地方司法官。这一改变在民事程序方面甚至更为显著。在亨利一世统治时期,侵占类案件曾经是仅有的由王室法官处理的极为偶然的诉讼案件,而到 1176—1177 年,一种应回呈的"新近侵占令状"(novel disseisin)及"收回被占继承土地令状"(mort d'ancestor)应运而生,并可由任意自由民购买的固定格式令状以及邮寄发送案件至王室法官。由亨利二世及其谋臣所推动的这些诉讼形式的创制,在普通法历史上乃是至为关键的重要步骤之一,或许一如亨利一世时期巡回法官所开创的普通法起源般伟大。

　　总而言之,现存关于亨利一世统治时期的证据不足以支撑这一时期的巡回法庭与亨利二世时期如出一辙或至少极为近似等任何论断。在此基础上发展而来更为合乎情理的理论,即不再追溯至 12 世纪初而是宣称原则及实践于 12 世纪末达成,自 1066 年至 1166 年城郊受审王室诉讼的各种形式的实践皆可称为通往总巡回法庭制度的准备阶段。通过反复试验方法,加之随时随地的极为广泛的巡访实践,各式各样的王室代理趋于以刑事及民事诉讼实践其王室司法管辖权。郡长及地方化王室郡司法官作为最先且主要的代理人,在执行并延伸王室司法权,尤其处理重罪犯方面成效显著。但是在亨利一世统治时期,巡回王室代理开始变得重要起来。早在威廉一世时期便已存在孤立案件由一位或几位法官临时代理审议。亨利一世统治之下更为高度组织化的法官群体以地方化巡回法庭形式在一郡或数郡开始受理全部王室诉讼。从临时委员会及地方化巡回法庭成长为亨利二世的总巡回法庭，这一体系将整个王国划分为由组织良好的法官在不连续的时间周期内所进行的有序巡回。亨利二世时期这些巡回法官独占了所有重罪的审理权，以及基于此种诉讼形式的创制而开始拥有受理数目繁多的将最终称之为"民事诉讼"案件的审判权。

# 民国时期法学期刊中的国家机构研究概览

付宁馨<sup>*</sup>

## 一、国家机构文献的范围①

选择国家机构文献需要区分哪些文献属于国家机构的范围,哪些文献属于基本原理、基本权利、地方制度的范围。国家机构和地方制度界限清晰,容易区分。在国家机构和基本权利的区分上,主要交叉内容是选举,本文将选举系统纳入国家机构范围,选举权和被选举权纳入基本权利范围。

确定国家机构文献范围的难点在于区分基本原理和国家机构。因为国家机构的研究既涉及理论又涉及制度,因此文献同时分布于基本原理和具体制度中。本文将国家机构基本原理作为广义的国家机构的范围,将国家机构具体制度作为狭义的国家机构的范围。国家机构基本原理可以分为四类,第一类是政体(政制、政治组织、官制),有关君主制、共和制、立宪政治、代议制、责任内阁制、总统制、委

* 付宁馨,清华大学法学院博士研究生。本文受国家社会科学基金重大项目"中国宪法学文献整理与研究"资助(项目批准号:17ZDA125)。
① 本文利用的文献是由"中国宪法学文献整理与研究"课题组整理的民国时期宪法学文献。

员制、一院制、两院制、政治机构的概括的讨论（如国会、总统、内阁、国民大会、政府等机构）、国民政府组织法等都可以纳入政体的范围；第二类是有关民意、民治、民主、民权、民治、代表、宪政的讨论；第三类是权能划分，有关行政权、立法权、司法权的性质和关系、三权、五权、国权的讨论都属于此范围；第四类是有关制宪和宪法变迁的讨论。国家机构具体制度的体系包括立法机构、行政机构、司法机构、财政、外交、军事、公共团体等。

此外，区分广义、狭义国家机构还与文本体裁有关。法律法规、时事新闻、会议记录、报告、名单中所论及的笼统的内容，如国会、政府、法院的性质、地位等，本文归入广义的国家机构，但是如果时事新闻包含具体制度，则归入狭义的国家机构。

## 二、国家机构文献的比重

根据"中国宪法学文献整理与研究"课题组整理的《民国主要涉法类期刊目录》，民国时期宪法学文章共有 9835 篇，其中关于国家机构的文献有 4058 篇，非国家机构文献 5777 篇。在关于国家机构的文献中，广义的国家机构文献 1396 篇，狭义的国家机构文献 2662 篇。[①]文献分布见下图。国家机构文献数量几乎占总文献数量的一半，可见国家机构在民国宪法研究中有十分重要的地位。在国家机构文献中，广义的国家机构研究数量是狭义的国家机构研究数量的一倍，宏观的、介绍性的、基础的文章居多，表明民国时期国家机构研究侧重理论，微观层面的具体制度的研究相对而言较为薄弱。民国时期宪法研究处于起步阶段，时人普遍宪法知识不足，因此一般性的文章较多。由于民国时期宪法处于法律移植过程中，本国制度经验较少，时人对宪法研究的关注点首先是政体的选择，然后才是不同政体中国家机构的具体制度，因此理论研究比制度研究多。

---

① 具体制度部分仅统计了立法、行政、司法、监察、考试、财政、外交、军事几大门类，其他门类如职业团体（如工会等）、帝制、皇室、教育、卫生、劳动等文章因数量较少，并未统计。

再进一步以国家机构具体制度文献为对象，文献分布如下图。在 2662 篇国家机构具体制度文献中，立法机构文献 1190 篇，行政机构文献 467 篇，司法机构文献 436 篇，监察文献 51 篇，考试的文献 54 篇，财政文献 207 篇，外交文献 127 篇，军事文献 130 篇。立法机构文献占将近一半，司法机构和行政机构文献约为立法机构文献的三分之一，表明国家机构具体制度研究以立法机构为主，以司法机构和行政机构为次。财政、外交、军事文献数量相比教育、卫生、劳动等较多，表明民国时期国家建设的重心在财政、外交、军事。

### （一）立法机构

关于立法机构的文献有 1190 篇，分为三类：立法机构的组成和会议、立法机构的职能、议员待遇。从文献分布来看，选举、政党和组织法占据绝对数量——四分之三以上，立法机构行使立法权、行政审查权的文献则相对较少，议员待遇文献更是只有二十篇，表明时人关注点是立法机构的构成而非职能。文献分布见下图。

立法机构的组成和会议的文献有 924 篇。第一，关于选举的文献 451 篇。选举系统包括选举制度、投票办法、选举诉讼等，涉及从当时的北京政府的国会选举到南京政府时期的国民大会和立法院选举制度。第二，关于政党的文献 317 篇。前期文献以政党政纲、政党内阁、国外政党介绍为主，后期文献以党政建设和党治制度为主。第三，关于立法机构的构成和会议的文献 156 篇。立法机构的组织法采取广义范围，不仅包括参议院、众议院、国民大会、立法院等立法机构的组织法，还包括宪法起草委员会、国民大会筹备委员会、宪政实施促进委员会等特别委员会的组织法；民国前期，议会的解散是重要问题，往往同时论及总统的解散权和议会的同意权，民国后期研究重心转向国民会议、国民参政会、国民大会的组织法。

立法机构职能的文献 246 篇。第一，关于立法职能的文献 186 篇。立法职能包括一读到委员会、委员会到三读、两院的权限和顺位、国民大会和立法院的立法权等内容；重点研究是制宪工作，主要有宪法起草、宪法修改、宪法解释等。第二，关于财政职能的文章详见(六)财政部分,包括税收和预决算等。第三,关于行政审查职能的文献60篇。民国前期,议会对政府的监督权包括质询、质问权、弹劾权、建议权、不信任投票等,弹劾权又与总统的解散权紧密相关,弹劾权、同意权、解散权三者经常合并研究,民国后期出现了罢免权的研究。

议员经济收入和惩戒的文献20篇。主要包括议员的薪俸、财产和对渎职议员的惩戒。文献集中于1913年,1916年后不再出现该领域研究的文献。

### (二)行政机构

关于行政机构的文献有467篇,主要分四类:行政首脑、内阁、政府部门、公务员制度。从年代因素来看,民国前期议会政治时期,对行政的研究集中在总统解散权和议会同意权,文献数量较多;民国后期五权宪制时期,对行政的研究转向政府部门,如行政院的组织法和职权等,文献数量减少。

第一,行政首脑文献254篇。关于总统选任的文献包括选举、连任和继任,其中总统选举文献94篇,民初总统选举和制宪的先后问题是重要的研究问题;关于总统职权的文献集中于议会解散权,此外总统职权还有议会召集权、紧急命令权、缔结条约权、宪法公布权、外交权、提案权等等。第二,内阁文献132篇。本国制度的研究集中于民国前期,热点研究是内阁官制、议会同意权、国务员兼任议员等问题,民国后期的内阁研究转向国外制度和时事。第三,政府部门文献68篇。主要研究包括民国前期的行政部、民国后期的行政院、中央和地方行政机关的组织和职权、行政合议制、行政监督等。第四,公务员制度文献11篇。主要涉及公务员制度和外国文官制度,公务员选拔机制见(五)考试。

### (三)司法机构

关于司法机构的文献有436篇,主要分为五类:法院、司法行政、司法委任制度(行政裁判)、司法独立、检察制度。从文献分布来看,治外法权和领事裁判权是司法领域的重点研究对象,除此之外,司法研究以一般性的讨论司法制度的文章居多,具体问题的研究偏少。

第一,法院、法官文献 183 篇。在关于法院的研究中,治外法权和领事裁判权的研究占据相当数量,但其性质既属于司法领域,又属于外交领域,除此之外,法院研究还涉及地方法院、各级法院、特区法院、宪法裁判院等;关于法官的研究主要涉及法官的资格、任用、职权、薪俸和惩戒等问题。第二,司法行政文献 17 篇。文献集中于1925 年至 1947 年,研究的主要问题是司法行政部门隶属于司法院还是行政院。第三,行政裁判文献 15 篇。主要涉及平政院、外国行政裁判制度等。第四,司法独立文献 29 篇。研究的主要问题是宪法解释权是否属于法院。第五,检察制度文献 22 篇。文献集中于 1925 年至1947 年,检察制度的存废是研究的重要问题。第六,一般性的论及司法的文献 152 篇。主要涉及司法制度、司法改革、司法党化、司法观念、司法权、审判权、陪审制度等内容。

**(四) 监察**

关于监察的文献有 51 篇。传统法制中御史制度和都察院等机构对官吏进行监督并行使一部分司法权。民国成立后北京政府不再设立都察院,由参议院、众议院、①平政院②、肃政厅、文官惩戒委员会、审计院③等机构分别行使监督权、司法权、审计等职能。南京国民政府根据"五权"理论设立监察院。1946 年《中华民国宪法》规定了监察的四种职权:同意、弹劾、纠举、审计。因此,本部分统计的监察文献包括两部分:中国传统监察制度和南京政府监察院制度。文献年代范围主要集中在 1925 年至 1948 年,绝大多数是一般性的论及监察制度和监察权的文章。

**(五) 考试**

关于考试的文献有 54 篇。传统法制中科举制是选拔公务人员的机制。民国成立后科举制被废除,北京政府制定一系列文官考试法

---

① 立法机构行使监察权,见(二)立法机构的行政审查职能。
② 司法机构行使监察权,见(三)司法机构的行政裁判。
③ 审计部门行使监察权,见(六)行政机构的财政职能。

规。南京政府设立考试院,1946 年《中华民国宪法》第 83 条"考试院为国家最高考试机关,掌理考试、任用、铨叙、考绩、级俸、升迁、保障、褒奖、抚恤、退休、养老等事项。"因此,本部分统计的考试文献根据年代划分为北京政府时期和南京政府时期两部分。北京政府时期考试制度常与选举一并论及,文献数量较少;南京政府时期研究的主要内容是考试制度、考试院的组织和职权、考试权的行使等。

### (六)财政

关于财政的文献有 207 篇。第一,立法机构的财政职能主要包括财政制度、国地财政、经济宪法、国会的财政立法权和财政监督权、众议院的财政案先议权、预决算制度、税收、公债等内容。税收中关税自主、关税会议、盐政、田赋是重要问题。第二,行政机构的财政职能主要包括政府的预算编制权、会计和审计制度等。第三,其他财政方面的研究还有银行、币制、国库等。从时间段来看,民国前期的财政研究比较均衡,财政、预决算、税收、公债、会计、审计都有涉猎。民国后期,研究重心转向宪法中的"国民经济"问题,研究的问题集中于国民经济、经济原则、经济原则、财政监督、审计制度、预算制度等内容。受战争影响,财政研究领域出现了新问题:经济与教育的关系、国防经济、战时经济等。

### (七)外交

关于外交的文献有 127 篇。第一,外交事务特权、国际法和法院。外交事务特权中的治外法权和领事裁判权与司法领域重合,不计入本类文献,见(三)司法机构。国际法与法院的研究主要包括国际公法、国际法院、主权、战争和国家的概念等。第二,条约的研究主要包括不平等条约和废约运动、非战条约、关税互惠条约、总统的缔结条约权和外交权、国会的立法权和同意权等。第三,国际组织的研究主要包括万国联盟、国际联盟、联合国等机构。

### (八)军事

关于军事的文献有 130 篇。第一,军事的宪法结构的研究主要包括议会授权武装力量和中央防卫组织,文献涉及军队独立权、军队国家化、国防、军备、宣战、总统的军事特权、非战公约、战争状态、战时总动员法、战时组织等。第二,在军事法的研究中,关于裁兵的文献占绝对数量,裁兵经常和军队复员、军民分治合并研究,此外还有关于兵役制度、保甲制度的研究。第三,武装力量与一般法的研究包括战争罪、军人的基本权利等。民国前期军阀分立,因此裁兵、废兵是军事研究的重点。全面抗战开始后,军事研究转向保甲和民众组织和地方自治、战时国防动员等。

## 三、总结

第一,民国时期国家机构文献分布呈现出扎堆研究、两极分化的特点。比如,在所有文献中国家机构是大宗,其他研究是小宗;国家机构文献中,广义的国家机构是大宗,狭义的国家机构是小宗;狭义的国家机构文献中,立法机构是大宗,其他机构是小宗;立法机构文献中立法机构的构成是大宗,立法机构的职能和议员待遇是小宗。扎堆研究和两极分化使民国时期国家机构的研究集中于少数几个领域,忽视了其他重点领域的研究。甚至很多领域尚未有人研究,研究空白较多。

第二,民国时期国家机构文献以宏观的、概括的、一般性的、介绍性的研究居多,微观的、具体的研究相对较少。民国时期重视比较法研究。学术研究的水平和层次与本国实践中的制度发展水平密切相关。民国时期法制初创,国家机构制度移植自西方,需要对西方制度进行选择和甄别。本国制度建构处于不确定状态,制度经验不足。因此,法学研究也处于起步阶段,尚未积累充足的研究成果。所以,一般性的研究多于具体研究,理论研究多于实证研究。民国时期是大规模法律移植的阶段,比较法研究蔚为大观。

第三,民国时期国家机构的研究与时事密切相关,重在回应法制建设的实际需求。比如国家机构的理论研究重视政体,是因为政体的选择是民初法制建设的重要议程。立法机构的研究重视选举和政党,回应议会政党政治制度在中国具体实践中的问题。行政机构的研究重视总统和内阁的职权，反映总统制和议会内阁制的制度选择。司法研究中的涉外法权和领事裁判权、财政研究中的裁厘和关税自主都离不开中国外交困境的背景。财政、军事研究重于教育研究，究因清末以来的财政危机和督军林立。本国传统、国内外形势和外来制度的交错使民国时期国家机构的研究呈现出纷繁复杂的面貌。

## 编后记

　　本辑专题的诞生正值《法律与革命》中译版问世二十五年。伯尔曼对中国法学界和比较法学界的影响甚巨。但是除去伯尔曼"法律必须被信仰，否则它将形同虚设"（不过这句话并非出自《法律与革命》）的名言，除去他对于中国比较法学界前驱们贯注一生的隐微影响，作为学者的伯尔曼也在制度化、拥有严格学术讨论的学术团体之内拥有一席之地。本期多篇主题文章正是从对伯尔曼本人的学术立场和学术脉络出发，还原了一个作为学者的伯尔曼。

　　另一方面，伯尔曼因其声名昭著的《法律与革命》的历史研究进路被公认为一个杰出的法史学家，以至于我们常常忽视，在绵密的历史叙述背后，伯尔曼提出的也是社会理论的问题：我们该如何塑造我们对法律背后的社会图景的想象？在《法律与革命》的卷首和收束部分和他《迈向综合法学》等系列文章中，伯尔曼频频与19、20世纪经典社会理论家马克思和韦伯对话。重新定位伯尔曼的社会理论地位，不仅是对伯尔曼的公正（毕竟，他如此急切想要提出一套综合法学），也是对于社会理论法和法理学的公正。

　　当然，不得不承认，看似写作风格平易近人的伯尔曼并不一定能够给初读者，或醉心精深理论的读者带来惊喜，有时候他绵密甚至冗长的历史叙述不免淹没他的叙述主线，有时候他拣选的资料则好像"量体裁衣"，让读者心生一串问号。但无论如何，以俄罗斯部门法研究起家的伯尔曼，通过他的历史叙述、他的剪裁逻辑、他的"综合法学"，在西方对自己历史、法律乃至整个社会的理解上，提供了一个卓有成效的视角。

　　当然,本辑的诞生也在某些方面和清华大学法律全球化研究中心的读书活动相关。自编者 2017 年加入读书活动以来,陆续读的是韦伯、哈贝马斯和卢曼等法社会学作品,如果说韦伯至少是法史学家的话,哈贝马斯和卢曼尤其是后者的"天书"和法律史的行文风格、关注旨向几乎没什么明显的相同点。但有趣的是,正是同一批阅读韦伯、哈贝马斯和卢曼的人,也都在 2018 年秋季接着展开对法史学家伯尔曼的关注,试图打通艰涩的社会理论和绵密的历史叙述之间的进路。庆幸的是(或许稍显不敬),伯尔曼也从未让我们失望,我们总是从各章节中读出伯尔曼与韦伯、梅因、鲁曼持续不断的对话,并每每为这一光亮欣喜。

读书小组活动图

　　读书伴随着我们无尽的趣事。从 2018 年秋开始,对伯尔曼《法律与革命》的阅读从初秋到深冬,又从冬到春,具体时间都是在傍晚以后。意犹未尽之时,大家经常不间断持续讨论三个小时以上。傍晚读书极易饥肠辘辘,从校外赶来的小伙伴们几乎每次都来不及吃晚饭,伯尔曼生是被我们读成了"饿而慢"。另有出差在外的小伙伴还要求通过视频远程参加读书,于是读书会可能呈现上图的场景:屏幕那边的小伙伴来不及吃下眼前的南国宵夜就匆匆上线,屏幕这边的人们只能端着邺架轩酸酸的柚子茶、寡淡的枸杞红枣强压馋虫。不过所幸读书小组最终升级为读书小组 plus，而我们个个都还是纤瘦的书生。

　　本期论衡的两位主编是《法律与革命》译者贺卫方、高鸿钧教授的高足。此外，读书小组的各位小伙伴是清华大学比较法专业的在读硕博士生，后来队伍逐渐壮大，有了北京大学法律史专业的同学、北京大学哲学系的同学、清华大学地区与国际研究院的同学、清华大学外文系的同学、清华大学国际法专业的同学等等。可以说从译者开始，伯尔曼的作品滋养了几代法学者。伯尔曼讲述的是历史，但书中折页暗藏时代沟壑，伯尔曼的法理论讲述的是天上的思想史，也是对地上之事的倒影。

姚力博

2020 年 10 月